Manual de TERAPIA FAMILIAR

Volume II

M489 Manual de terapia familiar : volume II / Luiz Carlos Osorio, Maria Elizabeth Pascual do Valle [organizadores]. – Porto Alegre : Artmed, 2011.
275 p. ; 25 cm.

ISBN 978-85-363-2425-8

1. Terapia familiar – Manual. I. Osorio, Luiz Carlos. 2. Valle, Maria Elizabeth Pascual do.

CDU 615.85(035)

Catalogação na publicação: Ana Paula M. Magnus – CRB-10/Prov-009/10

Manual de
TERAPIA FAMILIAR
Volume II

Luiz Carlos Osorio
Maria Elizabeth Pascual do Valle
e colaboradores

artmed

2011

Capa
Alan Heinen

Preparação do original
Cristine Henderson Severo

Leitura final
Rubia Elisângela Minozzo

Editora Sênior – Ciências humanas
Mônica Ballejo Canto

Editora responsável por esta obra
Amanda Munari

Projeto e editoração
Armazém Digital® Editoração Eletrônica – Roberto Carlos Moreira Vieira

SÃO PAULO
Av. Embaixador Macedo Soares, 10.735 – Pavilhão 5 – Cond. Espace Center
Vila Anastácio 05095-035 São Paulo SP
Fone (11) 3665-1100 Fax (11) 3667-1333

SAC 0800 703-3444

IMPRESSO NO BRASIL
PRINTED IN BRAZIL
Impresso sob demanda na Meta Brasil a pedido de Grupo A Educação.

AUTORES

Luiz Carlos Osorio

Médico, especialista em psiquiatria pela Universidade Federal do Rio Grande do Sul (UFRGS). Psicanalista titulado pela International Psychoanalytical Association (IPA), grupoterapeuta com formação em psicodrama (com Olga Garcia, Argentina) e em terapia familiar (com Maurizio Andolfi, Itália). Consultor de sistemas humanos, fundador e diretor técnico da GRUPPOS, entidade formadora de grupoterapeutas e terapeutas de família (Florianópolis/SC).

Maria Elizabeth Pascual do Valle

Médica. Psiquiatra sistêmica. Mestre em administração pela Universidade Federal do Rio Grande do Sul (UFRGS). Fundadora e associada titular da Associação Catarinense de Terapia Familiar (ACATEF). Presidente da ACATEF (gestão 2006-2008). Fundadora e sócia da GRUPPOS (Florianópolis/SC). Médica psiquiatra do Centro de Atenção Psicossocial (Secretaria Municipal de Saúde de Campos Novos/SC). Professora de psiquiatria do curso de medicina da Universidade do Oeste de Santa Catarina (UNOESC).

Adriana Wagner

Doutora em Psicologia pela Universidade Autonoma de Madrid (Espanha). Professora do Instituto de Psicologia da Universidade Federal do Rio Grande do Sul (UFRGS).

Aidê Knijnik Wainberg

Psicóloga clínica da Clínica Desenvolver.

Clarisse Pereira Mosmann

Doutora em psicologia pela Pontifícia Universidade Católica do Rio Grande do Sul (PUCRS). Especialista em terapia de casal e família pela Clínica Stirpe-Madrid-Espanha. Bolsista do pós-doutorado júnior CNPq no Núcleo de Pesquisa das Relações Familiares da Universidade Federal do Rio Grande do Sul (UFRGS). Experiência na área de pesquisa em psicologia social, investigando principalmente os seguintes temas: relações interpessoais, com ênfase nas relações familiares, amorosas e educação.

Cynthia Ladvocat

Psicóloga. Mestre pela Pontifícia Universidade Católica do Rio de Janeiro (PUC-Rio). Docente e ditada da Sociedade Psicanalítica do Rio de Janeiro. Presidente da Associação de Terapia de Família do Rio de Janeiro (gestões 2002-2004/2004-2006). Presidente da Associação Brasileira de Terapia Familiar (gestão 2008-2010).

Denise Gomes

PhD em psicologia social pela Universidade de São Paulo (USP). Doutora. Mestre em psicologia social pela USP. Sócia titular e formadora no Instituto Sistemas Humanos (São Paulo/SP).

Fabrício Casanova

Médico de família e comunidade. Terapeuta de família. Supervisor da disciplina Interação Comunitária da Faculdade de Medicina da Universidade Federal de Santa Catarina (UFSC).

Flávio Lôbo Guimarães

Psicólogo, psicoterapeuta, terapeuta de famílias e casais. Mestre em psicologia clínica pela Universidade de Brasília e professor de Psicologia Jurídica da Universidade Paulista.

Iara Camarata Anton

Psicoterapeuta individual, de casais e de famílias. Especialista em psicologia clínica pela Pontifícia Universidade Católica do Rio Grande do Sul (PUCRS). Especialista em psicoterapia de orientação psicanalítica pela PUCRS, com formação em terapia de casal e de família pelo Domus (Porto Alegre/RS). Curso de psicanálise da vincularidade pelo Instituto Contemporâneo (Porto Alegre/RS). Presidente da Sociedade de Psicologia do Rio Grande do Sul (gestão 2009-2011).

José Ovídio Copstein Waldemar

Psiquiatra de adultos, crianças e adolescentes. Terapeuta Familiar. Professor do Instituto da Família (Porto Alegre/RS). Professor colaborador do Centro de Estudos Luis Guedes (CELG) do Departamento de Psiquiatria da Universidade Federal do Rio Grande do Sul (UFRGS).

Jossara Cattoni Araldi

Psicóloga. Especialista em terapia de casais e famílias pelo GRUPPOS. Mestre em saúde coletiva pela Universidade do Planalto Catarinense (UNIPLAC). Professora do curso de psicologia das Faculdades Integradas (FACVEST).

Julia Bucher-Maluschke

Professora emérita e pesquisadora colaboradora sênior do programa de pós-graduação em psicologia clínica da Universidade de Brasília (UnB). Professora titular da Universidade de Fortaleza. Doutora em ciências familiares e sexológicas pela Universite Catholique de Louvain (Bélgica), com pós-doutorado pela Universität Tübingen (Alemanha) e pela St. Jonh's University (Estados Unidos).

Kathie Njaine

Doutora em ciências. Pesquisadora visitante do Departamento de Ciências Sociais e colaboradora do Centro Latino-Americano de Estudos de Violência e Saúde Jorge Careli (Escola Nacional de Saúde Pública – Fundação Oswaldo Cruz).

Larissa Rosa Fedullo Schein

Psicóloga clínica pela Pontifícia Universidade Católica de São Paulo (PUC-SP). Terapeuta de casal e família pelo Instituto Sistemas Humanos. HR Development Specialist pela LUISS Business School (Roma). Experiência no tratamento de dependência química, no processo de "language acquisition" e em psicologia clínica. Membro da equipe de Linneo Consulting SRL (Roma), Recursos Humanos.

Luciana Monteiro Pessina

Psicóloga. Psicoterapeuta de adultos. Terapeuta de família e casal em formação. Psicóloga do Serviço de Atendimento à Família com Ação Cível do Tribunal de Justiça do Distrito Federal e Territórios.

Maria Conceição de Oliveira

Médica. Doutora em Ciências Humanas. Local de trabalho atual: Universidade do Planalto Catarinense (UNIPLAC).

Maria Cristina Milanez Werner

Psicóloga, sexóloga, terapeuta de casal e família. Doutoranda em Saúde Mental pelo Instituto de Psiquiatria da Universidade Federal do Rio Grande do Sul (IPUB/UFRJ). Mestre em psicologia pela Pontifícia Universidade Católica do Rio de Janeiro (PUC-Rio). Coordenadora do Ambulatório de terapia familiar e sexualidade do Grupo transdisciplinar de estudos em álcool e outras drogas da Universidade Federal Fluminense (GEAL/UFF). Diretora de Projeto do Instituto de Pesquisas Heloisa Marinho (IPHEM). Coordenadora Geral do curso de formação em terapia de casal e família do IPHEM. Presidente da Associação de

Terapia de Família do Rio de Janeiro (ATF/RJ) e primeira secretária da Associação Brasileira de Terapia Familiar (ABRATEF). Membro da International Family Therapy Association (IFTA). Secretária da Comissão Latino-Americana do Conselho Deliberativo e Científico da ABRATEF (CDC).

Maria Lucia de Andrade Reis

Graduada em educação física e desportos pela Universidade Federal de Juiz de Fora (UFJF). Especialista em terapia comunitária. Professora da rede municipal de ensino de Porto Alegre/RS. Formadora e intervisora em terapia comunitária pelo Centro de atendimento, ensino e pesquisa do indivíduo, família e comunidade (CAIFCOM, Porto Alegre/RS).

Marli Olina de Souza

Psicóloga. Terapeuta familiar e comunitária. Mestre em saúde comunitária. Diretora do Centro de atendimento, ensino e pesquisa do indivíduo, família e comunidade (CAIFCOM, Porto Alegre/RS).

Olga Garcia Falceto

Médica psiquiatra de adultos, crianças, adolescentes e famílias. Doutora em medicina pela Universidade Federal do Rio Grande do Sul (UFRGS). Professora adjunta do Departamento de Psiquiatria e Medicina Legal da UFRGS. Coordenadora do curso de especialização em psiquiatria da infância e adolescência do Hospital de Clínicas de Porto Alegre (HCPA). Coordenadora geral do Instituto da Família de Porto Alegre.

Sandra Fedullo Colombo

Terapeuta de casais e família. Presidente do Instituto Sistemas Humanos.

Sonia Mendes

Pedagoga, psicoterapeuta, terapeuta de família e casal. Professora do Instituto de Pesquisas Heloisa Marinho (IPHEM).

Tatiana Knijnik Wainberg

Psicóloga pela Pontifícia Universidade Católica do Rio Grande do Sul (PUCRS). Especialista em dinâmica dos grupos pela Sociedade Brasileira de Dinâmica dos Grupos.

Verônica Cezar Ferreira

Advogada. Bacharel pela Universidade de São Paulo. Psicóloga, especialista em psicodinâmica e em terapia familiar. Mestre e doutoranda em psicologia clínica pela Pontifícia Universidade Católica de São Paulo. Sócia-fundadora das Associações Paulista e Brasileira de Terapia Familiar. Membro do Conselho de educadores da escola de pais do Brasil. Psicoterapeuta individual, de casal e de família, mediadora, perita e consultora de família. Professora de pós-graduação.

PREFÁCIO

É com satisfação que escrevo o prefácio deste livro, organizado por Luiz Carlos Osorio e Maria Elizabeth Pascual do Valle, além de um capítulo junto aos outros 22 coautores. O lançamento no ano de 2010 coincide com a data em que termina meu trabalho como presidente da Associação Brasileira de Terapia Familiar – a ABRATEF. E, se a Artmed publica o segundo volume do *Manual de Terapia Familiar*, é porque está comprovado o sucesso do primeiro.

A comunidade da área de família em muito se beneficia com um livro que descreve a terapia familiar nos seus diferentes contextos. O *Manual de Terapia Familiar Volume II* apresenta 21 capítulos sobre temas variados de interesse não somente dos terapeutas, mas de todos que buscam informações sobre a família na contemporaneidade.

Um prefácio deve apresentar os temas e algumas impressões da obra. Os capítulos deste livro são bem amplos e se distinguem pela sua diversidade. Por isso, em vez de um resumo sobre o conteúdo, aqui são levantadas perguntas que estão agrupadas considerando o indivíduo, o casal, a família e a prática ampliada da terapia de família. As questões não seguem a ordem dos capítulos, e acredito que possam servir de estímulo para a busca das respostas em cada um deles.

Frente às intervenções clínicas em um processo de terapia individual, como escutar sobre o outro, sobre questões relacionais e como intervir? E na terapia familiar, como escutar sobre o indivíduo, sobre questões intrapsíquicas e como intervir?

E no casamento, as fantasias sexuais são necessárias para a manutenção do desejo? A sexualidade é um assunto da privacidade do casal? As fantasias de cada membro devem ser compartilhadas ou ser mantidas em segredo? É saudável para o casal a inclusão de terceiros na fantasia? A sexualidade no casal sem o recurso da fantasia ocorre por inibição?

No casamento transcultural, a escolha objetal atende às expectativas sobre o parceiro amoroso, por que então pensar que o encontro é resultado do destino? Os casamentos entre pessoas de diferentes nacionalidades desafiam os sistemas de crenças? Por que escolher um estrangeiro em vez de um compatriota? Como escolher o país de moradia? Como escolher o país de nascimento dos filhos – pela origem materna ou paterna?

A educação na conjugalidade é transmitida pelas gerações? Como negociar a educação na constituição do casal? Como os pais com sistemas de crenças diferentes devem educar os filhos? Como um casal estabelece as suas regras e visão de mundo?

A internet contribui para os relacionamentos descartáveis? O divórcio aumentou o número de separações? O recurso da união estável diminuiu as separações? Os relacionamentos descartáveis buscam experiências diversas e múltiplas? Ou é uma fuga dos vínculos mais duradouros? Um namoro muito longo pode prejudicar o casamento?

Como lidar com a separação sem sentir o abandono? Como transformar um sentimento de perda em uma nova etapa? Como trabalhar na busca de novas oportunidades? Como acolher o membro do casal que não aceita a separação? Frente à separação, qual a melhor indicação: terapia individual, terapia do divórcio ou mediação?

Afinal, quais os caminhos novos para as famílias? Na atualidade, existe uma maior tolerância para a diversidade das configurações familiares? Como trabalhar com o preconceito contra as famílias que não desejam filhos, as monoparentais, as homossexuais e as famílias homossexuais que têm filhos biológicos ou adotivos?

Como identificar a demanda da família no processo terapêutico? Devemos avaliar o que não é saudável, o que está implícito, latente e inconsciente? Ou devemos considerar somente a demanda explícita, a história oficial e a queixa manifesta? Os recursos utilizados devem ser adaptados ao estilo do terapeuta ou da família?

Quando a família vive o caos, como identificar a resiliência frente a uma situação catastrófica? É possível desenvolver a resiliência frente à passividade da família? Como a família encontra forças para seguir em frente e superar os traumas?

A família cresce e surgem os filhos. Mais ganhos do que problemas? A família pode culpabilizar a escola pelo consumo de drogas iniciado no recreio? O que cabe aos professores frente às drogas? O que cabe aos pais? Como ajudar pais desesperados com os problemas de saúde e da justiça frente ao consumo de drogas? Frente à dependência química, qual a melhor terapia, a de família, a individual ou grupo de apoio?

Na terapia com a criança, o computador na sala de terapia é um recurso para brincar? O computador pode ser uma forma de comunicação com a criança? A internet pode ser utilizada como conexão e interação em terapia familiar?

No difícil momento para um jovem da escolha da profissão, como contextualizar a história familiar quanto às profissões? Qual a responsabilidade dos pais na profissão dos filhos? Como trabalhar com o jovem que rejeita ou o que se submete à escolha profissional da família?

Quais os riscos que envolvem crianças e adolescentes? Os pais devem ter controle e evitar os riscos nos filhos? E quando são os pais que colocam os filhos em risco? E quando não conseguem proteger seus filhos? E quando os rejeitam? A terapia de família compulsória funciona? Como os terapeutas coletam e armazenam as informações sobre a história? Como o terapeuta enfrenta os impasses clínicos no atendimento de crianças e adolescentes em risco?

Como trabalhar junto à família na gestão de uma empresa familiar? Como transformar os conflitos dos papéis empresariais entre parentes? Qual o papel do terapeuta frente aos conflitos do grupo familiar transferidos para o grupo de trabalho? A sucessão na empresa familiar deve seguir a hierarquia familiar? Como trabalhar para que a empresa familiar possa organizar-se e não acarrete conflitos nem para a empresa e nem para a família?

Os programas de saúde se beneficiam do trabalho do terapeuta de família? Como utilizar os conceitos da terapia familiar na saúde? Quais os resultados apresentados pelos técnicos do Tribunal de Justiça com formação em terapia familiar nas suas diferentes atuações?

E no tratamento da patologia grave, o terapeuta de família é incluído na equipe do hospital? Quais os avanços da psiquiatria com pacientes de saúde mental?

A terapia com grupos na comunidade tem continuidade? Como incluir a terapia comunitária nos programas de políticas públicas? Essa modalidade tem finalidades de transformação individual, grupal ou familiar?

Qual a importância da religião nas famílias contemporâneas? A família se divide se todos não compartilham da mesma crença? A espiritualidade é resultado da educação, da obediência, de opção ou de vocação? Como o terapeuta lida com a falta da espiritualidade?

Como divulgar os recursos da mediação na comunidade? Essa abordagem requer especialização à parte da terapia familiar? Quais são as questões mais difíceis de serem mediadas? Um casal em litígio aceita um mediador? A família de origem contribui ou atrapalha em uma sessão de mediação?

Pela interdisciplinaridade e pelos múltiplos contextos da terapia familiar, quais os seus recursos, limites e possibilidades? Ainda existem campos não visitados? Ainda existe espaço para crescer? Quais novas atuações do terapeuta de família ainda podem ser criadas? Quantos manuais ainda deverão ser publicados?

São essas as questões que justificam o segundo volume do *Manual de Terapia Familiar*.

Cynthia Ladvocat
Psicóloga com formação em psicanálise, em grupos, em gerontologia e em terapia de família.
Presidente da Associação Brasileira de Terapia Familiar 2008-2010.

SUMÁRIO

PARTE I

Terapia familiar no contexto contemporâneo

capítulo 1

NOVOS RUMOS DA FAMÍLIA NA CONTEMPORANEIDADE

LUIZ CARLOS OSORIO

INTRODUÇÃO

É provável que em nenhum outro período da história da humanidade tenham ocorrido tantas e tão significativas mudanças nas relações familiares, assim como no comportamento humano em geral, como em nossa época.

Não tem mais de um século – e um século é período de tempo assaz curto em se tratando da história da civilização – o reconhecimento dos direitos das mulheres e das crianças: das mulheres, de não ficarem restritas ao exercício da maternidade na clausura de um matrimônio ao qual habitualmente não chegavam por vontade própria; das crianças, de não serem meros objetos das expectativas dos pais.

Paralelamente a essas conquistas no campo dos direitos da maior parcela da humanidade (as mulheres e seus descendentes), os homens se viram aliviados da responsabilidade exclusiva de prover o sustento da família.

As mulheres – embora muitas vezes exercendo de fato, ainda que não de direito, o poder dentro dos lares – não possuíam fora deles uma identidade própria: eram as esposas de fulano ou sicrano, conforme ainda hoje se denuncia na forma como o sobrenome do marido é aposto ao seu, agravado com o signo da propriedade conferido no designativo "de" nos países de língua espanhola.[1]

As crianças, como os animais domésticos, eram maltratadas ou afagadas, conforme os humores dos pais. E seu destino determinado pelas expectativas e desejos dos progenitores.

E os homens? Bem, esses aprisionavam suas inclinações amorosas para desempenhar o papel de macho que deles se esperava e que estava identificado com a repressão dos sentimentos e o exercício da crueldade que os credenciava para as funções de caçadores e guerreiros.

Curiosamente a origem etimológica da palavra "família" nos remete ao vocábulo latino *famulus*, que significa "servo" ou "escravo", sugerindo que primitivamente considerava-se a família como sendo o conjunto de escravos ou criados de uma mesma pessoa. Parece-nos, contudo, que essa raiz etimológica alude à natureza possessiva das relações familiares entre os povos primitivos, em que a mulher devia obedecer a seu marido como se seu amo e senhor fosse, e os filhos pertenciam a seus pais, a quem deviam suas vidas e, consequentemente, esses se julgavam com direito absoluto sobre elas. A noção de posse e a questão do poder estão, portanto, intrinsecamente vinculadas à origem e à evolução do grupo familiar, como se verá mais adiante.

Eis algumas questões que permeiam o tema deste capítulo e que servirão de fio condutor para a construção do texto a seguir:

- É a família o grupo primordial na evolução humana?
- Há um conceito ou definição universalmente aceito de família?

- A família contemporânea está em crise?
- Poderá ela se extinguir no futuro como sugerem (ou preconizaram) alguns de seus exegetas?

A FAMÍLIA COMO GRUPO PRIMORDIAL

Embora não se possa afirmar peremptoriamente ter sido o agrupamento familiar a unidade gregária primordial, tudo leva a crer que o foi. Talvez homens e mulheres tenham se agrupado inicialmente para assegurar sua sobrevivência enquanto indivíduos que necessitavam alimentar-se, enfrentar os predadores de sua espécie ou proteger-se das intempéries, mas é difícil conceber alguma forma de organização ou estrutura grupal anterior ao núcleo familiar.

A estrutura familiar não é exclusiva da espécie humana; podemos encontrá-la não só em vertebrados como até mesmo sob formas rudimentares em invertebrados.

Assim, do mesmo modo que na espécie humana, vamos encontrar entre os animais diversas formas de organização familiar. Há espécies nas quais, após o acasalamento, a prole fica aos cuidados de apenas um dos genitores, geralmente a fêmea, mas podendo também ser o macho quem se encarrega dos cuidados com os descendentes, como em certas espécies de peixes. Como vemos, as famílias monoparentais contemporâneas em que o pai assume a guarda dos filhos não é uma peculiaridade dos humanos!

Algumas espécies entre as aves vivem em família somente durante a época da reprodução, comportamento que encontramos também entre seres humanos em certas circunstâncias ou determinantes culturais.

Há também entre os animais famílias ampliadas (ou extensas) em que os jovens ajudam a criar os irmãos. As abelhas operárias, que são filhas estéreis das abelhas rainhas, constituem entre si uma fratria ou comunidade de irmãs com funções de mútuos cuidados, proteção e alimentação, assemelhando-se às "irmãs" de caridade ou religiosas celibatárias que, abrindo mão de sua função procriadora, se dedicam aos cuidados de órfãos.

Essa breve referência aos comportamentos familiares de certos animais e suas equivalências com o dos seres humanos não leva a outro propósito senão enfatizar a universalidade e multiplicidade das formas com que podem apresentar-se os sistemas familiares, característica marcante das famílias na contemporaneidade.

SOBRE O CONCEITO DE FAMÍLIA

Há quem diga – e com muita propriedade – que família não se conceitua ou define, mas apenas se descreve, tantas são as estruturas e modalidades assumidas pela família ao longo dos tempos. Cada cultura prevalente em um determinado momento evolutivo da humanidade nos ofereceu sua concepção singular da constituição familiar.

Como ilustração deste esforço entre autores contemporâneos das mais distintas áreas em caracterizar o que seja uma família vamos mencionar aqui as observações de um pediatra, um antropólogo e um psicanalista, respectivamente.

Escardó (1955) observa que a palavra "família" não designa uma instituição-padrão, fixa e invariável; para ele, através dos tempos a família adota formas e mecanismos sumamente diversos e, na atualidade, coexistem na espécie humana tipos de famílias constituídos sobre princípios morais e psicológicos diferentes e ainda contraditórios e inconciliáveis.

Para Levi-Strauss (1958), são três os tipos de relações pessoais que configuram a família: aliança (casal), filiação (pais e filhos) e consanguinidade (irmãos).

Segundo Pichon-Rivière (1981), a família proporciona o marco adequado para a definição e a conservação das diferenças humanas, dando forma objetiva aos papéis distintos, mas mutuamente vinculados, do pai, da mãe e dos filhos, que constituem os papéis básicos em todas as culturas.

Com essas considerações em mente, formulemos um conceito de cunho operativo e que sirva de referência para as finalidades do presente texto: família é uma unidade grupal na qual se desenvolvem três tipos de relações pessoais – aliança (casal), filiação (pais/filhos) e consanguinidade (irmãos) – e que, a partir dos objetivos genéricos de preservar a espécie, nutrir e proteger a descendência e fornecer-lhe condições para a aquisição de suas identidades pessoais, desenvolveu através dos tempos funções diversificadas de transmissão de valores éticos, estéticos, religiosos e culturais.

Consideramos ainda que a família, ao longo de sua evolução, apresentou-se sob três formatos básicos: a família nuclear (constituída pelo tripé pai-mãe-filhos), a extensa (constituída por membros com laços de parentesco em geral) e a abrangente (que inclui mesmo os não parentes que coabitem). As variações e/ou mutações dessas três modalidades introduzem a discussão sobre a família na contemporaneidade.

A "CRISE" DA FAMÍLIA NOS DIAS ATUAIS

A expressão "crise" tornou-se um lugar comum em nossos dias. Fala-se em crise econômica, crise moral, crise religiosa, crise política, crise do casamento, crise da família, crise das instituições em geral, de tal forma e com tamanha insistência e reiteração que o termo já não mais se reserva para assinalar algum momento ou circunstância de exceção. É utilizado, porém, para sinalizar uma condição permanente ou um estado de crônica insatisfação à espera de certa providência que, ao chegar, restabelecerá a situação anterior de suposto equilíbrio e bem-estar ou nos remeterá à possibilidade futura de solução definitiva de um mal-estar pessoal ou social que nos aflige. Assim, nossa vida transcorre na vigência de uma crise insolúvel e perene a rondar todos os setores de nossas circunstâncias.

É "crise" um conceito equivocado?

Certamente. Crise consensualmente tem sido considerada uma expressão com conotação negativa, sinônimo de catástrofe iminente. Nada mais errôneo. Crise é um ponto conjuntural necessário – diria até indispensável – ao desenvolvimento tanto dos indivíduos como de suas instituições. As crises ensejam o acúmulo de experiência e uma melhor definição de objetivos.

Os ideogramas em chinês para a palavra "crise" apontam para um duplo e antagônico sentido: se um deles significa "ameaça", o outro tem o sentido de "possibilidade".

Por sua vez, nas suas origens etimológicas greco-romanas, a palavra crise apenas significa "decisão", "discriminação", "juízo" (do grego *krisis* derivado de *krino*: eu decido, separo, distingo, julgo), longe do sentido apocalíptico ou de ruptura com que foi o termo impregnando-se através dos tempos.

Assim, quando dizemos que a família hoje está em crise, isso não significa que elas esteja ameaçada de destruição como o querem algumas cassandras que nos últimos tempos andam anunciando sua morte; quando muito estaríamos aludindo a mais uma mutação em seu ciclo evolutivo, algo que quiçá metaforicamente poderíamos comparar a um salto quântico para níveis mais satisfatórios de interação humana. A família é e continuará sendo, a par de seu papel na preservação da espécie, um laboratório de relações humanas onde se testam e aprimoram os modelos de convivência que ensejem o melhor aproveitamento dos potenciais humanos para a criação de uma sociedade mais harmônica e promotora de bem-estar coletivo.

Feita a ressalva quanto à distorção do conceito de crise, vejamos quais são os elementos que determinaram transformações no contexto das famílias contemporâneas e que se inserem na rubrica "crise" mencionada antes:

- O movimento feminista e o reconhecimento dos direitos da criança e do adolescente, com as correspondentes mudanças no exercício do poder no contexto familiar e os respectivos questionamentos sobre a autoridade parental.

- Alteração de paradigma na sexualidade humana pela desvinculação entre o ato sexual e a função de procriar e a aceitação do homossexualismo como uma variante do comportamento sexual humano.
- Resolução das insatisfações matrimoniais pela via das separações conjugais e eventuais recasamentos e reconfigurações dos sistemas familiares.
- Aumento da expectativa de vida e sobrecarga com os cuidados ministrados a progenitores senis.
- Instabilidades no mercado de trabalho e insegurança financeira dos responsáveis pela manutenção do lar.
- Preocupação dos pais com fracassos escolares dos filhos condicionada à necessidade de torná-los autossuficientes economicamente.
- Incremento da cultura consumista, alienação pelas drogas e aumento da violência urbana com ameaças à integridade dos membros da família.
- Avanços tecnológicos e progressos nos meios de comunicação com marcadas repercussões nos hábitos domésticos.
- Mutações nos valores éticos da sociedade.

Portanto, a família está em crise, sim, mas, se esta pode ser tomada no sentido de "ameaça à desintegração", também pode ser entendida como "possibilidade de evolução" para novos e mais satisfatórios padrões relacionais. Por outro lado, pela primeira vez na história da civilização humana, em razão do fenômeno da globalização, é possível cogitar-se da emergência de uma certa uniformidade nos modelos familiares encontrados em todos os quadrantes do mundo em que vivemos.

A família da "aldeia global" está, pois, em gestação e, nesse processo, assume configurações mais diversas e polimorfas, proteimorfismo esse que é uma propriedade dos sistemas em transformação.

Por configurações familiares entendemos o modo como se dispõem e se inter-relacionam os elementos de uma mesma família. E tais configurações se mostram particularmente complexas e com facetas inéditas nas famílias reconstituídas ou reconstruídas, ou seja, aquelas famílias que são provenientes da união de cônjuges com relacionamentos anteriores, com ou sem filhos. Essas famílias constituem o protótipo transicional entre a família nuclear burguesa ocidental do século XX e a família adventícia neste século em que acabamos de ingressar, que incorpora valores e características socioculturais de todas as latitudes.

A QUESTÃO DO PODER NAS FAMÍLIAS CONTEMPORÂNEAS

O eixo em torno do qual gravitam as transformações por que passa a família contemporânea, em consonância com o processo evolutivo da sociedade humana, tem como fulcro *as relações de poder* entre seus membros.

A conquista e a manutenção de estados de poder são inerentes à condição humana e matizam todas as suas manifestações. A família monogâmica prevalente no mundo ocidental ainda hoje deve suas origens à afirmação do poder masculino para assegurar filhos de paternidade inconteste, garantindo assim a continuidade hereditária da propriedade privada e dos bens materiais em geral. Em contrapartida, a submissão feminina sob o jugo patriarcal também se alinha nesse tabuleiro onde se desenrolam os jogos de poder: a esposa abdica do prazer pela posse do companheiro, enquanto a concubina exerce seus direitos sobre a província hedonista da qual se tornou arrendatária.

O movimento de emancipação feminina, apoiado na evidência de que não há razões biológicas nem psicológicas para sustentar a desigualdade social entre homens e mulheres, ainda está longe de se concretizar, segundo a opinião de algumas feministas. Carla Ravaioli (1977) observa: "a mulher permanece hoje, como ontem, metade odalisca, metade sufragista (...) é ela cúmplice da discriminação de que é vítima".

A guerra dos sexos, como o conflito de gerações e todos os demais estados de beligerância entre seres humanos, é alimentada, em última instância, por uma disputa pelo poder. E o narcisismo humano é o combustível que move homens, mulheres e seus descendentes nesta ciranda em busca do poder, dentro e fora do âmbito da família.

Do domínio do homem sobre a mulher passa-se ao jugo dos pais sobre os filhos e cuja feição contemporânea aparece sob a rubrica de "conflito de gerações". A luta pelo poder entre as gerações na sociedade competitiva de nossos dias é polarizada por sentimentos de inveja recíprocos: os pais invejam nos filhos o vigor físico e suas possibilidades de usufruir no futuro as benesses do acelerado progresso tecnológico; os filhos, por sua vez, invejam nos pais o poder econômico que os leva a, por seu intermédio, monitorarem o destino dos filhos. E fala-se agora em uma "filiocracia", ou tirania dos filhos, como reação a "patercracia" de direito e a "matercracia" de fato na chamada família tradicional, de raízes judaico-cristãs. Como, pois, discutir-se a instituição familiar sem considerá-la uma instância promotora dos desígnios do Poder?

Parece-nos indiscutível que o sentimento de posse envenena as relações humanas, e tal sentimento radica-se nos núcleos narcísicos arcaicos da condição humana. Em cada relação afetiva somos levados a reeditar o vínculo possessivo original com a matriz que nos gerou. A fantasia primordial do bebê é que a mãe existe em função dele, unicamente para servi-lo e satisfazer suas necessidades. A vida se encarregará de corrigir essa ilusão primária e o fará à custa de maior ou menor grau de sofrimento psíquico por parte do indivíduo, consoante sua respectiva maior ou menor capacidade de renúncia à posse exclusiva do objeto amado.

Em outras palavras, em um bem-sucedido processo de amadurecimento psicológico, o indivíduo deve poder despojar-se do desejo onipotente de domínio e posse do outro para que se criem condições de uma melhor qualidade de vida relacional, pois a busca pelo poder não só escraviza tirano e tiranizado como os infelicita.

Voltando à primitiva relação mãe-filho: não é só o bebê que deseja tiranizar a mãe com seus impulsos possessivos; esta também pode nutrir em relação a seu rebento iguais sentimentos de posse e domínio. É, pois, um vínculo que pode assumir características simbióticas, tornando-se mutuamente exclusivo e totalitário. Essa situação prototípica vamos encontrar em todos os relacionamentos humanos em que se reeditam esses jogos de poder que objetivam submeter o outro aos desígnios pessoais de cada um.

Todo o agrupamento humano serve aos propósitos de instrumentalizar a busca de alguma forma de poder para (ou entre) seus membros. A família não foge a esta regra. Como as demais instituições humanas desvia-se ela de seus objetivos originais para servir a propósitos de busca de estados de poder que favoreçam um ou outro de seus componentes. Se originariamente a família visava a assegurar a sobrevivência dos descendentes e servir de continente para as necessidades físicas e emocionais de seus elementos constituintes, foi ela paulatinamente adquirindo a feição de uma agência modeladora dos desejos, pensamentos e ações de seus membros, a serviço de intenções hegemônicas dos que detinham o poder no seio da família.

Mas – indagarão alguns – a luta pelo poder no seio da família não existiu sempre? Filicídios e parricídios ao longo da história não são testemunhos eloquentes disso? Sim, indubitavelmente. No entanto, o próprio processo em curso de "democratização" da família, com o reconhecimento ao direito de os filhos moldarem seus próprios destinos e a equiparação social dos cônjuges, trouxe a necessidade de se encontrar outros pontos de equilíbrio na distribuição do poder e com isso quiçá intensificam-se as reivindicações de parte a parte, no afã de cada um assegurar uma "fatia maior do bolo", para usar uma expressão derivada de nosso cotidiano consumista.

Quando nos referimos anteriormente à etimologia da palavra "família" e a conotamos à ideia de "servidão", aludindo à natureza possessiva das relações familiares, sugeriu-se que a família fosse uma instância promotora dos desígnios do poder. O eixo em torno do qual gravitam as transformações por que passa a família contemporânea gira no mesmo compasso do atual momento evolutivo da sociedade humana, empenhada em questionar as relações de poder entre seus vários estratos. Não se pode, portanto, entender a família de hoje sem analisá-la à luz dessa busca de um novo equilíbrio no jogo de poder entre seus membros: entre marido e mulher, em função da nova ordem sexual e da redistribuição de seus papéis tanto no contexto familiar como no mercado de trabalho; entre pais e filhos, pela ascensão do poder jovem e a consequente revisão da autoridade parental; e entre irmãos, pela necessidade de substituir posturas de rivalidade por um padrão de cumplicidade e solidariedade para fazer frente ao mundo competitivo de nossos dias.

O NOVO PARADIGMA NA SEXUALIDADE HUMANA E A FAMÍLIA CONTEMPORÂNEA

As metamorfoses da família nos tempos atuais indubitavelmente só poderão ser compreendidas à luz das profundas modificações no comportamento sexual da sociedade hodierna.

A sexualidade humana, para que se a aborde sob um prisma integrador, não pode ser dissociada – como de hábito o é – em uma sexualidade feminina e outra masculina. Essa contraposição desloca o exame da questão sexual para a estéril discussão sobre a primazia de um sexo sobre outro ou das vantagens e desvantagens de cada qual. Por outro lado, a crescente pressão dos homossexuais para o reconhecimento de seu comportamento como uma opção sexual equiparável socioculturalmente à conduta heterossexual já não mais permite que se discuta hoje em dia a sexualidade humana tendo como parâmetro único a dicotomia entre os sexos.

A crescente segurança dos métodos anticoncepcionais e o aperfeiçoamento de fecundação *in vitro*, praticamente dissociando o coito da função reprodutora; os progressos da cirurgia reconstrutiva permitindo a consumação do transexualismo; a superação de tabus e preconceitos pelo maior conhecimento da fisiologia sexual e dos psicodinamismos da sexualidade humana; o aumento da promiscuidade sexual, com o consequente recrudescimento das doenças venéreas e o advento da AIDS – eis algumas das novas circunstâncias que vêm balizando a discussão sobre a chamada "revolução sexual" no limiar do terceiro milênio e dando lugar a uma bateria de questionamentos sobre o lócus da sexualidade no contexto existencial dos seres humanos.

O exercício da sexualidade nem sempre esteve atrelado às questões morais, como ocorre na civilização ocidental a partir da tradição judaico-cristã. Em muitos povos da Antiguidade, como também entre os aborígenes da Oceania e da América, isso não aconteceu. Na Melanésia, por exemplo, a única interdição respeitada é a do tabu do incesto; no restante, a conduta em relação ao sexo é bastante livre de restrições, sendo a nudez consentida, não se impedindo as crianças de presenciarem a conjunção carnal dos adultos, favorecendo-se os jogos sexuais dos impúberes e até mesmo propiciando-se aos jovens uma verdadeira aprendizagem sexual sob a supervisão de um experimentado mestre. Fica-nos, então, a indagação de por que, sobretudo entre os cristãos, o corpo e a sexualidade foram alvos de tanta repressão e repúdio. Uma das explicações aventadas, até certo ponto ingênua, e que, por não poder ser generalizada, não resiste ao mais elementar exame crítico, é que o homem civilizado rejeita sua genitalidade por vê-la confundida com as funções excretoras. Já o tabu do incesto, que parece ser comum a todas as culturas desde tempos imemoriais, oferece justificativas mais plausíveis para o rechaço à sexualidade pela interdição original.

A noção de "pecado", vinculada ao desejo e à atividade sexual, permeia toda a história da cristandade, desde o mito de Adão e Eva até o dogma da imaculada concepção de Maria. Na fé católica, a virgindade, a castidade, a renúncia aos prazeres da carne e o celibato são associados à ideia de santidade e de salvação religiosa, sendo a quebra dos preceitos, com relação à interdição do sexo fora das finalidades de procriação da espécie, considerada uma violação dos mandamentos da igreja.

Embora as confissões protestantes sejam mais brandas do que o catolicismo nas questões sexuais, até por admitirem o casamento de seus sacerdotes, de uma forma geral, o cristianismo repudia o livre exercício da sexualidade e constituiu-se até muito recentemente no maior obstáculo à revisão da questão sexual à luz dos conhecimentos científicos e livre de tabus e preconceitos.

A prática da circuncisão entre os judeus e da excisão do clitóris em certos rituais africanos não fugiriam a esse contraponto entre religiosidade e sexualidade ao longo da história, assim como o fazem os muçulmanos, ao incentivar a poligamia e reprimir violentamente o adultério feminino.

A assim chamada revolução sexual é, contudo, um processo em marcha e irreversível, malgrado todos os esforços da religião institucionalizada para sufocá-la ou, ao menos, conter seus avanços.

Tudo isto nos conduz à necessidade de um reordenamento dos valores éticos em relação à sexualidade humana em razão da caducidade da "velha ordem sexual" gerenciada pelo espírito religioso e da ruptura da sociedade contemporânea com os princípios por ela defendidos.

A nova moral sexual, livre dos tabus e preconceitos de ordem religiosa, aponta para a possibilidade de superação dos costumes que violentam a natureza humana por desconsiderar sua essência instintiva e permite que se vislumbre a sexualidade como via satisfatória e criativa para acessar a mais genuína fonte de felicidade que se conhece: a relação amorosa e íntima com outro ser humano.

O resgate da vocação do intercurso sexual para a obtenção do prazer, livre de culpas e consequências indesejáveis, e para a veiculação dos afetos e o estabelecimento de vínculos amorosos é a tarefa primordial desse novo paradigma moral que se esboça na esteira da revolução dos costumes sexuais.

O livre exercício da sexualidade é uma conquista da sociedade contemporânea e, ao contrário do que apregoam muitos moralistas de plantão que vicejam nas sebes da hipocrisia, não será ela responsável por nenhum apocalíptico desregramento do convívio social e nem ameaçará a sobrevivência da família, que repousa sobre outras primordiais motivações e necessidades humanas.

O argumento derradeiro dos que se opõem a esta salutar renovação do comportamento sexual é o aumento da promiscuidade e dos males dela decorrentes, tais como a maior incidência de doenças venéreas e sobretudo da AIDS. Ora, isto é como sugerir que renunciemos ao progresso tecnológico pelos males que dele necessariamente advirão, como se ingenuamente ignorássemos que os inconvenientes não são dos avanços da tecnologia, e sim da cupidez humana que os administra. O uso perverso da sexualidade ou o desvio de seus fins precípuos não podem ser argumentos para que nos privemos de todo o manancial de prazer e intercâmbio afetivo que ele nos pode proporcionar.

É inegável o valor intrínseco da sexualidade livremente exercida para a obtenção de uma melhor qualidade de vida. O aperfeiçoamento das práticas anticoncepcionais e o gradativo controle das doenças sexualmente transmissíveis tornarão irrevogáveis as conquistas feitas em nossa época no sentido de garantir aos seres humanos em geral, e aos jovens em particular, o direito à sexualidade plenamente usufruída, condição indispensável para o enriquecimento afetivo da humanidade.

A família, ao mesmo tempo em que regula o exercício da sexualidade humana, tem por ela determinada suas distintas configurações e objetivos. É a família, ainda, o laboratório de experimentação e análise crítica dessa nova moral sexual emergente, como será também beneficiária imediata de um contexto menos repressor, mais sintônico com as demandas da natureza humana e provedor de um ambiente propício ao reconhecimento e adequada satisfação das necessidades sexuais de seus membros.

É no seio da família de hoje – e não fora dela como se poderia pensar – que a revolução dos costumes sexuais está a gestar um novo paradigma moral. Esse processo transita *pari-passu* com os movimentos reivindicatórios dos direitos da mulher e dos homossexuais, com o questionamento do autoritarismo em todas as suas formas, com a falência da religião como reguladora do comportamento humano e o fracasso das ideologias políticas como via de acesso às utopias sociais, com o advento das novas tecnologias, com a transição da onda industrial para a era das telecomunicações e, *last but not least*, com a substituição do poder gerôntico pelo poder jovem.

Que a nova ordem sexual é a pedra-de-toque das transformações na família contemporânea é inegável e, portanto, não há como deixar de lhe conferir o necessário relevo ao se tratar do tema proposto para este capítulo.

A FAMÍLIA DO FUTURO

Toffler (1983), renomado futurologista e estudioso do que chama "ondas civilizatórias", assim resume sua ideia da família do futuro:

> Vejo a sociedade evoluindo para um período em que brotam, florescem e são aceitas muitas diferentes estruturas de família. Seja a cabana eletrônica, com papai, mamãe e o filho trabalhando juntos, ou um lar de um casal, cada qual com sua carreira, ou único progenitor, ou uma dupla de lésbicas criando uma criança, ou uma comuna ou qualquer número de outras formas, haverá pessoas vivendo nelas, o que sugere uma variedade muito mais ampla de relacionamento homem-mulher do que existe hoje.

Gostaríamos de iniciar o exercício prospectivo sobre a família de que trata este tópico justamente por esta questão colocada por Toffler ao final do parágrafo anterior: o relacionamento homem-mulher. O próprio Toffler observa que "ao deixarmos de uma vez por todas uma economia baseada no poder do músculo e passando para outra que se radica no poder da mente, isto elimina desvantagens fundamentais no caso das mulheres". Efetivamente, a igualdade de direitos, deveres e opções entre os sexos é um dos fundamentos das transformações por que passa a família contemporânea e se projeta no futuro sob a forma de um novo padrão relacional entre homem e mulher, em que a força física deixa de funcionar como fator de desequilíbrio.

A revolução sexual em processo na contemporaneidade tem sido monitorada, como vimos, pela desvinculação entre o prazer sexual e as funções reprodutivas e pela aceitação do homossexualismo, assim como do bissexualismo, como orientações sexuais assimiladas ao *ethos* de nossos tempos. Ao que tudo indica, o passo seguinte será a consumação da separação entre o processo de reprodução e as funções de "paternagem" ou "maternagem".

A reprodução *in vitro*, as "barrigas de aluguel", as denominadas "produções independentes" das mães solteiras, a possibilidade de o homem gerar um filho em seu ventre, ainda no terreno das especulações, mas não mais uma impossibilidade neste "admirável mundo novo" das tecnologias tangenciando milagres de outrora, e, *last but nos least*, a hipótese de que os progressos da engenharia genética permitam a clonagem de seres humanos com a reprodução destes totalmente desvinculada dos processos naturais de fecundação e gestação, reservando em definitivo o coito à função de proporcionar prazer a seus praticantes – eis alguns elementos de impacto capazes de por si só trazer novas e mais profundas alterações na estrutura da chamada família tradicional. Para tornarmos mais concreto o significado dessa afirmação, tome-se o inusitado de algumas situações decorrentes de certas conquistas da medicina no setor reprodutivo, como a condição da mãe que "empresta" seu ventre para a filha histerectomizada para que nele se geste o produto da união das células reprodutivas da filha e de seu genro: ela será, pois, avó de seu filho, que, por sua vez, além de ser filho de sua avó, será irmão de sua mãe e cunhado de seu pai. Incrível, não é mesmo? Já pensaram nos reflexos de tal situação sobre o processo da aquisição da identidade dessa criança?

Quando a ficção científica torna-se realidade, somos confrontados com a inevitabilidade de uma mudança de paradigma, no caso presente, nas relações familiares.

Não obstante, mesmo quando a geração de um novo ser já não depender do intercurso sexual entre seus pais e quando sua gestação já não necessitar do útero materno para nele se processar, ele necessitará ainda do equivalente às funções de parentagem para sobreviver e se desenvolver.

A condição neotênica do ser humano, ou seja, seu despreparo para sobreviver pela precariedade de seu equipamento sensório-motor por ocasião do nascimento, talvez venha a ser, em um futuro mais remoto, a ser superada pelo progresso tecnológico, mas este não aposentará a necessidade de contato e convívio com outros seres da espécie para o desenvolvimento físico e emocional dos bebês humanos.

E como será, então, a família de amanhã? Um microcosmo em que se experienciarão novas modalidades de relacionamento humano? Uma espécie de laboratório em que o respeito à privacidade e a relativização das tendências gregárias do ser humano o manterão protegido da massificação das megalópoles em formação?

E os lares, para que servirão? Serão eles instituições voltadas para fins públicos como foram na antiguidade greco-romana? Ou microcentros de convívio e lazer? Ou ainda substitutos do escritório ou oficina de trabalho, algo como a "cabana eletrônica" de Toffler, cujos *inputs* e *outputs* permitirão o contato e extensão em profundidade com o mundo exterior sem ter de sair de casa e onde a atividade laborativa poderá voltar a ser compartilhada por todos os membros da família como o foram no passado nas populações rurais?

Essas são indagações que nos são suscitadas pelos rumos que tomam as mudanças na estrutura familiar acarretadas pelo impacto dos avanços tecnológicos na sociedade contemporânea. Mas, a par dessas transformações que se radicam nas consequências do progresso do conhecimento humano no controle de suas condições físico-ambientais, há um outro nível transformativo que se processa no âmago da natureza humana e que, a nosso ver, articula-se com a mitigação dos impulsos narcísicos do homem e o consequente abrandamento de sua inclinação para o exercício do poder sobre seus semelhantes.

Tanto a maturidade dos indivíduos considerada isoladamente como a dos grupos e instituições que formam repousam sobre a renúncia à condição onipotente original, que é a do bebê que vem ao mundo com a ilusão de que este e os que o habitam estão aí para servi-lo.

A trajetória em direção ao amadurecimento emocional pressupõe a paulatina aceitação das limitações humanas e a renúncia à fantasia de que somos o centro do universo. A maturidade da família alicerça-se em postulados similares, ou seja, a instituição familiar tende a evoluir para níveis mais satisfatórios de interação entre seus membros e para uma maior aproximação à sua destinação histórica, na medida em que gradativamente possamos abrir mão do primado da posse e domínio de uns sobre os outros no contexto familiar, ou seja, na medida em que aceitarmos que o universo familiar é uma realidade vivencial compartilhada por todos em relações de reciprocidade e mutualidade. Para usufruí-lo em toda sua plenitude, é preciso renunciar à fantasia de que ele, o universo familiar, nos pertence ou só existe para atender a nossas necessidades e desejos.

Por outro lado, assim como o bem-estar psicossocial do indivíduo está intrinsecamente vinculado à aceitação de sua finitude, o bem-estar familiar é indissociável da aceitação de que a família é um grupo fadado a se dissolver tão logo cumpra suas funções de ensejar a constituição de novas famílias, estabelecendo um *continuum* de unidades sociais que permitam a perpetuação da sociedade através de suas células-mater. A família que aceita sua finitude permite, *ipso facto,* o crescimento individual, a autonomia e a diferenciação de seus membros e torna-se mais apta a se desenvolver satisfatoriamente dentro dos limites previsíveis de sua ação e existência, ao passo que a família que nega sua transitoriedade e mantém seus membros aglutinados em uma perene disposição à possessividade uns dos outros deixa de funcionar como um continente adequado para a definição e a manutenção das diferenças humanas e, com isso, enfraquece seu papel cultural e adoece como organismo social.

A aceitação por parte dos pais de que não são donos do destino dos filhos e de que é inevitável sua perda pelo crescimento e disposição a formar novos e distintos núcleos familiares, bem como a correspondente aceitação por parte dos filhos de que não podem deter o envelhecimento dos pais nem assegurar sua onipresença protetora, são condições básicas para balizar a maturidade de um grupo familiar.

Na obtenção dessas condições reside não só o maior desafio à família do futuro como também a promessa de sua maior conquista em seu périplo evolutivo através dos tempos. A família, na qual nada se perde, nada se cria, mas tudo se transforma, para que não pereça e siga, através dos tempos, sendo o continente adequado para acolher nossos anseios e ideais ao longo do périplo existencial, está hoje tão viva como sempre.

A família, no limiar desse novo giro em sua espiral evolutiva, será, quiçá em um tempo não muito remoto, o lócus apropriado às mais legítimas manifestações do instinto gregário do homem: onde a afinidade, e não apenas os laços de afiliação ou consanguinidade, presidirá a relação entre seus membros; onde o sentimento de posse cederá gradativamente seu lugar ao anseio de doação; onde o contrato cível ou religioso entre os casais não prevalecerá sobre o livre e espontâneo vínculo amoroso; onde o direito sobre os filhos não terá primazia em relação ao direito dos filhos; onde os pais não se sintam em eterna obrigação para com os filhos apenas porque os geraram; onde a responsabilidade e não a culpa seja o elemento básico a regular as relações familiares; onde, enfim, todas essas transformações assinalarão o advento da maioridade social da família, de sorte que o sombrio retrato dela traçado como um grupo formado por pais soturnos, mães submissas e filhos aterrorizados permaneça apenas como a fugidia lembrança de um arquétipo definitivamente ultrapassado.

NOTA

1. Em países de língua espanhola, é hábito as mulheres adotarem o sobrenome do marido com a preposição "de" ao se casarem. Por exemplo, se Gabriela Mistralde casasse com Pablo Neruda, poderia se chamar Gabriela Mistral de Neruda.

REFERÊNCIAS

ESCARDÓ, F. *Anatomia de la família*. Buenos Aires: Ateneo, 1955.

LEVI-STRAUSS, C. *L'antropologie structurale*. Paris: Plon, 1958.

OSORIO, L. C. *Família hoje*. Porto Alegre: Artmed, 1996.

OSORIO, L. C.; VALLE, M. E. P. *Terapia de famílias*: novas tendências. Porto Alegre: Artmed, 2002.

PICHON-RIVIÈRE, E. *El proceso grupal*. Buenos Aires: Nueva Visión, 1981.

RAVAIOLI, C. *La questione femminile*. Roma: Saggi Bompiani, 1977.

TOFFLER, A. *Previsões e premissas*. Rio de Janeiro: Record, 1983.

capítulo 2

QUEM, O QUÊ, QUANDO E COMO? MANEJANDO O CONTEXTO TERAPÊUTICO NA PRÁTICA SISTÊMICA

FLÁVIO LÔBO GUIMARÃES
LUCIANA MONTEIRO PESSINA

A partir do referencial sistêmico e por meio de exemplos de casos clínicos, discutimos nossa prática com famílias, casais e outros sistemas, enfocando o manejo do contexto terapêutico e suas diferentes possibilidades, em termos de sua composição, dos assuntos tratados, dos momentos mais adequados, das atividades a serem propostas e até mesmo do tipo de serviço a ser oferecido. Com isso, procuramos demonstrar nossa preocupação com a criação e manutenção de um espaço multidimensional onde possamos nos movimentar, ajudando as pessoas a resgatarem sua competência e a experimentarem visões e soluções ainda não tentadas.

INTRODUÇÃO

Um dos temas que mais nos tem envolvido na prática clínica com famílias e casais talvez possa ser resumido em uma sentença de Guy Ausloos, em *A competência das famílias: tempo, caos, processo*, que diz assim: "é aceitando a epistemologia das famílias que podemos levá-las a partilhar a nossa" (Ausloos, 1996, p. 35). Na tentativa de traduzir essa sentença em ações cotidianas, eis algumas das perguntas que nos ocorrem em vários momentos do nosso trabalho:

- O quanto é necessário acolher a família com o paciente identificado em seu papel de paciente identificado – que é como a família se apresenta – e o quanto é possível propor visões que comportem esse membro da família em outras posições? Que riscos e possibilidades estão envolvidos aí: desistência da família, vinculação da família? Quando é o tempo de começar a negociar essas visões com a família?
- O quanto é necessário atender a pedidos explícitos da família e o quanto é possível negociar com ela a formulação de outros pedidos, que nós, como terapeutas, acreditamos que sejam mais viáveis em um contexto terapêutico, sem desqualificar a visão da família?
- Como pôr em prática a concepção de que o cliente é o especialista – e portanto a pessoa mais qualificada para falar de si e de seus problemas – e ao mesmo tempo compartilhar com ele nossas percepções, que muitas vezes são diferentes?
- Como flexibilizar o espaço terapêutico para que ele possa ser desenhado e redesenhado em função das necessidades específicas do atendimento, sem que isso represente abrir mão de nossa maneira de trabalhar, que faz sentido para nós, e sem dar a impressão de que podemos fazer qualquer coisa, sem critérios? Quais os limites e as possibilidades desse redesenhar?

Temos desenvolvido nosso trabalho na clínica privada em permanente diálogo com essas indagações, todas elas centradas na construção da prática e mais especificamente no manejo do contexto terapêutico. Concretamente, decisões que dizem respeito **a quem** vem à sessão, de que temas nos dispomos a tratar, **quando** vamos tratar **do quê** e **de que maneira** povoam nosso dia a dia e têm sido objeto de interesse para muitos terapeutas de família desde o início (ver, p. ex., Whitaker e Bumberry, 1990; Haley, 1979; Palazzoli et al., 1988).

Os desdobramentos mais recentes do campo trouxeram desafios à postura tradicional do terapeuta, que foi chamado a adotar uma atitude de não saber (Anderson e Goolishian, 1988, 1998), a buscar ativamente a competência das famílias (Ausloos, 1996), a manter a mente sistêmica (Cecchin, 1997), a não tentar reduzir a complexidade dos problemas (Morin, 2005), a conversar sobre a conversa diante da própria família (Andersen, 1996), a assumir uma metaposição e olhar-se dentro do sistema terapêutico, identificando as ressonâncias (Elkaïm, 1990), tudo isso sem patologizar nem culpar. É como se o terapeuta fosse convidado a abandonar a proteção das certezas teóricas, abstendo-se de encaixar de maneira *a priori* as pessoas e os acontecimentos em seus modelos e a se aventurar na incerteza, na complexidade, na multideterminação dos fenômenos.

Neste capítulo, procuramos, por meio da discussão de exemplos de três casos clínicos,[1] enfocar nossas tentativas de desenhar e redesenhar a terapia enquanto navegamos nesse mar de perguntas e desafios. González Rey (1999) defende o valor do estudo de caso como forma de investigação e produção de conhecimento. Segundo o autor, o potencial de generalização de uma produção teórica não se dá em função de uma relevância estatística, mas em função do poder de geração de novas ideias e ampliação do universo conceitual que envolve determinada categoria ou teoria. Por sua vez, Féres-Carneiro (2008) defende a articulação da prática clínica e da pesquisa no processo de construção do conhecimento e no enriquecimento da prática terapêutica. Citando Maturana, a autora adverte que "há diversos modos de fazer terapia, e esses modos distintos têm a ver com as distintas características dos terapeutas. Para ele, haverá tantas propostas terapêuticas quantos forem os terapeutas" (Féres-Carneiro, 2008, p. 354). Assim, dispomo-nos aqui a tentar olhar nossa prática, recontá-la, construir percepções sobre o que fizemos, o que deu certo e o que não deu certo, os "quês", "quens", "quandos" e "comos".

A TERAPIA DO MENINO QUE NUNCA VIMOS

Contato telefônico

Antônio (36), casado com Ana (32), telefona porque quer a opinião dos terapeutas sobre a necessidade de seu enteado, Dudu (8), fazer terapia. Conta que Leonardo (32), ex-marido de Ana e pai de Dudu, insiste em dizer que a criança sofre de traumas em função da separação dos pais e que precisa de terapia. Antônio defende que o garoto está ótimo e que não precisa de psicólogo.

A terapeuta solicita informações do genograma familiar para compreender melhor o pedido. Ana e Leonardo foram casados e se divorciaram há 4 anos. Tiveram Dudu, que hoje está com 8 anos. Logo após o fim do casamento, Ana e Antônio, que eram colegas de trabalho, começaram um relacionamento e estão juntos há 3 anos e meio. Há 4 meses, nasceu o filho do casal. Leonardo também reconstituiu família. Possui uma filha de pouco mais de 1 ano com sua atual parceira (Letícia, 25).

Antônio coloca que ele e a esposa acham que podem estar contribuindo para que Dudu e o pai não se deem bem. Dispõem-se a conversar juntos sobre isso. A terapeuta pergunta como seria para eles a proposta de reunir os dois casais para uma entrevista inicial. Antônio concorda e diz que levará a proposta para os demais. A sessão é marcada.

No caso apresentado, é interessante notar que quem fez o primeiro contato foi o padrasto da criança em questão. Essa informação sobre a organização do sistema nos motivou a explorar um pouco mais o genograma familiar já no contato telefônico. No telefonema, também chamou a atenção o quê estava sendo definido por Antônio como problema. Ele pediu a nossa ajuda porque achava que o enteado não precisava de terapia. Para Leonardo, o problema parecia estar relacionado aos traumas de seu filho, que necessitaria de acompanhamento psicológico. A descrição desse cenário nos auxiliou a negociar o desenho da primeira sessão, ou seja, a definição de quem viria.

Na história da terapia familiar, manejos diversos foram adotados pelos terapeutas para o convite ou convocação da família. Whitaker costumava travar uma "batalha pela estrutura" (Whitaker e Bumberry, 1990) com algumas famílias, convocando os membros da família extensa e condicionando a realização da sessão à presença de todos. Murray Bowen, devido à sua preocupação com processos transgeracionais, considerava uma etapa necessária da terapia de casal, após o estudo cuidadoso do genograma, a volta de cada cônjuge para suas famílias de origem (Andolfi, 1995). Os terapeutas estruturais e estratégicos faziam escolhas em função dos objetivos que traçavam. Podiam convidar toda a família nuclear ou apenas algum subsistema, como os pais, fazer uma aliança com eles, passar uma tarefa secreta e assim por diante (Palazzoli et al., 1988; Haley, 1979). Para negociar a alta de jovens internados após tentativa de suicídio, Ausloos (1996) solicita que o paciente convoque todos aqueles que poderão ficar preocupados com uma nova tentativa de suicídio. Na composição do sistema terapêutico, essa perspectiva se aproxima da de terapeutas como Anderson e Goolishian (1988), que definem o sistema terapêutico (quem) em função daqueles que estão, "na linguagem", organizados em torno do problema.

Voltando ao caso atual, desde o telefonema, percebemos o nível de mobilização do padrasto e o fato de ele se incluir no problema, ao dizer que achava que ele e a esposa poderiam estar contribuindo para atrapalhar a relação de Leonardo com o filho. O conflito acerca da terapia nos indicava que devíamos fazer um esforço de inclusão, e não de exclusão, pois ambos os lados já se sentiam de alguma forma alijados desse processo decisório, e isso era parte do problema. Orientados por uma perspectiva dos sistemas determinados por problemas (Anderson e Goolishian, 1988, 1998), mas também preocupados com um equilíbrio de forças no sistema terapêutico, convidamos também a atual companheira de Leonardo. A opção de não convidar a criança estava calcada na própria questão trazida por Antônio: Dudu precisa ou não de terapia? Era para decidir isso que a família se dispunha a vir, o que excluía, já de início, a vinda de Dudu. Por fim, procuramos acolher um sistema terapêutico que possibilitasse assegurar maior multiplicidade de visões acerca do problema.

Primeira sessão

Após as apresentações, os terapeutas perguntam aos dois casais o que os traz àquele contexto. Leonardo coloca que seu filho precisa de terapia, pois a separação entre ele e Ana foi traumática e afetou Dudu. Relata então uma briga que teve com Ana e Antônio há duas semanas: "Eles acham que o Dudu não tem problemas". Conta ainda que, no ano passado, levou o filho por conta própria a uma psicopedagoga para uma avaliação psicológica sem perguntar à ex-esposa sobre o assunto. Dudu ligou para a mãe e disse: "Meu pai está me levando para a psicóloga". Leonardo diz que isso gerou muito conflito.

Antônio passa a relatar sobre o período do divórcio: "Ana quis se separar, Leonardo não aceitou". Conta que o processo foi muito difícil: "Leonardo pediu que eu não visse Dudu por dois meses". Antônio fala de sua relação com seu enteado: "Eu me considero o segundo pai de Dudu. Amo-o como amo meu filho". Fala sobre a disputa judicial pela guarda da criança: "Leonardo entrou na justiça. (...) Isso foi feito nas nossas costas. Eu sinto muita raiva".

Ana complementa dizendo que tem a guarda e, portanto, tem o direito de saber o que ocorre com Dudu. Refere-se ao fato de Leonardo ter levado o filho à terapia sem que ela soubesse, como um ato desonesto. Considera que o filho está bem em casa, na escola e com os amigos e que está apenas passando por uma fase de indisciplina e ciúmes do irmão que nasceu há poucos meses.

Quando retoma sua fala, Leonardo reage à fala de Antônio e diz diretamente para ele: "Eu nunca engoli essa história de que você é o pai do Dudu". Uma discussão se inicia, e o clima da sessão fica bem pesado. Letícia toma a palavra e todos se calam para ouvi-la: "Primeiro vamos nos entender, porque um fala uma língua, outro fala outra". Diz que percebe que Dudu não se comporta com ela e Leonardo da mesma forma que quando está com o outro casal: "Às vezes, o Dudu fica agressivo lá em casa". Diz que o medo de Leonardo perder o filho faz com que ele não dê limite. "Isso vai fazer mal para o Dudu. O mundo diz não para a gente."

Nesse trecho, é interessante notar a conexão entre o presente (dilema acerca da terapia de Dudu) e o passado recente (o divórcio). Leonardo fez uma conexão entre os dois eventos quando percebeu traumas em seu filho. Embora Ana e Antônio discordassem da visão de Leonardo, também eles ligaram os dois momentos, pois tomaram o comportamento de Leonardo de levar Dudu à terapia da mesma forma como haviam tomado sua atitude de levar à justiça o conflito em torno da guarda, algo, segundo eles, feito pelas costas, uma traição. O clima emocional começou a se inflamar e culminou com o embate explícito entre os dois homens: uma disputa pela paternidade de Dudu.

O dilema em relação à terapia de Dudu é a demanda explícita do sistema. Solicitaram ajuda para decidirem esse assunto. Mas percebemos que a situação atual estava estreitamente ligada ao divórcio e suas consequências, que emergiam de imediato na sessão. O que poderia ocorrer se os terapeutas resolvessem abordar essas questões?

Em nossa prática clínica, temos percebido a importância de **quando** abordar **o quê**. Na primeira sessão, estamos preocupados com a construção do vínculo com as pessoas e evitamos a tentação de "desarmar minas". Nessa sessão, optamos por não explorar o assunto do divórcio, nem a disputa dos homens pela paternidade de Dudu. A fala de Letícia foi providencial, pois reconduziu a conversa para o tempo presente e nos mostrou o quanto sua participação era importante para a mediação dos conflitos no sistema terapêutico.

Ao fim da primeira sessão, combinamos que eles decidiriam se a criança faria ou não terapia, enquanto nós nos comprometeríamos a facilitar o processo de decisão. Assim, escapávamos do difícil papel de "juízes" da questão e da posição de terapeutas especialistas, o que nos faria pender ora para um lado, ora para o outro, como se só houvesse duas soluções possíveis, e colocaria em risco nossa possibilidade de ajudá-los.

Segunda sessão

Os terapeutas propõem uma atividade, colocando um objeto no centro do tapete para representar Dudu. Pedem que cada um se posicione no tapete em relação à criança. Após se posicionarem, pedem que cada um reflita sobre como se sente naquela posição e como vê Dudu. Depois, ao comando dos terapeutas, trocam de posições uns com os outros, refletindo sobre como se sentem em cada posição experimentada. Outra imagem é então solicitada pelos terapeutas. Cada um deve se posicionar no tapete em relação a como gostaria que fosse com Dudu. Nessa imagem, os terapeutas pedem que eles, um por vez, experimentem a posição de Dudu. Leonardo então sugere que cada um experimente a posição de Dudu na imagem anterior, o que é aceito por todos.

No processamento da atividade, os terapeutas exploram as impressões e sentimentos de cada um. A posição inicial de Leonardo (mais distante, fora do tapete) suscita muitos comentários. Ana e Antônio criticam a atitude dele, dizendo que se coloca como vítima. A relação entre os dois homens é também enfocada. Antônio diz: "Percebi uma tensão entre mim e Leonardo". Leonardo afirma: "Eu e o Antônio temos muita coisa para resolver". Mas é a posição de Dudu nas duas imagens a que mais suscita reflexão. Letícia ressalta que, nas imagens, Dudu estava sempre de costas para alguém. Entre duas figuras masculinas tão diferentes, Letícia imagina que Dudu pode ficar confuso, sem saber para qual lado se voltar. Leonardo acrescenta que, no lugar de Dudu, teve vontade de sair do círculo: "Eu me senti sufocado". Conclui que o filho precisa de um pouco mais de espaço e relata que percebeu a falta que Dudu sente do pai. Antônio e Ana concordam com essa observação de Leonardo.

Ao nos prepararmos para a segunda sessão, tomamos duas decisões: uma a respeito do **quê**, outra a respeito do **como**. Em primeiro lugar, decidimos tratar do presente, ou seja, daquilo que os havia trazido à terapia e os configurava como um sistema determinado por um problema, em vez de nos enveredarmos pelo caminho tentador das consequências relacionais do divórcio. Isso porque já havíamos experimentado como o clima da sessão se tensionara quando esse passado recente foi evocado na primeira sessão e avaliamos como alto o risco de implosão do sistema terapêutico caso o passado fosse enfocado muito prematuramente. Em segundo lugar, decidimos trazer a criança dramaticamente, através das técnicas do presente-ausente e da inversão de papéis (Moreno, 1993; Seixas, 1992). Isso por considerarmos que essas técnicas permitiriam aos adultos entrar em contato com a perspectiva da criança, de forma que esta pudesse ter voz no sistema terapêutico e que seu sofrimento pudesse encontrar expressão. Até então, os adultos estavam preocupados com seus conflitos e apresentavam dificuldade de enxergar a criança. A dinâmica da segunda sessão proporcionou muitas compreensões e revelou-se uma metáfora poderosa do jogo relacional do sistema em questão. Por muitas vezes, foi lembrada e utilizada para ilustrar falas dos participantes em sessões subsequentes.

A terapia prosseguiu por muitos encontros com esse sistema terapêutico. A abertura do canal de comunicação entre "as duas casas de Dudu" favoreceu a negociação de muitas questões relativas a sua rotina, educação e projetos futuros. À medida que a demanda explícita foi atendida, outras questões foram surgindo, e o sistema demonstrou mais continência para suportá-las: a rivalidade entre os dois homens, o divórcio, os conflitos travados e suas consequências. Para isso, realizaram-se sessões com cada um dos casais, com os homens, com as mulheres, com padrasto e madrasta e com o ex-casal. Mais adiante, surgiram duas demandas de terapia de casal: a primeira com a mãe da criança e seu atual marido, cujo atendimento conjugal foi intercalado com os atendimentos do grupo de quatro; a segunda, após o fim do processo terapêutico, com o pai da criança e sua atual esposa em situação de crise, oportunidade em que os terapeutas se dispuseram a realizar quatro sessões pontuais, objetivando a ajudá-los a ampliar o foco e a refletir sobre o problema apresentado. Ao longo de todo o percurso, foi importante nos mantermos flexíveis o suficiente para redesenhar o contexto terapêutico de acordo com as necessidades que emergiam.

Alguns meses após o fim da terapia, recebemos a notícia de que Leonardo e Ana estavam iniciando uma experiência de guarda compartilhada. Se, no início da terapia, os pais mal conseguiam suportar-se mutuamente, realizando sua comunicação através de Dudu, de Antônio e finalmente de nossa mediação, ao fim da terapia, Ana e Leonardo haviam conseguido retomar sua competência para colaborarem como pais em favor do bem-estar de Dudu.

O ADOLESCENTE QUE CAMINHAVA ENTRE MINAS TERRESTRES

Contato telefônico

Marcelo (53) informa que foram encaminhados por uma psiquiatra que está tratando de seu filho Daniel (12). De forma breve, a terapeuta pergunta sobre a família. Marcelo e Maria (45) foram casados por 9 anos e estão divorciados há 11. Dessa união tiveram Daniel, que está hoje com 12 anos. Maria já tinha uma filha de relação anterior, Paula, que está hoje com 23 anos. Maria vive com os filhos. Marcelo vive sozinho desde o divórcio.

Marcelo revela sua preocupação com o filho, que vem apresentando comportamento retraído, tímido. Relaciona isso à separação do casal, associada ao que denomina "fatores endógenos". Marcelo relata que os conflitos constantes entre os pais agravam a situação de Daniel. Conta que o filho apresenta transtorno de déficit de atenção (TDA) e tem tido dificuldades de socialização. "Seu prejuízo escolar, no entanto, é muito pequeno, pois é muito inteligente", diz o pai. Marcelo conta que ele e Maria têm opiniões e atitudes diferentes em relação ao comportamento do filho, mas concordam com o acompanhamento psiquiátrico e têm bom diálogo em relação a esse assunto.

Percebemos um bom vínculo da família com a psiquiatra e julgamos que seria interessante buscar uma aproximação com essa profissional. Acreditamos que isso favoreceria a vinculação com a família ou ao menos com os pais (**como**). A conversa com a psiquiatra nos mostrou que ela foi a principal incentivadora da terapia familiar. Na ocasião, notamos sua preocupação não só com Daniel, mas com outras questões, como a relação de Marcelo e a enteada Paula, as questões não resolvidas do ex-casal e a vida amorosa de cada um na fase pós-divórcio. Restava saber se tais questões seriam trazidas pela família como possíveis temas de terapia.

Primeira sessão

Mesmo com o esforço dos terapeutas para se centrarem nas apresentações, desde o início da sessão, pontos de conflito relacionados a Daniel irrompem na conversação o tempo todo e precisam ser manejados. Os terapeutas percebem um nível de tensão significativo e uma posição crítica de um genitor quanto ao modo de pensar e ser do outro. A agressividade de Marcelo é mais explícita, pois ele faz críticas diretas à ex-esposa. Maria fica acuada, sem jeito e busca a cumplicidade dos terapeutas. Daniel participa da sessão, respondendo às perguntas de forma breve, mas é a fala dos pais que predomina. Após a apresentação dos terapeutas e da família, é perguntado a cada membro acerca do sentido da terapia e de seus objetivos. Maria espera que a terapia "seja um espelho", conta que quer saber até que ponto não respeita a opinião do outro ou se eles não sabem mesmo conviver com opiniões diferentes. Daniel diz que quer que as dificuldades do dia a dia acabem: sua timidez e o relacionamento entre os três. Marcelo deseja "identificar os nós" que eles trazem para Daniel. Revela sua preocupação com as dificuldades do filho e quer falar uma linguagem adequada, comum, para os assuntos relacionados a ele.

Ao fim da sessão, os terapeutas concordam em se centrar nos assuntos relacionados à pauta educativa do filho e propõem sessões com diferentes subsistemas, para que a família desenvolva uma linguagem comum, conforme as palavras de Marcelo.

Apesar do clima de tensão e da dificuldade de diálogo, os pedidos de cada membro confluem para a preocupação com a qualidade das relações entre eles. Decidimos acolher o pedido da família e enfocar o tema qualidade das relações, mas com um recorte delimitado: o terreno da parentalidade. O recorte adotado não negligenciava as outras questões identificadas pela psiquiatra. A escolha de **o que** tratar, nesse momento, foi guiada pela demanda explícita dos membros da família.

Aqui, mais uma vez, como no caso anterior, nos deparamos com a possibilidade tentadora de nos enveredarmos pelo terreno da conjugalidade, pois essa dimensão pulsava, vibrante, subjacente à demanda explícita. Optamos por aceitar a demanda explícita nesse primeiro momento (**quando**), avaliando que o espaço terapêutico ainda não seria capaz de dar continência a outras questões presentes tanto na fala da psiquiatra quanto na de Marcelo, que havia reconhecido já no contato inicial que a separação e os conflitos entre os pais agravavam a situação de Daniel.

Um problema comum quando terapeutas fazem uma escolha desse tipo é o sistema ou algum membro não se sentir ouvido ou achar que os terapeutas não captaram o essencial. Quando isso ocorre, muita ansiedade pode emergir no sistema e contribuir para que um membro se encarregue de trazer esses temas, amplificando sua voz, seja pelo conteúdo de sua fala, seja por seu comportamento. Quanto menos atenção se dá, mais amplificação se produz em uma escalada complementar (Watzlawick, Beavin e Jackson, 1967). Percebíamos, pelo nível de tensão que se instalava entre nós, que alguns assuntos eram "potencialmente explosivos" e sentíamos que precisávamos mostrar à família que havíamos captado esses assuntos, mas que não trataríamos deles inicialmente.

Assim, em uma sessão com a presença de pais e filho, solicitamos aos três que fizessem uma representação do "campo minado" da família, buscando localizar as minas que poderiam explodir quando pisadas inadvertidamente por estarem ocultas. As minas apontadas pela família foram, entre outras, "o passado", "a confiança e o respeito", "Paula", "a comunicação dentro da família", "família de Maria". A identificação das minas foi fundamental para a redução do nível de ansiedade, pois paradoxalmente nos permitiu falar do potencial explosivo dos assuntos sem abordar o seu conteúdo (Boscolo et al., 1993). E, à medida que o processo terapêutico evoluiu, passamos a tratar dos temas mais delicados, procurando ajudar a família a desativar as minas de maneira segura.

Mudando de assunto

Em uma sessão com Marcelo e Maria, ela se queixa da ausência de vínculo entre ele e a enteada. Conta que Marcelo nunca exerceu um papel de pai na vida de Paula. Ambos falam da frustração do casamento, do não reconhecimento e dos desencontros nas tentativas de agradar um ao outro. Chegando ao tempo presente, o tema "refazer a vida afetiva" suscita outra queixa de Maria, que diz que o ex-marido usa Daniel como um espião, perguntando para ele todos os seus passos.

Nessa sessão, a queixa de Maria relacionava-se de forma inequívoca à esfera da conjugalidade. Decidimos assumir que esse tema emergia como principal assunto e não reconduzimos a conversa para o tema habitual (o filho). Durante o intervalo, nos perguntamos se esse problema seria capaz de determinar um novo sistema terapêutico. Avaliamos os riscos de aceitar e de não aceitar essa nova demanda. Por um lado, Marcelo poderia sentir-se atacado e recusar o tema ou mesmo interromper a terapia. Por outro, perderíamos uma importante oportunidade de intervenção que poderia contribuir para o bem-estar de Daniel, na medida em que os pais elaborassem um pouco mais o divórcio e conseguissem separar os temas da conjugalidade dos temas da parentalidade. Então, elaboramos uma carta para o ex-casal (Palazzoli et al., 1988), em que tratávamos abertamente do passado conjugal e expressávamos nossa opinião de que eles ainda não haviam completado o processo de divórcio.

Nas sessões seguintes, o clima emocional permitiu uma mudança significativa na qualidade do diálogo. O tom agressivo passou a dividir espaço com a expressão de outros sentimentos, como tristeza e mágoa.

Após uma sessão em que Maria disse claramente a Marcelo, pela primeira vez em todos aqueles anos, que não queria mais retomar o relacionamento entre eles, o que teve o efeito de um choque elétrico para ele, decidimos elaborar uma intervenção que os ajudasse a compreender essa mudança e a empreender a reorganização necessária para dar seguimento à vida no novo contexto relacional. A intervenção escolhida foi o planejamento e a realização de um ritual, o chá de divórcio. Apesar do constrangimento inicial com a ideia, Maria e Marcelo concordaram e se encarregaram de convidar pessoas significativas de sua rede social que pudessem acompanhá-los à terapia para participarem da cerimônia, não apenas como testemunhas, mas também como fontes de apoio para cada um. Encarregamo-nos de conduzir o ritual como facilitadores, de tal forma que se pudesse falar do casamento, da separação, das perdas e dos planos futuros de cada um.

Esse caso é um exemplo de como a pauta da terapia se transformou ao longo do percurso, levando ao redesenho do contexto terapêutico. Muitas vezes, em sua complexidade, a família traz múltiplas pautas, cabendo aos terapeutas a negociação de qual delas seria terapêutica para **quem**, **quando** e **de que forma**. A família chegou com uma queixa, referente às preocupações com o filho em comum do ex-casal. Nesse primeiro momento, nos deparamos com um quadro de triangulação, com o filho desempenhando o papel de paciente identificado e arcando com prejuízos para si mesmo – retraimento, sobrepeso, diagnóstico de TDA, tratamento psiquiátrico – como forma de ajudar os pais divorciados a manterem seu vínculo (função do sintoma). Esse foi nosso ponto de partida: aceitar a pauta trazida pela família (**o quê**). Aos poucos, assumimos o vértice do triângulo correspondente ao filho, liberando-o de comparecer às sessões (**quem**). Assim, nós o diferenciamos de seus pais, redefinindo o problema: se antes era o filho, agora passa a ser como os pais lidam com os assuntos do filho.

Nessa etapa da terapia, contudo, nos sentimos patinando no mesmo lugar durante algumas sessões, que se repetiam em forma e conteúdo, sem avanços. Fizemos, então, um movimento mais arriscado: propor uma nova mudança na pauta terapêutica para incluir a dimensão da conjugalidade (**o quê**), dando consequência ao fato de termos escutado uma outra queixa, trazida por ambos, que dizia respeito às mágoas e ressentimentos do passado. Pela primeira vez, havia um contexto protegido, em que falar diretamente desses sentimentos seria permitido, e os riscos seriam calculados. O vínculo entre os pais e os terapeutas já havia se desenvolvido o bastante para que eles concordassem em nos deixar propor novas perspectivas (**quando**, **o quê** e **como**). Assim, a terapia do ex-casal ocorreu no meio do percurso e, ao final, a pauta inicial centrada em Daniel pôde ser retomada em um tom significativamente mais tranquilo do que quando a família chegou: as minas principais tinham sido desarmadas, e era menos perigoso caminhar pelo terreno.

TRAFEGANDO EM ROTA DE COLISÃO

Primeira sessão

O casal se apresenta. Vanessa tem 45 anos e é administradora. Foi aluna de Vitor na faculdade, onde se conheceram. Vitor tem 53 anos e também é administrador. Estão casados há cerca de 16 anos e têm uma filha de 9.

Quando perguntados sobre o sentido da terapia, Vitor diz que desde o ano passado sente necessidade de uma discussão da relação. Fala do estresse e do ponto de ruptura em que estão. Questiona a necessidade dessa ruptura: "Eu quero entender por que a gente chegou aqui". Vanessa confirma o que o marido disse, contando que falou sobre divórcio pela primeira vez no ano passado.

Vitor então fala da competitividade de Vanessa, sua tensão pessoal e profissional. Compara a fase da esposa a uma "crise da adolescência" e diz que a terapia não vai emasculá-lo como homem. Para ele, Vanessa se sente emasculada de alguma forma. Vanessa reage dizendo que está sempre diminuída. "Ele é um ser humano que eu admirava, me ajudou muito, muitas vezes. Mas também foi muito duro comigo. Eu me senti um lixo. Ele está sempre certo, eu *tô* sempre errada." Vanessa conta que é como se ela fosse a condutora de um carro, e o marido, de outro. Em uma colisão, têm visões muito diferentes do mesmo evento. Ela quer descobrir se há alternativas para os dois. Vitor finaliza a sessão dizendo: "Ela me usou e agora está me dando um chute".

Nessa sessão, não conseguimos intervir na torrente de críticas de um em relação ao outro desde o primeiro momento. Fomos tragados pelo jogo relacional do casal e, nas sessões seguintes, nos sentimos como se estivéssemos em um debate político, em que os debatedores não se preocupam em responder às perguntas do mediador, mas apenas em desqualificar a fala do outro. Muitos terapeutas não possuem dificuldades para manejar uma sessão com esse tipo de dinâmica, especialmente os terapeutas bem carismáticos, que usam sua espontaneidade para ocuparem um maior espaço na sessão e influenciarem o tom e o ritmo da conversação. Não é o nosso caso e por isso estávamos com dificuldades de manejo.

Terceira e quarta sessões

Na terceira sessão, após a repetição da mesma dinâmica de acusações e desqualificações mútuas, o casal conta que Vitor está questionando a terapia, não quer prosseguir. Um dos terapeutas comenta ao fim dessa sessão que tem dúvidas sobre eles precisarem mesmo de terapia.

Na quarta sessão, Vanessa chega dizendo que está com muita raiva, pois o marido estava usando a fala do terapeuta para questionar a terapia. Vitor coloca seu desagrado com as sessões, que, a seu ver, está funcionando como um "púlpito acusatório" para Vanessa desferir suas críticas e insatisfações em relação a ele. Fala com bastante ressentimento: "Vanessa quer o homem ideal. Quer me transformar em alguém que eu não sou. Eu persigo um alvo móvel. É impossível". Vitor revela que se sente traído no que fez e tem de melhor.

A fala de Vitor vai além de seu comportamento habitual de criticar e rebater os comentários da esposa. Deixando o tom irônico, ele revela sua mágoa. Essa revelação faz emergir uma nova fala de Vanessa, que afirma se sentir bem com o marido na maior parte do tempo. Vitor reage de forma positiva ao comentário da esposa: "Família é a coisa mais importante para mim. (...) A gente tem uma química muito superior a isso".

Os terapeutas solicitam um intervalo para refletirem sobre o processo, ao fim do qual retornam à sala dizendo que a terapia se tornou um motivo de briga e que não têm condições de decidir se o casal deve ou não continuar. Oferecem então um serviço de consultoria com o objetivo de facilitar a decisão do casal quanto a fazer ou não terapia. O contrato de trabalho é de cinco encontros, sendo quatro de avaliação, com atividades previamente planejadas pelos terapeutas, e um último encontro para a devolutiva das impressões dos terapeutas.

Na discussão do intervalo, concluímos que o desgaste do casal em relação à dinâmica das sessões era evidente e se refletia em nosso próprio desgaste. A isso, somava-se o sentimento de estarmos encurralados entre Vanessa, que pensava que o casal precisava de terapia e desejava isso, e Vitor, que pensava que a terapia estava sendo prejudicial. Cada um deles conduzindo seu próprio veículo. Como sair desse impasse? Se continuássemos a oferecer terapia de casal, faríamos aliança com Vanessa. Se sugeríssemos a interrupção dos encontros, nos aliaríamos a Vitor. Nas duas hipóteses, havia risco de colisão dos veículos e também de atropelamento dos terapeutas. Sentimos que aquele espaço estava por um fio. Apesar das últimas falas da quarta sessão sugerirem certa abertura para um trabalho terapêutico, o que ficou mais evidente foi a dinâmica de polarização e impasse.

Para dar uma resposta a essa questão, surgiu a ideia de propormos uma consultoria ao casal. O termo consultoria soou adequado naquele momento por trazer um conjunto de significados afeitos à linguagem profissional do casal, envolvendo as ideias de contrato por tempo determinado, objetivos bem delineados, planejamento, metodologia definida e avaliação do processo.

A consultoria

Duas semanas depois, o casal confirma a opção pela consultoria, e os agora consultores imediatamente iniciam a atividade do genograma familiar. Nos encontros subsequentes, propõem dinâmicas e atividades planejadas e estruturadas (linha da vida; representação do espaço dele, dela e do casal; completamento de frases; escultura do casal). A dinâmica dos encontros se transforma. O "debate político" dá lugar a posturas mais colaborativas. O casal deixa a condução dos encontros com os consultores, que exploram diversos aspectos de suas vidas, proporcionando uma ampliação de perspectivas.

No encontro de devolução, o casal revela os avanços em seu relacionamento durante a consultoria. Vanessa afirma que enxerga uma luz no fim do túnel, sente uma renovação, adota uma visão mais otimista em relação ao casamento. Vitor revela a sua felicidade com a decisão da esposa de "se recuperar para a caminhada". Diante do exposto pelo casal, os consultores perguntam sobre a terapia. Vanessa opta por não fazer terapia. Apesar de surpreso e um pouco contrariado, Vitor concorda com a posição da esposa.

Nesse caso, a intervenção mais significativa não foi direcionada para a relação conjugal em si, mas para o contexto terapêutico (**como**). A proposta da consultoria mudou o sentido de os quatro estarem reunidos naquela sala, alterando, de forma substancial, o sistema terapêutico inteiro. É como se a intervenção tivesse conseguido ajudar o casal a escolher um veículo e uma rota, de tal forma que a viagem pudesse ser realizada. Com isso, foi inevitável a mudança do jogo conversacional anterior. O "debate político" não fazia sentido dentro do contexto de consultoria. A dinâmica das sessões mudou, e para nós a proposta de consultoria representou uma forma de nos assegurarmos um lugar mais confortável, já que vínhamos tendo dificuldades de manejo até então.

Inicialmente, pensávamos em conduzir as sessões dentro de uma postura horizontalizada e colaborativa (Anderson e Goolishian, 1988, 1998). Mas percebíamos que não avançávamos, pois, como terapeutas, desaparecíamos nas sessões, deixando o casal em rota de colisão. Como consultores, adotamos um novo equilíbrio de forças, elevando-nos um pouco acima da posição do casal, já que definíamos unilateralmente sobre o que conversaríamos e como faríamos isso em cada encontro. Paradoxalmente, foi a adoção da postura de especialistas que proporcionou um contexto colaborativo.

CONSIDERAÇÕES FINAIS

Partindo do pressuposto de que as pessoas procuram ajuda psicológica quando se sentem incapazes de resolver seus problemas, e levando em conta que se trata exatamente disso em terapia – ajudar o cliente a recuperar a confiança em sua própria competência para lidar com seus problemas –, procuramos construir uma prática que não restrinja, logo de início, as possibilidades do processo terapêutico. Para isso, procuramos acolher o sistema terapêutico da forma como chega para nós. Ou seja: **quem** vem, **como** vem, **quando** vem e falando **o quê**. Isso significa evitar posições *a priori* no que se refere a pessoas, forma, tempo e conteúdo.

No entanto, essa postura não significa ausência de manejo ou de diretividade, e nem mesmo aceitação incondicional. Com os casos discutidos, procuramos demonstrar que fazemos escolhas durante o processo, negociamos o espaço terapêutico em termos de sua composição, dos assuntos tratados, dos momentos mais adequados, das atividades a serem propostas e ainda do tipo de serviço a ser oferecido.

Possuímos concepções acerca do que pode ser mais adequado para o processo terapêutico, mas também reconhecemos que é preciso que essas concepções façam sentido para todo o sistema terapêutico, e não apenas para nós. Na prática, se não avançamos na pauta, buscamos mudar a pauta. Se não progredimos com uma configuração, buscamos um rearranjo. Se caminhamos muito rápido ou muito devagar, ajustamos o tempo. Assim, procuramos criar e manter um espaço multidimensional em que possamos nos movimentar, ajudando as pessoas a resgatar sua competência e a experimentar visões e soluções ainda não tentadas.

O próprio desenvolvimento do campo da terapia familiar proporciona um rico acervo de práticas, conceitos e teorias, de tal forma que a adoção de uma determinada forma de manejo mais identificada com uma escola ou perspectiva não precisa excluir *a priori* outras possibilidades. A partir das necessidades que percebemos em cada caso particular é que tentamos selecionar desse acervo aquilo que pode nos ajudar a cada momento.

NOTA

1. Foram utilizados nomes fictícios e alteradas algumas informações com o objetivo de preservar a identidade das pessoas.

REFERÊNCIAS

ANDERSEN, T. *Processos reflexivos*. Rio de Janeiro: Noos, 1996.

ANDERSON, H.; GOOLISHIAN, H. A. O cliente é o especialista: a abordagem terapêutica do não-saber. In: MCNAMEE, S.; GERGEN, K. J. (Org.). *A terapia como construção social*. Porto Alegre: Artes Médicas, 1998.

ANDERSON, H.; GOOLISHIAN, H. A. Human systems as linguistic systems: preliminary and evolving ideas about the implications for clinical theory. *Family Process*, v. 27, n. 4., p. 371-393, 1988.

ANDOLFI, M. Crise de casal e família trigeracional. In: ANDOLFI, M.; ÂNGELO, C.; SACCU, C. *O casal em crise*. São Paulo: Summus, 1995.

AUSLOOS, G. *A competência das famílias*: tempo, caos, processo. Lisboa: Climepsi, 1996.

BOSCOLO, L. et al. *A terapia familiar sistêmica de Milão*: conversações sobre teoria e prática. Porto Alegre: Artes Médicas, 1993.

CECCHIN, G. Exercícios para manter sua mente sistêmica. *Nova Perspectiva Sistêmica*, Rio de Janeiro, v. 10, p. 6-15, 1997.

ELKAÏM, M. *Se você me ama, não me ame*: abordagem sistêmica em psicoterapia familiar e conjugal. Campinas: Papirus, 1990.

FÉRES-CARNEIRO, T. Pesquisa e prática clínica: construindo articulações teóricas. *Psicologia*: reflexão e crítica, v. 21, n. 3, p. 349-355, 2008.

GONZÁLEZ REY, F. L. *La investigación cualitativa en psicología*: rumbos y desafíos. São Paulo: EDUC, 1999.

HALEY, J. *Psicoterapia familiar*: um enfoque centrado no problema. Belo Horizonte: Interlivros, 1979.

MORENO, J. L. *Psicodrama*. São Paulo: Cultrix, 1993.

MORIN, E. *Introdução ao pensamento complexo*. Porto Alegre: Sulina, 2005.

PALAZZOLI, M. S. et al. *Paradoja y contraparadoja*: un nuevo modelo en la terapia de la familia de transacción esquizofrénica. Buenos Aires: Paidós, 1988.

SEIXAS, M. R. D. *Sociodrama familiar sistêmico*. São Paulo: Aleph, 1992.

WATZLAWICK, P.; BEAVIN, J. H.; JACKSON, D. D. *Pragmática da comunicação humana*: um estudo dos padrões, patologias e paradoxos da interação. São Paulo: Cultrix, 1967.

WHITAKER, C. A.; BUMBERRY, W. M. *Dançando com a família, uma abordagem simbólico-experiencial*. Porto Alegre: Artes Médicas, 1990.

capítulo 3

FAMÍLIAS COM CRIANÇAS E ADOLESCENTES EM SITUAÇÃO DE RISCO

CYNTHIA LADVOCAT

Dedicatória: *Às crianças e adolescentes que viveram o risco e que conseguiram recuperar seus direitos. E às que continuam com a esperança de uma vida sem riscos.*

INTRODUÇÃO

Neste capítulo introduzo o tema de situações-limite e de difícil manejo. Como trabalhar com as famílias cujas crianças e adolescentes vivem em risco? Frente a casos de difícil manejo em contexto de violência, o terapeuta deve ser competente para buscar os recursos para a investigação, a pesquisa, a formação, a prevenção e a intervenção em terapia de família.

O meu crescimento pessoal com o atendimento de famílias com crianças e adolescentes em risco é parte da minha história clínica de consultório e de clínica social do Instituto Mosaico, mas principalmente da experiência de estudo e supervisão de casos na ONG onde atuo. A Associação Brasileira Terra dos Homens (ABTH) iniciou suas atividades em 1982 como um programa filiado à Fondation Terre des Hommes, da Suíça. A ABTH passou a se articular diretamente com esferas governamentais e com outras organizações do Terceiro Setor. O foco da ONG é a garantia do direito à convivência familiar e comunitária de crianças e adolescentes separados ou em vias de se separar de suas famílias. Participar das questões psicossociais que emolduram os casos de risco enriquece a prática clínica de difícil manejo.

A escalada da violência e os problemas sociais demandam o fortalecimento das famílias para suportar o caos. Como identificar a resiliência da família? Como trabalhar com o desapego, o desamparo, o abandono e a violência? Como identificar os fatores de risco? Como identificar a competência das famílias para a superação? Quais os recursos terapêuticos válidos para a intervenção de crise? Como incluir toda a rede de serviços e a jurídica? Como o terapeuta lida com seus impasses frente a casos tão mobilizantes? Como transmitir em um texto essas vivências? A escrita em um artigo se revela superficial nos seus aspectos teóricos. Portanto, é um desafio contextualizar a prática do atendimento de famílias com crianças e adolescentes em risco, certamente.

A IDENTIFICAÇÃO DAS SITUAÇÕES DE RISCO

No trabalho com famílias com crianças e adolescentes em risco, o terapeuta deve identificar os recursos potenciais dentro e fora da casa, na rede de parentesco e na comunidade. E deve contextualizar essas informações nas diferentes etapas da história de vida, incluindo as gerações passadas. É importante avaliar a resiliência da família tanto dos membros adultos quanto da geração mais nova. Uma família relativamente saudável que vive uma situação-limite deve ser capaz de superar seus conflitos com a transferência de apoio através das redes sociais. E algumas crianças resilientes estabelecem um vínculo especial com algum adulto com influência no seu meio social.

Para avaliar uma família encaminhada para a avaliação do risco das crianças e adolescentes, um comportamento problemático em si não denota, necessariamente, um grave risco à integração da família. Porém, o terapeuta deve estar atento às questões didaticamente descritas a seguir no conjunto de dados e na avaliação de cada caso.

Avaliação da dinâmica do primeiro contato:

- o motivo do encaminhamento;
- quem faz o contato telefônico;
- quem comparece na primeira consulta;
- quem mais se preocupa com o problema a ser tratado;
- como os demais membros se posicionam frente ao problema;
- como identificam os riscos na família;
- as expectativas e os receios em relação ao atendimento.

Avaliação da história familiar:

- a história de perdas;
- as situações de estresse;
- a capacidade cuidadora dos pais;
- o vínculo afetivo;
- os padrões repetitivos de relacionamento;
- o nível de autonomia e diferenciação;
- a flexibilidade das fronteiras entre os subsistemas;
- o estabelecimento de limites claros e razoáveis;
- a capacidade em lidar com situações de conflito;
- a busca de ajuda na rede familiar e de serviços;
- a possibilidade em proteger seus membros;
- a capacidade em manifestar as necessidades;
- o reconhecimento dos aspectos positivos nos membros e nas interações.

Avaliação da vida intrapsíquica:

- processos latentes e manifestos em relação ao problema;
- distúrbios psicológicos;
- quadro de patologia grave;
- dependência química;
- capacidade de colaboração para o trabalho terapêutico;
- história de vida;
- dificuldades no primeiro ano de vida de uma criança;
- falhas no desenvolvimento emocional;
- baixa autoestima e imaturidade;
- comprometimento na aprendizagem;
- sentimento de desamparo e impotência;
- impulsividade e hostilidade;
- competição e ciúmes;
- dificuldade em estabelecer vínculo e confiança;
- dificuldade com a autonomia e independência.

Fatores de risco no contexto social:

- negação do problema;
- fatores estressantes;
- ambiente de miséria;
- inexistência de recursos sociais;
- isolamento da comunidade;
- falta de recursos para a sobrevivência;
- crianças em situação de rua;
- evasão escolar;
- envolvimento com o tráfico e com o crime;
- contínua exposição a situações de crise.

Fatores de risco na história familiar:

- legado multigeracional de múltiplas perdas;

- repetição de situações catastróficas;
- dependência química em sucessivas gerações;
- rompimento com a família de origem;
- conflitos não resolvidos na família nuclear;
- violência da geração mais nova contra a mais velha;
- violência psicológica, física ou sexual contra as crianças;
- relações emaranhadas e fusionadas;
- competição ou expectativa de recompensa;
- padrões de violência nas gerações passadas;
- comunicação bloqueada por segredos e tabus;
- concomitância de perdas e estresse;
- confusões, inversões nos papéis familiares;
- dificuldade no estabelecimento de limites;
- falhas no estabelecimento da confiança;
- informações inadequadas sobre o cuidar e ser cuidado;
- sentimento de posse, controle e ciúme doentio;
- sistema rígido de crenças;
- supervalorização de castigos físicos;
- tendência de um membro adulto ou criança como dominador a se sacrificar pelos outros; ser o bode expiatório ou ser a vítima dos males da família.

OS RECURSOS PARA O TRABALHO TERAPÊUTICO

O primeiro recurso do terapeuta é sua própria pessoa, com seu *self* profissional suficientemente tratado, supervisionado, diferenciado e elaborado. A identificação de recursos pessoais e da resiliência do terapeuta auxilia na busca de colaboração da família atendida para a superação dos problemas. A rede de profissionais e serviços é decisiva para o trabalho com famílias em situação de risco.

Os processos resilientes

A resiliência define a capacidade do indivíduo em suportar crises, estresse, traumas e de se recuperar. Walsh (1999) amplia o conceito de resiliência do indivíduo sobrevivente, considerando a interação e os recursos do contexto familiar e social. O enfoque centrado na resiliência procura identificar os processos interativos e a capacidade da família frente ao trauma.

O enfoque para a intervenção identifica os limites e os recursos potenciais na família, da rede de parentesco, da comunidade, e as experiências vividas nas sucessivas gerações. O terapeuta deve avaliar cada família, seus limites, recursos e desafios próprios para sua recuperação. A forma como cada família enfrenta os desafios é decisiva para sua recuperação. A reação pode ser vitimada, com sintomas psicológicos ou psiquiátricos, ou voltada para a recuperação. O trabalho com a resiliência considera as famílias como capazes de enfrentar os desafios. Tanto o crescimento do indivíduo como o da família só podem ser alcançados através da colaboração frente à adversidade.

Importante não centralizar o atendimento no indivíduo e nas suas necessidades pessoais, e sim na interação da família. O conceito de resiliência era visto inicialmente como a capacidade de um indivíduo sobreviver em uma família disfuncional. A visão sistêmica hoje considera as características individuais em segundo plano. O foco está nos processos de interação com seu contexto ecológico e evolutivo. A partir de uma crescente diversidade das famílias, o conceito de resiliência familiar prepara as famílias para enfrentar os desafios futuros com apoio mútuo e flexibilidade (Walsh, 1999).

Frente ao risco, existe a possibilidade de a família sobreviver às pressões individuais, do ambiente ou das relações. Entretanto, a família pode falhar na sua capacidade de lidar com o estresse, desencadeando comportamentos que colocam um ou vários membros em risco. A incapacidade de buscar outros recursos é um reflexo do seu isolamento autoimposto, da aquisição de um padrão de reações exageradas e da ineficiência para resolver problemas.

Espaço clínico

De posse de um *self* diferenciado e resiliente e atento às capacidades resilientes das famílias, o terapeuta encontra conforto (Ausloos, 2002) no seu *setting* terapêutico para se utilizar das demais ferramentas do trabalho clínico, como:

- entrevista pelo telefone;
- recursos audiovisuais para gravação da consulta;
- planejamento do processo;
- coterapeuta;
- equipe atrás do espelho;
- supervisão relatada ou ao vivo;
- quadro branco ou cartolinas;
- material para desenho;
- brinquedos.

Nos casos de famílias em risco pela violência, focar a atenção:

- no estabelecimento de limites;
- no relacionamento com a família extensa;
- na rede de vizinhos e comunidade;
- nas armadilhas da família;
- no comportamento abusivo;
- nas ameaças durante ou fora do atendimento;
- no ciclo sintomático.

Objetivos do atendimento das famílias em risco pela violência:

- redefinir o sintoma como um recurso para a resolução dos problemas;
- enfocar a competência da família;
- intensificar as intervenções com vistas à mudança;
- repetir as intervenções em uma variedade de formas;
- neutralizar a agressão;
- manter a integridade e a ética;
- exigir o respeito mútuo;
- acolher incondicionalmente a família.

O GENOGRAMA COMO UM RECURSO

O recurso do genograma é uma ferramenta importante no trabalho com famílias em risco para o planejamento do atendimento. Esse mapa genealógico é utilizado como registro da história construída a partir das memórias, dos mitos e dos acontecimentos ocorridos ao longo dos anos. O genograma fornece um esquema da estrutura da família; identifica os movimentos emocionais das relações ao longo das gerações e como se organizam de acordo com sua geração, idade, sexo e outros fatores. É uma rica fonte de hipóteses na busca do entendimento de questões conscientes ou inconscientes que podem paralisar a família. Auxilia os adultos a falarem de fatos guardados como segredo, provavelmente para proteger outros membros da família. O terapeuta ajuda a família a entender como um fato precisou ser mantido em segredo. O trabalho com o genograma ajuda a família a buscar as informações que irão preencher os vazios e dar um sentido na história (McGoldrick et al., 1999).

O genograma na identificação do risco nas famílias

A coleta de informações sobre a história familiar faz parte dos processos de avaliação e pesquisa e é de extrema valia principalmente na análise das situações de risco. O genograma contextualiza a família em uma realidade histórica com um resumo eficiente dos padrões de relacionamento em potencial perante famílias com grave problemática social. Viabiliza o registro do processo migratório das famílias sem residência fixa, em situação de rua, com muitas gestações, perdas, internação, culminando com a intervenção da justiça na proteção das crianças (Ladvocat, 2003).

O genograma é extremamente útil para a visualização dos diferentes sistemas da rede social. Auxilia na memorização de dados dos diferentes sistemas de pertencimento. A criança pode crescer em múltiplos contextos quando seus pais morrem, recasam ou quando ela passa a viver por um tempo ou permanentemente em outro lugar. O genograma integra a biografia da criança, desde sua gestação, sua família de origem, podendo nomear os profissionais que fizeram parte da intervenção. Identifica a dinâmica entre os sistemas familiares, sociais e legais. Faz uma ligação desde o percurso da família de origem, passando pelos acolhimentos familiares ou institucionais, até a reintegração à família biológica ou a colocação em família substituta. Portanto, é impossível registrar uma história familiar com tantos dados sem o genograma. Os técnicos da justiça buscam hoje esse recurso indispensável frente a um número demasiado de processos.

O genograma como ferramenta para desenvolvimento do *self* do terapeuta

O terapeuta constrói o mundo que supostamente descreve, não analisa uma história de vida sem entrar em contato com sua história pessoal. O *self* do terapeuta sofre o impacto frente toda situação descrita, principalmente quando envolve situações de risco. O terapeuta deve estar atento à análise do cruzamento do genograma da família atendida e da sua família de origem, que esclarece os seus impasses técnicos e pessoais.

O genograma desenvolve a competência na identificação nos casos de abuso-vitimização, que provocam diferentes reações no terapeuta e na sua equipe. Auxilia na identificação das ressonâncias no *self*, para estudo, avaliação e intervenção, principalmente com questões altamente mobilizantes no trabalho entre a família vitimizada e a família agressora.

O trabalho sobre a família de origem do terapeuta faz parte do programa de uma especialização em terapia familiar. O supervisor considera o impacto do caos, do risco e da violência na pessoa do terapeuta. Nos casos de difícil manejo, o genograma é um instrumento valioso para o ecomapa com o desenho de toda a rede envolvida e para a análise do cruzamento dos mapas do terapeuta e da família atendida.

DEFESA DOS DIREITOS

Sistemicamente, uma família em risco é afetada por um fato ou circunstâncias que colocam um indivíduo ou todos os seus membros em risco. Esse processo tem seu marco na Constituição Federal de 1988, que transforma o antigo modelo, do extinto Código de Menores, na concepção de proteção integral que redefine conceitos sobre a infância no Estatuto da Criança e do Adolescente (ECA), Lei de 1990. Os artigos 4º e o 5º do ECA esclarecem e resumem em linhas gerais os direitos da criança e do adolescente. Podemos ler no art. 4º:

> É dever da família, da comunidade, da sociedade em geral e do Poder Público assegurar com absoluta prioridade a efetivação dos direitos referentes à vida, à saúde, à alimentação, à educação, ao esporte, ao lazer, à profissionalização, à cultura, à dignidade, ao respeito, à liberdade e à convivência familiar e comunitária.

E no art. 5º:

> Nenhuma criança ou adolescente será objeto de qualquer forma de negligência, discriminação, exploração, violência, crueldade e opressão, punido na forma da lei qualquer atentado, por ação ou omissão, aos seus direitos fundamentais.

Nesses últimos 20 anos, ocorreram muitos progressos com relação aos direitos da criança e do adolescente. Entretanto, esse segmento ainda carece de políticas públicas mais integradas que promovam de fato o direito à convivência familiar. As crianças em situação de rua ou institucionalizadas mobilizam a sociedade pela quebra do seu direito à convivência familiar. A perda do convívio com sua família e o seu abrigamento é a concretização da destruição dos seus vínculos vitais.

Como reintegrar essas crianças às suas famílias? Como desenvolver nessas famílias a competência para cuidar dos seus filhos? Como evitar o abrigamento dessas crianças em instituições? Como corresponder às premissas do ECA no tocante ao fortalecimento da convivência familiar e comunitária?

As crianças e os adolescentes em situação de rua em sua grande maioria apresentam casos de violência doméstica, gravidez precoce e com passagens ou fugas dos abrigos da cidade.

GRAVIDEZ NA ADOLESCÊNCIA, SITUAÇÃO DE RUA E DE ABRIGO

Gravidez na adolescência

O atendimento de adolescentes grávidas prioriza os direitos integrais da adolescente gestante, contribuindo para a reintegração familiar e escolar. Visa a avaliar um padrão familiar de gravidez na adolescência nas gerações anteriores. Os laços afetivos na família muitas vezes encontram-se fragilizados ou rompidos, sendo necessário investir na competência familiar para garantir os seus direitos integrais.

O trabalho tem como objetivo tratar as condições psicológicas, sociais e estruturais das adolescentes gestantes na constituição de sua identidade e na prevenção de uma segunda gravidez. Cada caso passa por um diagnóstico para estabelecer a estratégia de atendimento e prognóstico da situação da criança e sua família.

Acompanhar um grupo de meninas-mães com menos de 15 anos durante e após a gestação é muito gratificante. Elas estavam em risco pelo parto na adolescência. Os seus bebês também estavam em risco de serem abandonados. O programa conta com entrevistas, visitas domiciliares, entrevistas em grupos de famílias, atendimento às adolescentes, incluindo o atendimento ao pai da criança. O alto índice de sucesso reforça a importância do trabalho social como política pública junto da família.

Criança em situação de rua

A criança que vive em um lugar diferente de sua casa questiona-se sobre os motivos da separação, da desvinculação, de ter sido rejeitada, abandonada e de como sobreviver. A criança e o adolescente em situação de rua são de famílias de baixa renda, residentes em comunidades violentas e muitas vezes dominadas pelo tráfico de drogas. A vida nas ruas é muitas vezes a repetição de um padrão trigeracional.

As crianças acabam por buscar soluções para o problema que as coloca em risco. Podem ser levadas para uma instituição e podem permanecer lá por muitos anos. É feita uma avaliação da situação da família pelos técnicos do Juizado, em parceria com os da Central de Recepção e do Conselho Tutelar. Nos casos em que não é possível a reintegração imediata à família de origem, o projeto de acolhimento familiar, como política pública, deveria ser a primeira alternativa, antes do abrigamento. Não sendo possível esta opção, a criança é indicada para um abrigo local (Associação Brasileira Terra dos Homens, 2005).

Crianças em situação de abrigo

O abrigamento é uma medida protetora excepcional. O que justifica a institucionalização não anula a necessidade de a criança ser reintegrada à sua família. Frente à institucionalização, em princípio por pouco tempo, já deveria ser iniciado o trabalho de avaliação das possibilidades para reintegração à família de origem. Pode ocorrer uma avaliação da família como incapaz, negligente e irresponsável, prejudicando a reintegração. No outro vértice da questão, a família sente o abrigo como a solução para as suas dificuldades, mais adequado, com mais recursos e possibilidades ou até como resultado e punição pelos seus atos.

Conviver em um abrigo com crianças institucionalizadas coloca o terapeuta de família frente a frente com uma crua realidade. Essas crianças não podem conviver com sua família e por isso foram abrigadas. Podem ou não ser reintegradas às suas famílias de origem. Podem ou não ser adotadas por uma nova família. As crianças em situação de abrigo não estão em risco, pois estão protegidas pelo Estado. Mas não têm os seus direitos resguardados no que diz respeito à convivência familiar.

REINTEGRAÇÃO FAMILIAR

O trabalho de reintegração não se realiza em uma única atitude de entrega da criança à família. Antes de tudo, é importante a compreensão do relacionamento com a família e com a rua. Mas a reintegração é um processo com etapas a serem respeitadas para que se tenha êxito. A partir das condições da família, o processo demanda atenção de todos os envolvidos nas suas respectivas fases:

- A pré-reintegração: momento fundamental em que os profissionais buscam conhecer a motivação para a reintegração, o histórico da situação de rua, aspectos sociais, psicológicos e jurídicos que permeiam o caso, história da família, sua constituição e a trajetória da rede social e familiar.
- A reintegração: esta etapa é posterior a pré-reintegração e visa ao retorno efetivo à família. A criança e a família já foram preparadas e estão de acordo para esta nova fase de convivência.
- A pós-reintegração: esta fase requer o aprofundamento da interação familiar, adaptação e aceitação. Este momento compreende o reordenamento da rotina familiar. É o resultado do investimento nas ações conjuntas, articulação das redes de serviços de acordo com a necessidade de cada caso (Associação Brasileira Terra dos Homens, 2002).

Entretanto, a criança pode não ser reintegrada à sua família de origem com quem mantém sua vinculação jurídica. Isso pode ocorrer pelas dificuldades da família ou mesmo pela falta de um trabalho efetivo de preparação da família para a reintegração. Por uma situação indefinida e pelo vínculo com a família de origem, a criança não está disponível para a adoção. Ela não convive com sua família, nem pode ter a oportunidade de conviver com uma nova família, podendo permanecer abrigada até a maioridade, contrariando seus direitos instituídos pelo ECA.

É muito gratificante acompanhar uma criança institucionalizada no seu dia de voltar para casa e verificar o empenho da família nessa reintegração. Outras crianças aguardam, às vezes, indefinidamente por uma oportunidade, que não ocorre pela carência dos recursos judiciais. A reintegração das crianças e adolescentes, com um trabalho efetivo junto às famílias, é a solução para a alta taxa de institucionalização no Brasil.

COLOCAÇÃO EM FAMÍLIA SUBSTITUTA

As crianças disponíveis para adoção

Somente depois de esgotadas as possibilidades de manutenção dos vínculos com a família de origem é que a criança pode ser considerada disponível para a adoção. Nos casos de destituição do poder familiar, a criança pode ser adotada. O Cadastro Nacional de Adoção tem como principal ferramenta a inclusão e o cruzamento dos dados nacionais das crianças e dos casais interessados para simplificar e apressar a adoção. A criança fica abrigada até ser indicada para uma pessoa ou casal devidamente habilitado pela Vara de Infância e Juventude. De um lado está uma criança sem vínculo com sua família biológica. Do outro lado estão as pessoas e casais que se confrontam com a impossibilidade da gestação de um filho biológico (Ladvocat, 2003).

Durante o período de adaptação, os pais detêm a guarda da criança até a sentença da adoção. Na grande maioria dos casos, o processo é bem-sucedido, e a família segue a sua evolução. Mas por que falar em situação de risco nos casos de adoção? Em minha experiência desde os anos de 1970 com crianças que viveram o abandono da mãe biológica e foram adotadas, pude observar muitos casos bem-sucedidos e outros que fracassaram. Os estudos dos mitos, das motivações, do processo de adaptação e da revelação da história da criança podem interferir em uma adoção bem-sucedida. Os pais podem apresentar dificuldades que comprometem a vinculação adotiva e a aceitação da criança como um filho, contribuindo para o desejo de interromper a adoção.

Segundo Winnicott (1997), não podemos arranjar uma adoção para a cura de adultos neuróticos. Algumas famílias são motivadas por questões que precisariam de uma compreensão maior. Os pais podem apresentar dificuldades quanto à história e às origens. Por isso, idealizam a criança e consequentemente podem decepcionar-se. Podem ter o desejo de que o passado seja esquecido e negado. Na verdade, os pais biológicos são muitas vezes desconhecidos, outras vezes existem informações reais. A história desde as origens faz parte da biografia da criança. Sempre existirá um mistério sobre a parentalidade biológica e a consequente mistura de fantasia e fato.

Infelizmente, mesmo sendo um índice reduzido de devoluções, os poucos casos de insucesso durante o estágio da convivência marcam a cena temida dos profissionais da área. Ou seja, a entrega da criança à justiça pelos pais que detêm sua guarda. Podemos então considerar que, nesses casos, após todo o processo de preparação para ser adotada, a criança vivencia novamente o abandono.

Caso não haja um atendimento de urgência para esses pais, a não reversão do quadro se torna um risco à vinculação adotiva e o retorno ao abrigo. Portanto, se as dificuldades dos pais adotivos não forem tratadas em tempo, podem transformar-se em risco potencial para a criança. E, por fim, encontram somente na devolução a única saída para o problema.

Segundo Galli e Viero (2001), quando a criança é devolvida depois de um difícil período de adaptação, o sentimento dela é equivalente ao de ser abusada. Assim como no abuso, o adulto mais forte usa a criança, mais fraca, como um objeto sem forças vitais.

Por isso, a terapia familiar nos casos de adoção pode ser considerada como prevenção nos casos de risco, pois o retorno ao abrigo rotula a criança, que passa a ser identificada, equivocadamente, como inadotável. Passa a correr o risco de jamais encontrar uma nova família, cronificando seu *status* como criança institucionalizada. Ela chegará aos 18 anos com uma biografia marcada por muitos abandonos e terá de se arriscar a viver desvinculada de qualquer família. Com que bases constituirá ela própria uma família?

VIOLÊNCIA CONTRA A CRIANÇA E O ADOLESCENTE

O fenômeno da violência doméstica é resultado da relação hierárquica de poder do mais forte sobre o mais fraco, com fins de dominação, opressão e exploração. O terapeuta de família se defronta com os conflitos familiares graves, duradouros, não resolvidos e sintomas latentes ou manifestos que ameaçam a vida. A violência pode ser investigada na história das gerações passadas. Uma família que vive isolada é mais afetada às situações de risco. O desespero leva ao comportamento violento, uma resposta em cadeia, com características definidas no processo evolutivo. A família se desespera e, em seus esforços para exercer o controle, tende a expressar a violência de forma aberta. Todos da família se sentem justificados a agir de forma violenta, configurando as interações do ciclo sintomático. Com o tempo, tais conflitos tornam-se insolúveis e inexplicavelmente interligados com a violência.

A violência apresenta-se como:

- Estrutural: falta de recursos ou miséria pela dificuldade ou impossibilidade de acesso aos programas de política pública.
- Doméstica: pela ação ou omissão dos responsáveis.
- Física: força física contra a criança com o objetivo de ferir ou destruir.
- Psicológica: qualquer atitude contra a criança que viole os seus direitos, expondo-a pela punição, humilhação, abandono ou ameaça à sua integridade.
- Sexual: todo ato de caráter sexual por adultos ou parentes contra um menor de 18 anos. Inclui a violência sexual sem contato físico, conversas obscenas, exibicionismo, voyeurismo e exploração para o comércio de material pornográfico.
- Negligência: quando a criança não é cuidada de acordo com seus direitos. Nos casos de miséria, existe a negligência se algum dinheiro arrecadado for desviado para outros fins (Associação Brasileira Terra dos Homens, 2002).

A violência pode ocorrer em uma situação crítica, por um padrão transgeracional. O comportamento violento físico ou psicológico pode ser apreendido através das gerações como uma maneira de solucionar os conflitos e de educar as crianças. Para enfrentar a violência, é importante avaliar como evitar e interromper o processo. Por isso, a prevenção é uma das ferramentas importantes para reversão de um quadro social. Os programas ou projetos podem romper com o ciclo da violência, intervindo antes que os responsáveis façam de crianças e adolescentes as suas vítimas.

Programa de prevenção contra a violência intrafamiliar

O programa de prevenção contra a violência intrafamiliar tem como objetivo as formas de prevenção primária e secundária através da mudança da cultura da violência. Segundo a Organização Mundial de Saúde (OMS), a prevenção ocorre em três níveis:

- Primária: analisa os fatores ligados à questão da violência contra a infância. São identificadas estratégias em um esforço para reduzir o índice de ocorrência de novos casos. Incluem programas junto aos pais, de treinamento em escolas e campanhas pelos meios de comunicação. É a mais importante, pois atinge todos os indivíduos que venham a se envolver direta ou indiretamente nos casos de violência.
- Secundária: identificação precoce das situações de risco. As estratégias incluem visita domiciliar para prover cuidados às famílias do grupo de risco, encaminhamento de crise para atendimento, programas de creches para as crianças do grupo de risco.
- Terciária: foco nas famílias com membros agressores ou vítimas com o objetivo de reduzir as consequências ou de evitar a cronificação do sintoma, através de encaminhamento para tratamento para as vítimas (Ladvocat, 2003).

Como forma de prevenção nas famílias em que a agressividade é um tema recorrente, o terapeuta deve desenvolver a comunicação não violenta como um novo padrão de relacionamento. E, frente a casos de suspeita ou confirmação da violência na família contra a criança ou adolescente, o terapeuta deve acompanhar e notificar imediatamente o conselho tutelar, a Vara de Infância ou a uma autoridade policial, para garantir a proteção da criança (Brasil, 1990, art. 245).

Tráfico e pedofilia

O Brasil é o quarto país com maior número de páginas da internet de pedofilia. Cerca de mil novos *sites* são criados todos os meses no Brasil. Destes, 52% tratam de crimes contra crianças de 9 a 13 anos, e 12% dos *sites* de pedofilia expõem fotografias de bebês de 0 a 3 meses de idade. A violação extrema contra a infância ocorre por adultos pedófilos que vitimam, exploram e prostituem uma criança ou um adolescente. Trava-se uma luta com a rede de tráfico e de pedofilia que vende uma foto de criança por US$ 100 e um vídeo de cinco minutos por US$ 1 mil.

Para combater a rede de pedofilia, cada país desenvolve campanhas contra a pornografia infantil. Tem sido divulgado o crime de produzir, vender, fornecer, divulgar, publicar, agenciar, autorizar, facilitar, assegurar os meios para o armazenamento e acesso na internet das fotografias, cenas, imagens ou qualquer produção de material pornográfico ou cenas de sexo explícito de crianças e adolescentes. Os meios de comunicação estimulam a denúncia anônima de imagens de crianças ou adolescentes na internet submetidos a poses sensuais ou atos sexuais, com a cópia do endereço da página e o envio para o Unicef.

Acompanhar o desespero dos pais que têm uma filha seduzida pela internet durante meses e levada por aliciadores da rede do tráfico é uma situação de indescritível agonia. O trabalho junto à família após o resgate desafia as leis da natureza. Os pedófilos atuam por várias vias e atingem meninas, que, por alguma razão, estão suscetíveis. Estudos revelam que uma em cada cinco crianças que navegam na internet já recebeu virtualmente uma proposta sexual. E uma em cada 33 crianças recebeu telefonemas, dinheiro ou passagem para encontrar um pedófilo.

No Brasil, as denúncias de abuso contra crianças e adolescentes são sigilosas e encaminhadas no mesmo dia aos órgãos de defesa e responsabilização. Podem ser feitas pelo Disque 100 - Disque Denúncia Nacional de Abuso e Exploração Sexual contra Crianças e Adolescentes, órgão coordenado e executado pela Secretaria Especial dos Direitos Humanos. Os Conselhos Tutelares, as Varas da Infância e da Juventude, as Delegacias de Proteção à Criança e ao Adolescente foram criados para zelar pelo cumprimento dos direitos das crianças e adolescentes. Com a confirmação da denúncia, o fato é encaminhado ao Ministério Público para as devidas providências.

O ADOLESCENTE EM CONFLITO COM A LEI

Falar do adolescente em conflito com a lei e a dinâmica com sua família é um desafio. Ele também está em risco. Toda a sua família também está em risco e precisa de acompanhamento e tratamento. Como trabalhar no desenvolvimento da competência das famílias em desespero frente aos problemas dos filhos em conflito com a lei? Como reagem os pais quando seus filhos se envolvem em delitos? Como reverter a situação e avaliar os riscos?

Segundo Ausloos (2002), "trabalhar como terapeuta de família não é resolver problemas ou corrigir erros, mas mergulhar no mistério das famílias. Isto implica passar de uma terapia na qual o terapeuta observa, para uma terapia em que o terapeuta se observa de forma a refletir na família competente. Na verdade, não são as famílias que precisam de nós para melhorar, mas nós que precisamos delas para fazer nosso trabalho corretamente".

O atendimento de um jovem indicado pela Vara de Infância, apesar de compulsório, pode ser bem-sucedido. Se ele cumprir as medidas impostas poderá desfrutar de sua liberdade. A família que não consegue cuidar e impor limites precisa ser inicialmente cuidada para poder recuperar-se e encontrar sua competência. No espaço da terapia familiar, o jovem em risco, que coloca os outros em risco, tem redefinido seu sintoma. O sintoma é o sinal de uma perturbação necessária à sobrevivência da família. O problema transforma em um padrão familiar e identifica um membro sintomático.

Se o jovem é etiquetado como delinquente, pode-se prever que ele cometerá novamente atos delinquentes. Ele próprio não espera nada diferente e cometerá outra vez o delito. Nas famílias com jovens delinquentes existe um tempo congelado e um tempo cronológico. É necessário redefinir a história, rever o passado, para permitir um futuro. O comportamento do jovem se cristaliza. Ele não pode mais satisfazer as finalidades familiares a não ser em detrimento de suas finalidades individuais. O sintoma representa o compromisso que lhe permite sair desta incompatibilidade entre suas finalidades individuais e as finalidades familiares (Ausloos, 2002).

O TERAPEUTA E A TERAPIA DE FAMÍLIA

O atendimento de famílias com crianças e adolescentes em contexto de risco e violência visa à contenção dos conflitos e à transformação do ciclo patológico, além da reparação e elaboração. Inicialmente a terapia de família apresenta-se como ameaçadora e persecutória para a família que vive o caos. Um *setting* de cooperação faz-se necessário para a valorização dos recursos para a mudança. Torna-se possível então a redefinição do sintoma e a identificação de novas maneiras de lidar com o problema e encontrar soluções.

A família com crianças em risco convive com segredos, medo, insegurança, mitos, resistência, repressão e negação. Verifica-se um saber não autorizado, em que a história não revelada está latente, inconsciente e precisando ser tratada. As crianças fantasiam, contam histórias e desenham sobre o não revelado. Na terapia, surgem momentos de tensão e expectativas. O terapeuta trabalha na reconstrução da história, revendo seus símbolos e significados na busca de uma reorganização familiar.

Quando as condições externas são favoráveis e o contexto de intervenção é de confiança, a família encontra respostas alternativas para seus conflitos, sem repetir o ciclo patológico. Ausloos (2002) acredita na capacidade da família para suportar as crises, desenvolver sua competência e recuperar suas responsabilidades.

Segundo Ausloos (2002), o trabalho com famílias em risco visa em primeiro lugar a devolver à família sua competência, antes de considerar suas falhas. E para isso é importante coletar dados, considerando essas informações como pertinentes, pois vêm da família e a ela retornam. O terapeuta trabalha com membros da família para que descubram coisas que já sabiam e encontrem suas novas soluções. Uma família com a ajuda do terapeuta tem chance de achar os recursos necessários para a solução de seu problema. Porém, é importante que a informação venha em primeiro lugar da própria família para, em um segundo momento, retornar a ela e ser elaborada.

O terapeuta de família

O terapeuta se fortalece com seu estudo, com a teoria e a técnica. A discussão e a supervisão em uma equipe interdisciplinar são fundamentais, principalmente em casos de difícil manejo. É extremamente importante que tenha a capacidade em ser ele próprio resiliente para a escuta das histórias que envolvem riscos. O terapeuta deve refletir sobre sua posição e seus mapas de visão de mundo, avaliando as ressonâncias do caso no cruzamento com sua história de vida.

Na busca da competência da família atendida, é necessário detectar a sua capacidade de resiliência. E, por outro lado, identificar as cenas temidas que ameacem a pessoa do terapeuta, as quais têm uma íntima relação com cenas vividas ou fantasiadas em sua história familiar. Na identificação da competência do terapeuta, é importante, portanto, a análise da família de origem do terapeuta e da resiliência frente às ressonâncias do cruzamento dos dois mapas: o da sua própria história e o do mapa do caso atendido.

Há cerca de 15 anos venho aplicando o trabalho de diferenciação do *self* junto aos meus alunos e supervisionandos. E, a cada grupo de trabalho, me confronto com o resultado positivo para o terapeuta, seja para a prática clínica como também para sua vida. O desenvolvimento das capacidades pessoais leva à descoberta em si mesmo de uma competência diferente, baseada em seus próprios recursos intelectuais e emocionais. O terapeuta com um *self* diferenciado busca uma competência similar nos pacientes e sente-se confortável em fazer uso da sua pessoa como recurso terapêutico.

Alguns atributos de um terapeuta de família:

- capacidade de escuta, atenção e reflexão;
- compreensão empática;
- acreditar na tendência inata da família para a mudança;
- identificar como os membros se sacrificam e se protegem;
- ser continente com suas angústias e da família;
- capacidade para a redefinição dos fatores impactantes;
- atenção à metacomunicação;
- compromisso com todos os lados das verdades;
- disponibilidade para a análise do genograma da sua história familiar;
- trabalho sobre a diferenciação do *self* no uso de sua pessoa como recurso;
- estar vinculado à rede de terapia familiar;
- análise pessoal;
- supervisão;
- formação em Terapia de Família.

A cada nova experiência com famílias com crianças e adolescentes em risco, um novo impacto pode afetar o terapeuta pelas situações sempre inusitadas e chocantes. Ele também fantasia ou prevê situações de risco na família, ao tratamento e mesmo à sua pessoa. Portanto, a análise das ressonâncias deve fazer parte do dia a dia de todo terapeuta de família.

Na minha prática, esse enfoque inicial tem sido de muita valia pela intersubjetividade de cada caso. Somente depois é que devemos identificar os demais recursos teóricos, técnicos, no *setting* e na rede. Frente ao risco e ao pedido de socorro, os resultados muitas vezes não são os previstos, mas, parafraseando Winnicott, é um sinal de esperança.

REFERÊNCIAS

ASSOCIAÇÃO BRASILEIRA TERRA DOS HOMENS. Colhimento familiar. Rio de Janeiro: ABTH, 2005.

ASSOCIAÇÃO BRASILEIRA TERRA DOS HOMENS. *Do abrigo a família*. Rio de Janeiro: ABTH, 2002.

AUSLOOS, G. *La compétence des familles*: temps, chaos, processus. [Ramonville Saint-Agne]: Érès, 2002.

BRASIL. Lei nº 8.069, de 13 de julho de 1990. Dispõe sobre o Estatuto da Criança e do Adolescente e dá outras providências. *Diário Oficial [da] República Federativa do Brasil*, Poder Executivo, Brasília, 13 jul. 1990.

GALLI, J.; VIERO, F. *Fallimenti adottivo*: frevenzione e riparazione. Roma: Armando Editore, 2001.

LADVOCAT, C. A adoção nos diferentes ciclos de vida. In: ASSOCIAÇÃO BRASILEIRA TERRA DOS HOMENS. *Colocação familiar*. Rio de Janeiro: ABTH, 2003.

LADVOCAT, C. A violência intrafamiliar no genograma e o atendimento de famílias em situação de risco e violência. In: ASSOCIAÇÃO BRASILEIRA TERRA DOS HOMENS. *Violência familiar*. Rio de Janeiro: ABTH, 2003.

MCGOLDRICK, M.; GERSON, R.; SHELLENBERGER, S. Children growing up in multiple families: foster care, adoption and orphanage experiences. In: ________. *Genograms*: assessments and intervention. New York: Paperback, 1999.

WALSH, F. El Concepto de resiliencia familiar: crises y desafio. *Revista Sistemas Familiares*, Buenos Aires, v. 14, n. 1, mar. 1999.

WINNICOTT, D. Adoção. In: SHEPERD, R. et al. *Pensando sobre crianças*. Porto Alegre: Artmed, 1997. cap. 16-18.

capítulo 4

FAMÍLIA E ORIENTAÇÃO PROFISSIONAL

AIDÊ KNIJNIK WAINBERG
TATIANA KNIJNIK WAINBERG

INTRODUÇÃO

A adolescência é permeada por uma série de escolhas, descobertas e conflitos existenciais, entre eles o rumo profissional a ser tomado. Nesta etapa, o adolescente vê-se diante de um dilema, de uma encruzilhada e de um grande ponto de interrogação: Qual caminho profissional devo tomar?

Nos dias atuais, em que as informações chegam com uma velocidade incontrolável, torna-se mais difícil ainda focar um objetivo e segui-lo adiante, sem desviar a atenção. As ofertas e tentações provocadas pela mídia são, muitas vezes, repletas de mensagens dúbias e promessas irresistíveis. O adolescente sente-se como se afogando em um mar de dúvidas e conflitos.

Como se não bastassem as questões externas, existe ainda a realidade individual de cada adolescente, as pressões familiares, amigos, círculo social e econômico a que pertencem. É um momento complexo quando as forças mobilizadoras, em vez de ajudar, dificultam ainda mais esta tomada de decisão.

Vamos abordar, aqui, a pequena parcela de adolescentes privilegiados, que conseguem concluir o ensino médio e irão ocupar as classes das melhores universidades do País, tanto privadas quanto públicas. Esses indivíduos, muitas vezes, ao se encontrarem perdidos entre tantas ofertas e possibilidades, buscam um serviço de orientação profissional ou um psicólogo particular que os ajudem a desenredar dúvidas e conflitos pertinentes ao seu futuro profissional. Na maioria das vezes, vêm em busca de solução mágica, atrás de "famosos" testes profissionais, e ficam muito desapontados ao ouvirem que a varinha mágica foi quebrada há muito tempo.

Essa procura é remanescente dos anos de 1960 e 1970, quando havia menos alternativas e as áreas de atividade profissional eram divididas, simplesmente, em *técnicas*, *humanas* e *científicas*.

Uma das autoras deste capítulo submeteu-se a esses testes nos anos de 1970 e recebeu o resultado indicativo para a área humanística: psicologia, pedagogia ou direito. Consultou seu pai, atuante advogado na época, sobre a possibilidade de cursar a faculdade de direito. A resposta foi categórica: tribunal não é lugar para mulher, e ela (estamos falando do início da década de 1970) aceitou e, de certa forma, concordou. A experiência não foi exclusiva, assim era a configuração social do mundo, naquela época: certas profissões não eram para mulheres.

Nos dias de hoje, tal afirmação não tem sentido, mas qual seria o seu significado, isto é, o que influencia o adolescente na escolha atual? Qual a influência da família? Que relação existe entre a família e o mercado de trabalho?

A sociedade e a família mudaram, o milênio mudou e, apesar disso, muitas instâncias remanescem do passado, em relação às escolhas profissionais. Entretanto, percebe-se outra mudança significativa no fato de o adolescente não buscar, na futura profissão, somente uma *ocupação*, um meio de ganhar a vida, mas uma fonte enorme de prazer e realização.

Com a evolução da tecnologia, o surgimento de dezenas de novas opções, a valorização de atividades, que antes eram vistas como "menores" ou de menos importância, e a escolha profissional possuem, para o adolescente atual, a possibilidade de ser mais um elemento na sua busca por uma identidade pessoal.

Para compreender essa mudança, é essencial entender as suas causas, que não são poucas.

Nas décadas passadas, a influência da família na escolha profissional era geralmente inquestionável: os filhos tendiam a seguir a profissão paterna, coisa tida até mesmo com certa obviedade.

O pai oferecia o escritório, o consultório, a loja, a empresa, e os filhos seguiam com naturalidade o mesmo caminho, por razões que iam desde aquilo que se pode denominar de "fato consumado" na sociedade conservadora da época até a segurança financeira que os capacitava, tão logo terminassem os estudos, a iniciar sua atividade, casar e constituir família. Tal como seus pais fizeram por gerações.

As mulheres, na sua maioria, encaminhavam-se ao magistério, sobrando-lhes pouquíssimas opções em áreas de trabalho exclusiva de homens.

Nos anos de 1980, quando os hábitos sociais foram revolucionados e o significado de "família" entrou na pauta do debate e discussão, a questão da escolha profissional passou a ter relevância ainda maior. Isso porque a própria Psicologia, cada vez mais abrangente, percebeu que os "testes vocacionais" constituíam-se em um recurso limitado para definir a escolha profissional do adolescente. Passou-se a encarar a tarefa da orientação profissional como um modelo mais dinâmico. De acordo com Bohoslavsky (1983): "A orientação profissional é aquela que deve responder ao porquê da escolha e está ligada aos modelos de identificação mais primitivos".

Com o avanço da tecnologia e o início do processo de globalização, aos poucos foram surgindo novas alternativas de profissões dentro do mercado de trabalho.

Em pouco tempo – em termos históricos – o modelo singelo de capitular as profissões e a natural tendência de seguir os passos do pai não eram mais suficientes, e os então adolescentes viram-se diante de opções, cujo significado não compreendiam bem, falando-se nas áreas da cibernética, da pesquisa espacial, da medicina avançada, na bioética e em dezenas de novas alternativas.

Ao mesmo tempo, o mercado de trabalho ficou cada vez mais a mercê dessas tecnologias, e quando as grandes multinacionais tornaram-se as reais controladoras da atividade mercantil no planeta, capacitar-se para uma profissão passou a exigir muito mais do que a obtenção de um simples diploma universitário ou de curso técnico-científico.

Tornou-se indispensável o domínio de línguas estrangeiras, maiores conhecimentos gerais, habilidades de comunicação e capacidade de liderança.

Abriam-se portas para o trabalho no exterior, a "empresa" transformou-se em uma entidade com vida própria que exigia de seus prestadores a eficiência máxima, decorrente da máxima capacitação.

No âmbito familiar e escolar, entretanto, as mudanças ocorreram com maior lentidão. As famílias mantiveram-se arraigadas às profissões clássicas e tangiam a educação dos filhos, desde o nascimento, para o encaminhamento às áreas tradicionais, como Medicina, Direito, Economia e outras, obtidas exclusivamente nos cursos universitários.

Ainda, e apesar das novas urgências, o círculo familiar só se contentava com o título de "doutor", atribuído com exclusividade ao bacharel universitário.

Profissões voltadas às áreas técnicas eram vistas como "menores" e claramente desestimuladas no âmbito familiar, desprezadas e, aos que para elas se encaminhavam, sobrava o epíteto social degenerativo de incapacidade e menos valia, diante da falta do diploma universitário.

O mesmo ocorria no campo dos esportes. Jogadores de futebol, basquete, vôlei, nadadores, atletas eram desvalorizados como "profissionais", não importando a vocação ou o talento, e só alcançando a devida valorização quando percebeu-se, graças sobretudo à televisão e à internet, que por ali também se alcançava a realização, inclusive financeiro-econômica.

A família contemporânea tende a não se eximir diante de um talento aflorado na criança para as áreas esportivas, e, ao contrário, estimula as capacidades em escolinhas e afins, quando mais não seja para integrar, na educação, o esporte como atividade essencial ao desenvolvimento.

O período crítico da escolha profissional atinge seu clímax quando o volume de informação à disposição do adolescente, com rapidez quase instantânea, choca-se com as expectativas familiares e microssociofamiliares, isto é, pais, tios, avós, primos, amigos, filhos de amigos e conhecidos a servirem de exemplo do "sucesso", ainda que duvidoso.

A velocidade da oferta de novas alternativas profissionais encontrou os adolescentes e seus núcleos familiares inteiramente despreparados. Em vista disto, observamos, hoje, o retorno do interesse dos jovens no trabalho dos pais, maior curiosidade pelas empresas familiares do que na década passada. Parecem sentir-se mais seguros por não precisarem enfrentar o desconhecido e voltam-se às profissões que já lhe são familiares.

Mas continuam com muitas dúvidas.

Não é à toa que, em 2008, 64 mil inscritos nos vestibulares de Minas Gerais (UFMG) desistiram do concurso, uma abstinência altíssima de 12,16%, fato considerado revelador da incapacidade que encontra o adolescente para definir seus rumos profissionais.

Tendo em vista os novos desafios, o trabalho de orientação profissional evoluiu rapidamente, adequando-se à nova realidade. Nosso papel, como orientadores profissionais, consiste em facilitar o processo da escolha. Podemos ajudar o sujeito a pensar, a se conscientizar de que são muitos os fatores que interferem na sua escolha, fatores sobre os quais nem sempre se tem ingerência ou controle.

MODELO DE TRABALHO DE ORIENTAÇÃO PROFISSIONAL

O modelo que apresentamos neste capítulo é um exemplo de estratégia flexível e adaptável às características do grupo: uma proposta prática de trabalho em grupo.

O trabalho em grupo é mais bem aceito pelo adolescente e tem apresentado resultados significativos, que justificam e autorizam o método. Preferimos realizar os grupos uma vez por semana, em virtude de envolver um processo de amadurecimento individual, salvo quando o tempo para inscrição no vestibular é exíguo, hipótese em que o número de sessões é aumentado.

O número de participantes não pode ser muito grande, variando de 8 a 10. Nos últimos anos, tivemos grupos mistos com a presença de estudantes de ensino médio, universitários descontentes com seu curso ou que trancaram a matrícula da universidade e alunos que foram reprovados no vestibular e estão novamente frequentando os cursinhos pré-vestibulares e reexaminando suas escolhas profissionais.

Paralelo a esses sujeitos, somos procurados por profissionais formados e insatisfeitos com seu trabalho, com sua atividade e, não raro, em busca de áreas completamente diferentes das que exercem. Grupos com profissionais mais experientes, com níveis de insatisfação profissional diversos, podem formar um grupo diversificado e interessante para um bom trabalho.

Grupos de trabalho

Nos encontros iniciais, o coordenador aproveita para se identificar com o grupo, tentando esclarecer onde estão as dificuldades de cada sujeito para definir sua escolha, tendo em vista que o processo constitui em encontrar alternativas capazes de resolver a questão.

Nos primeiros encontros é importante obter a integração dos participantes, mediante sobretudo a discussão da expectativa do grupo e o estabelecimento do contrato de trabalho.

Iniciamos com o conhecimento dos nomes dos integrantes do grupo. Crachás com os nomes são distribuídos no início das atividades.

O coordenador pede que cada um coloque a origem do seu nome, como foi escolhido, por quem, se homenageia alguém, se há um histórico familiar, um fator determinante para a escolha do nome, etc.

Inicia-se assim a desconcentração do grupo.

Integração

Dando continuidade ao momento de apresentação e integração, pode ser utilizada uma tarefa específica de integração grupal. Por isso aqui é importante identificar as características do grupo, envolvendo sexo, idade e nível de escolaridade.

Relatamos a seguinte técnica, que é adequada a qualquer faixa etária:

> Todos sentados em círculo.
>
> Um integrante acende um fósforo e tem o tempo de o fósforo queimar para se apresentar ao grupo. Assim sucessivamente, até todos os integrantes passarem pela experiência, inclusive o coordenador. Após o último se apresentar, o coordenador abre o diálogo entre os integrantes, lançando perguntas sobre o que foi dito por cada um e estimulando a conversação.
>
> Após as tarefas de integração inicial, passamos para o levantamento das expectativas individuais e grupais, que também favorecem a integração.

Levantamento das expectativas

Nesta etapa, o coordenador solicita aos participantes que, individualmente, respondam em uma folha as seguintes perguntas:

1. O que espero obter neste programa?
2. Como será minha contribuição?
3. Como o grupo pode me auxiliar na minha escolha?
4. O que espero que aconteça nos grupos?

O coordenador pede que os participantes formem duplas e que discutam suas respostas com seu companheiro. Após 10 minutos, forma-se o grande grupo para discussão.

No momento de apresentação final, a partir das expectativas apresentadas, o coordenador poderá ajudar a colocar as expectativas dentro da realidade possível e não idealizada. Reforçar a ideia da escolha como processo e o momento da adolescência como de descoberta pessoal, onde a profissão está inserida.

Conhecendo-se melhor

O coordenador divide o grupo em subgrupos de quatro participantes e distribui o material: folhas de sulfite, cartolina, caneta, lápis de cor, canetinhas, revistas para recortes e outros materiais para elaboração do cartaz.

Em seguida, solicita que os subgrupos elaborem um cartaz criativo que retrate as características do grupo, envolvendo gostos, *hobbies*, esportes, lazer, jogos, filmes, livros e os demais elementos com os quais se identifiquem e que tenham significado importante. Os cartazes são apresentados e discutidos com o grande grupo.

Após bem explorado este momento, os participantes listam as disciplinas de maior agrado e facilidade durante o ensino médio, assim como as de maior dificuldade.

Contrato de trabalho

Uma das tarefas fundamentais do grupo é o estabelecimento do contrato de trabalho, que permitirá a adesão ao programa. Esse contrato não precisa ser rígido, mas tem de ser definido por todo o grupo. Mudanças somente serão feitas com a aprovação do grande grupo.

A responsabilidade da manutenção do contrato deve ser compartilhada com o próprio grupo.

Alguns itens fundamentais a serem combinados:

- características e objetivos do grupo;
- número de sessões;
- possibilidade de encontros posteriores individuais;
- horário dos encontros;
- duração dos encontros;
- dinâmica do trabalho: tipos de tarefas, tarefas extras, individuais, grupais;
- regras de sigilo de grupo (condição fundamental de manutenção do grupo);
- possibilidade de não concluir a escolha até o final do programa;
- possibilidade de haver entrevistas individuais com os pais, após término do trabalho em grupo;
- possibilidade de continuação do trabalho individual.

Ao finalizar esta primeira etapa, que envolve a integração e o contrato de trabalho, e iniciar o processo de autoconhecimento, o coordenador já está exercitando seu papel: o de auxiliar a pensar.

Inicia-se a desmistificação do teste vocacional, quando o sujeito começa a perceber que existem modelos mais dinâmicos, onde ele é participante ativo do processo e não receberá respostas nem soluções prontas. Corrigem-se distorções, percepções e estereótipos.

Conhecendo as profissões

A coordenadora apresentará um fichário com o maior número de profissões possíveis, onde constarão os seguintes dados:

- nome da profissão;
- universidades no estado em que existem os cursos específicos;
- currículo específico do curso;
- características das atividades desenvolvidas pelo profissional e área de atuação;
- características pessoais exigidas para exercício da profissão;
- mercado de trabalho e perspectivas profissionais;
- órgãos oficiais da categoria profissional;
- fontes de maior informação profissional.

Cada participante deverá escolher os cartões das profissões que mais lhe interessam para preparar uma apresentação aos demais.

No caso de mais de um querer a mesma profissão, o trabalho pode ser feito em duplas.

Agrupam-se por áreas e discutem sobre as profissões escolhidas, embasadas no material disponível.

Cada indivíduo ou subgrupo elabora um texto livre sobre a profissão escolhida. Nesse texto, deverá haver o maior número de informações possíveis, ideias, dúvidas, fantasias, expectativas e tudo o mais que o participante tenha, como dado real ou como idealização, sobre aquela profissão.

Cada participante deverá ler, em voz alta, o que escreveu sobre a profissão escolhida. Posteriormente, a coordenadora abrirá espaço para a discussão e troca de ideias, fantasias e sentimentos entre todos os participantes.

Tarefa de casa

A tarefa de casa é pesquisar sobre as profissões escolhidas. Essa pesquisa pode ser feita com profissionais das áreas escolhidas.

Nesta etapa, procuramos facilitar o trabalho do grupo, indicando nomes ou pedindo a contribuição dos pais. O ideal é que as entrevistas sejam feitas no próprio local de trabalho do entrevistado, dando a oportunidade de se ter uma noção vivenciada da atividade profissional sob pesquisa.

Informações e esclarecimentos sobre as profissões pesquisadas

Relato de cada membro do grupo sobre a tarefa de casa. Cada um deverá trazer ao grupo suas descobertas a respeito das profissões pesquisadas. Discussão sobre as profissões apresentadas. Os colegas dirão se, na sua opinião, a escolha do seu companheiro está adequada. Serão examinadas as características peculiares a cada tipo de profissão e se os aspectos individuais do sujeito são compatíveis a essa profissão.

A partir da maior autorreflexão, do melhor panorama das profissões, de uma visão atualizada do mercado de trabalho e de uma visão de suas características pessoais e expectativas, o adolescente estará mais apto a realizar escolhas mais conscientes.

Encontro individual e familiar

Procura-se integrar, neste encontro, os momentos vivenciados nos outros encontros: as expectativas, o processo de escolha, o autoconhecimento, a informação profissional, a participação no grupo e a escolha realizada.

A participação dos pais nesta etapa do trabalho é necessária devido à sua influência no processo. Esta participação pode ser positiva, se auxiliarem na informação, no desmanche das distorções e estereótipos. Muitas vezes, sem expressar claramente, os pais demonstram suas expectativas, ansiedades, exigências e suas próprias frustrações através da escolha do filho.

Alguns exemplos:

> Pai empresário bem-sucedido, dono de rede de lojas do ramo de eletrodomésticos no estado, com dois filhos mais velhos cursando Economia e Direito:
>
> "Olha, doutora, nós trouxemos o João aqui para ele decidir. A decisão é dele, o que decidir, nós apoiamos. Nós não queremos influenciar. Os irmãos já vão trabalhar nas empresas. Só não esquece que não tem nenhum médico na família..."
>
> Pai médico, radiologista, dono de serviço de radiologia:
>
> "Ele pode decidir o que quiser. Sempre deixei livre. Ele sabe também que o serviço está importando uma máquina e que, para ganhar dinheiro, ela tem que ser muito bem explorada. Vai precisar de muito médico. Tem que pensar bem."
>
> Pai advogado:
>
> "Qualquer outro curso que fizer, vai ser empregado, ganhando uma miséria. Como advogado, vai ser a única maneira de ser dono."

CONSIDERAÇÕES FINAIS

Culpar os pais, depois de tudo que escrevemos sobre o mundo contemporâneo, mercado de trabalho? Obviamente não. Mas temos de refletir muito em como se aproximar desse adolescente, sem desqualificar sua escolha, que também está permeada de insegurança e influências.

Para melhor entendimento, relatarei a participação de Carlos e Pedro em um grupo.

> *Pedro*: "Pretendo cursar Engenharia Civil, porque meu pai é engenheiro, tem um escritório grande, todo montado, onde trabalham muitos engenheiros e tem muitos clientes. Já estou feito. É mais fácil trabalhar com ele."
>
> *Carlos*: "Eu queria ser engenheiro civil, mas meu pai é engenheiro, tem um escritório com muitos engenheiros e clientes. Vou ter que estar sempre dando satisfação para ele e discutir meu trabalho com ele. Não quero isto para mim."

Enquanto para um a situação familiar era facilitadora na escolha profissional, para o outro era reveladora de conflitos.

A nossa participação é de facilitar todos esses momentos, auxiliando o jovem a pensar na soma de todos esses processos conscientes e inconscientes que interferem na escolha de uma profissão prazerosa e auxiliar a família a compreender o significado da escolha do filho para si e para o grupo familiar.

REFERÊNCIAS

BLOS, P. *Adolescência, uma interpretação psicanalítica*. Rio de Janeiro: Martins Fontes, 1985.

BOHOSLAVSKY, R. *Orientação vocacional*: teoria, técnica e ideologia. São Paulo: Cortez, 1983.

LUCCHIARI, D. H. P. S. (Org.). *Pensando e vivendo a orientação profissional*. São Paulo: Summus, 1993.

MULLER, M. *Orientação vocacional*. Porto Alegre: Artes Médicas, 1989.

OSORIO, L. C. *Família hoje*. Porto Alegre: Artes Médicas, 1996.

OSORIO, L. C. *Psicologia grupal*: uma nova disciplina para o advento de uma era. Porto Alegre: Artmed, 2003.

OSORIO, L. C.; VALLE, M. E. P. do. *Alquimia íntima*. Porto Alegre: Literaris, 2004.

OSORIO, L. C. et al. *Manual de terapia familiar*. Porto Alegre: Artmed, 2008.

PORTAL Uai. Minas Gerais: [s.n.], [2010]. Disponível em: <http://www.uai.com.br/>. Acesso em: 12 dez. 2009.

SOARES, D. H. P. *A escolha profissional do jovem ao adulto*. São Paulo: Summus, 2002.

capítulo 5

FAMÍLIA E ESCOLA: UMA PARCERIA POSSÍVEL NA PREVENÇÃO DE USO DE DROGAS ENTRE ADOLESCENTES

JOSSARA CATTONI ARALDI
KATHIE NJAINE
MARIA CONCEIÇÃO DE OLIVEIRA

INTRODUÇÃO

Este capítulo busca refletir sobre a relação entre família e escola, com foco na discussão sobre a parceria possível entre essas duas importantes instituições nas ações de prevenção ao uso de álcool e outras drogas na adolescência. O uso de drogas nas sociedades contemporâneas vem se tornando um problema mundial de saúde pública de extrema importância, uma vez que esse fenômeno traz sérios agravos à saúde física e mental dos usuários. O álcool tem sido apontado como a droga mais consumida entre os jovens no Brasil e está associado a diversos comportamentos de risco, implicando acidentes e violências, baixo rendimento escolar e outros transtornos (Pechansky, Szobot e Scivoletto, 2010). Uma série de levantamentos nacionais realizados no Centro Brasileiro de Informações sobre Drogas Psicotrópicas (CEBRID) tem evidenciado os seguintes aspectos: existe uma tendência do aumento da ingestão regular e elevada de bebidas alcoólicas pela juventude com ocorrência principalmente entre os mais jovens (12 a 15 anos); tem se elevado o consumo entre as meninas; e 50% dos adolescentes iniciaram o uso de álcool entre 10 e 12 anos (Galduróz e Caetano, 2004; Galduróz et al., 2005).

O uso de drogas na adolescência é agravado pela própria condição de vulnerabilidade desse grupo etário. Marques e Cruz (2000), citando Newcomb (1995), ressaltam que alguns dos principais fatores de risco para o uso de drogas nesse grupo envolvem aspectos culturais, interpessoais, psicológicos e biológicos. Dentre eles, a disponibilidade das drogas, as leis e as normas sociais, dificuldades econômicas graves, uso de drogas na família ou atitudes positivas em relação a elas, conflitos familiares, comportamento antissocial e fatores biológicos, como suscetibilidade ao uso e vulnerabilidade ao efeito de drogas. Entretanto, alguns autores têm destacado a necessidade de investigar os fatores que contribuem para o não uso de drogas na adolescência, destacando que a disponibilidade de informações completas e a proteção e afeto da família podem contribuir com as ações de prevenção (Sanchez, Oliveira e Nappo, 2005).

No campo da saúde no Brasil, a Política e as Ações para a Atenção Integral ao Uso de Álcool e Outras Drogas (Brasil, 2003) recomendam o desenvolvimento de ações intersetorias, que incluam a escola e a família como estratégia fundamental para a prevenção. No âmbito da educação, o Ministério da Educação, no contexto dos Parâmetros Curriculares Nacionais (PCNs) (Brasil, 1998) para o ensino fundamental, introduziu temas transversais, tais como ética, meio ambiente, pluralidade cultural, saúde e consumo de drogas, para perpassar as diferentes disciplinas do currículo escolar.

Esses temas devem ser trabalhados em uma perspectiva interdisciplinar e integrada à proposta pedagógica da escola.

Em 2007 foi lançado o Programa Saúde na Escola (PSE), instituído pelo Decreto Presidencial n° 6286/2007 (Brasil, 2007) que visa a ampliar as ações de saúde junto aos alunos da rede pública de ensino. Sendo dividido em quatro blocos, o segundo deles trata da promoção da saúde e prevenção, devendo trabalhar as dimensões da construção de uma cultura da paz e combate às diferentes expressões da violência, consumo de álcool, tabaco e outras drogas. Neste bloco, haverá também a abordagem da educação sexual e reprodutiva e o estímulo à atividade física e práticas corporais.

A escola tem, portanto, um grande potencial para atuar na prevenção ao uso de álcool e outras drogas, pois crianças e adolescentes permanecem um longo período de tempo nesse espaço. E a família é a referência em termos de valores primordiais para os jovens, ainda que seja no plano idealizado por muitos. Mas esta relação tem sido alvo de muitas polêmicas e debates. Como a família e a escola podem ser parceiras? Diversos estudos (Noto e Galduróz, 1999; Carlini-Cotrim, 1998; Tondowski e Henriksson, 2007; Marlatt, 2001; Moreira et al., 2006) têm apontado que a questão das drogas é um tema tabu nas escolas e que as ações de intervenção ainda têm o foco no aspecto de guerra às drogas, movimento norte-americano da década de 1980, que se caracterizou por um enfoque alarmista, intolerante e repressivo. Soma-se a essa situação o preconceito que muitas famílias têm em relação à informação sobre drogas e a dificuldade que enfrentam com os filhos com problemas de drogas. Assim, estabelecer uma parceria entre a escola e as famílias visando ao desenvolvimento de ações de prevenção ao uso de álcool e outras drogas é um grande desafio. Neste contexto, são grandes as lacunas para o debate sobre esse tema e sua prevenção, de modo que se possa romper com o caráter estigmatizante e preconceituoso com que essa questão é em geral percebida na escola e na família.

ÁLCOOL E DROGAS: UM DESAFIO A SER ENFRENTADO

Revisando a literatura sobre o tema, alguns autores, entre eles Brasil (2004) e Romano e Laranjeira (2004), apresentam um arcabouço teórico para a compreensão da drogadição. Segundo esses autores, a relação do homem com as drogas vem mudando ao longo da história, o que influencia o entendimento desse fenômeno e, consequentemente, o tratamento aos dependentes químicos.

A história da humanidade sempre esteve ligada às drogas. Segundo Araújo e Moreira (2006) e Toscano Jr. (2001), as drogas podem ser utilizadas dentro de rituais religiosos, festivos/recreativos, medicamentosos, enfim, por motivos diversos. Portanto, a ideia de que a presença de drogas no repertório humano é algo recente mostra-se equivocada. Inicialmente, segundo Brasil (2004), o drogadicto era considerado alguém que estava tomado por uma entidade espiritual e que, portanto, deveria ser tratado a partir de rituais específicos. Posteriormente, o dependente químico passou a ser visto como alguém amoral, um marginal que deveria ser afastado da sociedade. Em 1966, a Associação Médica Americana passou a conceber o alcoolismo como doença, o que contribuiu para a retirada de certos conceitos e preconceitos em relação ao drogadicto, pois preconizava a visão positivista da doença como fenômeno unicamente orgânico.

Segundo a Organização Mundial da Saúde (OMS), define-se a dependência de drogas como um estado psíquico e, algumas vezes, igualmente físico, que resulta da interação entre um organismo e uma droga psicoativa, incluindo uma compulsão de consumir a droga para experimentar seus efeitos psíquicos ou evitar o desconforto da sua ausência (OMS, 1993).

Diante dessas conceituações ou percepções é possível determinar o papel da pessoa doente, assim como o papel da família, dos amigos e dos regimes de tratamento. As questões relativas ao uso abusivo de álcool e outras drogas atingem todos ou grande parte dos cidadãos, devido aos problemas que acarretam sobretudo para o âmbito da segurança pública e da saúde.

PREVENÇÃO DE ÁLCOOL E OUTRAS DROGAS E ATENÇÃO À SAÚDE

Pereira e colaboradores (2004) definem a prevenção como uma ação que oferece aos indivíduos a capacidade para enfrentar eventuais obstáculos que possam prejudicar a sua saúde. Para Vizzolto (1992), a prevenção consiste em um conjunto de informações e de ações concretas em uma abordagem ampla de saúde, com o objetivo de sensibilizar e informar as pessoas sobre as ocorrências de prejuízos à saúde devido ao uso indevido de drogas. Um breve panorama sobre os primeiros modelos de prevenção mostra que alguns não alcançaram suas metas. Segundo Bucher (1988), os procedimentos preventivos ao uso de drogas surgiram com o objetivo de reduzir a disponibilidade dessas substâncias, desde a fonte até a comercialização e o consumo das consideradas ilícitas. Para isso, a prevenção adotava medidas fiscais e repressivas, usando como meios a ação judiciária e a repressão ao tráfico. Diante da proliferação do uso de drogas na contemporaneidade, os especialistas perceberam que tais medidas eram insuficientes, reconhecendo que outras estratégias deveriam ser tomadas, entre elas a educação como uma necessidade universal. A educação preventiva inicialmente tinha como finalidade passar informações sobre a questão das drogas e seus efeitos, com a intenção de chocar, de amedrontar os jovens; no entanto, essa medida não atingia os objetivos esperados, como a redução do consumo de drogas. Uma outra crítica a esse modelo referia-se ao fato de ele não atingir a uma população maior, além de que a prevenção era mais direcionada às drogas ilícitas com forte caráter moral, enquanto o consumo de álcool e tabaco não tinha e ainda não tem restrições legais em muitas sociedades.

Na mesma perspectiva, Carlini-Cotrim (1998) argumenta que o modelo preventivo conhecido como "guerra às drogas" defende a erradicação das drogas ilícitas e a intolerância em relação aos usuários. Porém, evidenciam-se dois argumentos que sustentam a oposição a esse modelo. O primeiro deles é de que a ideia de erradicar as drogas nas sociedades é irreal, uma vez que, como já apontado, as drogas sempre estiveram presentes na história da civilização humana. O segundo argumento é de que a "guerra às drogas" fere os princípios éticos e os direitos civis, pois impor o não uso é impor regras de comportamento aos indivíduos e sociedade que vão muito além do que é direito do Estado.

Um estudo realizado com professores de escolas públicas e particulares em uma cidade de médio porte do sul do Brasil (Araldi, 2009) detectou a presença de tradicionais modelos preventivistas ao uso de drogas. Alguns educadores que fizeram parte do estudo fizeram uma crítica a esse modelo repressor, mas de maneira geral demonstraram que não atuam com outros modelos que se contraponham a esse. As representações sociais de muitos educadores sobre prevenção ao uso de álcool e outras drogas está relacionada ao ideal da escola como um espaço propício para o desenvolvimento humano e social dos jovens. Secundariamente, esse espaço poderia atuar na prevenção às drogas e em outros temas que dizem respeito à adolescência. Porém, na prática, delegam essa atuação principalmente ao Programa Educacional de Resistência às Drogas (PROERD), aos psicólogos, aos orientadores pedagógicos e profissionais especializados na área. O PROERD é um programa de intervenção que segue o projeto DARE (Drug Abuse Resistance Education) ou Educação para a Resistência ao Abuso de Drogas, que tem como objetivo o treinamento para resistir às pressões para que se envolvam com drogas. Inclui exercícios e atividades de sala de aula que ensinam o estudante a recusar, a se esquivar e a não ceder perante a oferta de drogas. Conta com policiais na sua condução, porém, por ser um programa originado nos Estados Unidos, encontra alguns problemas como a falta de adaptação cultural, bem como as diferenças de representações sociais em relação à figura do policial americano e brasileiro (Noto e Moreira, 2006).

Em busca de um modelo preventivo que não parta desses princípios moralistas e da imposição do medo, surge o modelo de "redução de danos". Segundo Carlini-Cotrim (1998), as ações preventivas baseadas na redução de danos dão ênfase na formação do jovem, acreditando que ele é capaz de discernir e optar de forma consciente e responsável sobre questões que fazem parte do seu cotidiano. Esse modelo de prevenção na prática escolar viabiliza-se por cinco modelos básicos:

- *conhecimento científico*, que procura fornecer informações sobre as drogas de forma imparcial e científica;
- *educação afetiva*, que tem como meta melhorar ou desenvolver a autoestima, trabalhar com a ansiedade, habilidade de decidir e interagir com o grupo;
- *oferta de alternativas*, que procura desenvolver sensações de expansão da mente, crescimento pessoal, desafio e alívio do tédio;
- *educação para a saúde*, que valoriza o estilo de vida saudável e onde são trabalhados temas gerais, visando a formar uma consciência de algumas características não saudáveis;
- *modificação das condições de ensino*, que parte do pressuposto de que a ênfase não recai na prevenção do abuso de drogas, mas na formação de jovens saudáveis com grande tendência em envolver pais e comunidade em suas atividades.

Nessa perspectiva da "redução de danos", o trabalho preventivo deve estar vinculado a uma proposta abrangente, onde o uso de drogas deve ser discutido dentro de um contexto mais amplo de saúde. Ética, pluralidade cultural, meio ambiente, saúde, orientação sexual, além do trabalho e consumo são aspectos a serem abordados no sentido de levar o jovem a refletir sobre a dimensão da vida e o exercício da cidadania, a fim de posicioná-lo diante das questões que interferem na vida coletiva.

ADOLESCÊNCIA, FAMÍLIA E ESCOLA EM BUSCA DE APOIO

Quando se fala em adolescência, pensa-se em fase de transição, momento em que a pessoa não é mais criança, mas também não é adulto, caracterizada por profundas transformações biopsicossociais que conferem o caráter de singularidade ao adolescente como sujeito.

Segundo Tondowski e colaboradores (2007), a adolescência é um processo de intensa descoberta e de ampliação do mundo infantil, pois nessa fase o convívio com os amigos ganha importância no contexto social, para além da família. Nesse processo de desenvolvimento evolutivo, há incorporações de novos hábitos, valores e padrões de comportamento, onde apenas alguns são deixados para trás. O adolescente busca um novo lugar, um novo grupo com o qual se identifica e adquire segurança para iniciar a construção da própria identidade. Segundo esses mesmos autores, os jovens, nessa fase, sentem-se invulneráveis a enfrentar qualquer perigo, diante da necessidade de superarem a si mesmos. Nesse contexto, as drogas podem proporcionar um aumento na sensação de poder, além de proporcionar uma falsa diminuição das dificuldades e ansiedades.

Schenker e Minayo (2003, 2005) ressaltam que, em relação ao uso de drogas, os vínculos frágeis com a família e com a escola são fatores de risco para o envolvimento de jovens com as drogas. Para essas autoras, família é uma instituição privada com vários arranjos, mas basicamente tem a função de elaborar as relações primárias das crianças e adolescentes. Do ponto de vista do atendimento a jovens que fazem uso de drogas, partem das premissas do paradigma sistêmico e enfatizam a necessidade de ter claro que os problemas das drogas se constituem um fenômeno multicausal, pois existem as questões orgânicas, psicológicas, socioculturais, familiares e outros aspectos que se interinfluenciam. Pelo fato de a família ser o primeiro e mais importante núcleo de relações de uma criança ou adolescente, torna-se necessário incluí-la como parte e não à parte do contexto, para não tornar o trabalho reducionista.

A estrutura familiar ocidental vem passando por um longo período de transformação, acentuado nas últimas décadas devido a variáveis ambientais, sociais, econômicas, políticas e religiosas que estão vinculadas no decorrer do processo civilizatório (Osorio, 2002). Segundo Minuchin (1990), quando se trata de definir as funções das famílias, consideram-se dois objetivos distintos: proteção psicossocial de seus membros, sendo este um objetivo interno, e a acomodação a uma cultura e a transmissão desta, como objetivo externo.

Especificamente na prática clínica em atendimentos às famílias, faz-se necessário refletir constantemente sobre os múltiplos conceitos de família, como observam Andolfi e colaboradores (1984, p. 18),

> Família é um sistema ativo em constante transformação, ou seja, um organismo complexo que se altera com o passar do tempo para assegurar a continuidade e o crescimento psicossocial de seus membros componentes. Esse processo dual de continuidade e crescimento permite o desenvolvimento da família como a unidade e, ao mesmo tempo, assegura a diferenciação de seus membros.

OS DESAFIOS DA ESCOLA NA PREVENÇÃO AO USO DE DROGAS

Para Costa e Gonçalves (1988) e Osorio (2002), a família não tem um padrão fixo de se organizar, porém em todas as culturas a família tem a função de educar, fornecendo modelos e a formação de que um jovem necessita para ser adulto, além de transmitir grande parte do saber social. Mas, após o advento da economia capitalista, nos séculos XIX e XX, houve grandes transformações sociais e consequentemente mudanças no comportamento e na estrutura familiar, com a entrada das mulheres no mercado de trabalho. Os autores ressaltam que, em decorrência da complexidade que envolve a nossa sociedade, a família conta com o apoio da escola como uma instituição que tem papel complementar na educação.

Assis e colaboradores (2005) discutem que, diferentemente de outras instituições, a escola tem um enorme potencial para desenvolver a intervenção, pois tem a vantagem de acompanhar por um longo período de tempo o crescimento e o desenvolvimento dos jovens, podendo ainda acessar os pais e responsáveis por eles. Sendo assim, a escola pode contribuir muito na questão de prevenção ao uso de álcool e outras drogas.

Nos programas de prevenção considerados mais adequados, o uso de drogas deve ser discutido dentro de um contexto mais amplo de saúde e dos cuidados com o corpo. As drogas, a alimentação, os sentimentos, as emoções, os desejos, os ideais, ou seja, a qualidade de vida entendida como bem-estar físico, psíquico e social, são aspectos a serem abordados no sentido de levar o jovem a refletir sobre como viver de maneira saudável.

De acordo com Vizzolto (1992), o professor é um agente de educação. A ele cabe a responsabilidade de informar os alunos. É ele quem estabelece um contato direto com o aluno e tem papel decisivo nos programas de prevenção, uma vez que influencia na formação de valores e atitudes e é figura de identificação. Para que essa tarefa seja realizada, é necessário o conhecimento do assunto como um todo, da estrutura da disciplina e do grupo de alunos. Nessa perspectiva, a implementação de uma educação preventiva contra o uso de álcool e outras drogas requer um planejamento prévio de atividades a serem desenvolvidas pelas escolas.

Uma pesquisa que avaliou um programa voltado para educação para valores (Minayo et al., 2004) aponta que, diante do impacto de mudanças de ordem política, social e cultural, as instituições de ensino são tomadas por uma carga de angústia e insegurança, balizando as dificuldades do momento de transição da contemporaneidade. No decorrer da avaliação, os autores verificaram vários relatos dos docentes que externavam que os temas mais polêmicos, como sexualidade, drogas e violência, eram os menos elaborados e trabalhados nas escolas, diante do despreparo e das dificuldades de abordar tais questões.

Esses resultados são semelhantes aos encontrados na pesquisa de Moreira e colaboradores (2006), que estudaram as situações relacionadas ao uso indevido de drogas nas escolas municipais de ensino fundamental de São Paulo, investigando atitudes e comportamento dos coordenadores pedagógicos frente a essas questões. Os autores concluíram que a prevenção permeia a maioria dos discursos, porém, os coordenadores relataram a falta de formação, de informação e que sentiram preconceitos em relação a essa temática.

Na pesquisa de Minayo e colaboradores (2004) citada anteriormente, verificou-se ainda que os educadores manifestaram uma visão idealizadora da escola, argumentando principalmente que os pais delegam aos professores a missão de educar. No que concerne à pouca participação dos pais no cotidiano escolar, foram mencionados pelos docentes alguns fatores impeditivos, como: horário das reuniões, falta de recursos de transporte de famílias mais carentes, o fato de as reuniões tratarem principalmente da questão de notas e disciplinas e pela falta de acolhimento e de parceria em relação à educação. Muitos pais entrevistados nessa pesquisa disseram temer os chamados das escolas, tendo em vista que a maioria das vezes são convocados para tratarem de problemas de comportamento ou fracasso escolar dos filhos. No entanto, durante a pesquisa, observou-se que os pais sentiram-se prestigiados em participar do programa de educação para valores, inclusive aqueles que não sabiam ler, que solicitaram aos filhos para fazer a leitura do material pedagógico direcionado aos pais.

Contemporaneamente, os pais parecem dispor de pouco tempo para os filhos, passando também à escola a responsabilidade de formar indivíduos. Diante desse fato, os educadores têm sido cada vez mais pressionados pelas famílias e pela sociedade em geral a abordar temas como a questão das drogas. Por outro lado, os professores não se sentem preparados para lidar com essa demanda, tomando muitas vezes iniciativas improvisadas que servem mais para aliviar suas angústias do que propriamente para fazer um trabalho preventivo (Tondowski e Henriksson, 2007).

Costa e Gonçalves (1988) salientam que é dentro do contexto familiar e escolar que a criança assimila a maior parte de seus conhecimentos, hábitos e atitudes. Consequentemente, os professores juntamente com os pais são as pessoas que estão em melhor posição para desenvolver uma proposta de educação vinculada a um contexto mais amplo, em que se incluem condições de vida, trabalho e relações sociais.

Porém, a atuação conjunta dessas duas importantes instituições de socialização não é tão simples. A pesquisa de Araldi (2009), citada anteriormente, que investigou junto aos educadores do município de Lages (SC) a relação da escola com a família e a prevenção ao uso de álcool e outras drogas, aponta que as representações que esses profissionais têm sobre a adolescência, a família e o tema das drogas são fatores que dificultam as ações de prevenção. Ideias arraigadas sobre o uso de drogas que passam por julgamentos morais dos jovens e de suas famílias foram muitas vezes colocadas pelos professores, sobretudo por aqueles que mencionaram não realizar nenhuma atividade relacionada ao uso de drogas.

Nessa pesquisa, embora os professores tenham diversos casos de uso e abuso de drogas entre adolescentes em algumas escolas, os educadores tendem a culpar diferentes atores por esse fato. Alguns consideram que o abuso de álcool está relacionado à autoafirmação dos adolescentes, a um período de curiosidades sobre as bebidas e as drogas de modo geral, sem, no entanto, avaliarem o papel da escola nesse contexto. Outros educadores citam a mídia como responsável por estimular o adolescente a consumir bebida, assim como a família, por promover e consentir o uso de bebidas alcoólicas. Poucos educadores investigados referem uma atitude comunicativa com os jovens para discutir a questão das drogas e alguns dizem que até gostariam de abordar o tema mais abertamente, mas temem represálias por parte daqueles envolvidos no tráfico de drogas, seja aluno ou familiares. Considera-se, portanto, que há barreiras morais por parte dos educadores para abordar o tema, mas também avalia-se que essa abordagem é complexa e envolve a necessidade de uma capacitação que discuta desde os preconceitos que permeiam o tema até as estratégias mais eficazes de abordagem e encaminhamento da drogadição (Araldi, 2009).

De acordo com a perspectiva sistêmica, teoria adotada por Schenker e Minayo (2003), compreender a drogadição de adolescentes é ir além do aspecto intrapsíquico e individual para uma visão multifatorial, em que o grupo familiar, de amigos, colegas de escola, de trabalho e todo o contexto histórico-cultural e social estão imbricados nesse processo. Esse novo paradigma conforme Guimarães e colaboradores (2009), possibilita que a abordagem da drogadição ultrapasse a leitura do contexto familiar, acolhendo também explicações próprias do cenário onde se vive.

A maioria dos educadores das escolas investigadas por Araldi (2009) informou que não teve capacitação específica para trabalhar a temática das drogas e não foram criadas oportunidades e projetos que pudessem aproximar os alunos, estabelecer um diálogo e uma relação de confiança para abordar a temática. Os dados revelaram que alguns professores não só desacreditam na possibilidade de atuar na prevenção como também não demonstram interesse em conhecer propostas que possam contribuir para esse aspecto.

As poucas iniciativas identificadas de se trabalhar a questão das drogas estavam mais relacionadas ao perfil dos professores e ao seu envolvimento com os jovens do que propriamente às diretrizes pedagógicas. Foram poucos os educadores que incorporaram de fato a temática em suas ações, como uma professora de Educação Física de uma escola pública que procura trabalhar com a questão da prevenção às drogas, na disciplina que aborda "Qualidade de Vida". O conteúdo trabalhado por essa educadora se assemelha aos modelos de educação para a saúde (Carlini-Cotrim, 1998) ou modelo do estilo de vida saudável (Tondowski e Henrikson, 2007). Esses modelos preconizam ações não tradicionais, pois têm como proposta uma visão de saúde integral do jovem, com o objetivo de conscientizá-lo para a escolha de estilos de vida saudáveis, com qualidade.

> [...] quando trabalho qualidade de vida relaciono as várias outras situações (drogas). Ela é trabalhada todo ano, pelo menos um bimestre. (P/M1/Púb/1)

Nas falas da maioria dos educadores, no entanto, percebe-se falta de preparo e de engajamento nas questões que fazem parte do cotidiano dos adolescentes. Essa mesma percepção também foi observada na pesquisa de Soares e Jacobi (2000) sobre "Adolescentes, Drogas e AIDS: avaliação de um programa de prevenção escolar". Observou-se no estudo a relutância e o despreparo da instituição escolar em tratar temas importantes como drogas e AIDS e, ainda, a ausência de trabalhos preventivos e avaliativos no âmbito educacional. Entretanto, constatou-se que o discurso e a prática dominantes como modelo de prevenção na escola é a abordagem baseada no modelo de "guerra às drogas".

De certa forma, prevalece um discurso de descrédito por parte dos professores entrevistados na pesquisa de Araldi (2009), em relação sobretudo às perspectivas de mudanças do jovem. Na visão de grande parte deste grupo não é possível reverter a situação de um jovem que faz uso de algum tipo de droga. Percebe-se que os professores sentem-se pressionados para repassar o conteúdo pedagógico e lidar com temas considerados difíceis de abordar no cotidiano da escola.

Alguns dos motivos associados a essa resistência foram identificados no estudo de Moreira e colaboradores (2006), como: a falta de formação e informação, o preconceito atribuído aos usuários de drogas e a sobrecarga de trabalho, dificultando dessa forma a responsabilidade de realizar um trabalho efetivo de prevenção.

Essa visão também foi constatada no trabalho de Minayo e colaboradores (2004), que avaliou um programa de educação para valores que tinha como objetivo educar os jovens para a vida, propondo que os alunos passassem a incorporar em suas vidas valores positivos como liberdade, autonomia, solidariedade e responsabilidade. Minayo e colaboradores (2004) constataram que muitos educadores revelaram sentimentos de pessimismo em relação ao projeto pedagógico proposto, denominado "Cuidar". Uma das hipóteses consideradas pelas autoras para esse fato refere-se ao momento histórico em que vive a sociedade, no qual a escola, de certa forma, perde o seu prestígio como espaço de ensino, em função de uma enorme valorização dos meios tecnológicos de informação. Outra hipótese se refere aos baixos salários dos profissionais da área da educação que de certa forma desestimula a sua atuação. E, por último, que as escolas não estão preparadas humana e tecnologicamente para preencher as necessidades reais dos alunos.

Acresce a esses problemas a noção que alguns professores têm da família, considerando-as desestruturadas, exaltando somente o lado negativo e refletindo pouco sobre o potencial desse grupo como fator de proteção. Alguns estudos vêm mostrando que as representações dos professores e educadores sobre a família é bastante pessimista, considerando-a muitas vezes inapta para os cuidados com os filhos e omissa em relação à escola. Na visão de muitos educadores, o fato de convidar os pais para repassarem os problemas de seus filhos na escola cumpre o papel de incluir a família nesse cotidiano. Esse aspecto aponta para a necessidade de compreender e incentivar a família para atuar na prevenção (Assis et al., 2005), sobretudo famílias que têm comprometimento com álcool e outras drogas e que precisam, sobretudo, receber apoio profissional da sociedade e das instituições em geral, para que possam promover um contexto seguro e afetuoso de cuidado com os filhos.

Tondowski e Henriksson (2007) apontam que os educadores, em geral, sentem-se angustiados e preocupados com o tema do uso/abuso de drogas pelos adolescentes. Muitas vezes acabam tomando iniciativas e medidas improvisadas com o intuito de fazer algum trabalho preventivo. Entretanto, essas ações, na maior parte das vezes, servem mais para aliviar a angústia do que tomar uma medida preventiva frente à questão das drogas. Contudo, ao propor um trabalho preventivo, a atitude do professor, quando não preconceituosa, contribui para a conscientização da importância da vida e de seus cuidados com ela. As escolas sozinhas sentem dificuldades de assumir essa tarefa, e há uma expectativa de contar com a participação da família; porém, na realidade, não parece haver diálogo sobre a questão do uso de álcool e outras drogas.

O estudo de Araldi (2009) corrobora os achados de investigações anteriores, de que há pouca participação da família na escola e de que os professores sentem-se pouco preparados para lidar com as famílias e com os problemas que envolvem os jovens como a questão da drogadição.

Considera-se ainda que atualmente as escolas têm propósitos e funções diferentes das iniciais, que se restringiam apenas a transmitir conteúdos, como afirma Aquino (1998). Esse autor aponta que, além da função pedagógica clássica, hoje existe uma substituição de papéis e, muitas vezes, um acúmulo deles atribuídos aos profissionais de educação. O autor alerta que "parece pairar uma espécie de polivalência atribuída ao educador: ele deveria ser um pouco pai, psicólogo, sociólogo, político, orientador, amigo, etc." (Aquino, 1998, p. 95). Essa nova demanda que é atribuída ao educador refere-se às mudanças históricas, como no aspecto sociopolítico do país, do trabalho, do contexto familiar e até mesmo da expansão da mídia, que traz impactos sociais sobre as práticas escolares.

Essas mudanças também são reveladas no estudo de Araldi (2009):

> Tem aqueles que ficam de forma incondicional ao lado da escola, as atitudes que você tomar estão bem tomadas [...], tem aqueles que resolvem achar que o professor é errado. (P/M1/Part/3)
> Eu acredito que a participação dos pais é quase nula. Leva pra escola e a escola que se vire. (P/H1/Part/3)

Porém, no estudo citado acima, observa-se que algumas visões divergentes podem fazer a diferença, creditando na família uma possibilidade de parceria com a escola. Destaca-se o empenho de um gestor em criar estratégias para atrair os pais para a escola, para discutirem juntamente aos filhos temas relacionados à adolescência. Esse tipo de atuação proativa mostra o cuidado com os jovens, com as famílias e com o ambiente escolar.

> Se tivermos a parceria com os pais e a escola puder mostrar a importância de eles estarem presentes, estarem dialogando com seus filhos. [...] a prevenção eu vejo nesse sentido, uma parceria de pais e escola [...]. (G/Part/4)

CONCLUSÕES

A temática da parceria entre a família e a escola quanto à promoção da saúde e a prevenção do uso de risco de álcool e outras drogas necessitam ganhar maior visibilidade em pesquisas e projetos político-pedagógicos visando a encontrar estratégias eficazes de enfrentamento desse grave problema de saúde pública.

As representações sociais identificadas junto a educadores das escolas públicas e privadas pesquisadas, como no estudo de Araldi (2009), sobre as ações de prevenção em relação ao uso de álcool e outras drogas entre adolescentes, denotam algumas visões distintas, mas que em alguns momentos se interpenetram. Conhecer o universo representacional dos atores envolvidos pode mostrar-se eficaz para melhor delinear a multiplicidade de percepções implicadas.

A primeira delas, presente nas falas da maioria dos educadores, independentemente da natureza da escola, representa uma visão preconceituosa e estigmatizante dos temas "adolescência" e "drogas". As falas revelam resistências e dificuldades em refletir sobre a complexidade desses temas.

As representações sociais sobre a adolescência encontradas na pesquisa estruturaram-se em torno de dois aspectos individuais dessa faixa etária: (a) as mudanças físicas e biológicas que começam com o início da puberdade e terminam quando as responsabilidades adultas são assumidas; e (b) os "conflitos" decorrentes dos processos psicológicos típicos da idade. Esses aspectos presentes no senso comum são os mais marcantes dessa etapa do desenvolvimento dos adolescentes. Nesse contexto, as explicações para o uso de álcool e outras drogas restringem-se à necessidade de autoafirmação, curiosidade, busca de liberdade e prazer. Essa visão reducionista não contempla contextos importantes que afetam a vida dos jovens, como os culturais, sociais, políticos e econômicos que interinfluenciam na sua formação.

Essa concepção de adolescência representada pelos educadores condiz com a forma com que esses profissionais entendem a questão do uso de álcool e de outras drogas e com a maneira com que encaram e reagem frente a essa problemática. Desse modo, as representações sociais da adolescência funcionam como um filtro que leva o docente a interpretar o comportamento adolescente por um único aspecto, ou seja, o comportamental. Assim, se o educador tem uma visão reducionista da adolescência, as possibilidades de abordar questões que transcendem os aspectos biológicos e psicológicos dessa etapa da vida também são reduzidas, portanto, tendem a ser inócuas e superficiais frente à gravidade do problema das drogas na sociedade e na escola em particular.

Neste sentido, a abordagem da questão das drogas em sala de aula pode ser bem ou malsucedida, quando docentes e discentes tentam corresponder às expectativas de um ou de outro. Em outras palavras, se os educadores têm expectativas positivas em relação aos seus educandos, se apostam nas suas potencialidades e nas suas qualidades, os educandos responderão a essas expectativas de forma mais proativa. Se não existem expectativas positivas dos educadores sobre os alunos, as possibilidades de realizar um trabalho sobre álcool e outras drogas é praticamente ineficaz.

Uma outra visão mais ampliada representada na fala dos educadores demonstra um pensamento mais reflexivo sobre o uso de álcool e outras drogas. Contudo, na prática, as ações ainda são atravessadas por muitos preconceitos em relação à atuação da família e a espaços de sociabilidade dos adolescentes. Há de certa forma uma culpabilização da família por não saber lidar com o adolescente, por ser permissiva e não estabelecer limites aos jovens, principalmente sobre o uso de álcool, droga legitimada socialmente.

Os educadores também vivem a dicotomia de transmitir os conteúdos pedagógicos e trabalhar, com os jovens, temas que fazem parte do seu cotidiano, ou por falta de estratégias para abordar os temas transversais previstos pelos PCNs, como o das drogas, ou por resistência frente a esses temas. A interlocução da escola com a família e vice-versa também carece de estratégias e capacidade de superar as dificuldades de diálogo entre essas instituições frente à problemática das drogas.

A visão muitas vezes negativa dos educadores sobre o potencial dos pais ou responsáveis pode explicar as poucas e frágeis iniciativas das escolas em chamar as famílias para os estabelecimentos educacionais e criar uma parceria para o enfrentamento da questão, embora alguns professores assinalem a importância desse apoio.

Percebeu-se que grande parte dos educadores preconiza a importância de desenvolver ações voltadas para a prevenção às drogas nas escolas. Entretanto, essa atribuição é delegada principalmente ao PROERD e aos profissionais especializados no tema. Parece haver, nesse tipo de atuação, uma cisão entre o que acontece no âmbito escolar, que diz respeito ao trabalho dos educadores, e às vivências dos jovens fora da escola, que não diz respeito aos professores. Aspectos da sociabilidade dos jovens como participar de festas ou outros encontros sociais são vistos de forma negativa, sem criticar suficientemente os fatores que influenciam essas formas de sociabilidade. Por isso, a família é vista como a principal causa dos problemas de comportamento ou desvios dos jovens. Essas barreiras impedem os educadores de enfrentar questões tabus, como as drogas e a sexualidade, e criam empecilhos para estabelecer um diálogo franco com os alunos e com suas respectivas famílias.

Uma outra concepção representada pelos professores deste estudo apresenta uma visão dialética da adolescência e das drogas. Essa concepção está presente na fala de uma escola de ensino privado, cujos educadores podem ser denominados de "seminais", termo utilizado por Minayo e colaboradores (2004) para designar aos professores que mostram uma abertura maior à realidade social dos jovens uma capacidade de escuta e de diálogo com o adolescente, com os pais e com seus pares. No discurso e na prática esses educadores atuam com a complexidade da questão das drogas, com a contemporaneidade dos conceitos de adolescência e de família, potencializando um trabalho de prevenção holístico. É nessa direção que se vizualizam as possibilidades de realizar um trabalho preventivo, que promova a saúde do adolescente, a sua resiliência (capacidade de superar as dificuldades da vida) e ao mesmo tempo acolha-o em suas dúvidas e projetos de vida.

A seguir, destacam-se alguns pontos considerados relevantes para a reflexão sobre aspectos que podem fortalecer a parceria família-escola na prevenção ao uso de álcool e outras drogas na adolescência. O primeiro deles refere-se à necessidade da comunicação aberta com os jovens sobre temas considerados tabus, como drogas e sexualidade, bem como outros temas como direitos civis, ética, ecologia, etc.

O campo da saúde pública pode auxiliar para ampliar o conhecimento de abordagens preventivas como redução de riscos/danos visando a um enfoque compreensivo da questão e não somente repressivo. Há, portanto, a necessidade de ofertar educação continuada aos educadores para orientá-los a compor projetos educacionais específicos e construir estratégias de enfrentamento apropriadas à realidade de cada escola, o que consequentemente os tornaria mais seguros nas suas intervenções.

Medidas preventivas efetivas exigem uma prática dialógica entre educador e aluno, pois se entende que educar é mais do que somente transmitir conhecimentos, é trocar ideias e experiências, é acima de tudo propiciar uma escuta de forma acolhedora. Os programas de prevenção, ao serem elaborados com a participação ativa dos adolescentes, podem permitir trazer ao programa problemas reais, detectar aspectos de risco e de vulnerabilidade e assim exercitar o protagonismo juvenil e o compromisso na viabilização das ações.

As estratégias de prevenção nas escolas, em termos ideais, deveriam envolver a participação de todos, ou seja, os que trabalham na instituição e as famílias, para que possam participar de cursos e debates sobre a temática das drogas, em um processo contínuo, para o desenvolvimento de atividades e projetos.

Essa problemática exige a integração entre todos para um trabalho coletivo e que este, quiçá, promova uma articulação com outros setores da sociedade, contemplando medidas de enfrentamento com a finalidade de possibilitar adequações necessárias e mais promissoras às propostas de prevenção ao uso de álcool e outras drogas.

REFERÊNCIAS

ANDOLFI, M. et al. *Por trás da máscara familiar*: um novo enfoque em terapia familiar. Porto Alegre: Artes Médicas, 1984.

AQUINO, J. G. A escola e as novas demandas sociais: as drogas como tema transversal. In: AQUINO, J. G. (Org). *Drogas na escola*: alternativas teóricas e práticas. São Paulo: Summus, 1998.

ARALDI, J. C. *Representações sociais de educadores e práticas de prevenção em relação ao uso de álcool e outras drogas entre adolescentes de Lages, SC*. 2009. 102 f. Dissertação (Mestrado) – Universidade do Planalto Catarinense, Lages, 2009.

ARAÚJO, M. R.; MOREIRA, F. G. Histórias das Drogas. In: SILVEIRA, D. X. da; MOREIRA, F. G. *Panorama atual de drogas e dependências*. São Paulo: Atheneu, 2006.

ASSIS, S. G. de et al. *Resiliência na adolescência*: refletindo com educadores sobre superação de dificuldades. Rio de Janeiro: FIOCRUZ, 2005.

BRASIL. Decreto nº 6286, de 05 de dezembro de 2007. Institui o Programa de Saúde na Escola – PSE e dá Outras Providências. *Diário Oficial da União*, Brasília, 6 dez. 2007.

BRASIL. Ministério da Educação. *Parâmetros Curriculares Nacionais*. Temas Transversais. Brasília: MEC, 1998.

BRASIL. Ministério da Saúde. *A política do Ministério da Saúde para a atenção integral a usuário de álcool e outras drogas*. Brasília, 2003.

BRASIL, V. R. Família e drogadição. In: CEVERNY, C. M. (Org.). *Família e drogadição*. São Paulo: Casa do Pscicólogo, 2004.

BUCHER, R. A abordagem preventiva. In: BUCHER, R. (Org.). *As drogas e a vida*: uma abordagem biopsicossocial. São Paulo: EPU, 1988.

CARLINI-COTRIM, B. Drogas na escola: prevenção, tolerância e pluralidade. In: AQUINO, J. G. (Org.). *Drogas na escola*: alternativas teóricas e práticas. São Paulo: Summus, 1998.

COSTA, A. C. L. L. da; GONÇALVES, E. C. A sociedade, a escola e a família diante das drogas. In: BUCHER, R. (Org.). *As drogas e a vida*: uma abordagem psicossocial. São Paulo: EPU, 1988.

GALDURÓZ, J. F. C.; CAETANO, R. Epidemiologia do uso de álcool no Brasil. *Revista Brasileira de*

Psiquiatria, São Paulo, v. 26, p. 3-6, 2004. Suplemento I.

GALDURÓZ, J. F. C. et al. *Levantamento nacional sobre o consumo de drogas psicotrópicas entre estudantes do ensino fundamental e médio as rede pública de ensino nas 27 capitais brasileiras*: 2004. São Paulo: UNIFESP, Centro Brasileiro de Informações sobre Drogas Psicotrópicas, 2005.

GUIMARÃES, F. L. et al. Famílias, adolescência e drogadição. In: OSORIO, L. C.; VALLE, E. P. (Org.). *Manual de terapia familiar*. Porto Alegre: Artmed, 2009.

MARLATT, B. C. Estratégias preventivas nas escolas. In: SEIBEL, S. D.; TOSCANO J. R. A. (Org.). *Dependência de drogas*. São Paulo: Atheneu, 2001.

MARQUES, A. C. P. R.; CRUZ, M. S. O adolescente e o uso de drogas. *Revista Brasileira de Psiquiatria*, São Paulo, v. 22, p. 32-6, 2000. Suplemento II.

MINAYO, M. C. S.; NJAINE, K.; ASSIS, S. G. *Cuidar cuidando dos rumos*: conversa com educadores sobre avaliação de programas sociais. Rio de Janeiro: Claves, 2004.

MINUCHIN, S. *Famílias*: funcionamento e tratamento. Porto Alegre: Artes Médicas, 1990.

MOREIRA, F. G.; SILVEIRA, D. X.; ANDREOLI, S. B. Situações relacionadas ao uso indevido de drogas nas escolas públicas da cidade de São Paulo. *Revista Saúde Pública*, São Paulo, v. 40, n. 5, p. 810-7, 2006. Disponível em: <http://www.scielo.br/scielo.php?script=sci_arttext&pid=S0034-891 02006000600010&lng=en&nrm=iso&tlng=pt>. Acesso em: 21 jun 2010.

NOTO, A. R.; GALDURÓZ, J. C. F. O uso de drogas psicotrópicas e a prevenção no Brasil. *Ciência e Saúde Coletiva*, Rio de Janeiro, v. 4, n. 1, p. 145-151, 1999.

NOTO, A. R.; MOREIRA F. G. Prevenção ao uso indevido de drogas: conceitos básicos e sua aplicação na realidade brasileira. In: SILVEIRA, D. X.; MOREIRA, F. G. *Panorama atual de drogas e dependência*. São Paulo: Atheneu, 2006.

ORGANIZAÇÃO MUNDIAL DA SAÚDE. *Classificação de transtornos mentais e de comportamento da CID-10*. Porto Alegre: Artes Médicas, 1993.

OSORIO, L. C. *Casais e famílias*: uma visão contemporânea. Porto Alegre: Artmed, 2002.

PECHANSKY, F.; SZOBOT, C. M.; SCIVOLETTO, S. Uso de álcool entre adolescentes: conceitos, características epidemiológicas e fatores etiopatogênicos. *Revista Brasileira de Psiquiatria*, São Paulo, v. 26, p. 14-17, 2004. Suplemento 1. Disponível em: <http://www.scielo.br/scielo.php?script=sci_arttext&pid=S1516-444620040 00500005&lng=en&nrm=iso&tlng=pt>. Acesso em: 21 jun. 2010.

PEREIRA, C. A.; BORDIN, S.; FIGLIE, N. B. Conceitos básicos em prevenção ao abuso de álcool e outras drogas. In: FIGLIE, N. B. *Aconselhamento em dependência química*. São Paulo: Roca, 2004.

ROMANO, M.; LARANJEIRA, R. Políticas públicas para o álcool. In: FIGLIE, N. B. *Aconselhamento em dependência química*. São Paulo: Roca, 2004.

SANCHEZ, Z. V. D. M.; OLIVEIRA, L. G. de; NAPPO, S. A. Razões para o não uso de drogas ilícitas entre jovens em situação de risco. *Revista de Saúde Pública*, São Paulo, v. 39, n. 4, p. 599-605, 2005.

SCHENKER, M. E.; MINAYO, M. C. S. A implicação da família no uso abusivo de drogas: uma revisão crítica. *Ciência e Saúde Coletiva*, Rio de Janeiro, v. 8, n. 1, p. 299-306, 2003.

SCHENKER, M. E.; MINAYO, M. C. S. Fatores de risco e de proteção para o uso de drogas na adolescência. *Ciência e Saúde Coletiva*, Rio de Janeiro, v. 10, n. 3, p. 707-717, 2005.

SOARES, C. B.; JACOBI, P. R. Adolescentes, drogas e AIDS: avaliação de um programa de prevenção escolar. *Cadernos de Pesquisa*, São Paulo, v. 109, p. 213-237, mar. 2000.

TONDOWSKI, C. S.; CAMMAROTA, F. C. L.; HENRIKSSON, V. Y. A saída do casulo. In: DALLA DÉA, H. R. F. (Org.). *Você tem sede de quê?* Entre a cervejinha e o alcoolismo. São Paulo: Musa, 2007.

TONDOWSKI, C. S.; HENRIKSSON, V. Y. A escola e as drogas: um novo desafio. In: DALLA DÉA, H. R. F. (Org.). *Você tem sede de quê?* Entre a cervejinha e o alcoolismo. São Paulo: Musa, 2007.

TOSCANO JR., A. Um breve histórico sobre o uso de drogas. In: SEIBEL, S. D.; TOSCANO JR., A. *Dependência de drogas*. São Paulo: Atheneu, 2001.

VIZZOLTO, S. M. *A droga, a escola e a prevenção*. 5. ed. Petrópolis: Vozes, 1992.

capítulo 6

SEPARAÇÃO OU ABANDONO?

SANDRA FEDULLO COLOMBO

> Entretanto, como vivemos apenas no presente, subjetivamente, a ação do passado no presente e a ação do presente no passado devem ser esgotadas no momento presente. O momento presente é o território de encontro entre o passado e o presente.
>
> (Stern, 2007)

INTRODUÇÃO

Quando penso em encontros, corro imediatamente para os desencontros. Quando chego neles, sou chamada novamente para os encontros. Penso em histórias de vida, bagagens, mochilas nas costas, esperanças, perdas, várias heranças atravessando gerações. Nenhum desses pensamentos impede o valor do momento presente.

Tudo se dá aqui e agora, e me conforta lembrar as palavras de Braudel, reproduzidas por Spink e Medrado (2004), quando diz que cada momento atual reúne momentos de origem e ritmo diferentes, pois o tempo de hoje data simultaneamente de ontem, de anteontem, de outrora... O presente e o passado esclarecem-se mutuamente, com uma luz recíproca.

Parece que essa compreensão da existência, do tempo, dos encontros, das despedidas e das histórias, que buscam compartilhar e dar um significado a essas experiências humanas, fizeram parte desde cedo do meu aprendizado de convivência. A herança de contar histórias, sejam fábulas e metáforas, ou relatos cotidianos do viver, veio de minha avó paterna, italiana, matriarca, que adorava cozinhar pratos tradicionais aprendidos com sua própria mãe e com seu marido. Essas comidas especiais eram cozinhadas durante horas, com explicações detalhadas dos temperos para Dadá, a cozinheira da família já há 20 anos, quando nasci. Essas sessões de culinária vinham com as interessantes histórias da vida de meus bisavós e avós na Itália, seus vinhedos, seus olivais, seus amores e traições, a vinda para o Brasil, a volta para a Itália, a impossibilidade de minha avó aguentar viver sem a própria mãe e a morte de meu avô. Sinto o gosto dessas comidas feitas por Dadá sob a rígida orientação de minha avó, mas não aprendi a fazê-las. O que aprendi profundamente foram os temperos dessas histórias de encontros e desencontros. Penso que o sabor mais intenso era complexo, o agridoce-sabor-do-separar-abandonar. Tenho imagens deliciosas de minha avó sentada na minha cama, lugar onde as fadas, as bruxas, os bichos tinham conversas maravilhosas sobre a vida, e onde o caldeirão das bruxas eram ensaios de alquimia.

Percebo que os ensinamentos de minha avó passavam pela grande dificuldade que sentia de se separar das pessoas que constituíam sua história: era filha caçula de um casal que saíra da Itália para se casar, pois ele era de família diferenciada e nobre na Itália, e os pais não aceitaram o casamento com uma camponesa de suas propriedades. Vieram para a Argentina, depois para o Brasil e trouxeram a nostalgia dos desterrados, daqueles que não se sentiram abençoados em sua partida e escolha. Os dois filhos mais velhos desse casamento fizeram também escolhas de casamentos não aceitos. O primogênito engravidou uma moça muito pobre e a segunda filha fugiu de casa para se juntar a um italiano muito mais velho e jogador de cartas. Para evitar esse destino de casamentos ditos desiguais, meu bisavô obrigou minha avó a se casar com um italiano, mais velho, bem posicionado, que ela não queria, pois tinha 17 anos e era muito apegada à mãe. A mudança para a Itália com os filhos pequenos jamais foi aceita por minha avó e 10 anos depois retornaram ao Brasil por causa "das saudades que tinha de minha mãe", como explicava minha avó.

Penso que através dessas histórias começo a perceber o movimento da roda da vida. O tema emocional pertencer e separar passa a ter um sentido intenso para mim. As relações se transformam através do tempo; quais se manterão concretamente, quais serão memórias importantes?

Considero a família o espaço criado para que cada indivíduo possa desenvolver suas possibilidades nas diferentes etapas do ciclo da vida, formando pessoas para a sociedade mais ampla e permitindo que o tempo avance do nascimento à morte. Sermos orgânicos, como diz Carmine Saccu, significa que um dia partiremos, ou lembrando Gilberto Safra, quando escreveu que a vida se inaugura com nossa precariedade e se despede com nossa finitude... São vários os encontros e inúmeras as despedidas nessa caminhada pela vida.

Penso que cada um de nós constrói uma história de pertencer-partir-juntar-separar, talvez abandonar-romper. Se pudermos partir, a roda prosseguirá: o tempo existirá; se rompermos, o tempo magicamente paralisará. Lembremos da metáfora de Carmine Saccu (1994) da psicose como o sumo sacerdote da família, que magicamente mantém a paralisação do tempo.

Penso nos exercícios de Nyngma (práticas da medicina tibetana) através dos quais se desenvolve a possibilidade de atravessar o desconforto, a dor e não necessariamente resolvê-los, a questão não seria aliviar rapidamente, ou impedi-los, mas atravessar essa estrada, procurar novos recursos, permitir que o tempo avance.

Acredito que a voz da minha avó trazia as histórias do pertencer sem autorização para partir, falava do preço das lealdades familiares. Contava que, ao fazer escolhas individuais, havia perigo de abandonar e ser abandonado. O paradoxo da conformidade e da diferenciação, do pertencimento e da partida, é para mim a chave preciosa do encontro humano.

COMO LEGITIMAR A INDIVIDUALIDADE, O PERTENCER, A ENTREGA E O PARTIR?

Todo caminho pela vida é um longo aprendizado de se juntar e se separar. A construção desse pertencer e desse partir vem sendo feita com as heranças emocionais, afetivas e míticas das gerações que nos precederam e com atualizadas através dos relacionamentos no tempo presente.

Relembrando essas histórias que me constituem, percebo que minha construção de realidade passou mais pelo emaranhamento do que pela possibilidade de partir. A escolha de meu nome, primogênita depois de 6 anos de um casamento, que só foi aceito porque meu pai saiu de casa e avisou minha avó, já viúva, de que só voltaria se sua escolha fosse aceita, reflete essa força poderosa e fusional: Sandra em homenagem a Alessandro, meu tio paterno e padrinho, Sabina de minha avó paterna e madrinha, e Olga, minha avó materna, que ao falecer deixou minha mãe com 13 anos. Entendi, desde pequena, a importância desse pertencimento, pois, quando comecei a escrever meu nome, incluí mais um e, quando me perguntaram, expliquei que tinha o nome de todo mundo, por isso queria ter o nome de minha mãe também. Somente quando minha irmã nasceu, e eu quis que dessem a ela o nome de nossa mãe, deixei de escrever em minhas lições Sandra Sabina Olga Fedullo Mary!

Revisitando essas lembranças, surgem mais cenas sobre as construções de pertencer e separar: morava em uma casa enorme onde habitavam quatro gerações (bisavó paterna, avó paterna, tio solteiro, meus pais e eu) e vários empregados muito queridos, como a Luiza, nossa Dadá, nossa vice-mãe, vice-avó. Lembro-me de como me escondia no porão com os gatinhos, bem em silêncio, para conseguir um espaço sozinha, longe de todos, sempre amorosos comigo. Lembro-me do primeiro dia de aula, em uma enorme escola italiana, onde meu pai e meu tio estudaram quando chegaram da Itália, fazendo adeus sentada em uma mesinha de quatro lugares, enquanto minha mãe e avó enxugavam as lágrimas, na porta da sala. E, quando minha mãe chorava, sentida com as atitudes de minha avó? Eu corria de um lado para o outro dividida... aprendendo muito cedo a proteger minha mãe e ao mesmo tempo agradar a minha avó.

Um episódio, no entanto, parece para mim dos mais significativos na construção da cultura familiar da impossibilidade de partir sem abandonar e ser desleal. Não tenho imagens desse momento da vida familiar, tinha 3 anos e pouco quando o vivemos, mas esse fato permeou muitos diálogos familiares. Lembro mais tarde as conversas e explicações sobre esse momento, narradas em diferentes situações por minha mãe, meu pai e minha avó. Mais tarde, fui eu que o revisitei e encontrei novos significados.

Após a decisão de sair de Ribeirão Preto, onde meu pai cuidava dos negócios da família, vendendo-os e vindo para São Paulo, no final da Segunda Guerra, em função de uma grande hostilidade aos italianos (a drogaria da família precisou trocar de nome e foi apedrejada), meu pai demorou a se encontrar profissionalmente. Acredito que tenha sido difícil abrir mão do negócio, das relações sociais, do jeito de viver, da "pequena Itália" que haviam construído.

Quando recebeu um convite para ser diretor de uma multinacional no Rio de Janeiro, meus pais adoraram, principalmente minha mãe, que pela primeira vez moraria sozinha com o marido e a filha, teria sua própria casa e ficaria perto de dois irmãos que haviam se casado e que residiam no Rio de Janeiro. A história oficial da família diz que meu pai adorava o trabalho, mas não suportou o calor de Marechal Hermes, cidade do interior do Rio de Janeiro onde estava a fábrica, tendo emagrecido 20 quilos em um ano e sendo obrigado a voltar para São Paulo, pois temiam que pudesse adoecer. Minha mãe contava que tinha sido muito feliz nessa época, mas que entendeu que meu pai sofria muito com o calor e aceitou que voltássemos para viver na casa da "grande" família.

Quando em minhas terapias e interlocuções clínicas comecei a revisitar essas maravilhosas histórias, passei a acreditar que o calor insuportável era uma metáfora para a separação, pois como entender que as temperaturas do Rio de Janeiro eram mais insuportáveis que as de Ribeirão Preto, onde haviam vivido tantos anos? Ao dividir com meus pais, já adulta, essas reflexões, sorriam um pouco surpresos, um pouco constrangidos, mas claramente curiosos com essa incrível nova versão da história.

Nessas histórias de família, as escolhas de partir, separar, parece que eram vividas como abandono e deslealdade, trazendo a vivência do perigo da morte.

A LIBERDADE DO TERAPEUTA

Esta é mais uma longa história iniciada no final da década de 1980 e começo dos anos de 1990, quando conheci Mony Elkaïm e tive o prazer de trabalhar com ele algumas vivências clínicas, que me propiciaram o "pulo do gato" como terapeuta.

Conheci Mony em uma grande conferência internacional em Buenos Aires (1988), cujo objetivo era reunir os maiores pensadores contemporâneos em um grande fórum de reflexão sobre os caminhos da ciência contemporânea e a compreensão das relações humanas na formação da subjetividade e na interseção com a sociedade.

Entre esses pensadores, encontrava-se Mony que, em uma grande assembleia de quase mil pessoas, emocionou-nos e fez-nos mergulhar em nossas próprias histórias de vida, convidando-nos a sair do lugar de profissionais que falavam sobre as relações humanas para o de pessoas que tinham histórias de afeto para compartilhar e refletir. Mony não nos deixa de fora! Somos chamados como terapeutas a revisitar nossas histórias de encontros e conflitos, nossas ressonâncias são acordadas e nossos sentimentos passam a fazer parte da história que está sendo vivida naquele momento. Penso, como ele, que revisitá-las, conhecer mais profundamente nossos enredos, fortalece-nos na posição de autores de nossas construções de mundo e, como narradores, estamos incluídos naquela narração, através das distinções que realizamos, o que deixamos dentro e o que deixamos fora de nossos relatos, e quais os significados que construímos.

A riqueza de experiências e pontos de vista diferentes comprova a singularidade de cada narrador e, portanto, a relatividade de sua história. Ao sairmos da posição absoluta, abrimos caminho para o relativo, as diferentes versões da realidade, os diversos pontos de vista; abandonamos a busca de culpados e inocentes, ou de quem está certo e de quem está errado.

A consciência e a liberdade me parecem maravilhosas para poder trabalhar a partir do que me constitui e ser responsável por convidar o outro a realizar um encontro humano que acordará as histórias de todos os envolvidos, para que possamos transformá-las. A partir desses encontros com Mony, senti-me totalmente autorizada a ver o processo terapêutico como um encontro humano especial, em que todos os envolvidos são convidados a estar presentes com suas histórias de vida, para que, em clima de cooperação, delicadeza e respeito, encontrem vivências alternativas que possam transformar as coreografias que geram conflito e dor.

A libertação do terapeuta como ser humano, narrador, autor referente e relativo, mas totalmente consciente do lugar que está sendo chamado a ocupar: um colaborador para ampliação das reflexões e das vivências afetivas que estão saturadas de impedimentos e que se transformaram em tramas asfixiantes (Colombo, 2009).

O encontro humano, em minha opinião, acontece nos pontos de interseção das ressonâncias e gera a ampliação do aqui e agora, fornecendo os caminhos para as vivências reflexivas do espaço terapêutico; não estando, no entanto, o terapeuta autorizado a esquecer seu lugar como construtor responsável pelo espaço reflexivo ampliador. Como diz Daniel Stern (2007), toda vivência significativa se dá na intersubjetividade; é nesse lugar, aqui e agora, que pode ocorrer a transformação.

No entanto, essa concepção não ignora a diferença de função que o lugar de cada um traz para a relação. A horizontalidade que se propõe na relação transforma a noção do exercício do poder entre as pessoas, mas não desconhece a diferença de compromisso. Abolimos a relação de poder sobre o outro, mas acreditamos no uso do poder com o outro em direção a caminhos alternativos. Muitos terapeutas me dizem ficar confusos e com medo dessa postura para a qual os convido, pois acreditam que proponho que se "misturem", palavra que ouço como um risco de perder os contornos de sua própria individualidade, perdendo-se no encontro. Gostaria de enfatizar que o encontro pressupõe contornos que nos diferenciam; pois, para me encontrar com alguém, preciso reconhecê-lo como outro, fora de mim e comigo.

A fusão seria o derretimento dessas fronteiras, a perda de si mesmo. O risco de nos misturarmos e nos perdermos no espaço terapêutico ocorre quando essa horizontalidade é vivida sem a consciência da interseção das ressonâncias, fazendo de nossas vozes internas, não legitimadas por nós, as vozes de nossos clientes, que dessa forma ficarão privados da possibilidade de terem suas próprias vozes ouvidas. Quantos enredos estaremos confirmando quando não ouvimos nossas vozes internas e assim não abrimos espaço para as vozes de nossos clientes e consequentemente ao que se passa no espaço entre nós?

Quantas vezes classificamos dentro de nós um cliente, para evitarmos perceber a porta de nossa história que essa pessoa abriu e que nos perturbou? Relatei, em um artigo, a história "da família dos cangurus" (Fedullo, 1994),t na qual fui tomada pelo desejo de abandoná-los, sem me dar conta de que tinham aberto minhas portas para a dor do legado da impossibilidade de partir e da minha própria bolsa marsupial.

Todas essas reflexões me levaram a criar oficinas para terapeutas e fazer a pesquisa "Cuidando do cuidador", como relatei no capítulo "O papel do terapeuta na terapia familiar", do *Manual de Terapia Familiar* (2009).

O SILÊNCIO CHEIO DE SIGNIFICADOS

Outro encontro que me marcou e abriu novos espaços e concepções de ser terapeuta aconteceu na metade dos anos de 1990, com Tom Andersen, que para mim simbolizou o que há de mais humano, acolhedor e respeitoso como terapeuta.

Estimulou-me a dar nome e ênfase a uma experiência que sempre foi muito importante para mim, o silêncio!

Aprendi o valor do silêncio com minha mãe e nos encontros com Andersen (1994), e, mais recentemente, relendo Gilberto Safra (2005) – muitas estrelas foram se juntando a essa constelação.

Memórias importantes de minha infância envolvem minha mãe costurando, tricotando, bordando ou pintando em seu ateliê, ambiente tomado de cores, tecidos, linhas, telas, caixas, caixinhas, recortes de revistas, lãs, agulhas, tesouras... tesouros que me encantavam. E... silêncio... minha mãe passava horas concretizando esses sonhos. Gostava de entrar nesse mundo mágico, costurar alguma coisa, desenhar, aprender tricô. Mas não compreendia naquele momento que estava também aprendendo a refletir, pensar e usufruir de um silêncio fecundo em criações, desejos, imagens e paz interior. Minha mãe adorava fazer longas caminhadas sozinha e algumas vezes saiu do Itaim, onde vivíamos, e foi até o Pari, na Igreja de Santo Antônio, do qual era devota. Dizíamos, "mamãe, é muito longe... você vai sozinha...", e ela respondia que ia com seus pensamentos e que era uma caminhada para colocar uma ótima energia na vida da família, para que fôssemos iluminados em nossos projetos e para que ela pudesse refletir e tomar decisões. Percebo que minha mãe já tinha sua caminhada interior para Santiago de Compostela, sua busca do Sagrado, seu silêncio preenchido de significados.

Há muito pouco tempo pude nomear os diferentes significados do silêncio, claro que intuitivamente transitava pelas diferenças, clinicamente sempre converso muito com meus clientes sobre as vozes internas, as vozes desesperadas e aquelas que podem ser ampliadoras e sonhadoras.

No entanto, quando li Safra, em uma entrevista maravilhosa que deu para Andréa Bonfim Perdigão (2005), identifiquei-me totalmente: "Para mim é muito claro que não há possibilidade de um gesto realmente significativo ou de um pensamento que de fato tenha um porte, que não brote de áreas experienciais silenciosas". E, mais adiante, "Infelizmente, a história de uma pessoa (a situação em que nasceu, o percurso que teve) afeta positiva ou negativamente a chance de estar no silêncio; e eu observo que ele possibilita ao ser humano ter um estado de abertura e de fecundidade, que é um lugar" (p. 113).

Minha consciência de que o silêncio é um lugar em que podemos ou não penetrar despidos para um encontro com nós mesmos, e que foi ou não aprendido e autorizado pelas experiências afetivas que nos constituíram como seres humanos, foi ainda mais aguçada.

Acredito, como ele, que algumas pessoas passam a vida sem ter tido a experiência de ter um lugar, e assim a vivência do silêncio pode ser sentida como o terror do vazio, do qual precisamos fugir a todo custo, a vivência de ser abandonado, não simplesmente de estar só, a que denomina silêncio – terror. Nessa dimensão, pode estar também o medo do próprio vazio, representado pelo meu próprio ser desconhecido para mim mesmo, levando-me a tentar preencher com qualquer presença esse espaço que não posso experimentar.

Penso que a vivência da continência, de ser recebido e embalado, de ter um lugar dentro do outro, nos conduz a experiências de confiança na presença humana, e nos constitui como presença e não somente caos-ausência-vazio-terror. Acredito que esse caminho também nos permite a construção da vivência do lugar, meu e do outro, que se estende além da presença. O lugar que, mesmo na ausência, se mantém, pois vai além dela. Essas vivências se constituem sutilmente e na integridade do encontro, e não podemos esquecer que nem sempre a palavra é continência e presença, pode ser também ruído e ausência; falar pode não ser conversar, dividir, acolher as vozes, pode também desenhar uma evitação do encontro e ser solidão, dor, invisibilidade. Assim como, se agitar se não é necessariamente se colocar em movimento, podendo significar desespero e paralisia.

Qual o significado que podemos dar à necessidade de ligar o som, a TV, a internet, assim que chegamos ao silêncio de nossas casas? Levarmos o *iPhone*, enquanto fazemos uma caminhada no bosque?

Ou, quando com nossos filhos pequenos, os afogamos em estímulos, ensinamentos, brinquedos que fazem vários sons, tocam músicas, campainhas junto com luzes e cores? Ou ainda, não podermos passar uma tarde "sem fazer nada"?

Nossa cultura contemporânea valoriza o "fazer mil coisas", o "ter muitos interesses", ser "eficiente na gestão do tempo", mas a valorização do encontro humano, onde tudo se dá, fica esquecida, ou, quando aparece, as luzes são focadas na cintilância e na fugacidade da paixão. Assim, vemos crianças pequenas com compromissos de grandes executivos, e grandes executivos em busca de pequenos espaços de silêncio e paz interior.

O olhar para fora de si mesmo, para o fazer e não o ser, está no centro das queixas clínicas das pessoas, dos casais, das famílias. E das crianças levadas em nossos consultórios como porta-vozes do pedido de ajuda das famílias, com seus "sintomas", dificuldades com o sono, dificuldades na escola, dificuldades com os limites, agressividade, que narram a falta de continência, acolhimento, convivência, relações amorosas significativas, de interesse verdadeiro entre as pessoas da família.

PERTENCIMENTO E AUTONOMIA

Finalizando essa longa narração, acredito que o tema separação ou abandono é fruto de distinções singulares que faço a partir de minha experiência de vida, dos encontros e desencontros, das vivências de minha família nas gerações que me precederam e de meus mais de 40 anos de trabalho clínico com famílias.

De todo esse enredo, percebo que o tema separação e abandono é para mim o cerne da condição humana e, portanto, do trabalho terapêutico. Com essa visão, enfatizo que os terapeutas, no meu ponto de vista, necessitam mergulhar nessas águas profundas para que surja talvez a possibilidade de que as vivências de abandono possam ser ressignificadas e se transformem em separações, em que a perda possa ser vivida como perda da presença do outro, e não como vazio de si mesmo, pois o aprendizado e a memória de ter lugar no outro protegem a noção de estar autorizado a existir. O aprendizado humano de confiar e ser autorizado a pertencer (ter lugar no outro) e se separar (ter lugar em si mesmo e não perder o outro) é iniciado desde antes do nascimento e cada passo do caminho pela vida é marcado por esses dois movimentos. A ênfase a um ou ao outro está ligada às necessidades inerentes ao ciclo vital (necessidades mais fusionais ou mais exogâmicas) ou a momentos críticos decorrentes de "desastres" que envolvem quebra de expectativas, de roteiros escritos para a vida (mortes prematuras, perdas profissionais ou econômicas ou de saúde, conflitos políticos ou étnicos, desastres da natureza), sem esquecermos que cada um de nós traz em sua bagagem, através das heranças transgeracionais, um lugar nessa trama de afetos e emoções que nos habilita mais ou menos a ser recebido e legitimado nessa história.

Para cada relação oferecemos toda essa complexidade de experiências, concretizadas no lugar em que nos colocamos e oferecemos ao outro. Na construção desses lugares, está embutida nossa bagagem e todo o conteúdo que ela contém.

Quando trabalhamos terapeuticamente com nossos clientes revisitamos essas tramas que se entrelaçam e desembocam no enredo do presente, que tantas vezes confirma os medos e dores das histórias do passado.

Nossas reflexões trazem inexoravelmente a crença na importância do processo de individuação de cada ser humano. O caminho do vir a ser, partindo da precariedade e dependência absolutas, passando pela necessidade essencial de pertencer e caminhando para a singularidade, escolhas e separações, culminando com a vivência de sua própria finitude, reflete o paradoxo entre pertencimento e autonomia.

Poder separar-se, viver a separação com o silêncio que não tem a presença do outro, mas onde não se perde a presença de si mesmo, talvez seja uma linda metáfora de um processo de individuação bem-vivido. Assim como a perda, que traz um silêncio vazio e estéril de si mesmo, é, ao contrário, uma experiência do rompimento da fusão, onde o outro ainda sou eu, onde a partida é o abandono, o vazio de mim mesmo.

Essas questões da existência humana se tornam corpo e dor em nossos consultórios, nas relações que travam batalhas infindáveis para construir a proximidade e a distância, que permitirão a construção da autonomia dentro da entrega do pertencimento.

AS VOZES DE ALGUNS CLIENTES

A seguir, transcrevo um trecho de uma carta de uma pessoa que me procurou durante um processo de divórcio, após uma união muito difícil, feita de uma atração sexual intensa, que evoluiu para uma grande dificuldade na convivência e no respeito e dificuldades com os filhos do primeiro casamento. O único momento em que paravam as hostilidades era na relação sexual. Essa situação culminou em uma briga e na separação do casal. Meu cliente sentia-se sozinho, desrespeitado e explorado. O pedido de ajuda veio por estar sofrendo muito com crises de angústia, perda de peso, medo de nunca mais ter alguém que o amasse ou nunca mais se sentir intenso sexualmente.

> ... Quando fico sem atividade, sinto um vazio dentro de mim. Não acho que seja de tristeza, apenas um vazio emocional.
>
> ... Tenho tido dificuldade para dormir. Antes eu acordava à noite e dormia facilmente. Hoje, quando acordo, fico pensando na minha separação, e isso não tem me deixado dormir bem.
>
> Sinto também que, quando sinto falta de sexo, tendo a ficar mais para baixo, chegando a ficar triste e sentindo uma dor no peito, é como se existisse um vazio dentro de mim.
>
> Estou em Milão. Não sei se foi uma boa decisão ter vindo sozinho para cá... As lembranças são muito intensas.
>
> Não estou preparado para estar apenas comigo em paz. Em função do fuso horário, comecei a acordar muito cedo e o tormento dos pensamentos não me deixa dormir. Agora são 6 horas e já estou acordado há pelo menos uma hora e meia, pelo segundo dia consecutivo. Aí vem a sensação de vazio, dor no peito e angústia. Típicos da solidão... Preciso me fortalecer. Ainda não estou preparado para viver apenas comigo.

Seu relato é sensível e delicado, é um homem que se descreve com muito receio de não ser amado, de não ser visto, de não ser escolhido.

Sua história tem momentos muito dolorosos como a perda da primeira esposa, com um câncer fulminante, muito jovem, deixando dois filhos pequenos, aos quais se dedicou totalmente. A perda desse amor fechou-o por anos para novos relacionamentos.

Ninguém estava autorizado a penetrar suas barreiras, só havia passagens através da atração sexual, da beleza, da posse. Assim, depois de alguns anos, aconteceu a segunda união, que, na descrição dele, era baseada na atração sexual, única área em que se sentia realizado, recebido, competente e sendo capaz de satisfazê-la. A sensação de desamor, de não ser visto foi se instalando, parece-me que, para os dois, evoluindo para uma separação cheia de brigas e advogados.

Em nosso percurso, revisitamos a fertilidade e o amor romântico do primeiro casamento, a paixão sexual e a insegurança da segunda união e a esterilidade e a severidade do modelo de afeto de sua família de origem. Em sua bagagem, o silêncio da ausência da presença do outro confirmava o risco do vazio de si mesmo e a dúvida de existir um lugar para ele no outro.

O olhar do outro definia a presença de si mesmo. Sua falta desconstruía o seu próprio lugar e trazia a dor da própria invisibilidade: "aí vem a sensação de vazio, dor no peito e angústia. Típicos da solidão...".

Em sua bagagem para a vida, a dúvida da existência de um lugar era muito presente. O amor adolescente que se tornou casamento, família, dois filhos desconfirmaram essa história! A traição da doença, o desespero, a vivência do abandono a confirmaram com força novamente, e, a partir desse momento, todas as histórias foram construídas para confirmar esse destino. As relações foram pautadas por ímpetos fusionais (atrações sexuais irresistíveis) e cortes amedrontados. Essas experiências do segundo casamento parece que puseram em movimento as vivências de abandono recíproco, que estão sendo concretizadas na batalha judicial, onde as sombras e carências dessa relação estão sendo expostas. Abandono ou separação?

Uma separação que acorda os abandonos de toda a vida.

Nesse momento, quero trazer algumas imagens clínicas de processos de separação vividos como abandono.

Meus colegas e alunos sabem o quanto gosto da linguagem das imagens, pois, como escrevi no artigo citado anteriormente (Colombo, 2006, p. 18), penso na imagem como narrativa, em que no encontro com o observador despertam-se histórias que contêm o presente e memórias profundas de um mundo relacional.

Ao abrir espaço para os clientes criarem imagens de suas vivências, penso que autorizamos a ampliação da história individual e da relacional que está sendo vivida aqui e agora (Figura 6.1).

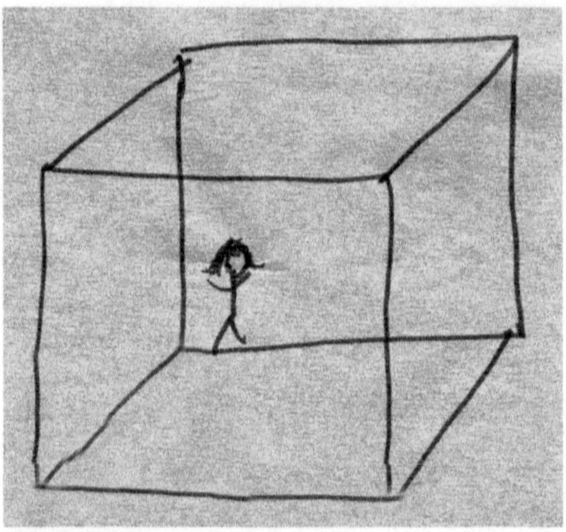

FIGURA 6.1
Imagem de aprisionamento-proteção-contenção.

Assim, a imagem do aprisionamento-proteção-contenção, para não permitir nenhuma aproximação, conta a história de uma encantadora adolescente com conflitos de crescimento com os pais, que resolve fazer um intercâmbio em outro país, o que desagrada profundamente à família. Nesse processo de negociações dolorosas, mas ao mesmo tempo cada vez mais corajosas e com intimidade, vêm à tona as ofensas sexuais do tio materno sofridas por ela. O caminho da individuação, tão doloroso nessa família, explodiu ao se viver a força fusional que impedia o respeito e proteção aos contornos individuais e às fronteiras. A falta de confiança e intimidade nas relações e o exercício de poder vertical patriarcal foram revisitados com dor e coragem nessa história.

A Figura 6.2, onde o rosto contorcido de um homem chora e uma mulher com o filho nos braços parece estar em desespero, enquanto a criança grita, representa um dos trabalhos mais tocantes para mim. Eles vieram para sentir se poderiam reconstruir o casamento, no qual não estavam felizes, com vidas muito paralelas, poucas conversas e interesses comuns. Fizeram tratamento para engravidar durante dois anos, com inseminações, vividas pelo casal de forma muito invasiva. Grande insatisfação dela por ter deixado a vida profissional, mas não se sentindo segura para afastar-se do filho, pois relatava suas experiências de criança, criada no meio de muitos irmãos e irmãs e que não tinha nem a própria cama para dormir. Cada um dormia onde deitasse. Ele, adotado ainda bebê por um casal sem filhos, cresceu conhecendo a própria história e, na adolescência, procurou a mãe biológica, que estava casada e tinha mais dois filhos. O apego da esposa ao filho fazia todo sentido e ele dizia que é "assim que uma mãe deve ser", mas que só conseguia cuidar do filho quando saía com ele, em casa não sabia como fazer. Dizia que ele e a esposa eram dois desconhecidos, não tinham relacionamento sexual há anos. Não queria mais ficar casado e cuidaria do filho e do sustento dela. Senti que o vazio de não ter lugar estava acordado de uma forma singularmente dolorosa na história de ambos e que o que mais temiam do destino estava se repetindo passo a passo através da repetição da vivência da invisibilidade e da ausência do outro, que carrega a ausência de si mesmo. De alguma forma tentavam, ao dar ao filho um lugar tão absoluto, transformar a história da descendência, sacrificando seu próprio lugar sem se darem conta de que essa herança dolorosa se manteria viva.

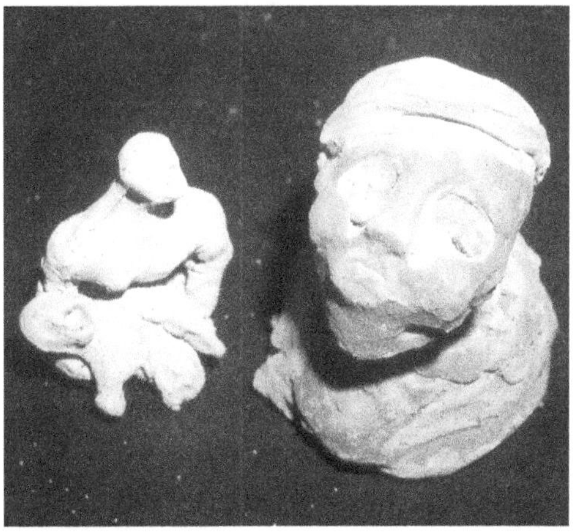

FIGURA 6.2
Imagem de tristeza e abandono.

Na Figura 6.3, o casal narra suas brigas e a impossibilidade verbalizada por ele de ficar junto. "Quero me separar, não aguento os gritos, não suporto viver com ela, sinto que vou morrer, não quero voltar para casa", ao que ela respondia, "grito porque ele não me ouve, só gritando ele reage". No meio desses relatos, contam a "infidelidade" dele com uma colega de trabalho.

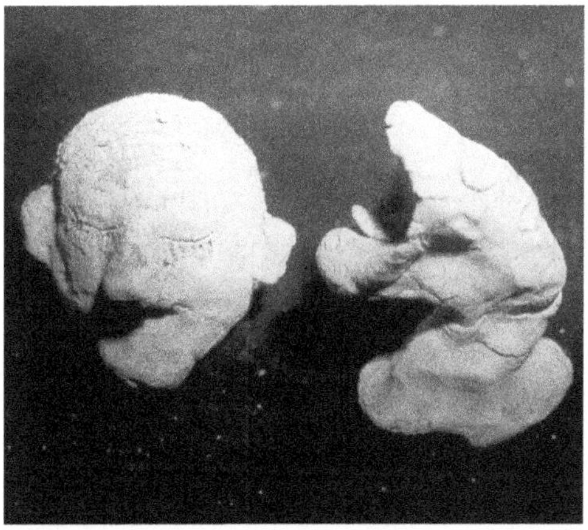

FIGURA 6.3
O grito que amedronta e afasta.

As esculturas foram feitas, cada um em um canto da sala, e, quando as colocamos juntas, surgiu uma emoção muito intensa, como um susto de se verem nessas imagens e construindo essa relação.

Suas histórias eram entrelaçadas a situações de muita violência doméstica, temiam que a entrega e a aproximação trouxessem traições e dor, relatavam o desejo de paz, mas se protegiam o tempo todo. Ele parecia transitar, procurando não ser visto, escondendo-se entre os móveis da casa, e ela o "chamava", amedrontando-o com os gritos. O destino do abandono, que era sentido como a maior violência, estava sendo construído passo a passo como uma coreografia das lealdades inquestionáveis às vivências e modelos transgeracionais.

Ele era espancado na infância por fazer xixi na calça e depois por ir mal na escola, saindo de casa aos 17 anos para "cuidar da própria vida", e ela chorava porque o pai "abandonou minha mãe para viver com outra, e nunca mais minha mãe foi feliz". Apego doloroso, fusional, no qual nunca se pode confiar, onde não podemos nos apresentar e sentimos que precisamos nos camuflar, ou virar um objeto, ou virar "uma serpente".

VAMOS OUVIR OS TERAPEUTAS?

Caminhando em nossas reflexões, partindo da bagagem de histórias familiares que me constituíram frente aos vínculos e às concepções sobre o caminhar humano em direção à singularidade e à individuação, enfrentando e construindo separações e também, às vezes, vivendo-as como abandonos, passando por algumas imagens e narrativas clínicas, quero agora dar voz a alguns colegas terapeutas e agradecer-lhes por terem aberto seus mundos para contribuir com nossas indagações.

Colhi 15 depoimentos muito interessantes a partir da pergunta disparadora de nossas reflexões: quais as diferenças que você sente entre separação e abandono?

Vamos ouvi-los, enquanto abrem um pouco suas mochilas e oferecem suas crenças tão delicadamente humanas sobre o partir.

Depoimentos:

Nº 1

Eu sinto que as duas são iguais. Toda separação que eu vivo ou alguém de minha família vive ou viveu é sentida por mim como um abandono.

Nº 2

Separação – separar para crescer.

Abandonar – deixar, não ser mais, desistir.

Nº 3

Separação – a dor e esperança de se ver de novo, de estar junto em um momento no futuro.

Abandono – dor da ausência que não tem esperança, que não tem esperança de se ver de novo. Uma coisa final.

Nº 4

A separação pode ser uma coisa opcional. Consensual para um processo de individuação para a pessoa ser independente. Ela não é uma coisa ruim e prejudicial. Pode-se continuar com contato de muitas maneiras.

O abandono é deixar uma pessoa ou coisa de lado. Também pode não ser ruim no sentido de querer desapegar-se e abandonar aquele sentimento.

O pior do abandono é quando somos o abandonado, pois aí te coloca numa situação que você não gostaria e não escolheu estar. Eu tenho duas experiências de abandono que nem foram de pessoas tão importantes, mas me fizeram sofrer muito mais do que muitas separações pelas quais já passei.

Nº 5

Entendo por abandono o esquecimento da outra pessoa que fica sem nenhuma proteção da parte de quem abandonou. A pessoa abandonada fica sem poder contar com o colo afetuoso e toda e qualquer proteção necessária para um saudável desenvolvimento humano psicoespiritual.

Entendo por separação um processo de corte "temporário" no qual pode subentender que as pessoas envolvidas poderão seguir se cuidando por outras vias sem se ferirem no processo relacional. A meu ver, a separação, quando necessária, é um processo no qual acontece a cura e o crescimento mútuo.

Nº 6

Abandono é quando há um corte (intencional ou não) entre as partes, mas que poderia ser evitado com algum tipo de ajuda, trabalho.

Separação é um corte que ocorre entre as partes, mas que faz parte do processo da vida (casamento, morte, saída dos filhos, divórcio, etc.).

Nº 7

Sinto como se o abandono tivesse uma intencionalidade daquele que deixa o outro. Uma saída sem olhar para trás (por não conseguir em grande parte das vezes), me remete a relações verticais.

Na separação, a meu ver, ocorre um distanciamento que ocorre dentro de uma horizontalidade onde ambas se afastam voltadas face a face, mas caminhando em sentidos opostos.

Nº 8

Abandono – Quando a pessoa deixa de se importar com o outro. Ausência de afeto e amor pelo outro. Um lugar da indiferença.

Separação – Quando a pessoa consegue olhar para o outro, mas também não se exclui da relação e junto com o outro consegue buscar o seu caminho. O outro possibilita meu encontro!

Nº 9

Separação: não estar junto com direito a festa de despedida. Não estar junto por circunstâncias externas, mas BEM pertinho pelo desejo, amor, bem-querer, "torcida" e saudade.

Abandono: é ir embora sem dizer "tchau" ou "até logo..." falando "adeus".

E também pode ser "tchau" com cara de adeus.

É ir embora sem abraço apertado.

É não olhar para trás (nem pra frente com aquela pessoa).

Nº 10

Separação:
- envolve acordo
- é comunicado
- é viver um processo
- pode haver respostas
- pode não ser tão doloroso
- envolve o cuidado com o sentimento do outro

Abandono:
- desconsideração
- invisibilidade
- fuga cruel
- desespero
- falta de continência

Nº 11

Uma vez ouvi algo sobre esses dois temas, que fez muito sentido para mim.

O abandono implica algo que toca a criança. Seja ela real ou "interna": uma criança sofre ABANDONO, um adulto sofre uma separação.

Em outras palavras, um bebê está numa situação de extrema vulnerabilidade e dependência, ele não participa da separação, ele é abandonado, caso algo aconteça que o separe do seu cuidador.

Já um adulto está numa relação entre iguais, ele participa do processo que pode culminar numa separação, não é passivo e pode ter recursos internos para lidar com a separação.

Nº 12

Separação, na minha experiência, ocorre quando pessoas estão impedidas de estarem juntas fisicamente em relação, quando o desejo é presente. Elas estão juntas em pensamento, sentimento, alma (o impedimento é externo).

Acredito que, no abandono, a própria pessoa que abandona abre mão de parte de si mesma. Por impedimentos internos (possivelmente por não ter recebido, ter sofrido abandono) não encontra a fonte para cuidar, estar junto, partilhar, acaba abandonando-se, e a relação não pode ser construída com o outro (o impedimento é interno).

Nº 13

Recentemente minha irmã se mudou para França e pude vivenciar uma experiência "doída" de separação: uma separação onde o contacto físico não mais existe ou passa a existir com hora e lugar previamente marcados; mas, ao mesmo tempo, uma separação que não mata a intimidade da relação. Continuamos trocando confidências, mas agora de um modo novo.

Sinto essa separação muito diferente de um abandono, pois no abandono não há espaço para preocupações com o abandonado.

Para existir abandono, pelo menos uma pessoa deve se sentir abandonada, excluída, esquecida, rejeitada... A separação pode ser cuidada, enquanto o abandono não.

Nº 14

Não tenho clareza...

Muitas vezes a separação é o mesmo que o abandono.

Racionalmente penso que o abandono exclui definitivamente o outro e a separação não, ela apenas coloca um espaço, que não precisa ser intocável, impenetrável.

Sinto a separação como abandono, quando o outro de quem preciso não está presente e sinto então, às vezes, abandono na ausência. A morte me trouxe separação e abandono. Hoje me senti abandonada e separada de mim mesma! Distante!

Nº 15

Entre "separação e abandono", me lembra uma "trappola" recidivante em meu caminho, que travava (e trava menos) algumas portas giratórias: a confusão entre autonomia e isolamento.

Tendo vivido em contextos normativos muito mais do que reflexivos, construí muitas de minhas diferenciações sob a sombra da expulsão do paraíso. Ter sido expulso, mesmo quando é uma construção, deixa uma nostalgia. Vemos as pessoas ali, dançando e levitando alegremente, como fazem todos os que fazem parte e comemoram as congregações e sabemos que nunca seremos reaceitos. E ainda não conseguimos construir outros contextos de pertencimento e adequação.

COM QUAIS DESSAS VOZES GOSTARÍAMOS DE NOS ENCONTRAR?

Como sabemos, minha curiosidade repousa na crença de que os terapeutas abrirão sua bagagem vivencial para a viagem com seus clientes. O que oferecerão para esse encontro? Poderão, na interseção das ressonâncias, construir espaços ampliadores para ressignificar os abandonos que paralisam, em separações? Poderão ampliar a presença do si mesmo nas relações? Autorizarão a construção da permissão para que o tempo transcorra e possamos ressignificar nossas histórias de ficar e partir? Com quais dessas vozes gostaríamos de nos encontrar para ampliarmos nossas vivências de separação e abandono para caminharmos mais um trecho da estrada de nossa individualidade e podermos construir relações de pertencimento que não confirmem nossas histórias paralisadoras?

REFERÊNCIAS

ANDERSEN, T. *El equipo reflexivo*: diálogos sobre los diálogos. Barcelona: Gedisa, 1994.

COLOMBO, S. F. Em busca do sagrado. In: CRUZ, H. M. (Org.). *Papai, mamãe você e eu*? São Paulo: Casa do Psicólogo, 2000.

COLOMBO, S. F. Gritos e sussurros: trabalhando com casais. In: COLOMBO, S. F. (Org.). *Gritos e sussurros, interseções e ressonâncias*. São Paulo: Vetor, 2006. v. 1.

COLOMBO, S. F. O papel do terapeuta em terapia familiar: uma ética relacional. In: VALLE, M. E.; OSORIO, L. C. (Org.). *Manual de terapia familiar*. Porto Alegre: Artmed, 2009.

ELKAÏM, M. *Si me amas, non me ames*. Espanha: Gedisa, 1989.

FEDULLO, S. O divórcio. In: CASTILHO, T. (Org.). *Temas em terapia familiar*. São Paulo: Plexus, 1994.

SACCU, C. A complexidade. In: CASTILHO, T. (Org.). *Temas em terapia familiar*. São Paulo: Plexus, 1994.

SAFRA, G. A experiência de lugar. In: PERDIGÃO, A. B. (Org.). *Sobre o silêncio*. São Paulo: Pulso, 2005.

SAFRA, G. *A face estética do self*: teoria e clínica. São Paulo: Unimasco, 1999.

SPINK, M. J.; MEDRADO, B. Produção de sentidos no cotidiano: uma abordagem teórico-metodológica para análise das práticas discursivas. In: SPINK, J. (Org.). *Práticas de sentidos no cotidiano*. São Paulo: Cortez, 2004.

STERN, D. N. *O momento presente na psicoterapia e na vida cotidiana*. São Paulo: Record, 2007.

ULLMAN, L. *Mutações*. São Paulo: Cosac Naify, 2008.

capítulo 7

TUTORES DE RESILIÊNCIA NA FAMÍLIA

DENISE MENDES GOMES

INTRODUÇÃO

Neste capítulo, convido o leitor a refletir sobre a família como um processo ampliado que inclui a história transgeracional, a rede social imediata, a cultura local e o estado. A família pode ser um lugar seguro para crescer quando a cultura na qual se insere não fere ou persegue as idiossincrasias de seus elementos e quando os dispositivos estatais garantem o apoio às necessidades básicas de cada membro da família.

Essa ampliação nos permitirá compreender a conceituação dos "tutores de resiliência", tal como proposto por Boris Cyrulnik, em uma tentativa de demonstrar quais são os elementos que permitem que a resiliência possa ocorrer, como operam e de que forma poderíamos criar as condições para seu surgimento.

Trabalhamos com o conceito de resiliência como um processo de natureza relacional em oposição a uma possível conceituação baseada em uma abordagem intrassubjetiva. Em vez de acreditar que é o sujeito o lócus e o motor do processo que permite a recuperação de um desenvolvimento possível a partir da quebra que promove a perda do sentido do humano, do senso de estar vivo, pensamos que é o campo social que propicia a ocorrência de acontecimentos carregados de sentido que servirão como base de sustentação para a construção de uma nova vida.

Durante 30 anos trabalhando com famílias em situação de risco, muitas empobrecidas e com parcos recursos emocionais para enfrentar as contingências, fui acompanhada pela inquietude de pensar que tudo o que eu fizesse não teria o efeito de uma mudança significativa, tamanhas as desgraças que caíam sobre aqueles seres frágeis a meus olhos, tamanho o estrago que esses acontecimentos perpetravam no corpo-alma daqueles indivíduos e daqueles sistemas relacionais. A obra de Cyrulnik nos traz a força de acreditar no potencial de superação de cada ser humano e de perceber quais caminhos percorrer para participar de uma rede integrada promotora de processos resilientes.

OS SEGREDOS DOS OLHOS

Os olhos estão sempre abertos, exceto quando se protegem, piscam ou adormecem. Mesmo dormindo, eles procuram. Às vezes, pelo novo. Outras vezes, pelo mesmo. Sempre em busca de fazer com que a experiência faça algum sentido. Quero refletir sobre o problema de seguirmos nosso caminho colhendo folhas mortas, aprisionados em acontecimentos passados que nos torturam e fazem de nossos dias um eterno "re-viver". Que saídas podemos encontrar e quais os elementos que podem permitir que sigamos em direção ao desconhecido carregando nossos desejos e nossa esperança?

Outro dia vivi um acontecimento marcante em uma farmácia 24 horas. Era madrugada e fui comprar um medicamento para meu filho. Fui surpreendida pela moça do caixa, que afirmou me conhecer. Pedi desculpas, mas, de fato, não me lembrava dela. Ela me perguntou se meu nome não era Débora, Deise, alguma coisa assim. Eu disse que me chamava Denise e ela se empolgou. "Isso mesmo! E tinha um Renê, Renan, não sei." "Sim, o Renê e o Reinaldo. E você, como se chama?" "Jose". Ela me olhou com um olhar brilhante e um sorriso doce e me disse que, quando criança, passou alguns anos no orfanato da praça Roosevelt. "Você não imagina como foram importantes para mim aqueles sábados em que vocês iam estudar e brincar com a gente. Era o melhor dia da semana. Eu esperava a semana toda pelo sábado." "Você é que não imagina como é importante para mim ouvir isso. Obrigada."

Eu tinha 13 anos naquela época. Como poderia imaginar que aqueles momentos compartilhados poderiam fazer diferença na vida daquelas crianças com tanta dor e desamparo na alma? Eu tinha os cabelos longos e as crianças ficavam horas alisando-os sentadas no meu colo. Eu sentia muita tristeza e imaginava que era eu quem me beneficiava de nossos encontros, sempre recebendo tanto afeto e carinho. Eu sabia que saía modificada, mas o que se passaria com eles? Eu achava que sua dor tinha o poder de anular qualquer experiência afetiva positiva. Este acontecimento revela um dos desfechos possíveis e indica uma nova perspectiva a partir da qual procurar uma resposta para a indagação que me acompanha há tanto tempo.

Um filme me tocou recentemente, *O segredo de seus olhos*.[1] Em uma trama envolvente somos convidados a acompanhar as escolhas de dois homens que se deixam aprisionar no enredo de suas vidas. Um deles persegue o assassino de sua jovem esposa, passando a viver em função de mantê-lo sofrendo em cárcere privado. Refém de sua necessidade de vingança. O outro se apaixona por sua companheira de trabalho e, impossibilitado de ver que ela o amava em reciprocidade, esvazia seus dias afastando-se dela. Refém do medo. Um filme em que os olhos são reveladores dos sentimentos mais profundos, não impedindo, no entanto, que suas intenções passem despercebido. O diretor explora muito delicadamente esta dupla faceta do olhar: revelar e ocultar. O que os olhos revelam só pode ser decifrado por um observador. Mas ele tem de estar pronto para a descoberta. Muitas vezes, o observador apenas encontra o que procura, apenas confirma suas convicções, ficando cego para o que há para ser visto.

Quantas vezes nos deixamos aprisionar por nossas certezas e deixamos de seguir um caminho novo! Isso é mais grave quando nossa certeza é a de que teremos de perpetuar uma vida infame, calcada na dor, na humilhação e na solidão. Esse é um risco para milhares de crianças que sofrem negligência e maus-tratos. É um risco para cada um de nós que sofre uma grande desilusão ou a perda de algo vital.

Jasmim nasceu pobre e sua mãe carregava muita dor em sua alma. Assim, desde cedo, Jasmim sofreu os golpes da dor de sua mãe em seu corpo. Quando tinha 12 anos, sua mãe a levou para morar com um homem de mais de 30 anos. Um velho, segundo ela. Dois anos depois, sua mãe a tomou de volta. Jasmim tinha de fazer todo o serviço de casa, cuidar dos irmãos menores e receber os golpes que escapavam. Sua mãe bebia muito e sofria com a miséria e a solidão. Em uma noite, enfurecida e alcoolizada, a mãe de Jasmim a despertou do sono com uma machadada na cabeça. Pegou-a pelos cabelos, que iam até a cintura, e começou a cortá-los com uma faca, gritando muito e dizendo palavras horríveis, amaldiçoando a filha e seus descendentes. Desesperada, Jasmim fugiu. Buscou acolhimento na casa do namorado. Teve dois filhos com ele. Vivem juntos uma vida de muita miséria. Ele se tornou violento com ela. Jasmim se tornou violenta com seus filhos. A cigana leu o seu destino: disse que ela ficará louca e morrerá sozinha. Essa é a verdade que ela carrega consigo. Tem os olhos perdidos no horizonte e a certeza de um fim tão trágico como seu começo.

Nilton Bonder (1998) nos ensina que para mudar, crescer ou se desenvolver, o homem precisa trair. O novo é um rompimento com os padrões assumidos na vida, uma superação do que já se tornou uma tradição em nossas vidas, portanto, uma traição ao antigo modo de atuarmos e pensarmos. O apego seria, para ele, uma traição à própria alma, resultado de uma tensão entre a necessidade de preservação e o medo da transgressão. Para ele, não há superação sem transgressão. Ele nos lança o desafio de sempre buscar e sempre superar, o desafio da perseverança e da altivez.

O universo das experiências vividas nos limita a pensar que o que temos diante de nós é "tudo". Como ir além do jardim? Como deixar de tentar abrir as portas pintadas na parede de nossa sala diante de nossos olhos e descobrir o portal que se abre bem atrás de nós? Será possível mudar a direção a partir da encruzilhada? A vida nos convida ao desconhecido. Mas procuramos sempre o mesmo. O homem precisa de ordem, de repetição, de previsibilidade. Ilusão. A única constante à nossa disposição é a mudança. A vida nos oferece o acaso, o imprevisto, o inusitado. Sempre a nos surpreender. Saber o que não queremos mais e poder estar protegidos contra o que nos agride pode nos proporcionar boas escolhas. Porém, muitas vezes estamos inconscientes do que nos aflige e seguimos reféns de nosso medo através da evitação e da busca do mesmo.

Neste capítulo, vamos refletir sobre o sentido que damos ao nosso vir ao mundo. É difícil precisar onde começamos. Mas, em se tratando de seres humanos, a galinha, com certeza, vem antes do ovo! Uma mulher descobre que está grávida. Ela pode ter 13 ou 43 anos de idade. Pode ficar desesperada ou radiante de júbilo. Este pode ser o seu primeiro filho ou o décimo primeiro. Ela pode ter planejado a gravidez ou não ter a mínima ideia de onde vêm os bebês. Ela pode ter um homem a seu lado ou ter tido apenas uma relação ocasional. O pai pode ter o sonho de ter um filho com ela, pode pedir que ela tire o bebê, pode simplesmente não ficar sabendo que este bebê é seu filho. Esses elementos estarão encarnados no bebê que vai nascer e definirão muitos aspectos de suas contingências.

"Um bebê só pode desenvolver-se em meio às leis inventadas pelos homens" (Cyrulnik, 2005, p. 1). Assim, há crianças que já nascem fora da lei. "Se sua mãe ficar embrutecida de tanta infelicidade, expulsa da humanidade por ter trazido ao mundo uma criança ilegítima e não for capaz de oferecer braços que lhe dêem segurança, a criança, provavelmente, já não estará viva quando nascer" (Cyrulnik, 2005, p. 2). Se há uma lei que proíba que uma mãe tenha mais de um filho, o segundo deverá morrer ou viver uma não existência na clandestinidade. Se há uma lei que determine que uma gravidez só pode ocorrer no contexto do casamento e que condena as mães solteiras como pessoas imorais, devendo ser isoladas e rejeitadas, essa criança nasce como a vergonha dessa mãe, como a culpada por sua desgraça. Se esta gravidez foi resultado do estupro de um soldado inimigo, como dar-lhe a vida sem manchar a honra da nação? Nesses contextos, é compreensível que uma mulher tente um aborto caseiro ou abandone seu bebê. Mas é lamentável, e precisamos procurar maneiras para permitir que essas mulheres encontrem outros caminhos viáveis.

Uma das lições mais importantes que uma família tem de ensinar a suas crianças é como aprender a amar. Muitas são as crianças que são deixadas em instituições ou circulam por uma variedade de famílias adotivas sem constituírem vínculos duradouros que permitam a elas aprender a amar ou a adquirir o sentimento de ser digna de ser amada. Os riscos de maus-tratos a essas crianças é mais alto, pois é como se "as crianças sem família valessem menos do que as outras, fossem terra de ninguém, não sendo tão grave maltratá-las" (Cyrulnik, 2005, p. 1). Os filhos de pessoas consideradas de menor valor também podem ser vítimas desse tipo de desvirtuamento. Se os pecados e os vícios são as virtudes enlouquecidas, precisamos colocar luz sobre esse mundo das sombras e trazer lucidez aos olhos dos homens.

Cada um de nós nasce na confluência de muitos fatores que determinam nosso começo. Então, temos uma vida inteira pela frente para recomeçar. Algumas pessoas conseguem trilhar uma vida da qual se orgulham e podem dizer que começariam tudo outra vez se preciso fosse. Muitos de nós, depois de muito aprendizado pelas más escolhas e por tudo que deixamos de fazer por medo dos desfechos, gostariam de fazer diferente, mas sentem que já é tarde. Quando se trata de vidas infames, isso é mais grave e é sobre esses casos que gostaria de deitar meu olhar mais detidamente.

A VIDA DE JOÃOZINHO

Joãozinho não tem uma vida fácil. É o terceiro filho de um casal estável de classe baixa. Seu pai participava do crime organizado quando ele nasceu. Seu irmão mais velho logo seguiria o caminho do pai. Era uma trajetória promissora, carregada de sentido e de esperança, provedora de uma rede de apoio sólida e solidária. Seu pai tinha prestígio e viviam em uma condição financeira melhor do que as famílias vizinhas. No entanto, era um lugar no exílio. Um lugar fora da lei. Um lugar de uma existência marginal em um mundo à parte.

Um dia, durante uma fuga, seu pai matou um policial. Tudo se transformou.

Mudaram para bem longe do mundo que conheciam e seu pai vivia escondido, procurado. Seu irmão ingressou no crime, ajudando seu pai a prover a família. O medo era constante, mas seu pai era amoroso e dedicado. Joãozinho era o preferido do pai, que o cobria de presentes e o levava para passear. Sua mãe era feliz ao lado daquele homem que lhe dava uma vida cheia de conforto e mimos, apesar de todo perigo.

Dois anos se passaram até que seu pai foi capturado. Fizeram o diabo com ele na prisão. Pegaram também seu irmão. Levaram-no para o matagal e o torturaram o dia todo, com saco plástico na cabeça e tudo o que não tinham o direito de fazer. Depois o prenderam no presídio da facção criminosa contrária à de seu pai. A lei agora os cobrava que pagassem por sua errância à margem da sociedade.

Quem me contou tudo isso foi a mãe de Joãozinho. Seus olhos se distraíam entre os presídios e seu desencanto pela vida. Seus braços viviam agarrados ao passado e não tinha mãos para segurar ou conduzir os filhos.

O que Joãozinho precisaria fazer para continuar vivo? Qual era o seu lugar agora? Filho de presidiário, o fracasso dos fracassados. Tal pai, tal filho. Seu irmão seguiu seu destino. E o que seria dele, Joãozinho? Poderia sonhar com uma vida entre os "homens de boa vontade"? Poderia viver sua vida sem vingar as maldades feitas a seu pai e seu irmão pelos arautos da lei e da ordem? Como ser leal à sua história e a si mesmo? Ele era muito pequeno para pensar nisso tudo, mas essas questões o rondavam durante as horas sem fazer nada vidrado no chão da rua que o acolhia. Se correr o bicho pega. Se ficar, come. Onde buscar uma saída sem que a morte o apanhasse precocemente e sem trair o nome do pai?

Joãozinho passou a desaparecer. Ele sumia por uns dias e voltava. Ia para o centro da cidade virar pó, esvair-se nas nuvens e cair feito pedra. Sua mãe cuidava dele da melhor forma que podia, queria evitar que algo de muito ruim acontecesse a Joãozinho. Ela sabia que o caminho do crime era um caminho sem volta. Joãozinho teria de encontrar o caminho do meio, onde transgredir seria seguir o caminho da lei e da ordem. Única chance de sobreviver à barbárie.

Um dia, Joãozinho estava novamente no centro da cidade e foi levado pela polícia para uma unidade de triagem da Fundação CASA. Ele não havia completado 11 anos e as medidas socioeducativas só se aplicam a crianças a partir de 12 anos. Passou uma tarde no pátio com outros cem garotos. Foi currado por mais de 10, 20, 30, 40, 50. Seu ânus foi dilacerado e contraiu sífilis.

Sua mãe procurou o conselho tutelar, procurou a assistente social, a psicóloga. Procuramos um advogado. Mas de que adiantaria? Seu corpo havia sido arrombado, seu solo sagrado desonrado. Que direitos teria o filho do assassino de um policial? Ele era muito novo ainda para cumprir pena, mas os policiais não levaram isso em consideração. Tampouco a pessoa que fazia a triagem na Fundação CASA. Ficou detido para averiguações uma tarde, entre meninos maiores, mais fortes, mais descolados e numerosos. A covardia institucionalizada foi perpetrada contra Joãozinho. Se sua família não foi capaz de protegê-lo, ainda restavam a rede social imediata, as ONGs, as instituições do estado. Todos falharam com Joãozinho.

Levado ao hospital, recusou-se a fazer a cirurgia que reconstituiria seu ânus, dando fim à hemorragia que perdurava. Foi liberado pela equipe médica sob a alegação de que não podiam fazer nada contra a vontade dele. Foi levado três vezes para tomar as injeções contra sífilis. Não o internaram e não o trataram pois não fariam nada contra a vontade dele. Nunca sua vontade teve tanto poder.

A equipe que cuidava de Joãozinho ficou perplexa. O conselho tutelar, a assistente social, a psicóloga, todos estavam de acordo com a necessidade de tratar Joãozinho mesmo que, naquele momento, isso significasse contrariá-lo. Talvez fosse um modo de salvar sua vida. A vida que ainda lhe cabia viver. E que vida seria essa?

Depois disso, Joãozinho passava os dias sentado no chão da rua de terra diante de sua casa com um cãozinho de pelúcia todo sujo amarrado a um barbante que ele segurava e, de vez em quando, puxava ou balançava, dando movimento ao animal. Eu olhava para ele e indagava o sentido de sua brincadeira. Eu me perguntava pelo sentido de ele movimentar o cãozinho. Dar-lhe vida? Eu me perguntava como ser como aquele barbante para Joãozinho. Como devolver-lhe a vida?

FILHO DA GUERRA

Boris Cyrulnik nasceu em 26 de julho de 1937 em Bordeaux, na França. Seu trabalho tem a marca pós-moderna da segunda cibernética ao incluir o observador no campo observado: ele é uma das crianças resilientes que sobreviveram à Segunda Grande Guerra. Judeu, quando tinha apenas 6 anos de idade escapou de uma batida policial em que seus pais e sua irmã foram levados e assassinados em campos de concentração. Precisou aprender a viver sem o apoio da família em um contexto cultural que condenava sua natureza, sob o domínio de um exército inimigo que queria exterminar sua raça. Com o final da guerra, teve a chance de recomeçar com o apoio de seu povo, sua comunidade e seu estado. Estudou na Universidade de Paris e escreveu vários livros. É mais conhecido por ter desenvolvido e divulgado ao público o conceito de resiliência psicológica. Ele é neuropsiquiatra infantil, chefe de ensino da clínica do apego na Universidade de Toulon – Var e presidente do Observatoire International de la Résilience.

Para ele, diante da perda, da adversidade e do sofrimento, inevitáveis em algum momento da vida, várias estratégias são possíveis, desde a entrega à carreira de vítima até a tentativa de transcender. A resiliência, nas palavras de Cyrulnik, não seria uma história de sucesso, mas a história da luta de uma criança empurrada para a morte que inventa uma estratégia para voltar à vida (Cyrulnik, 2009a). Ele recusa a aceitação da tragédia como um fracasso anunciado desde o início, acreditando ser possível fazer surgir o desenrolar imprevisível a partir de soluções surpreendentes. Esse desenrolar sempre dependerá do acaso e da coragem para aceitar os desafios e encarar as mudanças.

Tendo sido capaz de sobreviver à própria tragédia e viver uma vida suficientemente prazerosa, Cyrulnik procurou entender como é que algumas pessoas podem resistir às tragédias retomando seu desenvolvimento e reinventando uma vida quando outras sucumbem à depressão, ao alcoolismo ou ao suicídio, como tantas pessoas que sobreviveram ao holocausto. Tomou emprestado o termo cunhado na física pelo cientista inglês Thomas Young em 1807. Ele foi um dos primeiros a usar o termo resiliência. Estudando a relação entre a tensão exercida sobre um corpo e a deformação sofrida, postulou a resiliência como a capacidade de recuperação das características iniciais de um material após ter sofrido um montante significativo de tensão. Resiliência para a física é, portanto, a capacidade de um material voltar ao seu estado normal depois de ter sido submetido a estresse, acumulando energia quando exigido sem ocorrer ruptura. Após a tensão cessar, poderá ou não haver uma deformação residual causada pela histerese do material. Como um elástico ou uma mola, os materiais resilientes possuem características que os tornam aptos a amortecer e, em determinadas circunstâncias, podem vir a impulsionar.

Quando falamos em resiliência psicológica nos referimos a um processo complexo que envolve o sujeito e seu ambiente sociocultural. Os elementos subjetivos são de tal ordem que seu valor varia de acordo com o contexto, não podendo ser avaliados em si mesmos, sem considerar uma história e um observador com sua própria história. Assim, o termo resiliência, quando adotado por Cyrulnik, sofreu algumas adaptações. Ele se refere à possibilidade de uma criança resistir aos impactos e estresses da vida ancorada em uma série de elementos relacionais e culturais. Os processos de resiliência psicológica dependem de vínculo e de busca de sentido.

O estudo dos processos resilientes procura desvendar os elementos que permitem que uma infância infeliz não determine uma vida inteira, não seja sempre um caminho para a depressão, o alcoolismo ou o suicídio. Resiliência é um processo que permite retomar algum tipo de desenvolvimento apesar de um traumatismo e em circunstâncias adversas.

> Só se pode falar de resiliência quando ocorre um traumatismo seguido da retomada de algum tipo de desenvolvimento, a reparação da ruptura. Não se trata do desenvolvimento normal, mas um desenvolvimento desviado pela violação do eu. A pessoa ferida na alma tem o traumatismo inscrito na memória, que passa a fazer parte de sua história. Um acontecimento. (Cyrulnik, 2005, p. 6)

Esse acontecimento significativo e significante pode ser o fio condutor que permite sair do labirinto que tem como minotauro sua própria tragédia. O sujeito ferido muitas vezes irá trilhar o caminho do curador ferido. Como o faz Cyrulnik, cuida de sua ferida ao cuidar de todas as feridas do mundo. Faz desse cuidar o fio de Ariadne que lhe permite escapar da morte e recuperar o sentido do humano. Desse modo, a resiliência atinge seus principais destinos: amortecer e impulsionar. Não apenas permite recuperar um sentido que dignifica a vida e permite obter prazer, como serve de impulso enchendo o ser de entusiasmo, habitando de desejo seu espírito.

A RESILIÊNCIA E SEUS TUTORES

Quando uma criança vive na miséria familiar e na violência social, mas não lhe falta afeto e deslumbramento com sua cultura (rituais, histórias, mitos, música, etc.), ela pode encontrar os dois elementos estruturantes dos processos de resiliência: vínculo e sentido. “Sem vínculos significativos e sem história, como poderíamos nos tornar nós mesmos?” (Cyrulnik, 2005, p. 5).

Rosa nasceu em um dia escaldante do sertão nordestino. Sua mãe trabalhava no roçado desde as 4 da manhã e seu resguardo não durou mais do que uma semana. Não comeu canjica e não amamentou. Avariada pela vida amarga decidiu que aquela criança cuidaria dela. Assim que Rosa teve idade, começou a roçar. Antes mesmo de ir para a escola. Rosa também aprendeu cedo a cuidar da roupa, da casa, da comida. A escola era o único lugar onde se sentia protegida e cuidada. Seu pai a acompanhava à escola todos os dias em uma longa caminhada. O dia ficava mais curto e a esperança podia brotar. Sua mãe não gostava que ela se afastasse dos afazeres domésticos e vivia encontrando motivos para ela não ir à escola. Quando seu pai partiu para as estrelas, sua vida escolar foi ceifada. Sua mãe a deu em casamento a um homem velho e bruto. Trabalhava de sol a sol e tinha que cumprir os deveres de mulher. Teve um filho e o homem a deixou. Ela abandonou aquela terra insossa e foi tentar a vida na cidade grande. Nem saudade foi levando. Na terra nova, encontrou um homem ruim que bateu muito nela e, depois, a trocou por uma mulher mais nova e linda. Como Rosa trabalhou para sustentar seus três filhos! As lembranças da escola permaneceram como um refúgio em um mundo sem coração. Com 45 anos e rugas acumuladas de cem anos de solidão, matriculou-se. Aprendeu a ler e escrever, aprendeu os números, vive sorridente e se diz feliz. Quando se lembra de sua história ela se emociona e chora. "Eu sei o que é sofrer", repete. Na hora de se despedir abraça fortemente e sorri com os olhos de quem aceita o convite.

A resiliência só é possível quando o ambiente oferece estabilidade afetiva e ajuda a criança a dar sentido à sua aflição. Rosa tirou leite de pedra. Alimentou-se do amor de seu pai e confiou na escola como uma saída possível daquela vida infame. Esses foram seus tutores de resiliência, os elementos que lhe deram esperança e serviram de lastro para enfrentar seus desfortúnios.

Há dois tipos de tutores de resiliência: os tutores de vínculo e os tutores de sentido. Os tutores de vínculo estão ligados à experiência de se sentir amado e legitimado. Eles contribuem para a aquisição do senso de duração e do senso de confiança na realidade. Para que um elemento da experiência se converta em tutor de resiliência vincular, é necessária uma relação duradoura marcada por acontecimentos significativos que se destacam, adquirindo um valor simbólico sublime que os reveste de um sentido de esperança. Podem ser chamados de tutores de resiliência afetivos, oferecendo amparo e acolhimento em momentos de aflição e angústia. O tutor de resiliência é a própria relação, não a pessoa a quem a criança se vincula. "Sou capaz de estabelecer uma relação significativa com alguém, sou capaz de amar e ser amada." Para que ele ocorra, é preciso que se concretize uma relação amorosa que se sustente durante o período de elaboração e ressignificação do fato traumático. Quando isso não ocorre, a criança não é capaz de se vincular novamente à vida.

Os tutores de sentido estão associados à experiência de ressignificação do traumatismo e permitem a recuperação do senso de existir. Eles oferecem hospitalidade, restabelecendo o senso de pertencimento ao humano, resgatando a criança da sensação de estar alijada, "fora", estrangeira. A experiência nefasta ganha contornos tristes, e o lamento pode embalar o embrutecimento. O tutor de sentido é a brecha na cultura que acolhe oferecendo palavras para dizer. Sem acreditar que uma outra vida ainda é possível entre os homens, não pode ocorrer resiliência. Quando uma experiência não pode ser incluída no campo dos possíveis de uma cultura, ela lança a criança para o exílio de si mesma.

Para um acontecimento se constituir em um tutor de resiliência, ele precisa ser convertido pela criança em elemento de representação de si mesma, compondo o enredo de sua biografia. Isto vale tanto para os elementos vivenciais que exercem a função de tutores de resiliência vinculares como para aqueles que dão sentido ao vivido. A criança não tem consciência desse processo e não escolhe como e quando ele irá ocorrer. Este é um processo de natureza estocástica, em que os elementos se acumulam de forma a fazer sentido, porém, sem que se tenha controle do processo.

"Ninguém pretende que a resiliência seja uma receita de felicidade. É uma estratégia de luta contra a infelicidade que permite obter prazer em viver" (Cyrulnik, 2005, p. 6), apesar de uma história fundada no desrespeito às necessidades e direitos individuais. Rosa relata ter tido a infância roubada por sua mãe. Mais tarde, seus companheiros saqueariam sua juventude e sua inocência. Ela se lembra da companhia de seu pai no caminho para a escola e de uma professora que a ensinava com paciência. Ela tinha dificuldade para aprender, e as outras professoras ralhavam muito com ela. Esses dois vínculos se converteram em *acontecimentos,* marcaram sua história e a sustentaram em seus momentos de maior sofrimento. A companhia de seu pai lhe mostrou que ela não era apenas uma criança escrava a serviço de sua mãe dominadora. Ela era uma filha que merecia o tempo e a dedicação de seu pai. O olhar atento da professora a legitimou como ser humano que aprende e evolui. A possibilidade de ler e ouvir histórias lhe ensinou que, além da realidade, existe o sonho e a fantasia.

> Quando um elemento da realidade não quer dizer nada, não chega à consciência, não se transforma nem mesmo em uma lembrança. Nos lembramos daquilo que é ou foi significativo, carregado de sentimento ou de sentido para nós. Quando um fato vivido não faz sentido, não se integra à nossa história. Mesmo que façamos um diário e registremos todos os acontecimentos do dia, apenas alguns se transformarão em lembranças. Estes não precisarão do registro no papel para serem lembrados. (Cyrulnik, 2005, p. 9)

Para que um acontecimento se converta em um tutor de resiliência, ele precisa acontecer na relação com um outro que ofereça um olhar de legitimação da humanidade que existe no ser que sucumbe à dor. Algo no campo de experiências do sujeito precisa ser saliente e se destacar da massa indiferenciada de eventos padronizados e naturalizados pela repetição convertendo-se em um acontecimento carregado de sentido. Para experimentar um sentimento de *acontecimento*, é necessário que alguma coisa no real provoque uma surpresa e adquira um significado que torne a experiência singular.

Um acontecimento com potencial para se tornar um tutor de resiliência traz uma informação nova que faz a diferença na vida daquela pessoa. "Minha mãe só tem olhos para si mesma e para minha irmã. Ela me trata como uma mula e transformou minha vida em um inferno. Apesar disso, meu pai me ama, acredita em mim e deseja que eu seja feliz." Seu pai não a protegeu do trabalho extenuante, não intercedeu a seu favor junto à sua mãe-madrasta, não a levou consigo quando partiu, mas os momentos em que ele a autorizava a ser ela mesma e se desenvolver na escola eram momentos de uma tal magia que tinham o poder de fazê-la acreditar em si mesma e na vida. Rosa não teve boas professoras, apenas uma teve paciência com ela. Mas esta lhe marcou maravilhosamente! Destacou-se do cenário entorpecido pela indiferença e pelo desamor. Em uma terra fértil, qualquer gota d'água faz brotar a vida.

> Algumas cenas irão se transformar em memória e balizar nossa identidade narrativa. (...) Sem acontecimento, não há representação de si. O que ilumina um pedaço do real para torná-lo um acontecimento é a maneira como o meio torna a pessoa sensível a esse tipo de informação. (Cyrulnik, 2005, p. 10)

Mais do mesmo pode não ser importante, pode tornar-se fundo diante de uma figura que se destaque. Os fatos e seus desfechos se sucedem na vida. Entre eles, há os que nos dilaceram e os que nos acalantam. Essa variação permite que, mesmo em uma situação de extrema violação do humano, alguns elementos se destaquem e permitam inspirar a vida. Esse potencial precisa ser aproveitado. Cada ser humano é uma terra fértil que pode fazer brotar a partir de uma gota d'água. Nossos gestos, nossas palavras e nossos olhares tornam-se potenciais tutores de resiliência diante de acontecimentos que ferem a ética relacional baseada na legitimação do outro.

Quando Nina foi concebida, Cronos já anunciara que a devoraria. Sua mãe sabia que não teria braços para protegê-la daquele pai que judiava brutalmente de seu primeiro bebê. Aprisionada em sua paixão, como uma mulher de Atenas, despia-se para o marido vil e amante. Nina cresceu com a marca da dor no corpo e na alma. Seu corpo era açoitado, dominado e controlado. Sua alma viva se mortificava com a falta de interdição de sua mãe diante da tortura diária perpetrada contra seu irmão mais velho e contra si. Seu irmão e sua irmã mais novos sofriam menos golpes na carne. Quando teve a primeira menarca, seu pai a violou sexualmente. Passou a tê-la como amante. Fez o mesmo com sua irmã, mas Nina era a preferida. Ele a proibia de sair com sua mãe depois da escola e a levava para a cama. Não suportando aquela situação, Nina encontrou coragem de enfrentar as ameaças de morte e contou para sua mãe. Desesperada de ciúme, sua mãe disse não acreditar nela e a manteve sob o poder do pai como vingança por sua traição. Nina ainda encontraria coragem para denunciar o pai a seu tio materno. Ele reuniu a mãe de Nina e seus irmãos e a denúncia foi feita. O delegado disse que só poderia agir em flagrante e Nina teve que ficar em casa sozinha com seu pai mais uma vez para receber a proteção da lei. Seu pai agora está obrigado a respeitar uma distância quilométrica em relação às filhas.

> Só podemos falar de traumatismo se houve uma violação, se a surpresa cataclísmica ou insidiosa submerge o sujeito, lançando-o numa torrente numa direção que ele não desejaria. No momento em que o acontecimento traumático rompe a bolha protetora, desorganiza o mundo e o torna confuso. Desamparado, o sujeito não está completamente consciente do que lhe acontece. (Cyrulnik, 2005, p. 10)

A maneira como o acontecimento traumático é acolhido e interpretado pelos outros significativos exerce papel decisivo no destino do sujeito. Sua dor precisa ser reconhecida e legitimada, seu ser precisa ser aceito e amado apesar da cicatriz deixando à mostra sua monstruosidade.

Não podemos perder de vista que a vítima de uma grande violência faz parte da história. Isso não quer dizer que haja uma cumplicidade, mas um pertencimento. O processo de individuação, em que a pessoa poderá discriminar entre as diferentes maneiras de tomar parte na tragédia e as distintas responsabilidades, dar a César o que é de César é possível, mas leva tempo e exige cuidados no tecer de novas narrativas e no trilhar de novos caminhos que permitam reconstruir o mundo e redesenhar os mapas. Diante do acontecimento traumático, é preciso dar sentido à violação o quanto antes para não permanecer nesse estado confuso. Para reconstituir um mundo íntimo, é necessária uma representação através de imagens e de palavras carregadas de sentido ressignificando a situação violadora.

Nina tinha uma cumplicidade salvadora com sua irmã mais nova. Ela era seu bote salva-vidas. Sentia-se ao mesmo tempo compreendida e responsável por ela. Em suas conversas, podiam legitimar a dor uma da outra e encontrar brechas para dar sentido ao caos que caracterizava seu mundo. Entendiam que sua mãe tinha um amor tão grande por seu pai que o amor que ela nutria pelos filhos não era suficiente para fazer com que ela enfrentasse o marido para proteger a cria. Ressentiam-se da insuficiência do amor da mãe e revoltavam-se contra a violência do pai. Mas não faltava a palavra amor quando falavam de sua mãe. Era ela quem cuidava das feridas, era ela quem cuidava da casa, era ela quem cuidava da comida, era ela quem cuidava da roupa. Ela era uma mãe cuidadora que não soube interditar seu esposo. Quem não tiver pecado que atire a primeira pedra.

"O acontecimento que produz o trauma se impõe e submete a criança. Por outro lado, o sentido que ela atribui ao acontecimento depende dos vínculos e dos rituais que a cercam" (Cyrulnik, 2005, p. 11). É possível restabelecer uma certa ordem quando a experiência é acolhida e a criança sente-se protegida e compreendida.

Não há, portanto, acontecimento em si mesmo determinante, danoso por definição. Um mesmo acontecimento (uma gravidez indesejada, um abuso sexual, uma situação de miséria, etc.) pode assumir um valor notável em um contexto e banal em outro. Afinal, só podemos nos desenvolver em meio às leis inventadas pelos homens.

Rosa e Nina são exemplos que nos permitem perceber em que consiste o suporte que deve envolver o sujeito após a fratura e lhe permitirá reviver apesar da ferida e da lembrança dela. Elas nos indicam que a existência de vínculos significativos e da instrumentalização para desenvolver uma práxis transformadora do mundo são elementos fundamentais. Vimos também que não se pode predeterminar quais serão os elementos à disposição do sujeito que serão eleitos por ele nesse processo e que elementos aparentemente simples e sem significado em si mesmos poderão assumir um papel importante. É o sujeito quem dará alma aos acontecimentos.

No entanto, nem sempre o fato traumático se apresenta a nós como acontecimento. Em situações de privação afetiva, na maioria das vezes, a criança tem dificuldade de se dar conta do quanto essa experiência é devastadora. Não fazendo dela um *acontecimento*, uma lembrança que ela poderia enfrentar trabalhando sobre ela, aquela lembrança permanece oprimindo sem poder ser transformada. Isso pode acontecer com qualquer incômodo ao qual nos acostumamos. Uma relação homem-mulher em um casamento falido pode esvaziar a alma, principalmente quando se teve uma infância silenciosa, sem palavras ou gestos de amor que nos confortassem e nos acolhessem em nossos desastres. O silêncio prolongado pode converter-se em um abandono invisível.

> Quando não encaramos uma reminiscência, ela nos obseda, permanece como uma sombra, e é ela que irá nos modelar. Ela nos atormenta. Somos moldados pelo real que nos cerca, mas não temos consciência disso. A marca do real se inscreve em nossa memória sem que possamos perceber, sem que isso se transforme em um acontecimento. (Cyrulnik, 2005, p. 14)

Assim, podemos compreender a importância de revelarmos ao outro sua própria dor. Quando um paciente, ou mesmo um amigo, nos apresenta sua ladainha costumeira temos a chance de fazer emergir desse lamaçal um traço com poder de *acontecimento*, algo que se destaca na experiência como um fator de humilhação ou aniquilação do ser. Se formos capazes de fornecer elementos para converter o corriqueiro solapador em acontecimento significativo estaremos oferecendo uma oportunidade de exercício de seu poder transformador, estaremos oferecendo algo a ser enfrentado e superado.

> Qualquer traumatismo nos transforma e nos desvia para a tragédia, mas a representação do acontecimento nos dá a possibilidade de fazer dele o eixo de nossa história, uma luz a nos guiar, uma referência. A ferida é, evidentemente, real, mas seu destino não é inconciliável porque é possível fazer algo com ele. (Cyrulnik, 2005, p.16)

A ressignificação da experiência traumática é um dos principais elementos que caracterizam os tutores de sentido. É quando a experiência pode ser incluída entre as experiências previstas na lei dos homens, é quando aquilo que não é como deveria ser, mas é a realidade da criança, pode ser aceito e incluído no campo dos possíveis, autorizando a criança, novamente, a ser.

Aprendemos a amar à nossa revelia, sem nem mesmo saber de que maneira amamos. Não são apenas os fatos marcantes que conformam nossos padrões afetivos. Tantas coisas nos passam despercebidas... "Um *acontecimento* é uma inauguração, como um nascimento para a representação de si mesmo" (Cyrulnik, 2005, p. 15). Mas o vivido vai deixando suas marcas e deslindando nossos contornos.

Devemos sempre investigar quais os efeitos, a longo prazo, da privação sensorial e afetiva na infância, da perda precoce de um ou ambos os genitores, da exposição prolongada a abusos físicos e sexuais. O que os estudos vêm demonstrando é que as causalidades e os recursos psíquicos são incessantes e numerosos, estão sempre em construção e ampliação. Os estudos que observaram o contexto dessas crianças tentando identificar os tutores de resiliência indicam que não existe uma relação linear causal entre o fator traumático e o destino do sujeito. Muitos podem ser os destinos. Quando a criança tem a sorte de encontrar tutores de resiliência afetivos e sensatos, ela retoma rapidamente seu desenvolvimento e pode até recuperar seu atraso. Mesmo garantida essa etapa de retomada do desenvolvimento, que para a criança pequena pode representar a vida, mais tarde, chegada a idade da fala, ela precisará de tutores verbais e culturais que a incluam no campo cultural compartilhado.

Freud indicou um novo caminho ao explicar que a perda afetiva de um objeto real cria o sentimento de mundo vazio e cinzento, não sendo a depressão o resultado de um mau funcionamento do sistema nervoso isolado das contingências. Ele ampliou nossos horizontes e permitiu olhar para dentro e para fora e relacionar esses dois mundos. Cyrulnik nos mostra que nem todo luto precoce, nem toda perda afetiva durante a primeira infância, torna o indivíduo vulnerável de forma duradoura e o predispõe às depressões da vida adulta. Não existe uma causalidade linear entre um luto precoce ou um traumatismo e um destino de depressão na vida adulta. As causas se sucedem sem cessar na vida, de tal forma, que um fato que provoca felicidade pode suceder a um fator de infelicidade. As cascatas de causas fazem convergir forças opostas que podem contribuir para a recuperação de uma criança ou para o agravamento de sua condição (Cyrulnik, 2009b).

Tudo isso permite afirmar que, após um luto precoce ou um trauma, dependendo da maneira como o ambiente se reorganiza em torno da criança, esta poderá retomar um desenvolvimento modificado. Mas, se não houver um entorno capaz de fornecer tutores de resiliência afetivos e simbólicos, seja porque a família se alterou de maneira inconciliável ou desapareceu, seja porque as crenças culturais impedem uma reinclusão do sujeito na lei dos homens, este é um caso que deverá despertar nossa preocupação (Cyrulnik, 2005).

O QUE JASMIM, JOÃOZINHO, ROSA E NINA ME ENSINARAM

Jasmim está desencontrada de si mesma. Navega a esmo em sua Nau dos Loucos vendo com desrazão o enredo de sua vida. Seus olhos cor de mar são todo o azul que coloriu sua vida. Tudo em volta são trevas e dor. No alto de seus 22 anos acumulou mais cenas de horror do que sorrisos nos lábios. Não é capaz de reconhecer como hospitaleiros os gestos de carinho e acolhimento à sua volta. Talvez tenhamos chegado tarde demais.

Joãozinho permanece mergulhado em seu pesadelo, sem encontrar um fio de esperança que lhe permita vir à tona e respirar. As pessoas à sua volta continuam estendendo-lhe a mão, mas não podemos esperar que ele recolha os cacos e reconstrua o vaso quebrado. Há um limite que nos torna impotentes diante de nosso desejo de ampará-lo e devolver-lhe a vida. Ele parece estar diante de uma missão impossível: dar um sentido ao absurdo.

Rosa ainda chora cada vez que se lembra de seu sofrimento e de sua história. Carrega mágoas inconciliáveis e feridas incuráveis. Mas encontrou um atalho que a reconduziu à vida e a permite ter prazer em pequenas coisas, como em um café quentinho e em uma fatia de bolo, em um abraço e em um dedo de prosa. Seu deslumbramento por tudo o que a escola representava amorteceu suas quedas e serviu de trampolim para a superação de obstáculos. Mais além da escola em si, havia um sentido que deu sentido à sua vida.

Nina foi uma aluna exemplar. Terminou o colegial, conseguiu um emprego e está pensando em fazer faculdade de psicologia. Mas ela não se sente bem. Ela se ressente de estar sempre muito triste e de sentir medo. Um medo disseminado, indefinido e generalizado que a acompanha como uma sombra. Também sente muita raiva e não controla suas reações agressivas. Gostaria de encontrar paz dentro de si, mas reage aos irmãos e à mãe com gritos e palavras rudes. Não tem amigos e não gosta de namorar, apesar de sua beleza deslumbrante atrair muitos interessados. Depois que sua irmã engravidou e saiu de casa, Nina sente-se muito só. O que mais deseja é sentir o amor de sua mãe. O traumatismo pode nos tornar eternos buscadores de reparação.

O milho da pipoca precisa ferver na panela para descobrir que pode transcender e passar de milho mirrado a uma flor branca e bela. Alguns não vencem o fogo e viram piruá. O vaso rachado chega menos cheio e pode faltar água. Se lembrarmos de semear o caminho, com o tempo, o lado da estrada por onde ele passa pode formar uma trilha florida. O que amortece também impulsiona.

Cada pessoa desenvolve suas habilidades graças às dificuldades que a vida oferece, mas as pessoas são feitas de alma, e a alma se ressente e se emociona. Quando a vida pesa mais do que as asas podem suportar, perdemos a capacidade de alçar voo. O estudo dos processos resilientes nos permite perceber que sempre é hora de estender a mão e que, amanhã, poderá ser tarde demais.

NOTAS

1. *El Secreto de sus Ojos* (2009), vencedor do Oscar 2010 de melhor filme estrangeiro, dirigido por Juan José Campanella tendo como atores principais Ricardo Darín e Soledad Villamil.

REFERÊNCIA

BONDER, N. *A alma imoral:* traição e tradição através dos tempos. Rio de Janeiro: Rocco, 1998. p. 135.

CYRULNIK, B. *Os patinhos feios*. São Paulo: Martins Fontes, 2004. p. 215.

CYRULNIK, B. *O murmúrio dos fantasmas*. São Paulo: Martins Fontes, [2005].

CYRULNIK, B. *Autobiografia de um espantalho*: histórias de resiliência, o retorno à vida. São Paulo: Martins Fontes, 2009a. p. 207.

CYRULNIK, B. *De corpo e alma*: a conquista do bem-estar. São Paulo: Martins Fontes, [2009b]. p. 184.

EL SECRETO de sus ojos. Produção e Direção Juan José Campanella. Argentina: Tornasol Filmes, 2009. 1 DVD (127 min.), son., color. Legendado. Port.

PARTE II

Terapia familiar e suas expansões

capítulo 8

TERAPIA FAMILIAR E SUAS POSSIBILIDADES: REFLEXÕES BASEADAS EM UM ESTUDO DE CASO

JÚLIA S. N. F. BUCHER-MALUSCHKE

INTRODUÇÃO

Muitas são as possibilidades que a terapia familiar nos oferece, como atesta a vasta literatura atinente a esta área. Neste capítulo, serão apresentadas algumas reflexões com base em um caso clínico no qual se apresentam vários aspectos de transtornos relacionais.

Por que um caso clínico? Nasio (2001) nos responde, ao dizer que um caso se define com suporte em um relato criado por um clínico quando ele reconstrói a lembrança de uma experiência terapêutica marcante. É neste contexto que apresentamos o caso de Emanuel e sua família, ilustrando o tema da terapia familiar e suas possibilidades.

A história relatada se inicia assim: no começo, a família era constituída de pai, mãe grávida, duas filhas e uma avó. Dificuldades econômicas, seca assoladora no sertão nordestino e o vislumbre de melhores condições de vida com as promessas provenientes de um garimpo na Amazônia levam o pai a trilhar novos caminhos à procura de meios a fim de obter recursos econômicos para a família.

O pai parte sem ver o filho nascer. No início, notícias, que com o passar do tempo se tornam escassas até cessarem completamente.

Mudanças vão ocorrendo na família. Nasce um filho, que recebe da mãe e da avó o nome de Emanuel, extraído da Bíblia que, segundo Isaías, o nascimento de uma criança é um caso sobrenatural. "Eis que a jovem concebeu e dará à luz um filho e por-lhe-á o nome de Emanuel" (Isaías, cap. 7, vers. 14). "Porque um menino nos nasceu, um filho nos foi dado, ele recebeu o poder sobre os seus ombros, e lhe foi dado este nome: Conselheiro maravilhoso, Deus Forte, Pai Eterno, Príncipe da Paz..." (Isaías, cap. 9, vers. 5)

Sua infância é passada no mundo feminino, entre a mãe, a avó e as irmãs. A partir um certo momento, a escola e a Bíblia passam também a constituir seu universo de vida. É na adolescência que ele e suas irmãs fogem da seca devastadora, deixando sua terra natal à procura de melhores condições de vida na cidade da esperança: Brasília.

Este é o contexto da vida de Emanuel: migração, religiosidade intensa, casamento aos 18 anos, nascimento de duas filhas, cujos nomes também são escolhidos na Bíblia, e com ele vemos o nascimento de uma nova família: pai, mãe e duas filhas.

A primeira crise delirante ocorre em uma feira popular próxima à torre de televisão em que começa a falar palavras em espanhol e em outras línguas, crendo estar na Torre de Babel. Tira as roupas para dar aos pobres, citando trecho da Bíblia e dizendo ser "o filho do Pai nosso que está no céu". Levado pelos bombeiros para o hospital psiquiátrico, relata aos médicos que esteve durante 40 dias e 40 noites no deserto falando com "Deus Pai".

O fato desencadeador dessa crise foi o sequestro e roubo que sofreu, após o qual foi encontrado vagando pelo cerrado, em seguida sendo levado para sua casa.

O primeiro diagnóstico é dado após sua internação. O diagnóstico psiquiátrico foi apresentado em uma linguagem numérica desconhecida pela família, restrita à área profissional.

Com a saída de Emanuel do hospital, sua família assume o seu tratamento e, no término da medicação dada no hospital, ela ignora a medicação e parte em busca de outras instâncias para curar Emanuel. Procura a Igreja Universal do Reino de Deus, cujo nome revela uma linguagem conhecida por ele e sua família. O tratamento então é feito através do exorcismo para a retirada do Satanás; porém, relata uma das irmãs, o problema não foi resolvido porque ele continua a ouvir vozes e falar de forma desconexa. O Pastor queria tirar o Satanás, mas ele está é com o "encosto do nosso pai".

O "tratamento" realizado pela família para a retirada do "encosto do pai" foi feito por meio de rezas, velas acesas todas as noites, contratação de celebração de missa na esperança de aplacar o desespero desse pai perturbador. Uma dúvida surge, porém: "encosto" é de alguém que morreu e não há certeza de que o pai está morto. A dúvida motiva as irmãs a recorrerem ao programa de televisão denominado Porta da Esperança, para onde são escritas inúmeras cartas solicitando ajuda para encontrar o pai. Não obtendo resposta, concluem que, vivo ou morto, ele deve estar precisando de ajuda.

As crises de Emanuel se intensificam e, no retorno para o atendimento psiquiátrico, a ansiedade da família é tão grande que ela é encaminhada para uma terapia. É nesse contexto que ela nos chega para um primeiro atendimento.

RELATO DO ATENDIMENTO

Quando do primeiro atendimento, vieram a família atual e a família extensa de Emanuel. Solicitamos às crianças que desenhassem a sua família. Utilizamos este procedimento por ser uma forma lúdica de se manter o primeiro contato com elas. A menina de 8 anos desenhou uma figura com os fios saindo da cabeça, e a explicação dada por ela é que o pai estava "doente dos nervos", portanto, ela desenhara os nervos saindo da cabeça dele. Na entrevista sobre o seu desenho ela narrou que a professora da escola havia conversado com ela, dizendo que o pai estava "doente dos nervos". A menina de 6 anos desenhou o pai agarrado por outro desenho de um ser humano muito maior do que ele. Explicou que o pai foi agarrado por um encosto que "é um homem muito grande que ninguém vê, mas que fala por ele. Às vezes ele é bom, às vezes ele é mau" – confirmação da versão da família para a crise de Emanuel.

Na primeira entrevista com a família, procuramos identificar o que esperam encontrar neste novo espaço encontrado. Obter respostas às questões que trazemos conosco: Quem teve a ideia desse encontro familiar aqui? O que lhes disseram a respeito? Qual foi a reação de cada um de vocês? O que cada um de vocês espera desses nossos encontros?

Após a primeira etapa, introduzimos a questão: Qual é o problema que lhes traz aqui? Quando ele ocorreu? Quem reagiu à situação criada? De que maneira?

Então, os relatos se sucedem e as interações vão surgindo, fornecendo-nos um mapeamento complexo, no qual se vinculam aspectos extrafamiliares e intrafamiliares.

Na qualidade de terapeuta, nada sabemos dessa família, mas aprendemos com ela esse novo idioma que traz consigo e, para nossa compreensão, procuramos traduzi-lo na linguagem que aprendemos com os modelos, referenciais teóricos estudados ao longo do tempo, sem perder de vista as interações entre os seus membros presentes e ausentes, sua forma de organização e sua dinâmica. Ficam evidentes desde o início um intenso sofrimento, uma confusão geral entre os seus membros e muita dificuldade de verbalizar o que está ocorrendo. No que concerne às crenças míticas, a narrativa dos membros da família se confunde com a de Emanuel. Então, surge a necessidade de se compreender essa linguagem trazida pela família.

Após cada sessão, organizamos um mapeamento e um ecomapa da família, o que nos permitiu desenvolver um quadro teórico para entender as dimensões: extra e interfamiliar e intrapessoal.

Durante a terapia, chegou a notícia de que o pai estaria em um vilarejo na Amazônia. Depois de muitas ponderações, uma das filhas decidiu ir à busca do pai. Lá chegando, descobriu que ele havia falecido em decorrência da malária. Visitou o local onde o pai estava enterrado e foi à procura da certidão de óbito. Descobriu que não existia, pois que não havia ninguém para pagar e para que serviria? Diante disso, com ajuda de testemunhas, solicitou a certidão de óbito que, uma vez paga, lhe foi entregue.

Muito se poderia relatar desse caso clínico, mas nos ateremos a apresentar algumas reflexões desenvolvidas com suporte nos fragmentos do caso apresentado.

REFLEXÕES DESENVOLVIDAS

A questão teórica das origens, das heranças e das transmissões

Estudos nos apontam para duas questões fundamentais para a compreensão de quem somos. Do ponto de vista teórico, vejamos o problema da origem e das heranças que nos são transmitidas.

Podemos identificar duas dimensões em nossas origens: uma procedência biológica, na medida em que somos originados de uma relação sexual, embora hoje a biotecnologia esteja modificando essa modalidade de ação.

A outra dimensão é a origem arrimada do desejo de um outro. Como nos diz Käes (2001, p. 11) "a origem é precisamente o que nos escapa, aquilo de que estamos irremediavelmente ausentes e que foge ao nosso controle no próprio movimento em que somos constituídos no e pelo desejo de um outro, e, além do mais, de um outro que nos precede". Nessas duas dimensões, se ancora nossa origem e é com base nelas que se inicia a dimensão interpessoal como pano de fundo que fundamentará o desenvolvimento intrapessoal.

A herança é tudo aquilo que nos é transmitido biológica, psíquica, social, econômica, cultural e juridicamente. A herança tem uma perspectiva transgeracional e intergeracional.

Ao nascer, recebemos uma herança biológica por meio dos genes, DNA que nos acompanha ao longo da vida. Recebemos uma herança social e econômica. A família inserida em uma sociedade tem seu espaço demarcado, recebe influências e influencia o seu lócus social. Essa inserção social se vincula à inserção econômica.

Outra herança que se recebe é a herança cultural. A família está inserida em uma cultura do contexto externo a ela, todavia desenvolve uma cultura própria à luz da cultura maior. Essa cultura se traduz pelos valores estabelecidos, pelas crenças, linguagem, símbolos, rituais, mitos e crenças (Di Nicola, 1998; Kleinman, 1988; Valsiner, 1989).

A herança religiosa que nos é transmitida mediante ensinamentos e rituais faz parte da família que desenvolve sua espiritualidade e seu sistema de crenças e de ritos. A herança psíquica é aquela oriunda de uma rede circular de intersubjetividades de desejos dos membros da família precedente ou daqueles que os antecedem, levando à percepção de questões de transgeracionalidade ou de trigeneracionalidade (Boszormenyi-Nagy e Spark, 1973; Bowen, 1978; Stierlin, 1978; Andolfi, 1989). As origens, heranças e transmissões hoje são ensaios tanto nos estudos da família na perspectiva sistêmica quanto na perspectiva psicanalítica enfocando a dinâmica transgeracional (Bucher-Maluschke, 2008).

Esse quadro conceitual das origens e das heranças e suas transmissões nos levam a refletir nessa dimensão o contexto de Emanuel e sua família extensa.

A família de Emanuel e suas heranças

Herança social e econômica: a família pertence a uma classe social pobre vivendo em uma região assolada pela seca, em uma comunidade sertaneja, onde a infraestrutura social é muito precária nos âmbitos da saúde, da educação, do trabalho e do lazer. Há uma luta cotidiana pela sobrevivência que, dentro da tradição da comunidade em que vivem, é a migração o último recurso para se manter em vida.

Herança cultural: traz arraigada consigo os valores transmitidos através das gerações precedentes: união familiar, estrutura familiar extensa, machismo, solidariedade, religiosidade.

Herança religiosa da família: sincretismo afro-brasileiro – uma teoria popular dos mortos, dos espíritos, seus rituais, exorcismos, satanás e encostos, apaziguamento-acordo com o espírito, catolicismo e seus rituais, novenas, missas, Bíblia, Pai Nosso, e a Igreja Universal do Reino de Deus como uma nova fonte de crença.

Herança psíquica: Emanuel, sujeito singular, nasce como um elo de uma cadeia à qual está sujeito sem a participação de sua vontade. Ele nasce dos sonhos, dos desejos insatisfeitos da mãe e da avó, transmitidos à criança Emanuel e às suas irmãs. Emanuel nasce sujeito de intersubjetividades.

Reflexões sobre o diagnóstico e o tratamento

O diagnóstico é um tipo de leitura dos sintomas apresentados pelo paciente. Neste estudo de caso, foi possível observar vários tipos de diagnósticos.

Diagnóstico psiquiátrico

Este foi o primeiro diagnóstico dado ao comportamento de Emanuel. O diagnóstico médico baseia-se na *Classificação Internacional de Doenças*, conhecida por *CID-10*. Em 1952, surgiu a primeira publicação do *Diagnostic and Statistical Manual of Mental Disorders*, que se encontra na quarta revisão, realizada em 1994, e por esta razão é denominada *DSM-IV*. A quinta revisão está sendo preparada e está prevista para 2012. O *DSM-IV* é um livro obrigatório para a área da saúde mental, por apresentar a listagem de várias categorias de transtornos mentais e critérios para diagnosticá-los de acordo com a Associação Americana de Psiquiatria. As doenças são padronizadas e catalogadas por códigos numéricos, caracterizando cinco tipos de esquizofrenia descritos minuciosamente com base nos sintomas identificados. A *CID-10*, que é a versão brasileira, apresenta a esquizofrenia, os distúrbios esquizotípicos e transtornos delirantes baseados no código F20 até o código F29. Entre cada um desses códigos numéricos são estabelecidos outros que descrevem com detalhes a sintomatologia identificada. Geralmente o encaminhamento de um paciente de um setor para outro é feito com a indicação de uma sigla numérica que define o diagnóstico do paciente (First, Francês e Pinkus, 2004; OMS, 2004). Trata-se aí de uma linguagem padronizada para clínicos da saúde mental e para os administradores do sistema. Ela fornece também informações epidemiológicas no campo da morbidade e mortalidade.

O diagnóstico psiquiátrico representa uma linguagem e está inserido em uma cultura desconhecida para a família de Emanuel. O tratamento oferecido é o da medicação que só pode ser adquirida com receita médica. Esse diagnóstico ininteligível para a família de Emanuel referendou o seu estado mental para dar entrada no seguro-desemprego e posteriormente em sua aposentadoria pelo INSS e para a compra de medicação controlada.

Diagnósticos populares

Outras leituras foram feitas para identificar o problema do Emanuel. Os diagnósticos que denominamos populares e religiosos apresentam-se sob várias formas segundo as crenças dos grupos participantes da saga desta família. Na escola das crianças, a professora deu o diagnóstico de "doença dos nervos"; a família, profundamente ligada à busca do pai, deu o diagnóstico do "encosto do pai" no Emanuel; a Igreja Universal do

Reino de Deus o diagnosticou como estando possuído pelo satanás.

Tratamentos: para cada um desses diagnósticos, os tratamentos seguiram rituais diferenciados. Na ótica da psiquiatria, foram prescritos medicamentos controlados que deviam ser ingeridos nos horários preestabelecidos com a colaboração da família. Nas demais visões, os rituais foram organizados segundo as crenças vigentes: exorcismo, encomenda de missas, velas acesas, rezas, novenas, etc.

Reflexões sobre os contextos ecológicos

A percepção da família como uma unidade ecossistêmica, cuja existência se faz em um *continuum* de inter-relações da organização de um corpo físico e psíquico, da pessoa, da família nuclear e extensa, das comunidades sociais formais e informais, nos permite refletir sobre a teoria e a prática da terapia familiar, suas transformações e possibilidades.

A terapia familiar passou pelo modelo homeostático da primeira cibernética ao modelo evolutivo da segunda cibernética na qual as interações sistêmicas são complexas, imprevisíveis e multidimensionais.

A multidimensionalidade do processo mental indica que a especificidade do indivíduo e do sistema a que ele pertence, seus comportamentos no aqui e no agora, assim como sua história de vida, se apresentam em diferentes níveis de uma mesma realidade humana complementares e em correlação. Nesta perspectiva encontramos na Teoria dos Sistemas Bioecológicos, desenvolvida por Bronfenbrenner, voltada para o desenvolvimento humano, uma possibilidade de refletir o caso Emanuel e sua família.

O modelo bioecológico desenvolvido por Bronfenbrenner (1986, 1994, 1979/1996, 1998) e reapresentado por Pratti e colaboradores (2008), com atualizações esclarecedoras relacionadas ao modelo e apresentando um método de investigação, indica com clareza a relação entre os ambientes ecológicos interconectados e o estudo do caso Emanuel.

Neste modelo citado, o ambiente, o contexto ou o meio ecológico é apresentado em termos físicos, sociais e culturais, e, nesta perspectiva, Bronfenbrenner (1979/1996) apresenta quatro ambientes ecológicos intimamente interconectados: o microssistema, o mesossistema, o exossistema e o macrossistema.

O microssistema é aquele no qual ocorrem os processos proximais e onde as relações interpessoais se estabelecem face a face entre os membros da família. Bronfenbrenner (1979/1996) o define como um padrão de atividades, papéis e relações interpessoais experienciados pela pessoa nos ambientes que ela frequenta. Cecconello e Koller (2003, p. 518) acrescentam que “as interações dentro do microssistema ocorrem com os aspectos físicos, sociais e simbólicos do ambiente e são permeadas pelas características de disposição, de recurso e de demanda das pessoas envolvidas”.

No caso de Emanuel e sua família, o microssistema é o ambiente ecológico primário no qual as relações face a face se estabelecem: Emanuel, que recebe um nome extraído da Bíblia, a interação de cada membro entre si e, com ele, as expectativas projetadas nele, único varão da família após o desaparecimento do pai. A terapia familiar nos permitiu conhecer o microssistema de Emanuel, tanto no passado como no presente, assim como dos outros membros da família e estabelecer as relações com os outros, de acordo com os sistemas identificados por Bronfenbrenner.

O mesossistema é constituído de vários microssistemas com os quais as pessoas se interconectam. É nele que se estabelecem as inter-relações das pessoas com mais de um ambiente ecológico. Ele vai se ampliando à medida que as pessoas interagem com outros microssistemas. Concretizando essa perspectiva, no caso de Emanuel e sua família, o ambiente ecológico denominado microssistema do trabalho, o desemprego e a consequente migração do pai de Emanuel à procura de trabalho no garimpo teve uma profunda influência em outro microssistema – o da família e seus membros –, os levando a intensificar a relação com outros microssistemas, como a igreja e o serviço de saúde. Esses microssistemas citados nesse caso são interdependentes e se influenciam.

O exossistema é o terceiro nível contextual, onde se encontram inseridos ambientes ecológicos dos quais as pessoas não estão ativamente participando, mas que exercem uma grande influência neles. Um dos exemplos de ambientes ecológicos definidos por Bronfenbrenner (1979/1996) é a rede de apoio social e a comunidade na qual a família está inserida. No caso da família de Emanuel, a rede social de apoio no sertão nordestino estava cada vez mais precária em consequência da seca devastadora na região. A migração se tornava cada vez mais a única possibilidade de sobrevivência.

O macrossistema é o nível mais amplo que engloba todos os ambientes ecológicos descritos. Trata-se da cultura, crenças, valores, religiões, ideologias, formas de governo e dos mitos, que influenciam cotidianamente a vida das pessoas. O macrossistema sintetiza uma boa parte das heranças recebidas pelas pessoas ao vir ao mundo. No caso de Emanuel e sua família, o macrossistema constitui as heranças recebidas pela cultura e subcultura vigente na comunidade e estabelecidas na família, pelas crenças religiosas, pelos mitos transmitidos ao longo das gerações que as precederam e pelas formas de governo local e nacional sob as quais vivem.

Bronfenbrenner (1986) acrescenta a essas quatro dimensões a ideia de que toda a dinâmica dos subsistemas descritos anteriormente ocorre por meio do tempo. Identifica desta forma o cronossistema, conceito que favorece a compreensão dos processos de continuidade e de mudança nas interações das pessoas com seus contextos ecológicos de um lado, e, por outro lado, leva a ideia de transgeracionalidade.

Emanuel e sua família nos fazem refletir sobre o seu cronossistema e a paralisia no tempo, quando nos chegam para a primeira entrevista. Embora tivesse realizado grandes mudanças, como a migração em busca de sua sobrevivência e de melhores condições de vida, o casamento de Emanuel com outra migrante, a procura incessante das irmãs, porta-vozes dos outros membros da família, pelo pai desaparecido, a família parecia paralisada no tempo definido pela partida do pai. Essa paralisia temporal se expressava pelas temáticas narradas: necessidade de encontrar esse pai que "encostou" em Emanuel, a obsessão das irmãs de Emanuel na busca desse pai; "não é possível chorarmos a morte de um pai que pode estar em algum lugar".

O modelo teórico de Bronfenbrenner foi aqui apresentado como uma operacionalização da Teoria Geral dos Sistemas, por fornecer importantes subsídios para refletir o caso de Emanuel e sua família e fazer uma leitura sistêmica dos diversos níveis interconectados que permeiam a vida das pessoas. O seu modelo visou a compreender o desenvolvimento da pessoa e, nesta óptica, considerou quatro aspectos inter-relacionados: o processo, a pessoa, o contexto e o tempo, definidos como modelo PPCT. Nessa perspectiva, podemos considerar a família e o seu ciclo vital ou de desenvolvimento no qual estão integrados os ciclos vitais ou de desenvolvimento de cada um dos seus membros.

CONSIDERAÇÕES FINAIS

A terapia familiar possibilitou mapear o ciclo vital não só da família, mas também de cada um dos seus membros, o que nos permitiu identificar as fases de transformação vivenciadas e também aquilo que não podia ser modificado, que paralisava a todos. Possibilitou também identificar a interação da família com as instituições.

No âmbito da rede de apoio social, foi constatada a ausência de uma resposta adequada às necessidades da família por parte das instituições visitadas; necessidades estas que vieram codificadas pelas manifestações delirantes de Emanuel percebidas pela família como um problema relacionado com o pai, do qual não tiveram mais notícias. As narrativas apontando para a mobilização para encontrar esse pai, como forma de liberação de Emanuel desse peso (o encosto do pai), o apelo ao programa de televisão – a Porta da Esperança – e a Igreja Universal do Reino de Deus foram indicadores de uma linguagem codificada, não compreendida, na qual estava implícito um grande sofrimento psíquico.

A família teve dificuldades em se fazer entender pelas instituições. Cada uma delas estava preocupada em trabalhar com Emanuel e sua família segundo os seus modelos de atuação.

As relações da família com o hospital psiquiátrico organizaram-se, tendo como suporte a terapia familiar. O atendimento de Emanuel teve como objetivo medicá-lo para controlar o seu delírio. O boicote da família em relação aos remédios de Emanuel e a ansiedade que paradoxalmente a levava constantemente ao hospital levaram o médico a encaminhá-la para um atendimento específico. Vemos aí o início da formação de uma rede social de apoio para atuar no caso de Emanuel e sua família, oferecendo a ela a possibilidade de encontrar uma nova forma de ser ouvida. Com a terapia, percebem e reconhecem o importante papel da instituição psiquiátrica para a implementação do seguro-desemprego inicial e posteriormente da aposentadoria de Emanuel. Este fato deu tranquilidade para a família, pois, embora os recursos fossem poucos, deu-lhes um sentimento de pertença a uma sociedade que reconhece seus direitos, o que não ocorreu durante anos de sofrimento no sertão nordestino. Desta forma, foi criado o elo entre as instituições governamentais como uma rede de apoio a esta família.

No âmbito da escola das crianças, foi possível a família identificar o fato de que o comportamento agitado delas era uma forma de chamar sua atenção, que estava toda ela voltada para Emanuel e seu "encosto", e a tentativa em vão da professora para acalmar as crianças com suas crenças. Todavia, foi sentida a necessidade de uma orientação na escola com um apoio psicopedagógico para aqueles momentos, o que só foi minorado quando a família pôde voltar suas atenções para aquelas crianças.

A tradução da linguagem codificada de Emanuel e sua família feita na terapia permitiram visualizar uma interação entre sujeito, família e ambiente, subjetividades e intersubjetividades e identificar aspectos das heranças recebidas e como agem nos membros de uma família. A questão era como interromper a transmissão diante da violência da herança; como utilizar elementos da cultura para diminuir o sentimento da perda.

O atendimento dessa família possibilitou o aprendizado de traduzir a linguagem cultural da família para expressar o seu sofrimento. O fascínio da família pelos rituais após a comprovação da morte do pai possibilitou a organização de um ritual no qual todos puderam entoar preces para esse pai morto, o que impulsionou o trabalho terapêutico, os levando a assumir as próprias vidas.

A importância do "papel passado", neste caso, a certidão de óbito, era a prova real de que "o pai tinha descansado". Mais do que isso, com ele foi possível a obtenção da transferência de sua aposentadoria para a esposa que fielmente passou a vida à espera dele.

A terapia familiar apareceu neste contexto como um dispositivo específico, cujo valor está no reconhecimento recíproco dos outros dispositivos terapêuticos e em uma articulação funcional com eles. Com efeito, o terapeuta sistêmico se apresenta com uma visão mais ampla do que o terapeuta de família.

As psicoses fazem parte de um intrincado jogo nas famílias (Selvini-Palazzoli et al., 1998) e são geralmente a expressão de um grande sofrimento pessoal e coletivo. A terapia familiar aparece como um dos dispositivos específicos que permite reorganizar os diversos contextos nos quais a família e o seu componente que apresenta os sintomas se encontram. Ela se torna um espaço que possibilita fluir o sofrimento das famílias, mas também identifica a interação dos elementos da cultura familiar, social e da cultura maior levando a formas próprias de lidar com a situação de crise.

Com o estudo de caso de Emanuel e suas famílias (nuclear e extensa), ilustramos o tema da terapia familiar e suas possibilidades, cumprindo as três funções definidas por Nasio (2001) de um caso clínico: a didática, a metafórica e a heurística.

A função didática do caso estudado foi a de nos possibilitar uma primeira compreensão teórica indicadora da complexidade da vida familiar. A função metafórica foi identificada por meio do "Caso Emanuel e sua família" e o problema da falta do pai na família carente de tudo e sua busca incessante. Uma família solidária em torno do pai. A função heurística "como centelha que está na origem de um novo saber" (Nasio, 2001, p. 17), no caso estudado, apresenta uma perspectiva sistêmica mais ampla ao incluir diversas dimensões da vida humana (cultural, social, religiosa, econômica, etc.) do que só aquelas trazidas pela família no aqui e agora.

O Caso de Emanuel e sua família continua sendo estudado.

REFERÊNCIAS

ANDOLFI, M. *Por trás da máscara familiar*. Porto Alegre: Artmed, 1989.

BÍBLIA. Português. *Bíblia de Jerusalém*. São Paulo: Paulinas, 1985.

BOSZORMENYI-NAGY, I. ; SPARK, G. M. *Invisible loyalties*: reciprocity in intergenerational family therapy. Hagerstown: Harper & Row, 1973.

BOWEN, M. Schizophrenia as a multi-generation phenomenon. In: BERGER, M. M. (Ed.). *Beyond the double bind*: communication and family systems, theories, and techniques with schizophrenics. Nova York: Brunner/Mazel, 1978. p.103-123.

BRONFENBRENNER, U. *A ecologia do desenvolvimento humano*: experimentos naturais e planejados. Porto Alegre: Artes Médicas, 1996. Publicado originalmente em 1979.

BRONFENBRENNER, U. Ecology of the family as a contest for development: research perspectives. *Developmental Psychology*, Richmond, v. 22, p. 723-742, 1986.

BRONFENBRENNER, U. Environments in developmental perspective: theoretical and operational models. In: FRIEDMANN, B. I.; WACHS, T. D. (Org.). *Conceptualisations and assessment of environment across the life span*. Washington, DC: American Psychological Association, [1999?]. p. 3-30.

BRONFENBRENNER, U.; CECI, S. J. Nature- murture reconceptualized in developmental perspective : a bioecological model. *Psychological Review*, v. 101, n. 4, p.568-586, Oct. 1994.

BRONFENBRENNER, U.; MORRIS, P. The ecology of developmental processes. In: DAMON, W (Ed.). Handbook of child psychology. Nova York: J. Wiley, 1998. p.993-1027. v. 1.

BUCHER-MALUSCHKE, J. S. N. F. Mitos, segredos e ritos na família II: uma perspectiva intergeracional. *Psicologia*: teoria e pesquisa, Brasília, DF, v. 2, n. 1, p. 14-22, 1986.

BUCHER-MALUSCHKE, J. S. N. F. Do transgeracional na perspectiva sistêmica à transmissão psíquica entre as gerações na perspectiva da psicanálise. In: PENSO, M. A.; COSTA, L. F. *A transmissão geracional em diferentes contextos*: da pesquisa à intervenção. São Paulo: Summus, 2008.

CECCONELLO, A. M.; KOLLER, S. Inserção ecológica na comunidade: uma proposta metodológica para o estudo de famílias em situação de risco. *Psicologia*: reflexão e crítica, Porto Alegre, v. 16, n.3, p. 515-524, 2003.

DI NICOLA, V. *Um estranho na família*: cultura, famílias e terapia. Porto Alegre: Artmed, 1998.

KÄES, R. Introdução: o sujeito da herança. In: KÄES, R. et al. *Transmissão da vida psíquica entre gerações*. São Paulo: Casa do Psicólogo, 2001.

FIRST, M. B.; FRANCES, A.; PINCUS, H. A. *DSM-IV-TR guidebook*. Washington: American Psychiatric Pub., 2004.

KLEINMAN, A. *Patients and healers in the context of culture*. Berkley: University of California Press, 1988a.

KLEINMAN, A. *The ilness narratives*: suffering, healing, and the human condition. Nova York: Basic Books, 1988b.

NASIO, J. D. *Os grandes casos de psicoses*. Rio de Janeiro: Zahar, 2001.

ORGANIZAÇÃO MUNDIAL DA SAÚDE. *CID 10*: classificação estatistica internacional de doenças e problemas interelacionados à saúde. 10. ed. Genebra: OMS, 2004.

PRATTI, L. E. et al. Revisitando a inserção ecológica: uma proposta de sistematização. *Psicologia*: reflexão e crítica, Porto Alegre, v. 21, n. 1, 2008.

SELVINI-PALAZZOLI, C.; PALAZZOLI, M. S.; SELVINI, M. *Os jogos psicóticos na família*. São Paulo: Summus, 1998.

STIERLIN, H. *Delegatin und familie*. Frankfurt: Suhrkamp, 1978.

VALSINER, J. (Ed.). *Child development in cultural context*. Toronto: Hogrefe and Huber, 1989.

capítulo 9

O COMPUTADOR COMO INSTRUMENTO INTERATIVO NA TERAPIA FAMILIAR

MARIA ELIZABETH PASCUAL DO VALLE

INTRODUÇÃO

Nos primórdios deste século, quando os pioneiros da psicoterapia infantil pensaram em aplicar a crianças a técnica analítica criada por Freud para pacientes adultos, baseada na associação livre e na comunicação verbal, introduziram o elemento lúdico como recurso para acessar os conteúdos mentais de seus pequenos pacientes e intermediar a comunicação ao longo do processo terapêutico. Utilizaram-se, então, dos brinquedos e jogos comumente utilizados pelas crianças no contexto sociocultural daquela época para compor o conjunto de ferramentas lúdicas que serviam a tal propósito e que, com pequenas alterações, ainda hoje são apresentadas aos pacientes infantis nas caixas ou gavetas individualizadas que tradicionalmente encontramos nos consultórios de psicoterapeutas de crianças.

Mais adiante se constatou que pacientes adolescentes igualmente demandavam modificações no *setting* psicoterápico para adequá-lo às características da comunicação peculiar a sua faixa etária: aí já não mais servia o material lúdico habitualmente oferecido às crianças e ainda não se contava com o nível de abstração do pensamento e expressão verbal que permite aos adultos participarem de uma abordagem psicoterápica. Talvez se possa afirmar que a psicoterapia de adolescentes só se tornou possível quando terapeutas inovadores, a partir de seu conhecimento dos dinamismos da comunicação desse grupo etário, introduziram em sua prática clínica equivalentes do material lúdico utilizado em psicoterapia de crianças, tais como o aporte do material de diários íntimos, o uso de gravadores e aparelhos de som, instrumentos musicais, expressão gráfica, poesias, etc.

A composição das caixas lúdicas empregadas em psicoterapia de crianças, bem como os objetos ou elementos de intermediação usados com adolescentes, basearam-se, como mencionamos antes, no contexto sociocultural e momento histórico em que viviam as crianças e a adolescentes quando surgiu a técnica psicoterápica a eles destinada. Ocorre que a realidade vivencial desses pacientes, bem como o amplo espectro de instrumentos lúdicos a seu dispor nos dias de hoje, difere em muito do que contextualizava a infância e a adolescência, digamos, antes do advento da televisão. De lá para cá, as telas dos aparelhos de TV e posteriormente dos computadores, sobretudo a partir da utilização dos videogames e dos jogos interativos em geral, foram gradativamente sendo incorporadas ao universo lúdico da geração atual, de tal sorte que não mais podemos ignorá-las no âmbito de nossa práxis clínica quando esta incluir o trabalho com crianças e adolescentes, como costuma acontecer nas terapias familiares.

Os computadores já são um instrumento de trabalho incorporado ao cotidiano dos profissionais de nível universitário em geral e, por seus preços cada vez mais acessíveis, também se tornam um "eletrodoméstico" cada vez mais encontrado no âmbito dos lares da classe média brasileira. Por que não introduzi-lo, portanto, em nossos consultórios como inestimável ferramenta interativa com os membros das famílias que atendemos, particularmente com as crianças e adolescentes, que, como sabemos, são os que com maior naturalidade os empregam porque já os encontraram " institucionalizados" no meio cada vez mais " tecnologizado" em que convivem?

Partindo da constatação de que o computador é um instrumento cada vez mais usado e compartilhado por crianças, adolescentes e adultos no contexto da vida familiar e sob o estímulo de determinada situação clínica que será mencionada a seguir, ocorreu-nos incluí-lo como elemento mobilizador de interações e facilitador da emergência de conteúdos expressivos da conflitiva familiar.

O computador, por seus recursos lúdicos e por sua identificação com os valores das gerações emergentes, presta-se sobremaneira a ser utilizado ao lado ou em substituição à tradicional caixa ou gaveta de brinquedos, herança das psicoterapias individuais de crianças e adotada por muitos terapeutas que trabalham com famílias com filhos pequenos. Por outro lado, a crescente popularização do computador como veículo das interações humanas com o advento da internet e sua vocação para ser a ferramenta por excelência dos processos de aprendizagem no futuro tornam indicada sua inclusão também no contexto dos sistemas terapêuticos, sobretudo em se tratando do atendimento de famílias.

A partir da utilização do computador em determinada situação clínica com o paciente identificado de uma família que atendemos, inicialmente como recurso motivacional e posteriormente como veículo de acesso aos conflitos familiares e consolidação dos vínculos terapeuta – paciente identificado (família).

O computador, a par de ser um instrumento que possibilita tanto estimular como satisfazer a curiosidade infantil, permite através deste programa alcançar os seguintes objetivos no curso de seu emprego psicoterápico:

- *Motivacional* – tornando o processo psicoterápico um lugar de descobertas feitas em um ambiente lúdico-recreativo em consonância com o perfil tecnológico do mundo em que a criança ou adolescente vive.
- *Desinibidor* – auxiliando a superação das resistências e inibições frequentemente apresentadas pelos pequenos pacientes, sobretudo porque a qualquer instante podem "deletar" o que criaram na tela sem a vivência destrutiva que sói acompanhar a eliminação da cena com brinquedos reais.
- *Projetivo* – ensejando, com maiores possibilidades expressivas, a colocação em tela dos sentimentos e conflitos inconscientes.
- *Criativo* – como além das formas predeterminadas a criança tem total autonomia para criar novos elementos, há um concomitante estímulo para desenvolver seus potenciais criativos durante e através do próprio processo psicoterápico.

Como o programa é extremamente simples, torna-se acessível ao emprego mesmo de quem não é um usuário habitual de computadores. A possibilidade de associar sons às imagens construídas amplia não só os recursos lúdicos como as possibilidades expressivas desse método interativo.

Não pensamos que o emprego do computador e de programas similares ao que aqui mencionamos possa substituir de uma vez por todas e para sempre o emprego das caixas lúdicas e dos brinquedos tradicionais, mas sem dúvida a comunicação informatizada veio para ficar e forçosamente teremos de incorporá-la a nosso cotidiano de psicoterapeutas se quisermos nos manter atualizados e, mais do que isso, nos capacitarmos para dela tirar o máximo proveito em benefício de nossos pacientes.

Com o auxílio das imagens produzidas na ocasião, vamos agora trazer a ilustração clínica de como se processou a utilização do computador como elemento transicional para a comunicação do material conflitivo aportado por determinado paciente e a resolução satisfatória de um impasse terapêutico ocasionado por uma conduta inadequada da terapeuta.

RELATO DE UMA SITUAÇÃO EM QUE UTILIZAMOS O COMPUTADOR COMO AGENTE COMUNICACIONAL

Trata-se de uma família atendida em coterapia. A família era composta do casal e três filhos, sendo o filho mais velho o paciente identificado. O caçula era ainda bebê e não compareceu às sessões.

O pai era representante comercial, viajava muito e, no momento da primeira entrevista com a família, estava com receio de perder a representação, pois suas vendas estavam aquém das metas exigidas pela empresa. Evidenciava-se a baixa autoestima do pai, que dizia não ter correspondido às expectativas de sua família de origem, com bom nível econômico e intelectual. Suas condições financeiras vinham declinando acentuadamente nos últimos tempos. A mãe trabalhava como vendedora *free-lancer*, não representando seus ganhos algo significativo para a economia doméstica, mas servindo para manter sua autoestima em níveis mais elevados do que o marido.

João, o paciente identificado, estava com 13 anos. Os pais, em particular a mãe, queixavam-se de sua agressividade. “Ninguém pode com ele, abandonou a escola e não sabemos o que fazer”, dizia ela, queixando-se ainda de que seu quarto é uma bagunça, com roupa suja pelo chão e restos de comida. Não limpava seu dormitório e nem permitia que alguém entrasse nele para fazê-lo. Sua relação com a mãe era particularmente conflitiva. Tratava-a como “aquela mulher”, evidenciando durante as sessões uma enorme hostilidade em relação a ela.

Os pais referem ainda que o menino isolava-se com frequência e passava o dia montando e desmontando um computador usado que ganhara de alguém da família. Era um “autodidata” que logo revelou tamanha aptidão para lidar com questões ligadas à computação, que era constantemente solicitado por vizinhos para resolver problemas de *hardware* ou instalar programas em seus computadores.

Chamou-nos a atenção, desde o contato inicial, a marcada diferença que os pais, sobretudo a mãe, faziam em relação aos dois filhos mais velhos. José, com 8 anos, era indubitavelmente o preferido de ambos os pais, tido como uma criança “normal”, obediente e cooperador nas lides domésticas.

Quanto ao bebê, de pouco mais de 3 meses por ocasião da primeira entrevista, nasceu com a expectativa de que viesse harmonizar o casal que, na época em que a mãe engravidou, vivia em constantes atritos. No entanto, tais expectativas foram frustradas, pois o bebê chorava muito, o que veio aumentar a tensão do casal já crescente em função da situação financeira e do comportamento hostil de João.

Ao longo de uma sequência de entrevistas realizadas com essa família, ficou-nos a impressão muito marcante de que nunca antes em nossa atividade profissional havíamos observado tanto ódio explícito em uma relação mãe e filho. Também foi muito acentuada a sensação de que os pais estavam inteiramente submetidos a João e sem qualquer iniciativa para lhe colocar limites.

Na segunda entrevista com a presença dos meninos, fiz uma intervenção e propus que João se colocasse no lugar dos pais com respeito à sua evasão escolar e pudesse desse lugar dizer-nos o que sentia. Posteriormente percebi que havia sido uma colocação fechada, sem dar margem a que João pudesse ensaiar qualquer metacomunicação sobre ela. Embora pudesse estar dinamicamente correta a intervenção, a forma como foi sugerida reproduziu para João as atitudes discriminatórias e autoritárias da mãe e ele reagiu com violência, saindo da sala. Tentei ainda consertar a situação indo atrás dele e o abordando na sala de espera, mas ele saiu em disparada para a rua, sem me permitir interagir com ele. Enquanto isso, os pais permaneciam apáticos na presença do coterapeuta, sem esboçar um gesto sequer para impedir o movimento impulsivo do filho. Em uma entrevista posterior, os pais informaram que o menino negava-se a voltar à presença "daquela mulher" (que era eu agora).

Sem dúvida, este menino constituiu-se na ocasião para mim em um professor muito especial, que me confrontou com minhas falhas como terapeuta, me fez pensar, rever o que tinha feito e tratar de reverter a situação através antes do exercício da imaginação criativa do que de qualquer recurso ao conhecimento adquirido. Ele repetira na terapia seu comportamento habitual face a situações de frustração ou em que se sentia acuado. O entendimento psicodinâmico do ocorrido não parecia difícil; difícil era reverter o quadro. Seguindo conduta adotada em outras ocasiões, propusemos realizar um encontro na casa desta família, mas lá também o menino negava-se a estar presente.

Certo dia em que estava tendo dificuldades em instalar um programa em meu computador, ocorreu-me fazer como os vizinhos de João e telefonar-lhe, indagando-lhe se não poderia vir me ajudar. Após trocar ideias com o coterapeuta e com sua anuência foi o que fiz.

No contato telefônico, João, um tanto desconfiado, disse-me que ia pensar e depois me retornava a ligação. Alguns dias mais tarde me telefonou dizendo que estava disposto a vir à minha casa (que era no mesmo local do consultório onde atendia à família) para me ajudar.

Nesta ocasião apresentei-lhe um programa gráfico que ele não conhecia (o Corel Draw) e ele mostrou-se fascinado. Fui-lhe apontando como operá-lo e ele em pouco tempo o dominava. Passou então a criar as imagens reproduzidas na Figura 9.1.

FIGURAS 9.1
Reprodução das imagens criadas pelo paciente.

FIGURAS 9.1 (*continuação*)
Reprodução das imagens criadas pelo paciente.

Como pode ser percebido as imagens são de enorme riqueza representativa de seus estados emocionais, mas decidi que não iria interpretá-las, já que estavam sobretudo a serviço da retomada de nosso contato e da interação buscada no contexto da terapia familiar. Eram imagens de conteúdos agressivos, como se quisesse me chocar e testar. Uma delas, a do menino triste com o *headfone*, dizia de sua resistência a se comunicar, mas o fato é que através dela estava não só se comunicando comigo como me comunicando um estado de espírito seu, como postula o aforismo da teoria da comunicação que diz que é impossível não se comunicar.

O computador foi assim incluído como ferramenta de reingresso no processo terapêutico, tendo realizado com ele outros encontros individuais em que Jõao quis aprender comigo a fazer cartazes e cartões. Foi algo lúdico e desafiador para ambos. Simbólica e transferencialmente, ele agora me sentia como uma mãe confiável e receptiva, capaz de aceitá-lo e valorizá-lo em suas competências. Evidentemente que utilizando-nos da visão sistêmica tratamos de incluir os pais, e em especial a mãe, em uma aliança reconstrutiva da relação com o filho.

Sabemos que o que se passa no contexto de um processo terapêutico vai muito além do que as palavras podem reproduzir. Nunca tocamos no assunto de sua "evasão terapêutica", mas a resposta ao sucedido e a forma como superou o episódio nos foi dada indiretamente por seu retorno às aulas no semestre seguinte e a solicitação atendida pelos pais, com nosso apoio, de fazer o supletivo e simultaneamente matricular-se em um curso técnico de informática.

CONSIDERAÇÕES FINAIS

Entre tantos aspectos significativos dessa vinheta clínica que poderiam ser aqui discutidos, quero salientar apenas um: muitas vezes, atrelados a normas técnicas e referenciais teóricos, deixamos de acionar nossa interdisciplinaridade interna e de nos disponibilizar a utilizar recursos não convencionais e oriundos de outras áreas de nossa bagagem de conhecimentos que não as estritamente provenientes do aprendizado como psicoterapeutas. Espero, através da situação acima apresentada, ter suscitado nos leitores o desejo de igualmente soltarem as amarras que os prendem ao porto seguro de suas convicções teóricas e com sua criatividade, espontaneidade e autenticidade contribuírem com novas alternativas para lidarmos com as vicissitudes de nosso cotidiano como terapeutas.

REFERÊNCIAS

OSORIO, L. C. *Abordagens psicoterápicas do adolescente*. Porto Alegre: Movimento, 1977.

OSORIO, L. C. *Novos Paradigmas em Psicoterapia*. São Paulo: Casa do Psicólogo, 2006.

capítulo 10

INTERVENÇÕES FAMILIARES EM PSICOTERAPIAS INDIVIDUAIS E INTERVENÇÕES INDIVIDUAIS EM TERAPIAS DE FAMÍLIAS

LUIZ CARLOS OSORIO
MARIA ELIZABETH PASCUAL DO VALLE

INTRODUÇÃO

Em nossa experiência, a flexibilidade na forma de utilizar distintos enfoques psicoterápicos tem mostrado resultados significativos e, às vezes, até mesmo surpreendentes.

Nosso balizamento para introduzir tais variáveis técnicas tem sido a escuta empática das vicissitudes que motivaram a solicitação de ajuda, a atenção às singularidades de cada situação aportada e o respeito à demarcação do território de sua intimidade em que nos permitem ou impedem de transitar os próprios pacientes, origem e destino de nossa atividade terapêutica.

INTERVENÇÕES FAMILIARES EM PSICOTERAPIAS INDIVIDUAIS

Apresentaremos neste tópico como introduzir intervenções familiares breves durante o curso de processos psicoterápicos individuais, que tanto podem ser realizadas com o propósito de mobilizar atendimentos que estão em situação de impasse como para proporcionar a abordagem de intercorrências. Em nosso entendimento, tais abordagens grupais não convencionais revelam-se extremamente proveitosas quando adequadamente indicadas e convenientemente introduzidas na prática psicoterápica corrente com pacientes individuais.

No que tange aos benefícios advindos aos pacientes, parece-nos que esses são, sobretudo, o oferecimento de uma abordagem inusitada, mas apoiada na sólida experiência prévia dos terapeutas e no seu genuíno propósito de ajudar os referidos pacientes a promoverem as mudanças necessárias para saírem de suas situações estereotipadas – nisso nos parece residir a principal razão para o sucesso das intervenções propostas.

Veremos a seguir a primeira das duas situações ilustrativas, relatada pela coautora deste capítulo.

A paciente era uma profissional que havia iniciado seu segundo curso de pós-graduação quando me procurou, face as dificuldades que tinha com as mulheres em seu ambiente de estudo e em geral. Posteriormente foi visto que suas dificuldades estavam em todas as suas relações, principalmente quando envolviam questões de autoridade. A paciente tinha dificuldade nos estudos, nos vínculos de trabalho, só não tinha, no seu entender, com o marido, que era "lindo", "perfeito" e os "dois pensavam igual". "Nós somos um só, quando eu tenho fome ele também tem, nós gostamos das mesmas coisas, é fantástico!". E quanto a visível idealização de sua relação com o marido, nada que eu pudesse dizer a respeito deixava de ser abertamente repudiado por ela. Sua atitude comigo era francamente provocativa, mas realmente não me incomodava.

Seu primeiro curso de pós-graduação terminou com uma relação de hostilidade passiva, até diria em uma expulsão branca, quando recebeu o título, mas sem nenhuma possibilidade de utilizá-lo no local onde fizera o curso, diferentemente de seus colegas que se mantiveram em ascensão na instituição.

Parte da segunda experiência em pós-graduação foi vivida durante o tratamento, tendo sido particularmente muito difícil. Havia uma instrutora, segundo a paciente com características autoritárias, o que de alguma forma a fazia reviver sua relação com a mãe, com a qual tinha muitas dificuldades. Sua relação com o *staff* dirigente era péssima, pois costumava delatar as irregularidades do serviço. Com as outras pessoas da instituição acertava-se muito bem. Transmitia-me estar em uma busca de justiça até adequada, mas não adequada consigo mesma, pois acabava sempre se prejudicando. Durante esse período, o tratamento era, por assim dizer, "suportivo", visando a apoiá-la enquanto ultrapassava tais dificuldades. Seu curso de pós-graduação foi um *continuum* de ameaças e brigas, sempre ameaçada de ir para a rua, só que isto não acontecia por ser ela uma pessoa tida como vital para a manutenção do serviço.

Maria era a filha mais velha, tinha um irmão dois anos menor, com pai alcoolista e mãe rígida. O pai era, na época, tido como "o responsável pela desgraça familiar". Chegava à casa bêbado, o que provocava brigas e agressões. Quando tinha 16 anos, a paciente sentiu que devia dar um basta e "expulsou" o pai de casa, para acabar com aquela loucura. A partir daí as dificuldades passaram a ser com sua mãe e, em uma briga com esta, a paciente foi "expulsa" de casa, quando então teve de se manter sozinha, o que já fazia e muito bem.

Aos 22 anos teve uma relação mais séria com um colega em uma instituição onde trabalhavam, e por isto foi demitida ("expulsa"). Ficou com muita raiva deste colega, por este não ter tomado nenhuma atitude; mais tarde, veio a se casar com ele, mas essa situação ficou como um abscesso não drenado.

Seu marido evoluiu profissionalmente enquanto ela ficava patinando sem sair do lugar. Tentou o terceiro curso de pós-graduação, sem conseguir um trabalho ou completar algo que a satisfizesse. Iniciou-o, mas antes de terminar o primeiro ano afastou-se, antes que fosse determinada sua "exclusão", caminho que parecia ser inevitável.

Meus sentimentos contratransferenciais eram de impotência, mas tinha uma boa relação com a paciente e sentia que ela depositava sua confiança em mim. Um processo psicanalítico rígido, repetitivo, neurótico, vinha ocorrendo sem que me ocorresse até então como modificá-lo. E é sabido que nessas circunstâncias há de ocorrer um elemento novo para mobilizá-lo (Baptista Neto, 1996).

Captava contratranferencialmente (Heimann, 1961/1962; Racker, 1960) que a paciente estava me comunicando sua impotência. Sobre isto não me restavam dúvidas, mas o que fazer para nos livrarmos (a paciente e eu) dessa sensação de impotência e aprisionamento? Percebia claramente o seu componente de identificação com a relação entre os pais, onde vigorava a "expulsão" como uma tentativa de solução dos conflitos. E daí? O que fazer com esse entendimento?

As situações criadas em seu ambiente de trabalho acabaram por se refletir em sua vida conjugal. E a ameaça era de separação ("expulsão").

Fiquei extremamente preocupada, pois, apesar das dificuldades do casal, percebia-os como pessoas íntegras e também que se queriam muito, porém o nível de agressão estava muito alto. Entendia-se que mesmo com o marido lhe ajudando financeiramente a paciente sentia-se desvalorizada perto dele, uma vez que ao comparar-se se via sempre em desvantagem, o que também lhe acarretava sentimentos de inveja. Por outro lado, sentia-se controlada pelo marido já que dependia totalmente dele. Parecia-me assistir a mais uma "crônica de uma morte anunciada", nos moldes da descrita na obra de Garcia Marques.

Ocorreu-me durante certa sessão encaminhá-los para uma terapia de casal, mas pensei que seria acrescentar novos elementos complicadores em uma situação já tão complexa. Como o marido estava na ocasião fazendo uma psicoterapia individual com um colega a quem procurara por indicação minha, pensei em lhes propor (ao casal e ao colega, com quem mantenho boas relações profissionais) uma coterapia de casal. Após conversar com este colega e ter sua concordância, colocamos para eles a proposta, que foi surpreendentemente muito bem aceita, tudo levando a crer que por haver neles também um forte desejo de que algo se modificasse. De alguma forma, sentiram que estávamos preocupados e querendo realmente ajudá-los. Houve até certa insistência deles para que iniciássemos o processo o mais rápido possível. Um dado interessante que nos informaram é que tão logo fizemos a proposta recomeçaram a dialogar. Portanto, o processo já havia começado.

Foi convencionado que teríamos uma sessão de casal e uma individual da paciente comigo no dia seguinte ao de cada sessão conjunta. Foi possível examinar algumas formas de agressão que não apareciam comigo, ou que não me incomodavam. Apareceu, por exemplo, uma forma irônica e depreciativa de ser da paciente com o marido que por ser inconsciente não era por ela percebida como agressiva e, portanto, não era relatada nas suas sessões individuais, sendo tomada por ela como "brincadeiras", mas que quando comparecia às sessões acionava o ego, que se mostrava por vezes fragilizado, do marido e provocava neste uma resposta violenta.

A seguir, vamos relacionar alguns elementos básicos que marcaram essa experiência de introduzir uma variável não convencional (intervenção em coterapia de casal) no transcurso de uma psicoterapia individual:

- A disponibilidade de ambos, o desejo e a capacidade de se mostrarem ao terapeuta do outro, podendo ser eles mesmos. Desenvolveu-se o fator **confiança**, que faltava em ambos, face às dificuldades familiares.
- A observação *in loco* de situações que provocavam rechaço, feitas de uma maneira ingênua e irônica, visualizada pela paciente como "brincadeiras", mas que eram muito agressivas e desvalorizavam o outro, e, por serem inconscientes, não apareciam como tal nos relatos individuais.
- Ao fortalecer-se a relação de confiança conosco, foi se restabelecendo a relação de confiança entre eles e os aspectos negativos que estavam ressaltados foram reduzidos às devidas proporções. Eles foram tomando consciência da forte relação afetiva entre eles e que estava sendo posta em dúvida pelas inseguranças de ambos. E os conflitos maiores foram entendidos como decorrentes do medo compartilhado de se perderem um ao outro.
- Foi visto o quanto eles haviam progredido como casal, inclusive financeiramente, e redimensionado o valor de cada um nisto, pois, mesmo que ela não tenha participado com ganhos reais, o tinha feito com sua visão administrativa, sacrifícios e economias. Ao ser possível trabalhar isso sob um novo prisma na terapia conjunta, tanto ela própria como ele puderam valorizá-la mais.
- Foram examinados os sentimentos de invejas mútuas, ela pelo desenvolvimento profissional dele, ele pela maior espontaneidade dela, já que para ele era muito difícil ser mais espontâneo por ser um caráter mais "enrustido".
- A vivência da *transferência lacunar* referida por Osorio (1996) nos diz que experiências não vividas podem ser experenciadas e elaboradas na terapia. Eles puderam sentir os terapeutas como um modelo de casal que se respeitava, constituído por pessoas diferentes, mas que isto não nos impedia de trabalhar juntos. Uma vez ela disse: "Acho que

nós teríamos que ter nascido filhos de psiquiatra". Riu e continuou: "quem sabe de vocês". Ao que respondemos que, de alguma forma, eles ali estavam nascendo como casal.

Essa experiência sem dúvida foi extremamente enriquecedora para nós (os quatro). Continuamos a terapia por um tempo determinado, seguindo depois cada qual com sua respectiva terapia individual. Ficou-nos a impressão de que este curto período de coterapia ocasionou benefícios a ambos, o que talvez não houvesse ocorrido em anos de terapia individual. Conforme Bion (1987), um período de turbulência emocional costuma acompanhar as grandes mutações da vida. Entendemos que a introdução do marido e do coterapeuta de alguma forma provocou essa turbulência que se acompanhou de uma grande mutação na vida dessa paciente; ela também melhorou sua relação com seus familiares, iniciando outro curso ainda com muito medo de ser afastada, mas com outra postura perante suas dificuldades. Andolfi e Angelo (1989) referem que o terapeuta deve usar a si mesmo em sua complexidade pensante e emocional e assumir riscos equivalentes ao que pretende. Dizem os autores que se desejamos que a família (no caso presente, a paciente) "se mexa" não podemos ficar "parados".

A seguir, algumas reflexões que nos foram sugeridas por este caso.

Podemos pensar em saúde, crescimento, como na flexibilidade com que lidamos com os acontecimentos ou com nossas relações. Neurose, simplistamente falando, seria uma forma estereotipada, "enferrujada" de lidarmos com situações ou pessoas.

Imaginemos uma planta: quanto mais nova e mais tenra, mais flexível ela é; quanto mais velha e próxima da morte, mais rígida ela vai tornando-se. No ser humano, creio que isto muitas vezes extrapola a questão da idade. Vemos velhos com muito mais capacidade de vida e de mobilidade que muitos jovens.

Portanto, é possível associar vida com flexibilidade e morte com rigidez. Se imobilizarmos um de nossos membros, por determinado período, ele se atrofiará. A fisioterapia (feita através do movimento) serve para preservar a saúde (vida). Se o tempo de imobilização for muito grande, a "morte" funcional é inevitável, ocasionando uma fixação da articulação e paralisação definitiva. Nós, psicoterapeutas, realizamos "fisioterapias" psíquicas.

Reportando-nos ao campo da psicoterapia, observamos que paralisações acontecem durante o tratamento. Muitas vezes existem avanços, outras, retrocessos, mas paralisias não poderiam ocorrer por longo tempo, pois seriam determinante da "morte" do tratamento, como vemos nas "interrupções", "impasses" ou nas chamadas "psicoterapias intermináveis". Sem dúvida, é um momento difícil, quando temos de pensar em nos mover nessa situação. E muitas vezes não encontramos na técnica convencional saídas adequadas para tais situações.

A presença de imobilizações nos tratamentos acontecem e devemos estar atentos a elas, pois, se persistirem por um tempo muito longo, estaremos trazendo sérios prejuízos ao paciente. Em muitos momentos, perguntei à paciente se ela queria trocar de terapeuta, já que reclamava seguidamente que o tratamento não estava adiantando, mas ela dizia não querer e eu me sentia inclinada a concordar. Refletindo hoje sobre essa situação, acho que levei tempo demasiado a introduzir as mudanças devidas, mas esse foi o meu tempo. Com certeza, este foi um dos casos clínicos que me deram maior satisfação, tanto sob o ponto de vista profissional como humano.

Penso que um tratamento pode ir para frente ou para trás, o que não pode é ficar imóvel, pois, se há movimento, há vida. Citando Bion (1979):

> Uma questão simples: quando é que o ser humano nasce? Na instância particular de um nascimento de algum indivíduo em especial, ele me pode dar uma resposta. Aí eu perguntaria: quando foi que sua

personalidade nasceu? Quando foi que você viu luz pela primeira vez?

Eu diria que, neste sentido de Bion, esse casal esteve nascendo durante a experiência, sofrendo neste momento o processo de separação/individuação (Mahler, 1982), podendo olhar o outro não como uma extensão de si próprio, mas sim como indivíduo.

Queremos encerrar as considerações sobre essa situação clínica com uma observação poética de Mário Quintana (1973): "A única morte é não ter nascido".

Na situação clínica referida a seguir, efetuada em coterapia, queremos enfatizar a riqueza do intercâmbio entre distintos marcos referenciais técnicos, mas que se mostraram inteiramente compatíveis durante o atendimento clínico, em função do alto nível de respeito mútuo e propensão à cooperação entre os profissionais em questão. A parceria foi estabelecida entre uma psiquiatra de formação psicodinâmica e sistêmica e um psiquiatra de formação psicanalítica, sistêmica e psicodramática, sendo ambos também especialistas em psiquiatria da infância e adolescência.

Nicole tem 9 anos e é a filha caçula de um casal separado há cerca de quatro anos. Vive com a mãe e dois irmãos maiores, Luis, de 20 anos e Maria, de 18. O pai passou a viver recentemente com uma mulher que em seu casamento anterior teve uma filha hoje adolescente. A mãe de Nicole está em psicoterapia individual, bem como o pai. Ambos até hoje não conseguiram oficializar sua separação por divergências importantes quanto à divisão do patrimônio familiar.

Miriam, a mãe de Nicole, passa a referir em suas sessões psicoterápicas sua preocupação com a filha, que está apresentando um quadro fóbico, não permitindo que a mãe se ausente a não ser para suas atividades profissionais. Em um contato entre os terapeutas de Miriam e Miguel, o pai de Nicole, foram trocadas ideias a respeito de como proceder com relação ao quadro apresentado por Nicole, que vem se agravando nas últimas semanas; decidiu-se, então, em lugar de encaminhá-la a um psicoterapeuta infantil, tentaríamos antes uma intervenção familiar com Nicole e seus pais, com a convicção de que ela estava expressando com o sintoma sua forma de reagir à situação dos pais e fazer uma última tentativa de mantê-los unidos, pois, com a nova relação amorosa do pai e os evidenciáveis ressentimentos da mãe face a ela, tudo levava a crer que o divórcio finalmente iria se consumar.

Nas sessões com Nicole e os pais, foram abordadas, com o auxílio de dramatizações, a forma como Nicole tentava controlar os pais com seu sintoma (que exigia que o pai viesse visitá-la em casa por não poder afastar-se da mãe) e a maneira como esses compactuavam com as tentativas de Nicole de mantê-los unidos através da incapacidade de acharem uma solução para efetivar a partilha dos bens, polarizada em torno da discussão sobre os direitos sobre a casa onde vivia Miriam com os filhos e que representava 80% do patrimônio do casal. Em determinado momento, alternamos sessões com a presença de Nicole com sessões unicamente com os pais, que evidenciavam estarem de acordo quanto a seguirem as sugestões dos terapeutas sobre como procederem em relação a Nicole, mas persistiam em uma oposição radical quando se tratava de achar uma solução para a partilha.

Ao cabo de aproximadamente 10 sessões, do que consideramos uma intervenção familiar em coterapia no curso de duas psicoterapias individuais, o quadro fóbico apresentado por Nicole esbateu-se consideravelmente, embora persistisse o impasse quanto à questão da separação judicial do casal. Interrompeu-se o atendimento quando a melhora de Nicole evidenciou termos atingido o objetivo precípuo dessa intervenção, mantendo-se os pais em suas respectivas psicoterapias individuais, que, a propósito, não se interromperam durante a realização das sessões conjuntas. Posteriormente Nicole também fez algumas sessões de terapia individual com a terapeuta do pai, tendo como foco sua dificuldade em tolerar frustrações, identificada pela paciente como algo que lhe causava sofrimento e complicava suas relações interpessoais.

Na época, também a mãe já tinha um novo companheiro, e os pais de Nicole recomeçaram a negociar a divisão patrimonial.

Cremos que essa breve intervenção familiar substituiu com vantagem o encaminhamento de Nicole para o que talvez resultasse em um longo e dispendioso atendimento psicoterápico individual. Nicole é uma menina de inteligência acima da média para sua faixa etária e revelou perspicácia e condições de *insight* inabituais, o que talvez lhe permitisse uma evolução favorável também no curso de um atendimento individual, mas certamente esse não proporcionaria, nem a Nicole nem ao grupo familiar, a oportunidade de tomar contato com o jogo interativo que mantinham, com o propósito pelos três compartilhado de negar a inevitabilidade dos processos de separação/individuação em andamento, tanto no par Nicole-mãe(pais) como na díade Miriam-Miguel.

Houve um momento crucial do atendimento durante um exercício psicodramático, em que foi sugerido que os pais abraçassem fortemente Nicole impedindo-a de sair de seu "entorno" (o que provocou uma violenta reação de Nicole para libertar-se da sensação de sufoco que depois referiu) e na sequência deu-se como tema para casa que Nicole tentasse impedir que a mãe saísse de casa, mesmo para trabalhar, porque ela, Miriam, estaria com muitos temores de enfrentar a vida lá fora sozinha, sem um marido que a ajudasse e cuidasse, ou seja, invertendo a situação, tratando-se Miriam como se ela, e não Nicole, fosse a fóbica, assim como propôs-se a Nicole que convidasse o pai a levá-la a escola todos os dias pela manhã para que pudessem estar juntos, já que ele não tinha uma casa para recebê-la.

Assim como essa, outras intervenções similares no curso de atendimentos individuais têm se revelado extremamente profícuas em nossa experiência. E quando temos a oportunidade de realizá-las em coterapia surge uma oportunidade ímpar de eliminar certos escotomas em nossa compreensão das situações conflitivas individuais, pela intervisão proporcionada pela presença e participação de um(a) colega no campo psicoterápico.

Concluindo, quais são, em nosso entender, as vantagens ou méritos desse tipo de intervenção familiar no curso de atendimentos psicoterápicos individuais?

Pensamos que basicamente – como ficou sugerido no exemplo aludido – seria introduzir o fator "mobilização" em situações pessoais ou terapêuticas que estão em estagnação. Vida é movimento, e a terapia para ser um processo vivo tem de estar em constante movimento. Isso inclui não só o estabelecimento de interfaces teóricas, como a flexibilização no uso de instrumentos técnicos por parte dos terapeutas, ativados pela sua intuição e criatividade. Não se pode deixar de mencionar, contudo, a necessidade de que tais procedimentos clínicos estejam apoiados em um sólido conhecimento dos marcos referenciais teóricos e sustentados por uma significativa experiência prévia no uso de tais instrumentos técnicos.

INTERVENÇÕES INDIVIDUAIS EM TERAPIAS FAMILIARES

Com propósitos similares aos descritos no item anterior, temos realizado intervenções individuais em processos terapêuticos familiares. Vamos a seguir relatar como ocorreram tais intervenções em um atendimento familiar realizado em coterapia pelos autores deste capítulo.

Açucena nos procura preocupada com seu filho único, Lírio, que, segundo ela, estaria envolvido com o uso de drogas. Pressupondo que os problemas do filho adolescente tenham relação com a situação doméstica em que estão imersos, solicita-nos um atendimento do grupo familiar.

Açucena morava em outra cidade e, há algum tempo, após se separar do marido mudou-se com o filho para viver junto a Flora, tia de Açucena, viúva, que morava com Gerânio, seu pai velho e enfermo, em uma casa de amplos cômodos, e que se dispôs a receber a sobrinha (com quem tinha anteriormente boa e sólida relação afetiva) e o filho desta, dizendo-se carente de companhia. Mais tarde, vieram viver na mesma casa um casal de filhos adolescentes de um irmão de Açucena, falecido prematuramente, e cuja esposa, também residente em outra cidade, tinha dificuldades financeiras em mantê-los. Em suma, vivem hoje sob o mesmo teto Gerânio (pai de Flora e tio-avô de Açucena), Flora, Açucena, Lírio e os dois primos deste, Cravo e Rosa.

Flora, conquanto generosa e disponível para acolher familiares em dificuldades, tem um perfil autoritário e mostra-se exigente e cobradora com os sobrinhos-netos, sobretudo com Lírio, que por ser o mais jovem nem sempre se comporta com o padrão mais responsável esperado pela "dona da casa". Açucena, por seu turno, sente-se muitas vezes como algodão entre os cristais, procurando amortecer os choques entre o filho e a tia e ainda sentindo-se responsável pela maternagem dos órfãos de pai a quem Flora igualmente deu guarida. Lírio frequentemente pressiona a mãe para que ambos saiam para viver em outra casa, o que também é desejo de Açucena, que, no entanto, alega impossibilidade financeira atual para concretizá-lo, bem como evidencia sentimentos de culpa em deixar Flora sem sua companhia e a cuidar do pai e seus outros dois protegidos.

Após algumas sessões com o grupo familiar, sentimos que tanto Açucena como Lírio necessitavam tratar não só questões relativas ao subsistema mãe-filho (para o qual providenciamos sessões só com os dois, procurando sustentar seu desejo de se autonomizar do restante dos familiares e realizar a médio prazo o projeto compartilhado de morarem em outra casa), como receberem ajuda individual para vicissitudes peculiares a seus distintos momentos e realidades existenciais.

Assim, Açucena pôde em sessões individuais realizadas com um de nós (ou mesmo ambos, em algumas ocasiões) examinar a sobrecarga que sente desde que assumiu a monoparentalidade e foi obrigada a abandonar seus projetos de desenvolvimento profissional, sobrecarga essa exacerbada pela situação descrita acima, dedicando-se nesse atendimento individual a reavaliar e esboçar as primeiras providências para retomar o curso de seu projeto de vida pessoal, liberando-se da excessiva responsabilidade pelo destino dos que a cercam.

Por seu turno, Lírio pôde examinar em entrevistas individuais sua relação com o pai ausente e omisso, bem como entender o que estava subjacente a suas atitudes provocativas no lar de adoção, induzindo-o a adotar o papel de "paciente identificado".

Cremos que no contexto das sessões com o grupo familiar (que, por outro lado, focaram-se no processo de mútua separação e individuação de que todos careciam) não se propiciaria espaço e condições para auxiliarmos Açucena e Lírio a impedirem o gradativo agravamento de suas respectivas crises vitais, com repercussões mais acentuadas no subsistema mãe-filho, mas igualmente afetando não só os demais familiares corresidentes como os distantes.

Assim como nas intervenções familiares em processos psicoterápicos individuais, a alternativa inversa mostrou-se capaz de agregar valor aos objetivos terapêuticos, não só tornando o *setting* psicoterápico suficientemente flexível para ir ao encontro das necessidades que demandavam ajuda, como ampliando o leque de possibilidades de proporcionar alívio de padecimentos emocionais que se potencializavam reciprocamente.

REFERÊNCIAS

ANDOLFI, M.; ANGELO, C. *Tempo e mito em psicoterapia familiar*. Porto Alegre: Artes Médicas, 1989.

BAPTISTA NETO, F. Laboratório Terapêutico. In: COMO trabalhamos com grupos. Porto Alegre: Artes Médicas, 1996.

BION, W. R. Como tornar proveitoso um mau negócio. *Revista Brasileira de Psicanálise*, São Paulo, v. 13, 1979.

BION, W. R. Turbulência Emocional. *Revista Brasileira de Psicanálise*, São Paulo, v. 21, 1987.

HEIMANN, P. Sobre contratransferencia. *Revista Uruguaya de Psicoanalisis*, 1961-1962.

MAHLER, M. *O processo de separação-individuação*. Porto Alegre: Artes Médicas, 1982.

OSORIO, L. C. Transferências revisitadas. In: FUTURO da psicanálise. Porto Alegre: Mercado Aberto, 1996.

QUINTANA, M. *Caderno H*. Porto Alegre: Globo, 1973.

RACKER, H. *La neurosis de contratransferencia*. Buenos Aires: Paidós, 1960.

capítulo 11

ATENDENDO EMPRESAS FAMILIARES

LUIZ CARLOS OSORIO

INTRODUÇÃO

O atendimento de famílias a partir da década de 1980 acabou por conduzir-nos ao trabalho com empresas familiares, que focaremos neste capítulo.

Tradicionalmente, as empresas buscam ajuda sob a forma de consultorias, para assessorá-las em dificuldades relacionadas com a gestão de seus negócios. Ultimamente, contudo, vem ocorrendo uma progressiva conscientização por parte dos dirigentes de empresas familiares – e lembremos que cerca de 95% das empresas em nosso país são empresas familiares – de que os fatores humanos são tão ou mais importantes do que as questões técnicas ligadas à gestão dos negócios. Os relacionamentos interpessoais mostram-se mais difíceis de manejar do que os aspectos puramente gerenciais, e o desconhecimento de como lidar com os conflitos existentes na família e que transpõem as portas da empresa tem sido responsável pelo insucesso de muitas empresas familiares ao longo de sua trajetória.

Portanto, não basta bem administrar os negócios para que uma empresa seja bem-sucedida; é preciso também saber administrar as relações humanas no seio da família e da empresa. Os conflitos interpessoais não só repercutem negativamente nos resultados buscados pela empresa, como afetam a qualidade de vida dos que nela trabalham, desmotivando-os.

As relações familiares e de trabalho se simbiotizam na realidade cotidiana das empresas familiares. Uma das primeiras questões a examinar e a entender ao nos aproximarmos de uma empresa familiar é como estão as fronteiras entre os dois sistemas, família e empresa. Disso nos ocuparemos no tópico a seguir.

FRONTEIRAS FAMÍLIA/EMPRESA

Como já mencionado em capítulo anterior de minha autoria neste livro, a origem etimológica da palavra família nos remete ao vocábulo latino *famulus*, que significa "servo" ou "escravo", provavelmente porque na Roma antiga considerava-se a família como sendo o conjunto de escravos ou criados de uma mesma pessoa. Como já frisamos, contudo, quer nos parecer que esta raiz etimológica alude à natureza possessiva das relações familiares entre os povos primitivos, onde a mulher devia obedecer ao marido como se seu amo e senhor fosse e os filhos pertenciam a seus pais, a quem deviam suas vidas – consequentemente esses se julgavam com direito absoluto sobre elas. A noção de posse e a questão do poder estão, portanto, intrinsecamente vinculadas à origem e evolução do grupo familiar, bem como das empresas, como veremos mais adiante. Lembre-se ainda de que a noção de empresa traz em suas vertentes etimológicas o sentido de "aprisionamento" (*im* + *prendere*: prender dentro) como a sinalizar as dificuldades da instituição empresarial de se separar de suas origens familiares e adquirir vida própria e autônoma.

Todas as ideias emergentes sempre foram apresentadas com o auxílio de metáforas, para melhor elucidá-las. A metáfora nada mais é, como sugere sua própria etimologia, do que a transposição de um sentido próprio, já conhecido, a outro figurado, que pelo mecanismo analógico torne o desconhecido (ou ainda só parcialmente conhecido) mais bem apreendido. Vou aqui utilizar a metáfora da evolução dos seres humanos para acessar a questão das fronteiras entre a família e a empresa nas empresas familiares.

Assim como um embrião se desenvolve inicialmente no corpo da mãe para depois sair dele e se constituir em um ser com uma identidade própria, a empresa sai do corpo da família para se constituir em outro sistema com características e identidade próprias (Figura 11.1).

A empresa familiar nasce da família e, em um processo similar ao da separação/individuação dos seres humanos, adquire sua identidade própria como instituição, embora, a exemplo do que também ocorre com os seres humanos, mantenha sempre características que lembram a matriz de onde se originou. Os vínculos institucionais da empresa com a família que lhe deu origem assemelham-se aos do indivíduo com seus respectivos pais, podendo ser tão próximos que adquirem um caráter simbiótico (sem uma bem-definida separação/individuação) ou já tão distantes e descontinuados que pouco remetem à sua ascendência.

No processo de constituição da empresa familiar, pode acontecer que o crescimento da empresa ocorra à custa de um empobrecimento da identidade familiar original e até mesmo da perda de sua coesão ou ameaça de desestruturação dos laços familiares (Figura 11.2).

O contrário também poderá ocorrer, quando, por exemplo, uma empresa estiver preocupada em achar lugar em seu organograma para todos os membros da família, mesmo quando esses carecem de qualificações para ocupá-lo. Uma empresa familiar poderá não crescer ainda porque a família privilegia as hierarquias dentro do sistema familiar e não está disposta a fazer concessões que abalem privilégios e supostas competências pré-designadas em nome do progresso da empresa. Nesses casos, pode ocorrer uma detenção ou paralisação no crescimento da empresa e até mesmo sua extinção (Figura 11.3).

Há situações em que, por inadequada percepção das fronteiras família/empresa, por mau gerenciamento das áreas compartilhadas ou pela agudização de conflitos familiares preexistentes à criação da empresa, ambas, família e empresa, podem empobrecer: a família por não poder providenciar melhor qualidade de vida para seus membros, e a empresa por não poder melhor prover o sustento de seus associados. Rivalidades exacerbadas entre membros da família podem ser transpostas para a empresa e nela criar um desgastante processo

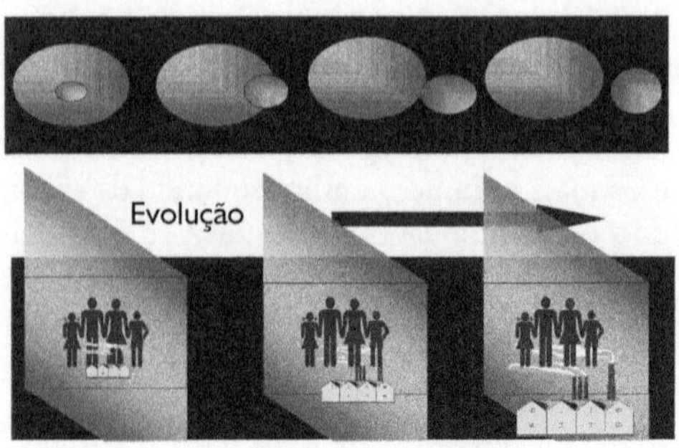

FIGURA 11.1
Evolução da empresa familiar.

FIGURA 11.2
Empobrecimento da identidade familiar no processo de constituição da empresa.

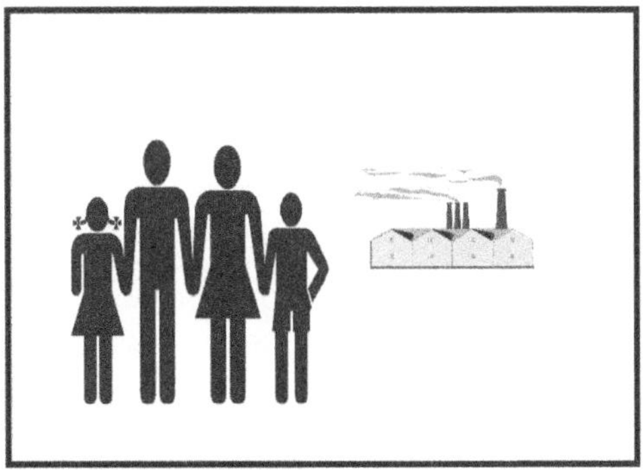

FIGURA 11.3
Detenção no crescimento da empresa familiar.

FIGURA 11.5
Família e empresa familiar crescendo juntas.

competitivo com repercussão na eficiência da empresa e retroativamente nas relações familiares, de tal sorte que família e empresa familiar poderão dissociar-se e até mesmo antagonizar-se, com a correspondente perda de vitalidade de ambas (Figura 11.4).

O desejável é que ambos os sistemas possam experimentar a sensação de que se beneficiaram com sua associação, promovendo não só a prosperidade material como o bem-estar de todos. Família e empresa familiar poderão crescer juntas, somando esforços e competências, em um clima solidário em que o prazer da convivência acrescenta-se ao do trabalho ludicamente compartilhado (Figura 11.5).

Família e empresa têm obviamente áreas compartilhadas, mas é importante que tenham espaços próprios, onde preservem suas identidades peculiares. Além disso, é preciso que haja flexibilidade em ambos os sistemas, de tal sorte que em uma situação em que a família seja afetada (p. ex., por enfermidade grave ou morte súbita de algum de seus membros), o espaço por ela ocupado possa ser priorizado; da mesma forma, em razão de uma crise conjuntural na economia do país ou por disfunções na estratégia para atender a necessidades do mercado, é a vez de a família se mobilizar para ampliar o espaço dedicado à empresa (Figura 11.6).

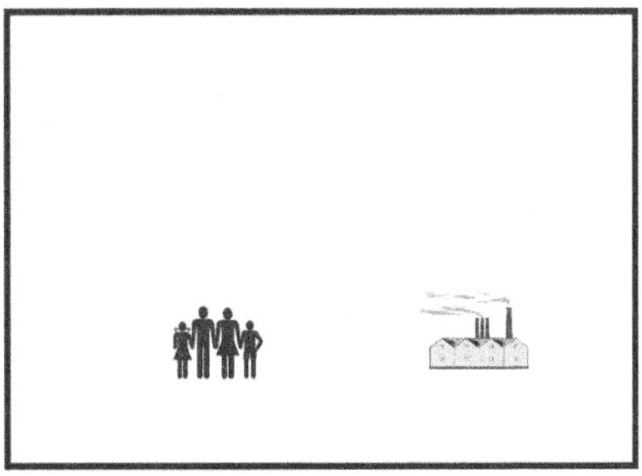

FIGURA 11.4
Perda de vitalidade da empresa e da família.

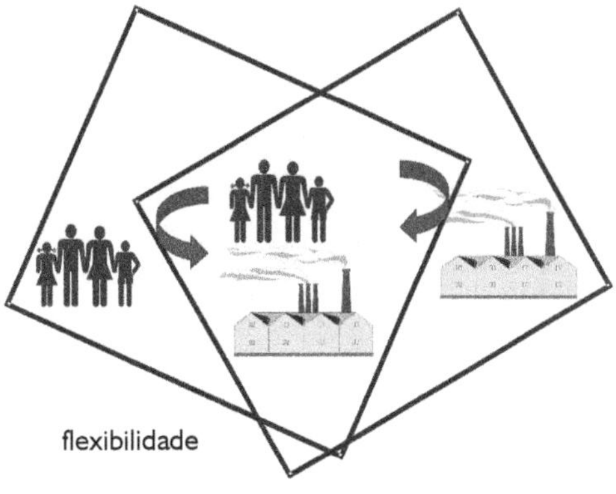

FIGURA 11.6
Flexibilidade entre família e empresa familiar.

Famílias e suas empresas devem "suplementar-se" (o que é distinto de "complementar-se") se quiserem ser bem-sucedidas. Ou seja, é preciso que, de sua interação, ambas saiam "acrescentadas", e não "esvaziadas" de conteúdos inerentes à identidade grupal ou institucional que as define no contexto cultural em que se inserem.

As famílias e as empresas que formam precisam ser ajudadas a estabelecer suas fronteiras como espaços demarcadores de identidades e competências, e não como rígidas alfândegas que impedem o trânsito fluido das mercadorias que têm a intercambiar que são, de um lado, as qualidades humanas dos membros da família e sua criatividade laboral e, de outro, por parte da empresa, o espaço para a realização de projetos de vida compartilhados, de multiplicação de esforços despendidos, de ampliação do patrimônio coletivo e de transcendência dos objetivos imanentes à condição humana na eterna busca do estado de bem-estar social.

O PROBLEMA SUCESSÓRIO

> Os problemas relacionados com a sucessão e herança se produzem, precisamente, nas interações entre o sistema da família e o sistema da empresa.
>
> (Rosenblatt, Mike, Johnson e Anderson, 1995)

A questão da sucessão necessita ser examinada a partir das fronteiras entre a família e a empresa, e para seu enfoque é de extrema valia a contribuição do paradigma sistêmico e de sua abordagem das interações humanas, por desfocarem a questão da dicotomia geracional, evitando colocar o problema na formulação simplista do "com quem estão os direitos" ou "quem deve ceder para quem" ou "a quem dar razão". Por outro lado, não levar em conta os fatores emocionais presentes na interface entre a família e a empresa talvez explique porque menos de um terço das empresas familiares sobrevive à passagem da primeira para a segunda geração. Como a empresa começa por seu ou seus fundadores, a primeira questão a formular ao tentarmos compreender as vicissitudes do processo sucessório é porque mais de dois terços dos fundadores de mais de 50 anos ainda não encaminharam o processo sucessório.

Muito se fala do perfil autocrático e centralizador dos fundadores de empresas, de sua habitual dificuldade em delegar funções de liderança e abrir mão do poder que detêm, dos conflitos geracionais que eclodem no parto sucessório, e outras tantas questões circunjacentes. Mas quero aqui enfatizar o que parece ser o ponto nevrálgico da questão sucessória do ponto de vista de quem vai ser sucedido e que está contida nos dilemas vinculados à questão da finitude humana e o enfrentamento com a morte.

Imaginemos o fundador de uma empresa familiar, cuja maior parte de sua vida decorreu exercendo a direção dessa empresa, enfrentando a situação de sair em definitivo de seu comando ("para nunca mais retomá-lo"), tendo que se abster daquela que provavelmente foi a grande motivação de sua vida profissional para enfrentar uma aposentadoria sem retorno. Pode-se deixar de considerar o seu intenso luto e, quem sabe, a decorrente impossibilidade de abrir mão do poder de que se acha detentor para passá-lo a seu(s) herdeiro(s)?

Por isso julgamos que a sucessão bem encaminhada tem de contemplar a necessidade do sucedido de continuar com direito a continuar participando de um projeto de vida, e não simplesmente palmilhando a estrada em direção ao fim. A sucessão não pode constituir-se na troca de um projeto de vida por um projeto de morte, o que acarretará o fim prematuro do sucedido e a instalação de um sentimento de culpa persecutório, de danosas consequências, para o sucessor.

Mas se essas são ponderações a serem levadas em conta pelos sucessores, os sucedidos precisam igualmente considerar que muitas mudanças ocorreram no mundo em que vivem e nas relações entre as gerações desde que fundaram suas empresas. De certa forma, como assinalava Mead (1970), prestigiada antropóloga norte-americana, os pais hoje são como imigrantes no mundo de seus filhos, que se tornaram, pela primeira vez na história da humanidade, capazes de ser mestres de seus pais, em razão da aquisição de conhecimentos e aptidões aportados por avanços tecnológicos desconhecidos ou ainda não incorporados pela geração anterior. Portanto, a tão alegada experiência dos mais velhos deixou de ser um argumento definitivo e universal para justificar seu maior preparo para o exercício do comando de suas empresas.

No encaminhamento da questão sucessória há de se ter em conta também a necessidade, cada vez mais evidenciável no mundo contemporâneo, de se conviver com as diferenças. Há de se respeitar e acolher a diversidade dos seres humanos, percebendo nessa diversidade não um fator adverso, e sim um elemento que agrega valores na realização de tarefas compartilhadas. O exercício da liderança nos dias atuais pressupõe a aceitação dessas diferenças e, no caso da relação entre sucessores e sucedidos, não há como deixar de considerar a hipótese de que tenham diferentes visões de mundo, além de distintos projetos de vida. Isso também é de suma importância quando está em tela a decisão sobre quais filhos devem permanecer e quais não na empresa.

A boa sucessão deve ainda contemplar a possibilidade de que nem todos queiram continuar a saga empresarial da família. Se para alguns, isso pode significar a plena satisfação de suas aspirações e o trajeto para sua realização pessoal, para outros pode representar uma sobrecarga e a renúncia a um projeto de vida em maior conformidade com suas competências, habilidades e desejos. Por outro lado, se alguém for excluído no processo sucessório pelo julgamento de que seu perfil não se coaduna com o desejado pela evolução ulterior da empresa, é importante, do ponto de vista da manutenção do bom relacionamento familiar, que se conotem positivamente suas qualificações, mesmo que essas não sirvam à empresa. Todos nós necessitamos do reconhecimento alheio para nosso desenvolvimento pessoal, além de que ressentimentos por uma exclusão não aceita ou sem opções que a compensem levam quase sempre a atitudes sabotadoras.

Nem sempre os que permanecem na empresa são os privilegiados, e os que saem, os prejudicados. O que sai pode sentir-se privilegiado pela oportunidade de realizar seu projeto de vida sem se submeter às expectativas da família para que assuma funções na empresa, enquanto o que fica pode sentir-se privado das oportunidades de revelar suas aptidões onde essas pudessem ser mais bem apreciadas e valorizadas.

Uma família, assim como a empresa de onde se originou, deve ser capaz de transmitir o orgulho de a ela pertencer, mesmo para os que, por opções de seu projeto de vida e pelo saudável exercício da autonomia, dela se distanciam.

A QUESTÃO DO GÊNERO NAS EMPRESAS FAMILIARES

> Ao deixarmos de uma vez por todas uma economia baseada no poder dos músculos e passarmos para outra que se radica no poder da mente, isso elimina desvantagens fundamentais no caso das mulheres. (Toffler, 1983)

A igualdade de direitos, deveres e opções entre os sexos é a pedra de toque das transformações por que passa a família contemporânea e se projeta no futuro sob a forma de um novo padrão relacional entre homens e mulheres (onde a força física deixa de ser, como apontou Toffler, fator de desequilíbrio). Essa mudança de paradigma na relação entre os sexos em nossos tempos não poderia deixar de trazer consequências para a empresa familiar, como trouxe para a família. Pensamos que não só é lícito como desejável a participação da mulher na condução das empresas, familiares ou não.

Como afirmamos anteriormente, há uma riqueza potencial na diversidade. Homens e mulheres são diferentes, sim, não só na anatomia como em suas características psicológicas, e é nossa convicção de que homem e mulher podem não só se complementar como ainda se suplementar (ou seja, acrescentar qualidade) como companheiros de trabalho e no exercício de funções de liderança.

Nas empresas familiares, as mulheres têm revelado sua força e importância, mesmo quando não exercem funções na gestão dos negócios. São elas muitas vezes as guardiãs do sonho familiar que gerou a empresa e, como temos constatado em nossa experiência com empresas familiares, podem ser valiosas mediadoras dos conflitos internos que surgem entre os membros da família no seio da empresa. Não obstante, em outras ocasiões encontramos as mulheres fora do comando das empresas, mas não do controle das famílias, exercendo um poder subterrâneo e o direcionamento implícito das ações do marido e filhos no mundo dos negócios.

Não se pode entender a família de hoje, nem as empresas familiares, sem analisá-las à luz dessa busca de um novo equilíbrio no jogo de poder entre seus membros: entre marido e mulher, em função da nova ordem sexual e da redistribuição de papéis tanto no contexto familiar como no mercado de trabalho; entre pais e filhos, pela ascensão do poder jovem e a consequente revisão da autoridade parental; e entre irmãos, pela necessidade de substituir posturas de rivalidade por um padrão de cumplicidade e solidariedade para fazer frente ao mundo competitivo de nossos dias.

RELAÇÕES EMPRESA FAMILIAR/ATIVIDADE LABORAL

Tudo indica que o emprego é uma entidade em extinção, quer no âmbito público como no privado. É na raiz dessa realidade que está o ressurgimento, com força total, das empresas familiares no mercado de trabalho. Elas que, aliás, sempre foram maioria significativa das empresas em geral e são, em última análise, a fonte de todas as formas de organização das relações de trabalho desde tempos imemoriais.

Tanto nas micro como nas macroempresas familiares, as relações interpessoais entre os membros da família são onipresentes, no que se refere a seu potencial gerador de conflitos e de realizações solidárias. Esses fatores humanos, que estão ao lado ou se superpõem às questões ligadas à gestão dos negócios, estão intimamente ligados à satisfação imprescindível não só ao bom êxito da atividade laboral, como à própria saúde mental de quem trabalha em uma empresa. Afinal, é no seio da família e no ambiente de trabalho que passamos a maior parte de nossa existência, e, se esses se confundem, como ocorre nas empresas familiares, mais razões existem para que possam interferir na qualidade de vida dos que nelas labutam.

Estamos em tempos de inovações, transformações e questionamentos do saber e viver acumulados; mas, para haver renovação, é preciso haver resgate. Para haver uma renovação da atividade laboral é preciso haver o resgate de suas origens na família, na qual o trabalho era fonte de vida, de saúde, de prazer, assim como era um instrumento para a sobrevivência coletiva e proporcionava bem-estar social aos que o compartilhavam. Na espiral ascendente da evolução humana, a empresa retoma sua feição familiar para ressignificar o trabalho e para reelaborar sua função solidária no fazer do pão nosso de cada dia, que nutre não só o corpo, como igualmente o espírito pela cumplicidade em sua feitura.

Quem sabe será no trabalho realizado em conjunto no seio da família – do qual Toffler (1983) já nos oferecia uma visão prospectiva em sua imagem da cabana eletrônica da terceira onda – que o ser humano irá resgatar a essência de sua condição existencial e estabelecer um novo ciclo em seu projeto transcendente de ascender a uma melhor qualidade de vida e que é aspiração comum a todos nós. A empresa familiar é o lócus por excelência dessa busca do sentido original do trabalho como fonte de criação coletiva, da realização solidária permeada do prazer lúdico das tarefas compartilhadas e do reencontro com a natureza gregária do ser humano na sua herança animal de prover o sustento e facultar a procriação da espécie no regaço do grupo primordial – a família.

Há, pois, algo que transcende o ressurgimento do trabalho em família e que o coloca além da simples situação conjuntural de fazer frente à crise econômica ou repensar o gigantismo massificador e desumanizante das empresas convencionais de nossa época, padrão "linha de montagem", em que os operários passam a ser engrenagens em um sistema que privilegia o produto, e não quem o faz ou irá utilizar. E esse algo se vincula ao reaparecimento de antigas formas de aprendizado e execução compartida de atividades laborais, cimentadas pelo prazer da convivência que podem proporcionar. Se, por um lado, a empresa familiar apresenta-se como um modelo viabilizador da requalificação do trabalho neste limiar do novo milênio; por outro, representa uma opção de inegáveis potencialidades na atual conjuntura socioeconômica brasileira como expressão dos mecanismos autorreguladores da sociedade que são, em última análise, o que determina o ritmo do progresso de uma nação.

CUIDAR DA FAMÍLIA E/OU DA EMPRESA?

Essa é uma questão sempre presente nas inquietações que nos trazem os dirigentes de empresas familiares. Ao cuidarmos da empresa, estamos cuidando da família e vice-versa. Portanto, a alternativa "ou", a meu ver, está equivocada. É cuidar de uma "e" de outra.

Evidentemente, como já foi assinalado, há momentos em que uma requer mais atenções do que a outra, e aí é preciso maleabilidade para que a convergência de esforços se dirija ao sistema que está mais vulnerável. O que seria desaconselhável é que continuadamente se priorize uma em detrimento da outra. Isso pode ocorrer quando, nas mencionadas ocasiões de maior vulnerabilidade de uma ou outra, se cristalize a noção de que aquela que estiver fragilizada deve doravante receber permanentemente atenção e cuidados, que serão subtraídos da que esteja supostamente mais saudável, o que, a médio ou longo prazo, irá igualmente fragilizar essa.

Desde logo não há fórmula mágica para se prevenir conflitos em uma família ou empresa. Conflitos fazem parte da vida e são inerentes à condição humana. Tanto que, como disse alguém jocosamente, nem existe uma palavra para designar ausência de conflitos.

Não há porque temer ou esconder a cabeça na areia, à moda dos avestruzes, cada vez que um conflito se instala na vã expectativa de que, como os temporais, eles passem, e a bonança se instale. Até porque, como se passa com a natureza, essa não será definitiva, e outros temporais ocorrerão.

Conflitos se manejam, se negociam, são mediados e por aí se resolvem, até que outros se instalem, para ser novamente manejados, negociados ou mediados. Quanto mais cedo e corajosamente reconhece-se sua existência e inevitabilidade, mais eficazes poderão ser as medidas tomadas para mitigar seus efeitos nocivos. Pensamos mesmo que, assim como em certas artes marciais utiliza-se a própria força do oponente para derrubá-lo, os conflitos poderão ser utilizados para superar os próprios obstáculos que parecem criar; para o que, contudo, será indispensável incrementar o grau de mútua tolerância, o que só será obtido com muita conversa, recordando a etimologia dessa palavra que pode sugerir "mudar juntos" (*con + versare*).

MEDIAÇÃO NAS EMPRESAS FAMILIARES

Nas empresas familiares, nossa intervenção é, sobretudo, na função de "mediadores de conflitos", e não como terapeutas do sistema familiar. Há de se estabelecer uma distinção entre essas duas abordagens, de limites muitas vezes tênues e que podem ficar indefinidos se o terapeuta familiar não se conscientizar de que está a lidar com contextos e objetivos distintos.

Vejamos a seguir alguns dos pressupostos básicos da tarefa mediadora e das funções do mediador em empresas familiares.

Origens da mediação

A mediação é uma prática milenar. Para situá-la melhor cronologicamente, digamos que remonta aos tempos bíblicos. Os judeus foram os que a institucionalizaram e a trouxeram até os tempos modernos. A tradição judaica de solucionar conflitos via mediação comparece em todas as áreas de sua vida social (trabalho, relações familiares, religião, política) e é atribuída à necessidade de proteção de sua identidade cultural, pois fornecia aos judeus um meio de resolução de suas disputas, já que muitas vezes estavam impedidos de buscá-la nas sociedades em que estavam inseridos em razão de leis segregadoras.

Outras sociedades ou grupos étnicos em que a mediação tem capital importância encontram-se entre os povos orientais, que enfatizam a busca de consenso social, a persuasão moral e a procura de equilíbrio e harmonia nas relações humanas. Também certas religiões, como o hinduísmo e o budismo, influenciaram significativamente a prática da mediação. Encontramo-la ainda praticada entre os conselhos indígenas nos nativos do continente americano.

Conceito

> A mediação é geralmente definida como a interferência em uma negociação ou conflito de uma terceira parte aceitável, tendo um poder de decisão limitado ou não autoritário, e que ajuda as partes envolvidas a chegarem voluntariamente a um acordo, mutuamente aceitável com relação às questões em disputa. (Moore, 1998)

Prática contemporânea da mediação

Encontramos a mediação exercida atualmente nos mais variados campos da atividade humana, tais como nas áreas trabalhista, comercial, familiar, interpessoal, comunitária, organizacional, ambiental, de política pública, conflitos internacionais, etc.

> Somente a partir da virada do séc. XX a mediação tornou-se formalmente institucionalizada e desenvolveu-se como uma profissão reconhecida... este crescimento deve-se em parte a um reconhecimento mais amplo dos direitos humanos e da dignidade dos indivíduos [...] a mudança também tem sido motivada pela crescente insatisfação com os processos autoritários de tomada de decisão. (Moore, 1998)

No Brasil, acrescentaríamos ainda, como fator predisponente à crescente institucionalização da mediação, a desmensurada procrastinação vigente no sistema judiciário, no qual não é raro ações sobreviverem às partes em litígio (demandantes). Os herdeiros muitas vezes herdam não os bens, mas as ações para assegurar a posse desses bens.

A mediação tem se incrementado significativamente em muitos países nas últimas décadas, mas, sobretudo, nos EUA e Canadá. O primeiro setor em que foi instituída formalmente nos EUA foi o das relações trabalhistas.

Um dos setores de crescimento mais rápido e significativo da mediação é o das disputas familiares, existindo comunidades em que já se exige que as partes experimentem a mediação antes de um juiz examinar o caso. Por outro lado, via de regra, os acordos mediados mostram-se mais adequados e satisfatórios do que os resultados litigados ou impostos.

A prática da mediação, embora venha se desenvolvendo rapidamente no mundo ocidental, é mais bem aceita nas chamadas *culturas de negociação direta,* como são as do oriente; as *culturas de negociação indireta*, que predominam no ocidente, tentam evitar o reconhecimento explícito da existência do conflito e sua exposição pública, esforçando-se para evitar o confronto direto entre as partes e valendo-se de intermediários para advogar suas razões. Já os membros das culturas de negociação direta valorizam as interações face a face, aceitam o conflito como normal, não têm medo e até buscam o confronto direto e sentem-se mais à vontade com a discussão aberta e as negociações sem intermediários. Como os povos latinos incluem-se nas culturas desse tipo, é previsível a maior aceitação e consequente extensão da prática mediadora na América Latina do que, por exemplo, nos países de linhagem germânica, anglo-saxônica ou escandinava. Pode-se até inferir que o *boom* mediador nos EUA tenha relação direta com o aumento do movimento migratório de orientais e latino-americanos para lá nas últimas décadas.

Conflitos e mediação

Embora a mediação possa ser instituída em uma negociação não conflitiva (ou até mesmo para prevenir a emergência de conflitos nessa negociação), quase universalmente ela decorre da presença de uma situação conflitiva.

> O conflito não é necessariamente ruim, anormal ou disfuncional; é um fato da vida...ele parece estar presente em todos os relacionamentos humanos e em todas as sociedades. (Moore, 1998)

O objetivo precípuo de toda a mediação é evitar a alternativa vencedor/perdedor na relação entre as partes. No entanto, mediação não significa necessariamente obter consenso. Soluções negociadas não são o mesmo que soluções consensuais. Frise-se, contudo, ser indispensável o consenso entre as partes com relação à necessidade e aos objetivos da mediação, *conditio sine qua non* para que se inicie o processo. Este é o consenso primordial e o único que não pode faltar durante toda a mediação.

A presença do mediador faz-se necessária sempre que as partes tenham esgotado suas capacidades para resolver por sua conta seus conflitos. O mediador seria um auxiliar para recolocar limites e fronteiras dos direitos de cada parte em outro contexto.

A mediação visa a transformar uma situação dilemática em uma situação dialética, ou seja, onde havia um impasse criam-se condições para que se estabeleçam conversações. E, para conversar, como sugere o termo (*con + versare*), é necessário que as partes estejam dispostas a "mudarem juntas".

O consenso primordial como pré-requisito para a mediação

Queremos enfatizar a necessidade que as partes tenham pleno conhecimento do processo mediador e concordem previamente com seus objetivos. Algumas solicitações que recebemos para exercer a mediação na sucessão de uma empresa familiar, por exemplo, já estão comprometidas *ab initio* pela presença de um impasse em relação à própria indicação da mediação.

Condições requeridas quanto ao mediador

Exige-se que o mediador preencha basicamente três condições: senso de justiça, imparcialidade (o que é diferente de neutralidade) e capacidade de empatia. Vejamos, por exemplo, o que se espera de um mediador solicitado a intervir em uma situação conflitiva envolvendo o processo sucessório de uma empresa familiar:

Um mediador não pode nem deve aproximar-se de uma empresa familiar que o chamou para mediar o processo sucessório com o desejo de que a empresa adote o que ele entende que seja melhor. Ou por outra, o único desejo compatível com a função de mediador é o de promover um acordo, tendo como elemento norteador de sua ação mediadora o respeito às partes envolvidas e a preocupação em não prejudicar a qualidade de vida dos que dirigem ou trabalham na empresa. E isso, obviamente, não inclui o monitoramento de destinos alheios.

O mediador não é um interventor, e sua função restringe-se a acionar, com sua ação catalisadora, um processo sucessório que se interrompeu ou está bloqueado pelo rompimento dos canais de comunicação. Seu maior compromisso ético é com a isenção em relação às decisões que venham a ser tomadas, mantendo-se estritamente em um papel que em tudo e por tudo corresponde ao que etimologicamente está expresso na função de educador, ou seja, aquele que conduz para fora um saber que está em estado embrionário na mente de quem o busca.

A solução para a sucessão de cada empresa em particular está na empresa, nas entrelinhas de sua história, no contexto sociocultural em que se inseriu. O mediador é, antes de tudo, um tradutor: a ele cabe traduzir a sucessores e sucedidos o que, em seus idiomas privados, carregados de conotações afetivas, eles não conseguem comunicar uns aos outros.

O mediador é um agente facilitador das interações família/empresa através de sua condição de profissional experiente na decifração dos códigos comunicacionais da linguagem afetiva, suas potencialidades, seus ruídos, suas lacunas. Diria que ele é, sobretudo, um rastreador de mal-entendidos. E não há terreno mais propício para a geração de mal-entendidos do que as conversações em torno a um processo sucessório.

O mediador não pode ser uma edição contemporânea de Procusto, querendo adaptar a empresa ao divã de suas teorias preestabelecidas. Para nos avivar a memória, Procusto era um famoso salteador que agia entre Megara e Atenas. Atacava os viajantes, despojava-os de seus bens e submetia-os a cruel suplício. Forçava-os a se deitarem em um leito que nunca se ajustava a seu tamanho. Cortava as pernas dos que excediam a medida e, por meio de cordas, esticava os que não a atingiam. Teseu matou-o, infligindo-lhe igual martírio.

Do mediador não se espera que seja neutro, mas sim imparcial. Neutralidade implica negação de sentimentos ou opiniões, o que é uma quimera em se tratando de seres humanos como somos, além do que para tentar alcançá-la podemos nos colocar em uma posição de distanciamento afetivo e falta de empatia com o sofrimento das partes que estão em litígio e buscam nossa mediação. O compromisso do mediador é com não tomar partido, o que é distinto de ficar alienado da realidade crucial do conflito. A neutralidade é uma posição rígida, estática e passiva; a imparcialidade exige uma postura flexível, dinâmica e ativa.

Finalmente, queremos lembrar que é no futuro, e não no passado, que residem as expectativas de mudança e solução de conflitos; portanto, o mediador deve ter sempre um olhar prospectivo, antes voltado para as alternativas e possibilidades de um entendimento futuro do que para o escrutínio das razões do fracasso das tentativas de acordo no passado. Uma excessiva preocupação com os porquês do impasse no passado pode levar a uma paralisação da ação mediadora.

E o que se espera, em contrapartida, dos solicitantes de uma mediação? Além do consenso primordial referido acima quanto à necessidade e aos objetivos da mediação, espera-se que os solicitantes estejam dispostos a se escutarem, a alterar pontos de vista originalmente expressos e estarem cientes de que, como a mediação não visa a estipular vencedores, ambas as partes terão de necessariamente fazer concessões durante o processo. O sucesso da mediação é diretamente proporcional à flexibilidade dos solicitantes e, inversamente, seu fracasso está na razão direta de sua rigidez.

É vital para o curso do processo que cada parte possa escutar a outra, mesmo que não concorde com ela. E escutar implica estar receptivo a se colocar em outro lugar que não o próprio. Já não se demandaria que cada parte pudesse se por no lugar da outra, porque isso seria esperar demais de litigantes; mas, sem dúvida, é imprescindível que se ponham em outro lugar que não o de sua posição original quanto ao enfoque da situação conflitiva que determinou a busca da mediação.

"Formação" profissional do mediador

Por ser uma especialização só muito recentemente reconhecida, a exemplo de outras tantas surgidas nas últimas décadas acompanhando o *boom* da era da prestação de serviços, os que a exercem geralmente provém de áreas profissionais afins, nomeadamente advogados e psicólogos. E isso já nos coloca diante da necessidade de mencionar a interferência dos "cacoetes" ou deformações profissionais prévias dos mediadores na práxis, uns presos ao hábito de julgar ações e outros de interpretar sentimentos. Tais inconvenientes podem ser em parte obviados pela atividade interdisciplinar na prática da mediação.

Ainda que esta não seja a ocasião para considerações sobre a formação de profissionais em geral em nossa época, desejaríamos pontuar que entendemos que apenas sofisticamos os meios de transmissão de conhecimentos profissionais, mas que, na essência, o processo de aquisição desses conhecimentos e sua eficácia se mantém mais ou menos inalterados em relação à antiga prática dos mestres de ofícios e seus aprendizes, desde tempos bíblicos. O trabalho supervisionado (que preferimos chamar "intervisionado") continua sendo a grande fonte de transmissão de conhecimentos e habilidades. Nenhuma formação acadêmica (ou para-acadêmica) substitui a prática supervisionada como fundamento para aprender um ofício, seja ele qual for. Sabemos que tais formações estão antes a serviço das definições e reservas do mercado de trabalho do que da qualificação de seus praticantes; essa é função, sobretudo, de atributos pessoais do postulante, bem como de suas inclinações vocacionais ou habilidades específicas para o *métier* e de sua curiosidade epistemofílica voltada para o campo específico das atribuições profissionais a que se destina.

Aptidões para o exercício da função de mediador, pois, estão antes no preenchimento das condições requeridas para quem se disponha a exercê-la, e que foram mencionadas no item correspondente, do que na bagagem de conhecimentos especializados que tragam de suas profissões de origem.

A MEDIAÇÃO EM NOSSA EXPERIÊNCIA COM EMPRESAS FAMILIARES

A mediação foi sendo introduzida em nosso trabalho à medida que iniciamos nossas atividades com casais, famílias e empresas familiares. Em nossa prática como mediadores, procuramos não nos deixar cercear pelas teorias, utilizando predominantemente a bagagem vivencial que fomos acumulando em nosso percurso como terapeutas. No entanto, não há como escotomizar a contribuição dos referenciais teóricos que pavimentaram esse percurso, e entre esses destaca-se a psicanálise, por sua contribuição à compreensão dos conflitos determinantes da solicitação do ato mediador; a visão sistêmica, por sua abordagem das interações humanas sob a égide dos mecanismos de retroalimentação (*feedback*); a teoria da comunicação humana, pelo aporte à percepção de como se estabelecem os mal-entendidos e os caminhos para desmontá-los; o psicodrama, pelos recursos técnicos que nos oferecem para representar e externalizar os conflitos subjacentes; e, *last but not least*, as noções de tarefa, processo e campo grupal como foram concebidas e transmitidas pela dinâmica de grupo e pela teoria dos grupos operativos.

A QUESTÃO DO GÊNERO E A COMEDIAÇÃO

Por considerarmos a questão do gênero fundamental é que preferimos trabalhar em comediação, sendo os mediadores de sexos diferentes. Entendemos que o olhar feminino e masculino são diferentes e se suplementam no processo de mediação, além de tranquilizarem as partes, quando essas são de sexos diferentes (como na mediação dos conflitos de casais ou em situações que envolvem as diferenças de gênero em empresas familiares), de que não haverá alianças determinadas pelo sexo do mediador.

Outro fator que nos parece importante como contribuição da prática de comediação é um dos mediadores poder ficar mais na posição de observador das interações enquanto o outro se ocupa em promovê-las. Isso amplia o campo perceptivo dos mediadores, possibilitando-lhes muitas vezes detectar nuances importantes que passam despercebidas quando estão inteiramente focados apenas em sua intervenção mediadora e não no jogo interativo e nas características da comunicação entre as partes.

Em um processo de mediação, não podemos deixar de considerar o quanto determinados conflitos que são trazidos à tona mobilizam os mediadores. Outra vantagem da comediação é o fato de se minimizar a influência dos pontos cegos e participação dos conflitos internos de cada mediador nas distorções perceptivas, que sempre podem ser corrigidas pelo intercâmbio de impressões entre ambos os mediadores, que se torna então imperioso no intervalo entre cada encontro com as partes mediadas.

Além dessa constante troca de impressões entre ambos os mediadores, é de suma importância que haja uma afinidade tanto ideológica quanto pessoal entre os mediadores, sendo indispensável que o espírito solidário se sobreponha a qualquer competitividade existente, o que não quer dizer que não seja possível e até desejável que tenham opiniões diferentes, para possibilitar uma maior imparcialidade na condução da mediação.

MEDIAÇÃO E INTERDISCIPLINARIDADE

Por outro lado, a mediação interdisciplinar, entendendo por essa a que inclui profissionais com diferentes formações prévias (tais como psicólogos e advogados), torna-se por vezes enriquecedora, quando não imprescindível, quando se trata de questões que envolvem simultaneamente tanto aspectos psicológicos como jurídicos. No entanto, mais do que a profissão de origem do mediador, é elemento determinante do sucesso do processo de mediação a disponibilidade do mediador em escutar os mediados e sua habilidade em intermediar soluções sem exacerbar os ânimos e sem permitir que alguma das partes chegue ao final como vencedora e a outra, como vencida.

É ainda primordial que as partes sintam-se igualmente respeitadas e plenamente confiantes nos mediadores, sem o que o clima necessário para o processo mediador não se estabelece e esse, consequentemente, não avança.

A TÉCNICA DA MEDIAÇÃO EM EMPRESAS FAMILIARES

Temos por princípio deixar as partes inteiramente livres para trazerem às entrevistas aqueles que julgarem importantes para fornecer informações complementares, desde que tal presença seja aceita pelo oponente sem lhe causar constrangimento por situação preexistente. Entendemos que quanto mais informações tivermos e quanto mais diferenciados sejam os olhares sobre a situação em mediação maior será nossa capacitação para auxiliarmos as partes na resolução de seus impasses.

Após a primeira entrevista com as partes em conflito, podemos realizar uma ou várias entrevistas individuais para que ambas tenham espaço para se expressarem livremente sobre o que entendem que possa prejudicá-las se comunicado diante da outra, ou sobre o que simplesmente não desejem expor na entrevista conjunta por razões de foro íntimo. Isso pode por vezes acarretar um ônus ao trabalho do mediador, pois este deve estar atento para que o sigilo seja respeitado e não denunciar à outra parte o que lhe foi confiado na entrevista individual.

Tanto quanto possível, deve-se evitar a formação desses "guetos" informativos com o devido esclarecimento das partes sobre a conveniência de que possam tratar o mais abertamente possível suas divergências para levarmos a mediação a bom termo.

Apesar do que dizem certos autores e especialistas em mediação, não entendemos que se possa instrumentar um processo mediador sem nele colocarmos nossas emoções. Isso seria não só artificial como até mesmo contraindicado pelo distanciamento criado com as partes mediadas. Não somos robôs em ação, e sim seres humanos que necessitam de seus referenciais afetivos para compreenderem o que se passa na vigência de um conflito entre nossos semelhantes.

O recurso psicodramático da troca de papéis (colocar-se no lugar do outro) não só pode ser valioso para mobilizar as partes mediadas, como deve ser um exercício constante por parte dos mediadores, para vivenciarem os sentimentos dos solicitantes da mediação. É prioritário entrarmos em contato com o desejo de cada parte mediada para avaliarmos a possibilidade de uma solução negociada e tanto quanto possível consensual, lembrando que *con* + *senso* não significa que uma das partes se submeta à outra, mas que ambas cheguem a um sentido comum. Para isso, é preciso que os mediadores mobilizem as partes mediadas para que flexibilizem suas posições, viabilizando o surgimento de hipóteses alternativas que apontem para o objetivo da mediação, qual seja, que o resultado final não se constitua na violação dos direitos de uma das partes ou que haja um vencedor e um vencido, o que é indício de uma mediação malsucedida. Uma técnica auxiliar que eventualmente podemos utilizar é a filmagem de uma entrevista e a discussão posterior a ela com as partes, de tal sorte que essas possam colocar-se na posição de observadores de suas próprias atitudes e formas de interagir, o que as auxilia a se darem conta do que, sem esse recurso, por vezes seria inviável.

O mediador é, acima de tudo, um facilitador da comunicação entre as partes e um decodificador dos mal-entendidos que costumam prevalecer na interação entre essas. Além disso, também deve ser alguém capaz de prover conhecimentos e informações necessárias para que a tomada de decisões seja a mais eficaz possível nas circunstâncias vigentes. Muitas vezes, o mediador pode valer-se de um membro da família para auxiliá-lo na interlocução entre as partes, quando esse tiver a credibilidade de ambos e a habilidade para funcionar como mediador auxiliar. Evidentemente, raros são os familiares que se disponibilizam ou tenham capacitação para essa tarefa, mas, quando os encontramos, são indubitavelmente de grande valia para nossa tarefa mediadora.

Enfatizamos uma vez mais que, quaisquer que sejam os recursos técnicos ou auxiliares de que nos utilizemos no processo de mediação, todos eles devem pautar-se pelo princípio básico do respeito às partes, a seus direitos humanos e ao desejo primordial de não terem desqualificadas suas reivindicações pelo mediador.

QUAIS SERIAM AS DIFERENÇAS ENTRE MEDIAÇÃO E TERAPIA FAMILIAR?

Não há fronteiras perfeitamente demarcadas entre uma e outra. Toda a mediação tem efeitos terapêuticos, embora não seja esse seu propósito manifesto, assim como toda a terapia tem seu conteúdo e intenção mediadora. Poderíamos dizer, por exemplo, que, em uma psicoterapia individual de orientação psicanalítica, o que um terapeuta procura fazer não é mais do que mediar os conflitos internos ou intrapsíquicos de seus pacientes. Por outro lado, um advogado na função mediadora, pelo ato da escuta privilegiando a resolução de conflitos, está de certa forma exercendo uma função terapêutica. E tanto terapeutas como mediadores devem caracterizar-se por essa disponibilidade para auxiliar na resolução de conflitos e se reger pelo primado da conciliação e busca da harmonia na interação entre os indivíduos.

Em resumo, como podemos caracterizar a função do mediador de empresas familiares?

O mediador é um facilitador da comunicação e um promotor de interações entre as partes. Seu papel primordial é transformar uma situação dilemática em uma situação dialética, entendendo-se essa por uma predisposição para a escuta do outro e de suas razões, pondo-se imaginária e idealmente no lugar da parte oponente. O mediador atua como um levantador de hipóteses e fornecedor de informações. Ajuda a pensar e buscar outros profissionais e fontes de informação necessárias para alavancar o processo de mediação. Focaliza suas intervenções no propósito de procurar uma solução tanto quanto possível consensual e evitando que da mediação saiam vencedores ou vencidos. O futuro mais do que o passado é que monitora sua atividade.

REFERÊNCIAS

MEAD, M. *Culture and commitment*: a study on the generation gap. New York: Natural History Press, 1970.

MOORE, C. W. *O Processo de mediação*. Porto Alegre: Artmed, 1998.

ROSENBLATT, P. et al. *La familia en la empresa*. Buenos Aires: El Ateneo, 1995.

TOFFLER, A. *Previsões e premissas*. Rio de Janeiro: Record, 1983.

capítulo 12

TERAPIA COMUNITÁRIA: O INÉDITO VIÁVEL NO ATENDIMENTO A FAMÍLIAS EM COMUNIDADES

MARLI OLINA DE SOUZA
MARIA LUCIA DE ANDRADE REIS

INTRODUÇÃO

As autoras sentem-se honradas em poder participar deste projeto que visa a divulgar e partilhar a importância da experiência da Terapia Comunitária (TC) com as famílias do Brasil e de fora do país.

Pensamos que a metodologia da TC é a tradução viva daquilo que Paulo Freire entendia como o *inédito viável*. Para melhor esclarecer essa afirmação, descreveremos o processo de promover terapia comunitária com indivíduos, famílias e grupos em comunidades.

O processo terapêutico intitulado terapia comunitária sistêmica integrativa (TCSI) surgiu, em 1986, na comunidade do Pirambu, em Fortaleza, Ceará, e foi criada pelo Dr. Adalberto Barreto, psiquiatra, teólogo, antropólogo e professor da Faculdade de Medicina da Universidade Federal do Ceará, para atender às necessidades de saúde da população dessa comunidade (Barreto, 2005).

A terapia comunitária é definida por Barreto (2005) como um espaço de acolhimento, para a partilha de sabedoria de vida, de sofrimentos vivenciados no cotidiano, de afinidades, de maneira circular e horizontal. Constitui um espaço de escuta, reflexão e intercâmbio de experiências, na busca de soluções para os conflitos pessoais e familiares apresentados pelos participantes, que são incentivados pelo terapeuta comunitário a partilhar, com o grupo, alguma questão ou dificuldade que os estejam incomodando no momento.

Constitui-se em uma prática de efeito terapêutico, destinada à prevenção na área da saúde e ao atendimento a grupos heterogêneos, de organização informal, em um contato face a face, que demonstram um interesse comum que é o alívio de seus sofrimentos e a busca de seu bem-estar. Acrescenta-se que a TC promove a construção de vínculos solidários, criando uma rede de apoio social e evitando a desintegração social, na qual a comunidade busca resolver os problemas que estão ao alcance da coletividade (Fukui, 2003).

A experiência da TC ocorre, também, em alguns países da Europa, como França, Itália, Suíça; e da América Latina, como o Uruguai, entre outros, que vêm manifestando interesse em sua implantação, a partir dos resultados concretos de sua aplicação no Brasil. A TC vem sendo desenvolvida por profissionais de todas as áreas e está presente em todos os estados brasileiros. Além das conceituações acima, ela pode, ainda, ser considerada uma tecnologia de cuidado ou um procedimento terapêutico grupal, cuja finalidade é a promoção da saúde, a prevenção do adoecimento, desenvolvida no âmbito da atenção primária em saúde mental. Funciona como fomentadora de cidadania, da identidade cultural das comunidades e de redes sociais solidárias que possibilitam aos indivíduos, famílias e grupos desenvolver autonomia e adquirir as bases necessárias para o equilíbrio pessoal e social.

Após 20 anos de trabalho, estudo e pesquisa na área da TC, Dr. Adalberto Barreto vê o seu sonho se tornando realidade: levar a TC à periferia, participando de ações básicas de articulação de redes através do SUS (Sistema Único de Saúde). O Convênio nº. 2007/ 3363 e 2008/2397, praticado entre a Fundação da Universidade Federal do Ceará e o Ministério da Saúde, possibilitou que a formação nesta área chegasse aos servidores e funcionários dos Postos de Saúde da Família (PSFs) em muitos estados brasileiros. Durante dois anos de convênios tiveram acesso à formação 2.150 profissionais dos PSFs, 7.872 rodas de TC executadas e 119.745 brasileiros que já expuseram seus temas de sofrimentos em rodas (grupos) com temas geradores para reflexão, tais como perdas, uso de álcool e drogas, depressão, falta de emprego, violência doméstica, entre outros temas geradores de sofrimento para o indivíduo e a família.

A TC parte da realidade, do contexto vivenciado pelos indivíduos, e torna-se relevante por valorizar o ser humano, em todas as suas dimensões; reconhecendo-se na atualidade a necessidade de tecnologias de cuidado em saúde mental de base comunitária, que atendam aos princípios da Reforma Psiquiátrica, tendo em vista que as estratégias de reabilitação e inclusão social na comunidade ainda são insuficientes (Guimarães, 2004). A humanidade, na atualidade, está vivenciando constantes transformações que afetam vários aspectos da vida do indivíduo, como a saúde, o modo de vida, a qualidade do meio ambiente, as relações entre as pessoas, a economia, a política e a tecnologia. Essas transformações têm levado as pessoas a adquirir novos valores, ou seja, valoriza-se a aparência, o possuir, em detrimento da essência, favorecendo-se a perda da identidade cultural que é construída pelos vínculos que são estabelecidos na sociedade. Os sinais dessas transformações são o aumento da criminalidade, o uso de drogas lícitas e ilícitas, a competição entre as pessoas em busca de espaços na sociedade, a desintegração de valores socialmente construídos e o maior interesse por rituais religiosos.

Esses sinais têm gerado uma sobrecarga de problemas emocionais e sociais que vêm modificando os valores e a conduta humana. Os estudos de Konder (2004) e Barreto (2005) revelam que o espírito competitivo estimulado pelo capitalismo diminui a importância de formas tradicionais de comunidade, como família e vizinhança, criando situações de solidão, desenvolvendo frustrações, enfraquecendo os vínculos, espalhando agressividade, gerando sentimentos de abandono, insegurança e baixa autoestima. Além disso, o desemprego, a miséria, a fome, a migração, a privação da saúde e da educação contribuem para a marginalização e a exclusão de pessoas da sociedade, bem como para o enfraquecimento dos vínculos de solidariedade.

Já se sabe que a desagregação social e a perda da identidade cultural repercutem nos indivíduos, provocando somatizações que interferem no cotidiano e, muitas vezes, dificultam a realização de pequenas tarefas ou papéis sociais, chegando a se manifestar de modo incontrolável. Por cotidiano, entende-se aquilo que se faz habitualmente, todos os dias. Os gestos, as ações corriqueiras e a linguagem percebidos como triviais podem vir a ser julgados sem valor, contudo, eles são influenciados e influenciam a cultura da família, da vizinhança e da comunidade e, geralmente, estão presentes nos processos de cura e de adoecimento (Nascimento, 1995). O cotidiano dos brasileiros, de um modo geral, é marcado por problemas e sofrimentos que acarretam danos à sua saúde.

Estudos na área de saúde mental revelam que, no Brasil, 12% da população necessita de algum atendimento, seja ele contínuo ou eventual, 6% apresenta transtornos psiquiátricos graves decorrentes do uso de álcool e de outras drogas e 3% sofre com transtornos mentais graves e persistentes (Brasil, 2005). Tanto a Organização Mundial da Saúde

(OMS) como a Organização Pan-Americana da Saúde (OPS) entendem que a maioria desses transtornos são preveníveis e que devem ser encarados como prioridade política dos governos, para que sejam evitados mais danos à saúde das pessoas.

No cenário brasileiro, há um processo de reversão do modelo de atenção à saúde mental, saindo do modelo hospitalocêntrico, de enfoque individual, curativo, discriminador e excludente, para um modelo de base comunitária, cujo eixo é o coletivo, a promoção da saúde e a prevenção do adoecimento, tendo como foco a pessoa, a família, os grupos sociais e sua existência. No modelo comunitário, é relevante a mudança dos modos de tratamento, pois o objeto passa a ser a existência-sofrimento do indivíduo e sua relação com a sociedade (Cavalheri, 2002). Além disso, busca-se a inclusão, a tolerância e a coexistência com a diferença e a diversidade. A pessoa é estimulada a ser agente da sua própria saúde e da saúde da comunidade que integra. Essa transição foi fortemente marcada nas décadas de 1980 e 1990, com os Movimentos da Reforma Sanitária e da Reforma Psiquiátrica.

A rede de serviços de saúde mental, assim como a rede de serviços de saúde de um modo geral, organiza-se com base na lógica da complexidade tecnológica e de custos. Assim, na rede de serviços de saúde, existem serviços de alta e média complexidade e de atenção básica. Os serviços de alta complexidade são formados pelos hospitais especializados, pelas urgências e emergências. Os de média complexidade são ambulatórios e clínicas e os de atenção básica são as Unidades Básicas de Saúde ou Unidades de Saúde da Família (USF).

No caso da saúde mental, existem, na alta complexidade, os hospitais psiquiátricos, serviços de urgência e emergência em hospitais gerais; na média complexidade, ambulatórios, Centros de Atenção Psicossocial (CAPS), Unidades Psiquiátricas em Hospitais Gerais (UPHG), Serviços Residenciais Terapêuticos (SRT) e, na atenção básica, a USF, onde é visível a fragilidade na atenção à saúde mental, com poucas estratégias para enfrentamento do sofrimento emocional e do adoecimento psíquico.

Nos serviços de alta e média complexidade, priorizam-se o tratamento e a reabilitação em relação à pessoa em situação de sofrimento psíquico, ou seja, aquela que já padece de algum transtorno mental. A promoção da saúde e a prevenção do adoecimento não são ações estratégicas específicas desses serviços, restando, então, a preocupação com essa temática pelas Unidades de Saúde da Família.

Nas USF, são atendidas demandas de pessoas e são desenvolvidos programas para diabéticos, hipertensos, gestantes, crianças, portadores de hanseníase, com realização de exames, planejamento familiar, dentre outras atividades de promoção à saúde e prevenção de doenças.

A Estratégia Saúde da Família caracteriza-se pelo desenvolvimento de ações consoante com os princípios norteadores do SUS: universalidade, equidade da atenção e integralidade das ações, tendo um importante papel a desempenhar, pois as Equipes de Saúde da Família (ESF) devem estar preparadas para promover a saúde mental no contexto geral da saúde, prevenir o adoecimento mental, identificando situações e fatores de risco aos quais a população está exposta e que provocam sofrimento, como também responder, de modo satisfatório, às necessidades de saúde dos seus usuários.

As pessoas em processo de adoecimento, ou em situação de crises, procuram cotidianamente os serviços de saúde, geralmente à procura de medicamentos para alívio de suas dores. Contudo, há uma carência de ações estratégicas e de profissionais com competência para lidarem com o sofrimento cotidiano. A lógica que tem prevalecido nos serviços de atenção básica tem sido predominantemente a da distribuição de psicofármacos, pois não são poucas as situações que levam as pessoas a buscarem a terapêutica medicamentosa como uma válvula de escape, na tentativa de resolverem o seu sofrimento emocional.

Além disso, diante da velocidade dos acontecimentos do dia a dia, as pessoas não dispõem de tempo para falar das suas angústias e medos, existindo a necessidade de espaços destinados à escuta, uma vez que, partindo do ditado popular "quando a boca cala o corpo fala e quando a boca fala o corpo sara", percebe-se que os males da sociedade moderna, como depressão, estresse, neoplasias, dores de coluna, gastrites, são sinais que o corpo apresenta para demonstrar o sofrimento emocional ou social que as pessoas estão vivenciando. Portanto, é imprescindível a utilização de mecanismos e estratégias que busquem respostas satisfatórias para o enfrentamento do sofrimento, seja emocional ou social, bem como para o fortalecimento dos vínculos de solidariedade entre as pessoas com a finalidade de, comunitariamente, encontrarem soluções para os problemas vivenciados coletivamente. Em outras palavras: a comunidade tem o problema, a comunidade tem a solução.

Na lógica da atual conformação da programação de ações de saúde na atenção básica, são poucos os profissionais que dispõem de recursos para fazer uma escuta sensível. Sendo assim, o Ministério da Saúde adotou a TC como política pública e promoveu ações para incorporar a sua prática. Desde 2008, inúmeros profissionais vêm sendo capacitados pelos polos formadores para coordenar as rodas de TC dentro das ESF e dos CAPS em todos os estados brasileiros.

Essa ação possibilitou uma mudança importante: *troca-se a medicalização pela palavra*. A TC se encaixou perfeitamente com os princípios do SUS, pois consolida e amplia redes de atenção integral de base comunitária, promovendo a reintegração e a inclusão social e da cidadania; implementa a política de saúde mental eficaz no atendimento às pessoas que sofrem com a crise social, a violência e o desemprego; fortalece ações de saúde voltadas para grupos de pessoas com transtornos mentais de alta prevalência e baixa cobertura assistencial.

A TC deve ser considerada uma tecnologia de promoção da saúde, prevenção do adoecimento psíquico e formadora de redes sociais imprescindíveis para o enfrentamento dos problemas sociais que afetam diretamente a saúde mental de pessoas, famílias, grupos e comunidades. Essa ferramenta nascida no nordeste brasileiro, de fácil assimilação, aplicada através de uma metodologia simples, possui embasamento teórico-científico oferecendo respaldo e fundamentação. Por isso, procuramos descrever conceitos e ideias que subsidiarão nossas reflexões.

O significado do termo terapia origina-se do grego *therapeia*, que significa "acolher, ser caloroso, servir, atender", enquanto o termo "comunidade" pode ser pensado como um conjunto diferenciado de pessoas, com uma organização informal, com a predominância de contatos face a face e com uma base de interesses comuns (Fukui, 2003).

Nessa perspectiva, salientam-se as redes de relações, no momento em que as pessoas estão unidas em torno de um objetivo comum, suscitando ações transformadoras da realidade social. A TC é um espaço de acolhimento para a partilha de sabedoria de vida, de sofrimentos vivenciados no cotidiano, de afinidades de maneira circular e horizontal. Possibilita a criação de uma teia de relação social que potencializa o intercâmbio de experiências, o resgate das habilidades e a superação das adversidades com base na formação de recursos socioemocionais e no empoderamento individual e coletivo.

Nos encontros de TC, as pessoas sentam-se lado a lado, formando um círculo, para facilitar a visualização dos participantes entre si e oportunizar a circulação da palavra. A TC é desenvolvida em cinco etapas: *acolhimento, escolha do tema, contextualização, problematização e encerramento* (Barreto, 2005).

Na fase de acolhimento, o terapeuta acomoda os participantes, de preferência, em grande círculo, para que todos possam olhar para a pessoa que está falando. É iniciada a terapia com o clima de companheirismo. Em seguida, são informadas as regras da terapia: fazer silêncio, falar da própria experiência, não dar conselhos e nem julgar, apresentar música, piada, poesia, conto que tenha alguma ligação com o tema.

Na fase seguinte, escolha do tema, o terapeuta estimula os participantes a falar sobre aquilo que os está fazendo sofrer. Logo após, é feita uma síntese dos problemas apresentados, para que o grupo escolha o tema a ser aprofundado.

Prosseguindo, ocorre a contextualização. Nesse momento, são obtidas mais informações sobre o assunto escolhido. Para facilitar a compreensão, é permitido lançar perguntas, para maior esclarecimento do problema, para que se possa compreendê-lo no seu contexto. Essas perguntas ajudam a pessoa que está falando do seu problema a refletir sobre sua situação vivida, assim como contribui para a reflexão dos demais, pois "quando o outro fala, eu escuto de mim e quando eu falo o outro escuta de si". É o que chamamos de escuta ativa. Nessa etapa, o terapeuta comunitário anota as palavras-chave, extraídas das falas sobre o problema escolhido. É a partir dessas palavras-chave que irá construir o mote.

Na etapa da problematização, o terapeuta comunitário apresenta o mote, pergunta-chave, que vai permitir a reflexão do grupo, enquanto a pessoa que expôs o problema fica em silêncio. As pessoas que vivenciaram situações que têm a ver com o tema apresentado no mote passam a refletir a experiência vivida e como superaram tal situação, emergindo daí as estratégias de enfrentamento usadas pelas pessoas, evidenciando-se o processo resiliente e a pessoa que teve seu problema escolhido elege as estratégias mais adequadas a serem utilizadas na resolução de seu problema.

A TC finaliza com a etapa da conclusão/encerramento, que se dá com todos dando-se as mãos, em um grande círculo, em pé, com rituais próprios como cantos religiosos ou populares, orações, abraços e o relato, de cada um, da experiência adquirida naquele encontro. É a partir desse momento que se constroem e se solidificam as redes sociais, a teia que une cada indivíduo da comunidade. O término da sessão é o começo para a utilização dos recursos de que a comunidade dispõe para a solução dos seus problemas.

Para o desenvolvimento das cinco etapas, conforme Barreto (2005), a TC está ancorada em cinco pilares teóricos: pensamento sistêmico, teoria da comunicação, antropologia cultural, pedagogia de Paulo Freire e resiliência. A seguir, será apresentado brevemente cada referencial teórico.

PENSAMENTO SISTÊMICO

As bases do que hoje se denomina teoria dos sistemas foram lançadas em 1933, por Ludwig Von Bertalanfly, apreendendo a complexidade dos sintomas como conjuntos dinâmicos de relações múltiplas e cambiantes (Mattelart e Mattelart, 1999). A abordagem sistêmica valoriza as relações entre os elementos, a interdependência dos fenômenos, como define Capra (2001, p. 259):

> A nova visão da realidade, de que vimos falando, baseia-se na consciência do estado de inter-relação e interdependência essencial de todos os fenômenos físicos, biológicos, psicológicos, sociais e culturais. Essa visão transcende as atuais fronteiras disciplinares e conceituais e será explorada no âmbito de novas instituições.

Com base nesse pensamento, observa-se que a concepção sistêmica se constitui de um novo paradigma conceitual que percebe o organismo vivo como um sistema integrado, e não de maneira fragmentada, como defendido pela visão cartesiana.

Barreto (2005) define o sistema como um complexo de elementos em interações interdependentes que organizam um todo e que tem funcionamento próprio. Nessa perspectiva, nas situações-problema vivenciadas pela comunidade, cada indivíduo faz parte do problema, como também constitui parte da sua solução. Os problemas são sistêmicos, isto é, estão interligados e são interdependentes. Não podemos compreendê-los no âmbito de uma metodologia fragmentada.

O homem não é uma dualidade. Não existe nenhuma muralha que separe sua parte humana de sua parte animal, pois o ser humano é uma totalidade biopsicossocial e espiritual. A visão sistêmica auxilia na compreensão das situações-problema apresentadas nos encontros de TC, uma vez que percebem o indivíduo como um todo, inserido em um sistema social e familiar, atentando para suas relações com os demais elementos desse sistema.

Na perspectiva da TC, a crise, a queixa relatada durante o encontro, seria o "dedo que aponta para a estrela" (Barreto, 2005), ou seja, as queixas e as disfunções fisiológicas são a ponta do *iceberg* do sofrer humano. Fazendo apenas a leitura das queixas, ligando-as a sintomas, os profissionais de saúde, geralmente, estabelecem uma relação de unicausalidade entre os sintomas e o fator etiológico, geralmente externo ao indivíduo.

O modelo circular, explica Barreto (2005), concebe a causalidade como um processo circular que tem mão dupla. Considera o contexto, as inter-relações, os processos, não se restringindo a um pensamento linear, que não questiona, não aprofunda, esquecendo-se das relações com a família, com a comunidade e a sociedade em geral. Na visão sistêmica, há a substituição do pensamento unicausal pela causalidade circular ou circularidade.

Quando há uma perturbação, o organismo tenta manter-se em seu estado de equilíbrio, por meio de mecanismos de realimentação negativa ou positiva. Os primeiros tendem a reduzir qualquer desvio do estado de equilíbrio, como a temperatura do corpo, a pressão sanguínea que se mantêm relativamente constantes, mesmo quando o meio ambiente muda de forma considerável, enquanto os segundos consistem em ampliar certos desvios em vez de os amortecer. A realimentação positiva tem um papel crucial nos processos de desenvolvimento, aprendizagem e evolução (Capra, 2001).

Dessa forma, os sistemas têm várias maneiras de interagir com seu meio ambiente, em busca da homeostase definida por Capra (2001, p. 266) como "estado de equilíbrio dinâmico, transacional, em que existe grande flexibilidade", ou seja, o sistema determina e organiza seu funcionamento, mas as interações estabelecidas com seu meio são imprescindíveis à sua manutenção. Isso não quer dizer que os sistemas são totalmente dependentes do meio onde vivem. Entretanto, não são independentes o suficiente para se desenvolverem de maneira isolada. Esses mecanismos de regulação desenvolvidos pelos sistemas, apesar de os auxiliarem em seu desenvolvimento, não os tornam autônomos e independentes, mas, ao contrário, permitem sua manutenção, ao mesmo tempo em que permitem que se estabeleçam relações com outros sistemas.

TEORIA DA COMUNICAÇÃO

A comunicação é um processo social permanente que integra múltiplos modos de comportamento: fala, gesto, olhar, espaço interindividual. A noção de comunicação recobre uma multiplicidade de sentidos. Se existe comunicação é em virtude das diversidades individuais. E, se o individuo está submetido às forças da homogeneidade, ele é capaz de se subtrair dela (Mattelart e Mattelart, 1999). Segundo Watzlawick e colaboradores (1967), a comunicação é uma condição *sine qua non* da vida humana e da ordem social. Barreto (2005) chama atenção para o fato de que a comunicação entre as pessoas é o elemento que une os indivíduos, a família e a sociedade. Para que possa ocorrer a comunicação, é necessário que haja, pelo menos, uma outra pessoa. É por meio da comunicação que se estabelecem os contatos entre as pessoas e, por conseguinte, a formação dos vínculos. Daí a necessidade de se desenvolver uma comunicação em um contato face a face e sem duplo sentido.

A vida cotidiana é fortemente afetada por nossas comunicações com os outros. Segundo Littlejohn (1988), a comunicação é um dos mais complexos e importantes aglomerados presentes em nosso comportamento. Por meio dela, pode-se entender o mundo, relacionar-se com os outros e transformar a si mesmo e a realidade que o envolve.

Partindo dos pensamentos apresentados, percebe-se que, na resposta do corpo ao estresse, ao sofrimento, o sintoma pode ser entendido como um significado coconstruído pelos envolvidos em uma relação e dentro de um contexto, tendo, portanto, um valor de comunicação.

ANTROPOLOGIA CULTURAL

É a partir do século XVIII que se começa a esboçar aquilo que será posteriormente denominado de antropologia cultural e social. É nesse momento que se inicia a construção de um certo número de conceitos, começando pelo conceito de homem (Laplatine, 1995). Entretanto, continua o autor, é no século XIX que a antropologia constitui disciplina autônoma, compreendida como a ciência das sociedades primitivas, em todas as suas dimensões (biológica, técnica, econômica, política, religiosa, etc). A antropologia é hoje compreendida como o estudo do homem e de seus trabalhos. A antropologia cultural, segundo Mello (1991), estuda a obra humana, na qual estão assuntos relacionados com política, religião, arte, artesanato, economia, linguagem, práticas e teorias, crença e razão.

Barreto (2005) chama a atenção para a importância da cultura como referencial na qual cada membro de um grupo se baseia, retira sua habilidade para pensar, avaliar e discernir valores e fazer suas opções no cotidiano. Sendo o comportamento do indivíduo fortemente influenciado pela cultura, nota-se relevância em se tentar compreender alguns aspectos relacionados com o cotidiano, como a organização social da comunidade em que se vive, as influências políticas e econômicas, as crenças e os valores. A cultura seria, então, "um conjunto complexo que inclui conhecimento, crença, arte, moral, lei, costumes e várias outras aptidões e hábitos adquiridos pelo homem como membro de uma sociedade" (Mello, 1991, p. 40), mas também pode ser entendida como "tudo aquilo que os seres humanos criaram, descobriram, construíram, transformaram e desenvolveram, para sobreviver e satisfazer as suas necessidades" (Demo, 1987, p. 61).

Pode-se dizer que a cultura é simbólica, uma vez que é permeada por símbolos, que podem ser um objeto, artefato ou uma sequência de sons que têm significado para aquele que o utilizam. Além disso, possui um significado social, pois existe a comunicação de significados. Portanto, a cultura envolve um conjunto de significados, por meio de símbolos e sinais.

PEDAGOGIA DE PAULO FREIRE

A pedagogia idealizada por Paulo Freire, definida como pedagogia libertadora, chama a atenção para a análise crítica da realidade, em que a palavra ajuda o homem a se tornar sujeito de sua própria história (Freire, 2005). O ato de ensinar consiste em um exercício do diálogo, da troca, em que os conhecimentos são compartilhados, não sendo apenas uma transmissão de saberes acumulados por alguém que os detém. "O diálogo engaja, ativamente, ambos os sujeitos do ato de conhecer: educador-educando e educando-educador" (Libâneo, 2003, p. 34).

Na pedagogia de Paulo Freire, ocorre a associação entre teoria e realidade, revelando que é preciso haver um espaço de expressão dos problemas vivenciados pelo educando, nos seus diversos contextos. Freire (2005) afirma que a linguagem passa a ser a cultura, sendo a palavra um instrumento para que o homem se torne homem. Os conteúdos são extraídos da prática de vida dos educandos, questionando-se concretamente a realidade das relações existentes entre os homens e deles com seu ambiente. Nesse sentido, a teoria apresenta um caráter essencialmente político, uma vez que o educando é levado a analisar, criticamente, a realidade em que vive. Essa pedagogia parte da situação concreta em que vive o sujeito, para fazê-la emergir, progressivamente, como fonte de conhecimentos, em uma troca entre educador e educando.

Assim, destaca-se o relevante papel do educador, que deve desenvolver sua atividade com carinho, zelo e identificação. Elimina-se toda relação de autoridade, na qual o diálogo é o mediador do processo ensino-aprendizagem, e tanto o educador como o educando são protagonistas no ato do conhecimento. Ao alcançarem, "na reflexão e na ação comum, esse saber da realidade, descobrem-se como seus refazedores permanentes" (Freire, 2005, p. 64).

O autor chama atenção para a atuação dos atores envolvidos no processo ensino-aprendizagem. Educador e educando têm como tarefa desvelar a realidade, conhecendo-a criticamente, bem como recriar esse conhecimento.

O perfil do terapeuta comunitário, apresentado por Barreto (2005), assemelha-se ao papel do educador apresentado na pedagogia de Paulo Freire. O terapeuta comunitário, afirma Barreto (2005), é uma pessoa que pode proporcionar aos membros de uma família ou de uma comunidade alívio à sua ansiedade, suas angústias e sofrimentos, possibilitando-lhes a partilha de seus recursos, de seus modos de enfrentamento, por meio do intercâmbio de experiências. Sua atuação deve estar voltada para o crescimento humano e coletivo e, como diz Paulo Freire (2005), o educador não é o detentor do saber, mas um facilitador, ou melhor, como afirma Barreto (2005, p. 44), "o terapeuta deve trabalhar a competência das pessoas, das famílias procurando, sempre, através de perguntas, 'garimpar' o saber produzido pela experiência, pela vivência de cada um".

A competência de cada pessoa está relacionada com suas habilidades e capacidades que utiliza no seu dia a dia. Dessa forma, o participante da TC é valorizado na sua realidade e a partir de suas competências. Como ocorre na pedagogia de Paulo Freire, o conhecimento e as estratégias de enfrentamento desenvolvidas em cada encontro de TC são construídos por todos os que participam desse processo.

RESILIÊNCIA

A resiliência é um dos pilares fundamentais da TC e é um termo, primeiramente, utilizado pela física, que significa a capacidade de um material voltar ao seu estado normal depois de ter sofrido uma pressão (Durán Gonzáles e Almeida, 2010).

O autor expõe que as ciências humanas utilizam esse termo para qualificar a capacidade de um indivíduo em possuir uma conduta sã, em um ambiente insano, ou seja, a capacidade do indivíduo de se sobrepor e se construir, positivamente, frente às adversidades. É definida como um processo em que o indivíduo pode vencer os obstáculos da vida, graças ao seu esforço resiliente, ou seja, "é a capacidade de vencer apesar das dificuldades e circunstâncias difíceis" (Barreto, 2005, p. 160).

O autor aponta a resiliência como a própria história pessoal e familiar de cada participante, sendo uma fonte importante do conhecimento, uma vez que as crises, sofrimentos e vitórias de cada um, expostas no grupo, são utilizados como matéria-prima em um trabalho de criação gradual de consciência social para que os indivíduos descubram as implicações sociais da gênese da miséria e do sofrimento humano (Barreto, 2005, p. 25).

Um dos objetivos da TC é suscitar as forças e as capacidades dos indivíduos, das famílias e das comunidades, procurando ressaltar suas habilidades de enfrentamento, sem realçar suas carências. A partir das experiências vivenciadas pelos participantes do grupo de TC, podem ser selecionadas estratégias de enfrentamento, uma vez que os problemas enfrentados no cotidiano são semelhantes. Entretanto, as maneiras de enfrentamento de cada participante são diferentes e, muitas vezes, tais estratégias são insuficientes na resolução desses problemas.

A resiliência implica uma abordagem universal da saúde, sendo um recurso a ser cultivado e obtido por todas as pessoas. Está relacionada com a adaptação do indivíduo ao seu contexto. Para Garmezy (1996, citado por Cecconello e Koller, 2000), a resiliência pode ser definida a partir da compreensão das consequências da exposição de adultos e crianças a fatores de risco: alguns podem desenvolver problemas, outros podem superar as adversidades, adaptando-se ao contexto.

Durante o encontro de TC, na etapa da problematização, algumas estratégias são formuladas, e o sofrimento passa a ser enfrentado de uma melhor maneira. Assim, pode-se considerar que é a carência que gera competência; o sofrimento que gera capacitação, fortalecimento. "A TC é o espaço de transformar dor em competência", como diz Barreto (2005). Sendo a TC um espaço que favorece a fala, a escuta, a socialização e o compartilhamento dos sofrimentos, constitui-se, também, em um poderoso instrumento que estimula o desenvolvimento do processo resiliente das pessoas que participam de seus grupos.

A TC fortalece também os vínculos entre as pessoas e reforça sua autoestima, pois, como afirma Barreto (2005), ela mobiliza os recursos socioculturais na resolução dos problemas e na construção solidária da cidadania. Tal prática funciona como um espaço em que o conhecimento científico e o saber popular se complementam, transformando-se em um ambiente em que se produz um conhecimento advindo da experiência pessoal.

A construção desse novo saber faz com que a comunidade vivencie o processo de *empowerment*, ou seja, a aquisição de poder técnico (capacitação) e político tanto pelos indivíduos como pela comunidade. O termo *empowerment* constitui um conceito de difícil tradução. Alguns o traduzem como empoderamento, outros como aumento da autonomia. Neste capítulo, temos utilizado o termo empoderamento, no sentido apresentado por Vasconcelos (2003), como o aumento do poder e autonomia pessoal e coletiva de indivíduos, famílias e grupos sociais nas relações interpessoais e institucionais, principalmente daqueles submetidos a relações de opressão, discriminação e dominação social. Percebe-se, então, que o conceito de *empowerment* evoca a ideia de poder e controle, de maneira positiva, centrado no indivíduo, para melhorar sua qualidade de vida.

Conclui-se que o incremento do poder das comunidades, por meio da posse e do controle dos seus próprios esforços e do destino, produz ações comunitárias concretas e efetivas no desenvolvimento das prioridades, na tomada de decisão, na definição de estratégias e na sua implementação, com vistas à melhoria das condições de vida e de saúde dos indivíduos.

A TERAPIA COMUNITÁRIA NO CONTEXTO DA SAÚDE MENTAL DAS FAMÍLIAS NA COMUNIDADE

O movimento de saúde mental comunitária teve seu início na década de 1940 nos Estados Unidos, quando o governo garantiu verbas para os estados desenvolverem programas externos de saúde mental aos hospitais estaduais (Towsend, 2002).

Os cuidados primários são definidos como os cuidados essenciais de saúde baseados em métodos e tecnologias práticas, cientificamente bem fundamentados e socialmente aceitáveis, colocados ao alcance universal de indivíduos, famílias e comunidade (Brasil, 2002). Prosseguindo, Towsend (2002) afirma que a prevenção primária, dentro das comunidades, compreende a ênfase de dois aspectos:

- identificação dos eventos estressantes que precipitam as crises e atingem populações de alto risco;

- a intervenção nessas populações de alto risco, para prevenir ou minimizar consequências nocivas.

Na visualização das populações em risco, enfocam-se os tipos de crises que as pessoas vivenciam em sua vida. Há dois tipos de crises: crises situacionais e crises de desenvolvimento. Costa (1992) compreende as crises situacionais como aquelas em que os eventos são inesperados, como acidentes, morte de um membro da família, perda da casa por incêndio; enquanto as crises de desenvolvimento estão relacionadas com as situações que ocorrem naturalmente durante a vida de um indivíduo e de sua família, como o casamento, a paternidade/maternidade.

As intervenções nessas populações de risco podem ser desenvolvidas em nível de prevenção primária, secundária ou terciária. Na atenção primária, o foco centra-se na identificação de estratégias de enfrentamento dos eventos estressantes. O foco na prevenção secundária é direcionado, conforme Towsend (2002), para a identificação precoce dos problemas e o início imediato de um tratamento eficaz. Por meio da prevenção terciária, promove-se a reabilitação direcionada para a obtenção do melhor nível de funcionamento da pessoa. Portanto, partindo do exposto, pode-se inferir que a estratégia da TC encontra-se situada na prevenção primária, tendo em vista que seu foco encontra-se na elaboração de meios para lidar com o sofrimento emocional.

Muitos autores têm discutido a respeito do cotidiano, sem, contudo, concluir o tema, devido às especificidades dos estudos. O cotidiano da sociedade moderna está permeado pelo individualismo. No momento em que as comunicações estão mais acessíveis, as pessoas tendem a se concentrar no "eu" e esse fator é levado para as famílias que geram indivíduos despreocupados com seu semelhante. Assim, apesar de o acesso às comunicações permitir uma maior rede de diálogo entre as pessoas, percebe-se uma dificuldade na formação de vínculos solidários, através da comunicação. Segundo Machado (2001), o "código individualista", cada vez mais presente nos modelos das famílias da modernidade, é, em grande parte, responsável pela autonomização dos indivíduos e dessensibilização em relação ao seu semelhante.

O cotidiano possui algumas características, apresentadas por Nascimento (1995) como:

a) manifestação por atos efêmeros, como fala, riso, gesto, os quais se esgotam nos próprios atos;
b) busca da compreensão de um sujeito concreto e plural, inserido em um espaço e em um tempo;
c) valorização dos pequenos acontecimentos, por meio dos quais a vitalidade do grupo se mantém;
d) manifestação nos sentimentos, nas paixões, nas fantasias.

Tais características refletem o modo de ser das pessoas no lidar diário, nas suas relações, além de permitir visualizar pequenos gestos e acontecimentos como relevantes na compreensão da cultura de um povo, do modo como enfrenta as dificuldades e como os indivíduos percebem a si mesmos.

Segundo Maffesoli (1998), se for dado sentido ao bairro e às práticas de vizinhança, permite-se a existência das redes de relações. As redes formais ou informais estão presentes na vida cotidiana, favorecendo as relações humanas no sentido de se sair do individualismo para um contato face a face com um grupo por meio da necessidade de identificação. Redes de suporte social são, então, toda e qualquer estrutura de articulação que propicie o estabelecimento de interações e comunicações interpessoais francas, claras e solidárias o suficiente para que o indivíduo possa sentir-se amparado, protegido, cuidado, valorizado e amado.

O sentimento de pertença favorece a formação e a manutenção das tribos, metáfora assinalada por Maffesoli (1998) para identificar os pequenos grupos, congregações ou conjuntos efêmeros e efervescentes (musicais, esportivos, turísticos). A existência das tribos pode ser efêmera ou não, variando de acordo com seus objetivos e com as pessoas que a constituem.

Compreende-se vínculo como tudo aquilo que liga os homens entre si e os homens à terra, às suas crenças, aos seus valores, enfim, à sua cultura, conferindo-lhes identidade e sentimento de pertença (Barreto, 2005). Segundo o referido autor, são identificados três tipos de vínculos: vínculos saudáveis, vínculos frágeis e vínculos de risco. Os vínculos saudáveis são os que nos ligam aos outros, de maneira positiva, estabelecendo uma relação de confiança, uma vez que reforçam nossa identidade pessoal e cultural. Os vínculos são saudáveis quando consolidam e promovem a vida em sociedade. São exemplos desse tipo de vínculo, ter um trabalho, possuir documentos de identidade, pertencer a um grupo ou associação. Os vínculos frágeis são aqueles em que a confiança no relacionamento fica abalada, deixando-nos desconfortáveis e inseguros. O vínculo vai ficando fraco e superficial, como quando trabalhamos sem carteira assinada. Os vínculos de risco, por sua vez, são os vínculos que nos separam uns dos outros, como as intrigas e a ausência de diálogo. Esses vínculos são os mais conhecidos dos terapeutas comunitários e principalmente os terapeutas de famílias.

Pichon-Rivière (2000) identificou alguns vínculos, que denominou de vínculos patológicos. São eles: vínculo paranoico, vínculo depressivo, vínculo hipocondríaco, vínculo obsessivo e vínculo histérico. O vínculo paranoico se caracteriza pela desconfiança que o sujeito experimenta em relação aos outros. O vínculo depressivo, por sua vez, caracteriza-se por estar permanentemente carregado de culpa. O hipocondríaco é aquele vínculo que o indivíduo estabelece com os outros através de seu corpo, da saúde e da queixa, enquanto o vínculo obsessivo se relaciona com o controle e a ordem. Por último, o vínculo histérico consiste em um vínculo de representação, tendo como principal característica a dramaticidade. O autor considera vínculo "normal" aquele que se estabelece entre o sujeito e um objeto, quando ambos têm a possibilidade de fazer uma escolha livre de um objeto, como resultado de uma boa diferenciação entre ambos.

Portanto, ao estabelecer vínculos, sejam eles com outros indivíduos, com a terra, com crenças ou valores, o indivíduo deve atentar para o tipo de vínculo que está estabelecendo, com a finalidade de evitar que relações de medo, insegurança, estejam presentes em sua vida, desfavorecendo-o em sua convivência familiar ou comunitária.

A TC favorece a agregação do indivíduo a sua família, a um grupo, a uma comunidade, e nem por isso perde sua identidade, mas desenvolve sua autonomia e seu papel social. Berger (1999, citado por Nieman, 2002) que afirma que estar inserido em determinado grupo é estar em um ponto em que existem forças que não enxergamos claramente, mas que exercem importante influência em nossa formação como pessoa social e que essas forças são, em geral, aceitas. Essas forças podem funcionar, por exemplo, determinando os papéis que cabem a um homem e a uma mulher. Portanto, cada indivíduo desenvolve seu papel social por meio de comportamentos e sentimentos socialmente aceitos.

O INÉDITO VIÁVEL

O surgimento de novos paradigmas está ligado a diversos acontecimentos e situações de natureza socioeconômica, cultural e epidemiológica, efeito do crescimento das desigualdades sociais, em todo o mundo, que tem repercutido, de maneira concreta, na saúde dos cidadãos (Luz, 1997). Na busca por novos paradigmas e modelos assistenciais na área da saúde mental e da psiquiatria, e, mais especificamente, na saúde da família, emergiu a necessidade de se desenvolver um trabalho de caráter científico que procurasse investigar práticas e modelos de atenção, com enfoque voltado para a saúde emocional dos indivíduos, por conseguinte das famílias para uma abordagem comunitária. Em um momento de transição de modelos assistenciais e com a expansão da Reforma Psiquiátrica, ainda são pontuais as experiências que incorporam os novos paradigmas ou modelos assistenciais, baseados em uma filosofia do trabalho transdisciplinar, na humanização das relações, na desospitalização do atendimento, em uma atenção comunitária em forma de redes sociais.

A TC vem consolidando-se como uma tecnologia de cuidado, de baixo custo, desenvolvendo ações de promoção da saúde e prevenção do sofrimento emocional nas comunidades, podendo ser considerada, também, uma estratégia de reabilitação e de inclusão social pela rede de apoio psicossocial que pode ajudar a construir. Como instrumento de cuidado, a TC demonstrou atender aos princípios norteadores do SUS, ensinando-nos a construir redes de apoio social, possibilitando mudanças sociais e reconhecendo as competências de cada ator social para contribuir na superação das dificuldades. Cremos, portanto, que a TC atende às metas a que se propõe e que deve ser divulgada como uma prática de caráter terapêutico, transformadora da realidade e que pode ser utilizada nos diversos níveis de atenção à saúde, especialmente na atenção básica.

Uma das categorias importantes de Paulo Freire é o inédito viável. Essa categoria traz a ideia da utopia, sonho possível. Para Freire, nós, seres humanos, temos, mal ou bem, ideia de nossos condicionamentos e nossa liberdade. Em determinados momentos de nossas vidas, nos deparamos com obstáculos, barreiras que precisam ser vencidas, denominadas por Freire de "situações-limite". Diante dessas situações, temos várias atitudes: ou percebemos como obstáculo intransponível, ou simplesmente não queremos transpor, ou ainda não sabemos como transpor e vamos nos empenhar para superar. Nessa hipótese, a situação-limite foi entendida criticamente, pois nos sentimos desafiados e queremos agir, rompendo a fronteira entre o ser e o ser mais, idealizada por Freire. Esse é o inédito viável, a utopia possível, pois sabemos que existe, mas só será conseguido através de uma prática transformadora, libertadora, como sonhava Freire.

Qualquer ação terapêutica exige do profissional a convicção de que a mudança é possível. Um dos saberes primeiros, indispensáveis a quem, chegando a realidades marcadas pela traição a nosso direito de ser, pretende que sua *presença* vá tornando-se convivência, que seu *estar no contexto* vá virando *estar como ele*, é o saber do futuro como problema, e não como inexorabilidade. É o saber da História como possibilidade, e não como *determinação*. O mundo não é. O mundo está sendo.

Na abordagem proposta, o sujeito sai da invisibilidade que a concepção e a prática "bancárias", imobilistas, "fixistas", terminaram por desconhecer os homens como seres históricos, como parte problematizadora exatamente do caráter histórico e da historicidade dos homens. Por isto mesmo é que a abordagem os reconhece como seres que *estão sendo*, como seres inacabados, inconclusos, *em* e *com* uma realidade, que, sendo histórica também, é igualmente inacabada. O sujeito não é julgado pela sua historicidade, ao contrário é respeitado enquanto ser aprendente.

REFERÊNCIAS

BARRETO, A. de P. *Terapia comunitária passo a passo*. Fortaleza: LCR, 2005.

BERGER, P. L. *A construção social da realidade*: tratado de sociologia do conhecimento. Petrópolis: Vozes, 1973.

BRASIL. Ministério da Saúde. Secretaria de Atenção à Saúde. *Políticas de saúde mental*. Brasília: Ministério da Saúde, [2010]. Disponível em: <http://www.saude. gov.br>. Acesso em: 10 out. 2005.

BRASIL. Ministério da Saúde. Secretaria de Políticas de Saúde. *As cartas de promoção da saúde*. Brasília, DF: Ministério da Saúde, 2002.

BRITO, R. B. A afetividade no grupo terapêutico. In: THIERS, S. (Org.). *A essência dos vínculos*. Rio de Janeiro: Altos da Glória, 2001.

CAPRA, F. *O ponto de mutação*. São Paulo: Cultrix, 2001.

CAVALHERI, S. *Auto-avaliação*: recursos pedagógicos na efetivação de uma proposta pedagógica. 2002. Dissertação (Mestrado em Educação) – Faculdade de Educação, Pontifícia Universidade Católica, Campinas, 2002.

CECCONELLO, A. M.; KOLLER, S. H. Competência social e empatia. *Estudos de Psicologia,* Natal, v. 5, n. 1, 2000.

CHAUÍ, M. *Conformismo e resistência*. São Paulo: Brasiliense, 1986.

COSTA, M. P. (Org.). *Taylorismo*: após 100 anos nada superou o modelo de gestão? Rio de Janeiro: Qualitymark, 2010.

DEMO, P. *Sociologia*: uma introdução crítica. 2. ed. São Paulo: Atlas, 1987.

DURÁN GONZÁLES, A.; ALMEIDA, M. J. Integralidade da saúde: norteando mudanças na graduação dos novos profissionais. *Ciência e Saúde Coletiva*, v. 15, n. 3, p. 757-762, jan./maio 2010.

FREIRE, P. *Pedagogia do oprimido*. 41. ed. Rio de Janeiro: Paz e Terra, 2005.

FUKUI, L. Terapia comunitária e o conceito de comunidade: uma contribuição da sociologia. In: CONGRESSO BRASILEIRO DE TERAPIA COMUNITÁRIA, 1., 2003, Morro Branco, *Anais*... Morro Branco, 2003.

GUIMARÃES, E. *Políticas sociais no Brasil*. 2004. Trabalho de conclusão de curso – Universidade Federal de Minas Gerais, Belo Horizonte, 2004.

KONDER, Rodolfo in OCTAVIANO, J. *Nas profundezas da rede*. São Paulo: Oficina do Livro, 2004.

LAPLATINE, F. *Aprender antropologia*. São Paulo: Brasiliense, 1995.

LIBÂNEO, J. C. *Democratização da escola pública*: a pedagogia crítico-social e dos conteúdos. 19. ed. São Paulo: Loyola, 2003.

LITLLEJOHN, S. W. *Fundamentos técnicos da comunicação humana*. Rio de Janeiro: Guanabara, 1988.

LUZ, M. Gigantes no intelecto: questão de caráter ou de hereditariedade? In: CONGRESSO DE TERAPIA COMUNITÁRIA, 4., 1997, Porto Alegre. *Trabalho*... Porto Alegre: AMRIGS, 1997.

MACHADO, L. Z. Famílias e individualismo: tendências contemporâneas no Brasil. *Interface*, São Paulo, v. 5, n. 8, p. 11-26, fev. 2001.

MAFFESOLI, M. *O Tempo das tribos*: o declínio do individualismo nas sociedades de massa. 2. ed. Rio de Janeiro: Forense Universitária, 1998.

MATTELART, A; MATTELART, M. *Histórias das teorias da comunicação*. São Paulo: Loyola, 1999.

MELLO, R. *Meninos do mangue*. São Paulo: Schwarcz, 1991.

NASCIMENTO, E. *Retrato desnatural*. São Paulo: Record, 1995.

NIEMAN, D.C. *Exercício e saúde*: como se prevenir de doenças usando o exercício como seu medicamento. São Paulo: Manole, 2002.

PICHON-RIVIÉRE, E. *Teoria do vínculo*. 6. ed. São Paulo: Martins Fontes, 2000.

RALPH, L. *O homem*: uma introdução à antropologia. 11. ed. São Paulo: Martins Fontes, 1981.

TOWSEND, M. C. *Saúde psiquiátrica*: conceitos de cuidados. 3. ed. Rio de Janeiro: Guanabara Koogan, 2002.

VASCONCELOS, E. M. *O poder que brota da dor e da opressão*: empowerment, sua história, teorias e estratégias. São Paulo: Paulus, 2003.

WATZLAWICK, P. et al. *Pragmática da comunicação humana*: um estudo dos padrões, patologias e paradoxos da interação. São Paulo: Cultrix, 1967.

PARTE III

Terapia familiar e interdisciplinaridade

capítulo 13

A FAMÍLIA COMO A PORTA DE ENTRADA PARA A ABORDAGEM INTEGRAL DA CRIANÇA E DO ADOLESCENTE

JOSÉ OVIDIO COPSTEIN WALDEMAR
OLGA GARCIA FALCETO*

INTRODUÇÃO

Este capítulo menciona a trajetória profissional dos autores e chama a atenção para o destaque que na literatura recente o grupo familiar tem recebido tanto na prevenção quanto no tratamento dos distúrbios psiquiátricos. Comenta os avanços no campo da integração das psicoterapias e na compreensão da complexa interação entre os fatores genéticos e psicossociais. Expõe casos que representam situações clínicas comuns, descrevendo seu manejo habitual e as dificuldades encontradas. Mostra os vários papéis que pode assumir o psiquiatra da infância e da adolescência nas instituições e finaliza com uma revisão sobre a eficácia da terapia familiar com crianças e adolescentes, assinalando a importância da equipe multidisciplinar e dos recursos comunitários para lidar com os casos mais difíceis.

DESENVOLVIMENTO DO CAMPO

Completamos nossa formação profissional na década de 1970 nos Estados Unidos quando o movimento de terapia familiar estava desabrochando. Como psiquiatras da infância e da adolescência, começamos a ensinar a visão sistêmica – como foi originalmente chamada –, já integrando a contribuição biológica e psicodinâmica, o que possibilitou no retorno ao Brasil no início da década de 1980 a inserção mais harmoniosa da terapia familiar no contexto universitário e no ensino privado, evitando as polarizações que aconteceram em muitos centros formadores. Já em trabalho publicado anteriormente, escrevíamos:

> Pensamos, como Liddle, que as teorias de terapia são por sua própria natureza uma visão parcial da realidade... por outro lado, o ecletismo sistemático, isto é, a combinação disciplinada de teorias e técnicas de escolas diferentes, mas compatíveis, não é algo simples, ao contrário, é uma tarefa árdua e complexa que só recentemente começou. (Waldemar e Falceto, 1986)

Hoje, 25 anos depois, os centros de formação de terapeutas comumente ensinam múltiplas abordagens e já estamos

* Agradecemos às equipes do Instituto da Família e do Serviço de Psiquiatria da Infância e Adolescência do Hospital de Clínicas de Porto Alegre que, ao longo dos anos, ajudaram a construir nossa visão e forma de trabalho. E ao estudante de Medicina, bolsista de iniciação científica, Daniel Henrique Fior, que auxiliou na revisão bibliográfica.

bem mais avançados na integração das psicoterapias (Waldemar, 2008).

O conceito de vulnerabilidade biológica está bem estabelecido, como mostra o estudo clássico finlandês com crianças adotadas filhas de pais esquizofrênicos, que concluiu que não é o alto risco genético nem a disfuncionalidade do ambiente familiar que por si só causam doença mental: "o risco genético e o ambiente familiar tem um efeito interativo em promover o aparecimento da doença ou então em proteger contra o aparecimento do distúrbio psiquiátrico" (Heru, 2006).

Por isso, faz sentido o relato de Sholevar (2007) que afirma que "mais da metade dos projetos de pesquisa financiados pelo National Institute of Health (órgão principal que financia a pesquisa em saúde mental nos Estados Unidos) contém um componente familiar [...] incluindo aqui o enfoque familiar dentro da Terapia Cognitivo-comportamental (TCC)".

Já em 1983, Rutter (Sholevar, 2001) assinalava que o número de crianças e adolescentes com problemas de conduta era muito maior no grupo de pais que apresentavam distúrbio psiquiátrico e um alto grau de conflito e tensão. Estudos posteriores confirmam a associação entre comportamento inadequado dos pais e sintomas em crianças e adolescentes. Os filhos envolvidos mais diretamente no conflito conjugal – os chamamos de "triangulados" – são aqueles mais predispostos a desenvolver sintomas psiquiátricos. Já os irmãos que não se envolvem nos conflitos dos pais foram descritos como que ficando "protegidos" dos sintomas (Heru, 2006).

É importante ter em mente também que os filhos reagem de formas diferentes na vigência de psicopatologia parental e/ou interações adversas, pois outros fatores podem estar envolvidos, por exemplo, ordem de nascimento e momento do ciclo vital dos pais. Muitas vezes, trabalhar as interações disfuncionais na família, quando a criança apresenta um quadro grave, só é possível após a melhora sintomática da criança, o que traz um imediato alívio para a família.

O psiquiatra de crianças e adolescentes, especialmente treinado para avaliar a influência dos fatores biológicos, genéticos e do desenvolvimento, pode encontrar na visão sistêmica um valioso instrumento teórico e técnico para compreender a complexa interação dos fatores genéticos, orgânicos, intrapsíquicos, interacionais, transgeracionais, culturais e sociais, elaborando em cada caso que se apresenta um plano de atendimento específico conforme o diagnóstico (Falceto, 2007), as necessidades e possibilidades do cliente, do profissional, da família e da instituição.

CASOS CLÍNICOS

Os casos narrados a seguir mostram diferentes aspectos da contribuição do psiquiatra da infância e adolescência. Os dois primeiros casos foram atendidos por JOCW, e o segundo foi publicado inicialmente em 1997 (Falceto e Waldemar, 1997). O primeiro ressalta a importância da compreensão dos fatores desencadeantes para preparar uma intervenção terapêutica, como descrito em publicações anteriores (Waldemar, 1982; Falceto, 2006; Falceto e Waldemar, 2001; Falceto e Waldemar, 2009).

No segundo caso, mesmo com indicações parciais para introduzir o uso de medicamentos, o manejo do caso sem fármacos mostrou-se o mais adequado. No terceiro caso, em que JOCW foi consultor e supervisor, o uso dos medicamentos foi essencial, mas, como é frequente, havia efeitos colaterais.

Primeiro caso

Mário, de 10 anos, vem à primeira consulta acompanhado da mãe, Edilsa, de 34 anos, e da tia materna, Adela, encaminhado pela escola porque tem sido desatento, irritado e vem tirando notas baixas. O pai, Antenor, de 35 anos, não pode comparecer. O problema começou há 4 meses, e a mãe, que refere que ela própria não está bem, associa o início dos sintomas ao episódio de um aborto espontâneo que ela teve. Aconteceu em um final da tarde, no horário em que Mário retornava da escola. Quando ele chegou em casa, ainda encontrou no chão da sala sangue e restos placentários, que estavam sendo recolhidos pela tia para posteriores exames. Mário ficou muito chocado com a cena, tendo na hora falado para a mãe: "Puxa mãe, eu tinha notícias tão boas da escola para te dar e agora chego aqui e o meu irmão morreu". Quando seu pai chega em casa mais tarde, Mário fala para ele: "Pai, se você não tivesse dito aquilo, os anjinhos não teriam dito amém e o meu irmãozinho ainda estaria na barriga da mãe". O "aquilo" a que Mário se referia foi o que ele escutou o pai dizer para a mãe dois dias antes durante uma das brigas costumeiras do casal. Como a mãe vinha passando mal na gravidez, o pai disse para Edilsa: "Não vai dar para aguentar assim nove meses, se você vai continuar assim, é melhor então tirar o nenê!". Nos dias seguintes ao abortamento, o menino já começou a mudar seu comportamento e piorar o desempenho escolar. Uma psicóloga consultada recomendou que o pai tinha de falar com Mário para esclarecer o incidente, o que, segundo a mãe, nunca aconteceu. O assunto foi sendo abandonado pelo casal, mas os sintomas de Mário pioraram – na escola ficava desenhando cemitérios, e a mãe começou a sentir fraqueza e esquecimentos. Na sessão, Edilsa se queixou muito do marido; tratava-se um casal muito disfuncional que costumava brigar na frente do filho único. Mário era mais próximo da mãe, o pai trabalhava muito, mas costumava ficar brincando com o filho em casa durante as noites que a mãe dava plantão na casa geriátrica onde trabalhava.

Mantive-me no foco e, com a ajuda da tia, que era uma pessoa com mais estudo, procurei esclarecer na sessão que não foram as palavras do pai "que mataram o nenê", como Mário e Edilsa no desenrolar da consulta confirmaram que era no que acreditavam. Tanto o menino como a mãe ouviram muito atentamente minhas explicações que abortos espontâneos ocorrem comumente e que não se pode atribuir simplesmente às palavras do pai o que havia acontecido; falei que o que as pessoas sentem e dizem é muito importante, mas insisti que não foram as palavras do pai que mataram o nenê. "Mas eu não rejeitei o nenê!", disse a mãe enquanto eu explicava as possíveis causas dos comuns abortamentos em mulheres grávidas. Procurei estabelecer que o que tinha acontecido era uma fatalidade e que ninguém era diretamente culpado. Tanto o menino quanto a mãe pareceram sair aliviados da sessão. Na consulta seguinte, com a presença do pai, ambos revelaram que a consulta inicial tinha acalmado muito o menino, e a professora inclusive havia falado para Edilsa que na escola a mudança de Mário já era visível. Edilsa também estava sentindo-se melhor. Os pais elogiaram a melhora de Mário, entenderam como ele havia sido prejudicado e se comprometeram no futuro a protegê-lo de suas brigas. Encaminhados para atendimento regular, os pais satisfeitos com a melhora de Mário não deram continuidade ao tratamento. O seguimento do caso após 6 meses mostrou que Mário havia se estabilizado e estava bem na escola.

Comentário

Este caso mostra a evolução de uma reação pós-traumática em Mário desencadeada por uma crise familiar que ficou mal resolvida. Existem muitas interpretações em vários níveis para o caso, mas na sessão foi fundamental trabalhar com a crença compartida pela mãe e Mário de que o abortamento fora causado pelas palavras do pai, que havia sido transformado em um "assassino" na fantasia dos dois, dentro de uma estrutura de pensamento mágico. O rápido alívio sintomático de Mário mostrou um menino que precisava ouvir palavras tranquilizadoras a respeito do pai, que se revelou na segunda consulta uma pessoa com muito mais recursos do que os descritos pela mãe no primeiro encontro. A manutenção da melhora após 6 meses mostra o poder das intervenções focais quando o fator desencadeante está claro e os adultos são colaborativos. Os pais não estavam motivados para tratamento de casal. Um caso semelhante a este já havia sido descrito por mim (Waldemar, 1982).

Segundo caso

André é um menino de 13 anos, grande para a idade, visivelmente aborrecido nas consultas, que já pilota uma moto de adulto, para desespero da mãe, Nívea, de 31 anos. A irmã caçula de 5 anos não apresenta problemas.

A moto é cortesia do pai, Aluízio, um empresário de 62 anos, em seu segundo casamento, colecionador dessas máquinas possantes. Moram em um condomínio onde outros rapazes mais velhos saem após a escola para passear de moto ao cair da tarde nas redondezas. A escola encaminhou André após sua primeira reprovação; queixaram-se de desinteresse nas aulas e atitude beligerante. A investigação clínica com visita à escola, avaliação neurológica e psicométrica não apresentou resultados conclusivos. Como veremos a seguir, preferiu-se abordar o caso começando com a disfunção familiar e o resultado foi bom.

As entrevistas com a família revelaram conflitos novos e outros já bem mais antigos. Nívea que se casou aos 18 anos e não trabalha fora, alega ter perdido toda a autoridade com o filho, pois não vem conseguindo controlar os horários de estudo ou as escapadas de moto. Nívea queixa-se da falta de mais apoio do pai, que delegou para ela as tarefas disciplinares, justificando que só à noite está em casa. Nívea reivindica mais liberdade e autoridade, mas na frente do marido comporta-se como se fosse irmã mais velha de André. Aluízio diz que quer uma mãe que se imponha com o filho, mas dá sinais que em relação a ele prefere que ela continue dócil. Declara-se apaixonado por Nívea, mas duvida que a mulher possa ser mais competente como mãe, pois "não está no sangue dela". Fica claro que tinha casado com uma jovem adolescente e está com dificuldades de aceitar o crescimento de Nívea, que quer se impor mais, ter atividades fora de casa, mas ao mesmo tempo tem medo de enfrentar o marido.

Nívea explica que, desde pequeno, o menino tinha "ataques" quando frustado e ela cedia porque tinha medo de que André ficasse "louco que nem minha mãe!". A avó, que teve duas hospitalizações por doença bipolar, é viúva e mora sozinha, bem compensada com medicação. Em consulta na qual participa a avó, Nívea convence-se de que o problema do filho é diferente. "Eu tinha medo de enfrentá-lo e piorá-lo", disse. O pai, que foi um adolescente pobre, consegue compreender nas consultas que, identificado com André, está fazendo demais as vontades do filho. Falta frequentemente às sessões, "devido aos negócios", deixando para a dupla mãe-filho a maioria das consultas, mas colabora terapeuticamente, passando a ser mais firme com o menino. Após um período de consultas familiares tensas, precipitadas por um acidente em que André quebrou um braço, Nívea reivindicou e conseguiu mais autonomia, enquanto Aluízio continua mais firme com o filho, que vê terminado seu período de impunidade. Encorajado a procurar as suas duas filhas adultas do primeiro casamento de quem estava distante, Aluízio começa a redirecionar o seu investimento afetivo, demasiado voltado para o filho.

Essa etapa evolui bem, tornando o casal capaz de combinar e manter regras mais consistentes para o jovem. Proibido de sair do condomínio com a moto, André percebeu que a situação realmente mudou quando a mãe foi atrás dele com o carro grudado ao lado da sua moto por mais de cinco minutos, até que, encabulado na frente dos amigos, decidiu retornar à casa. Daí em diante passou a respeitar mais a mãe. Horários de estudo e uma professora particular foram estipulados. O seguimento do caso após um ano mostrou André mais comportado e adaptado à escola, tendo passado de ano, e Nívea enfrentando novos desafios.

Comentário

Este é um caso que na avaliação inicial gerava hipóteses como transtorno de humor, déficit de atenção e hiperatividade e transtorno oposicional ou de conduta.

Para a mãe foi difícil vir consultar com psiquiatra, pois receava que o filho tivesse o mesmo quadro da avó. Nesta situação, não só não foi necessário, mas teria sido contraproducente, pensar em medicar o menino, pois para a mãe no início do tratamento significaria o seu maior medo tornar-se realidade. Por outro lado, Nívea estava muito motivada para o tratamento, pois também havia assuntos seus com o marido que queria abordar. Uma das vantagens da abordagem familiar é que, além de ajudar o paciente identificado, é possível trabalhar outros subsistemas: ajudou-se o casal e ainda o pai se aproximou das filhas do primeiro casamento, que haviam se afastado quando ele casou com uma moça da idade delas. Em relação ao transtorno de conduta, Sholevar (2001) escreve que: "tende a ocorrer em famílias que se caracterizam por um alto grau de discórdia e tensão entre os pais e é esta discórdia, e não separação ou divórcio, que cria um fator de risco". Diz ainda que "a intervenção familiar em transtornos externalizantes – como o aqui descrito – é muito importante por dois fatores:

1. a alta prevalência de transtornos de conduta chega a fazer com que representem 50% dos encaminhamentos dos jovens em geral para clínicas de saúde mental, ou seja, 5% da população jovem em geral; e
2. esta população delinquente mais grave gasta muitos dos recursos disponíveis no sistema, inclusive hospitalização, e frequentemente o tratamento fracassa quando os jovens retornam para casa devido à influência negativa de suas famílias".

Concordamos com Henggeler e colaboradores (Henggeler et al., 1998) que indicam que, nos casos mais graves de transtorno de conduta, se necessita de uma abordagem multidisciplinar e multisistêmica.

Terceiro caso

Gustavo era um garoto de 12 anos, de aparência normal, o mais velho de 3 irmãos, cujos pais eram pequenos comerciantes. A irmã tinha 8 anos, e o caçula, 4. Os pais procuraram um serviço público universitário de saúde mental orientados pela escola, que notou ao longo do semestre que o rapaz vinha ficando cada vez mais apático e desinteressado pelo trabalho escolar, no qual sempre havia se sobressaído. Os pais também notaram em casa o surgimento desse comportamento de recolhimento e reclusão e logo procuraram auxílio. Foi feito um diagnóstico de depressão, e Gustavo em pouco tempo respondeu bem a uma dose de 20mg de fluoxetina. Atendido no ambulatório de hospital-escola, Gustavo continuou com consultas de apoio e farmacológicas. Era o primeiro ano que Gustavo estava em uma escola pública, transferido de uma particular porque "era a vez da irmã cursar a escola particular", já que os pais não tinham recursos para os dois filhos frequentarem esse tipo de escola ao mesmo tempo. Segundo Gustavo, a transferência foi o motivo principal que o levou a ficar deprimido. Alguns meses após, a escola novamente entrou em contato com a família, relatando que Gustavo estava muito agitado, metendo-se em brigas e suspeito de pequenos furtos em aula. Em casa os pais também notaram que o comportamento de Gustavo havia se modificado. Estava bem agressivo com os irmãos, fugia de casa sem dizer aonde ia e estava pegando dinheiro escondido dos pais. Uma reconsulta psiquiátrica reformulou o diagnóstico para bipolaridade, suspendendo o antidepressivo e iniciando estabilizador de humor. Houve uma rápida melhora parcial e, como os pais mostravam muita divergência em como lidar com Gustavo, foram então encaminhados para terapia familiar.

Os pais

Já no primeiro contato com o terapeuta familiar, como consultor-supervisor, ficou evidente uma disfunção conjugal crônica, que a mãe descrevia como sendo formas diferentes de educar: ela sempre com muita paciência e o pai sem nenhuma, logo partindo para tapas e empurrões no menino. O pai, pessoa que se expressava muito bem e que aparentava menos idade do que a mãe, defendeu-se dizendo que ele pedia uma ou duas vezes para Gustavo mudar de atitude e só então apelava para o castigo físico, o que segundo a mãe também não surtia efeito, pois Gustavo gritava "bate, bate, que não vai adiantar nada". A mãe sempre intervinha quando o pai se tornava violento, interpondo-se entre ele e Gustavo e afastando o filho do pai.

A história transgeracional

Marieta, a mãe, era uma da prole de cinco filhos de pequenos agricultores. Começou a trabalhar muito cedo, como era o costume na região. Preferia trabalhar na agricultura do que ajudar a mãe nas lides domésticas, já que a mãe era violenta e muitas vezes ela testemunhou sua irmã, que hoje é doente mental crônica, levar surras terríveis. Atribui a esse trauma não tolerar a tendência à violência do marido, mesmo que reconheça que ele é muito mais controlado do que se lembra da mãe.

O pai, Antônio, veio de uma família ainda mais pobre; sua mãe teve seis filhos com o primeiro marido que faleceu e ainda outros dois com namorados eventuais que nunca assumiram a paternidade. Antônio foi dos que não conheceu o pai, que segundo familiares, teria migrado para o centro-norte do Brasil, procurando melhores oportunidades. Com oito filhos para criar e sem profissão, a mãe de Antônio entregou-o quando pequeno para uma outra família prover por ele. Segundo Antônio, ele fazia trabalho quase escravo e depois de algum tempo fugiu para retornar a viver, mesmo que miseravelmente, com sua mãe e irmãos. Sem profissão fixa, viveu sempre de biscates, até que a esposa, que havia terminado o segundo grau e passado em concurso para bancária, abriu um pequeno comércio de alimentos para os dois se ocuparem, com a indenização que recebeu quando o banco onde trabalhou por mais de 10 anos fechou.

A vida familiar

Já quando trabalhava como bancária, Marieta costumava chegar em casa no final da tarde e ir direto preparar a janta, deixando ainda o suficiente para o almoço do dia seguinte. Mesmo em épocas de desemprego, Antônio não ajudava nos afazeres da casa com o argumento de que Marieta era perfeccionista e preferia fazer tudo ela própria. Marieta admite que não tem tolerância para trabalho malfeito e reconhece uma compulsão para se manter sempre em atividade. Uma vizinha da família, da confiança dos pais, sempre auxiliou quando os filhos eram menores. Quando do contato inicial com a família, Gustavo e a irmã já supervisionavam o caçula no turno em que estavam em casa. Fazia parte das recentes mudanças no comportamento de Gustavo bater nos irmãos, sendo esta a principal razão que levava o pai a perder a paciência com o filho.

Gustavo começou a ler muito cedo e seu excelente desempenho escolar e facilidade de expressão oral faziam com que seus pais lhe exigissem sempre nada menos que nota máxima nas avaliações. Aos 10 anos, já estava sendo doutrinado para estudar muito e passar em uma universidade pública, única forma que a família via de dar um futuro melhor para os filhos. Gustavo se achava muito inteligente e argumentava para os pais que não precisava de muito estudo para tirar notas boas. O menino reivindicava mais liberdade para sair à rua e brincar em *lan houses*, o que era proibido pelos pais. As escapadas e furtos de Gustavo eram para alimentar suas visitas a esses lugares. O pai jogava futebol, e Gustavo estava matriculado em uma cara escolinha de futebol que ele não fazia questão de frequentar, sendo este outro tema de conflito na família.

A relação do casal

Os cônjuges relataram que já há alguns anos vinham se afastando sexual e afetivamente. O nascimento do caçula pegou os dois de surpresa. Marieta desconfia da fidelidade do marido que, por sua vez, atribui a desconfiança à falta de desejo sexual da esposa. Marieta apresenta-se descuidada na aparência, exibindo cabelos brancos no meio de outros já descoloridos, com o que ela diz não se importar, pois "tem coisa mais importante onde gastar seu dinheiro". Antônio reclama do desleixo de Marieta mas não contra-argumenta quando ela diz que ele não faz nada para perder os 15 quilos que tem de sobrepeso.

A triangulação de Gustavo

A interação familiar disfuncional típica era aquela em que Gustavo não escutava a mãe, o pai então ficava violento e/ou castigava exageradamente, e a mãe intervinha criticando o pai e abrandando o castigo imposto por ele. Portanto, a primeira fase da terapia familiar tratou de conseguir que os pais pudessem cooperar e chegar a expectativas comuns a respeito de como lidar com Gustavo. O seu comportamento havia melhorado parcialmente com estabilizador de humor, mas ele ainda continuava mentindo, sendo agressivo com os irmãos, pegando dinheiro dos pais e entrando em conflito com colegas. Em terapia, ainda sem acordo entre os pais, Marieta tentou por si só, mas não teve sucesso em supervisionar Gustavo. Com auxílio terapêutico, combinou com Antônio que ela se afastaria para o pai se encarregar de Gustavo, podendo ele ser muito firme, mas conseguindo do marido o compromisso de não recorrer à força física. Como Gustavo já havia deixado claro que sentia falta de mais contato com o pai, a presença de Antônio mais próximo do filho de uma forma mais adequada (supervisionada terapeuticamente) surtiu o efeito desejado. Ao longo de vários meses, Gustavo foi modificando-se e aos poucos voltou ao seu desempenho anterior. O casal não se interessou por tratar seus conflitos conjugais, dizendo-se satisfeitos com a evolução de Gustavo.

Novas etapas do tratamento

A família foi acompanhada nesta primeira fase por quase dois anos; depois eles ficaram dois anos sem frequentar a clínica e quando voltaram foi por um breve período de dois meses para ajudar o subsistema fraterno a viver com menos conflito. Quando retornaram pela última vez, era porque Gustavo não havia passado no vestibular da Universidade Federal – estava com 19 anos, ficando em casa sem estudar ou ajudar, dormindo até tarde e trocando a noite pelo dia na frente dos joguinhos de computador. Um ano antes, os pais tinham se separado, a mãe tomando a iniciativa ao encontrar um outro parceiro que a tinha feito "se sentir amada" depois de muito tempo. Após um breve período de namoro, o novo companheiro, que era viúvo, foi morar na casa com Marieta e os filhos. O pai morava sozinho em precárias condições e continuava com dificuldades financeiras. Por outro lado, se dava bem com a ex-esposa e frequentava a casa dos filhos quase diariamente durante a semana, supervisionando e preparando refeições, já que Marieta e o companheiro passavam o dia envolvidos em seus negócios. Gustavo não queria tomar medicações devido à suposta sonolência no tratamento anterior. Verbalizava uma revolta grande com o padrasto, a quem achava um estranho na casa. Marieta andava muito preocupada com o fato de que seu companheiro pudesse querer terminar a relação por conta da hostilidade de Gustavo e dizia que, nesta fase de sua vida, a prioridade era tentar manter seu novo relacionamento e disse a Antônio que se as conversas familiares não surtissem efeito ela iria exigir que Gustavo fosse morar com o pai. Ficou combinado nas consultas familiares que Gustavo teria algumas semanas para procurar emprego, senão teria que ir morar com o pai, o que Gustavo não queria aceitar, pois na casa do pai não havia computador ou TV a cores, suas principais diversões. Com o apoio do pai, em poucas semanas Gustavo, que era muito talentoso em informática, conseguiu um emprego que lhe possibilitava pagar suas contas e aceitou reduzir suas horas diante do computador e tentar novamente estudar para passar no vestibular. Gustavo nunca aceitou bem as sessões individuais, mas gostava dos encontros familiares. No momento em que a estabilidade no emprego de Gustavo foi atingida, a família deu-se por satisfeita com esta nova etapa no tratamento.

Comentário

Este caso foi atendido por um residente com a supervisão de um dos autores (JOCW) que viu a família junto com o residente várias vezes, tendo ficado como a pessoa de referência para a família nos atendimentos subsequentes ao primeiro. A família foi acompanhada ao longo de sete anos, em três períodos de intervenção terapêutica em etapas distintas do ciclo vital.

No primeiro momento do atendimento, Gustavo apresentou o que na literatura se chama "virada maníaca", ou seja, o portador de vulnerabilidade bipolar – havia antecedentes maternos e paternos de transtorno de humor – desenvolve comportamentos descontrolados a partir de uma depressão medicada com antidepressivos. Para este casal, a chegada do primeiro filho, inteligente e precoce, fez com que muitas expectativas fossem colocadas nele, tinha de tirar sempre notas muito altas, fazer muitas atividades extracurriculares e ainda cuidar dos irmãos menores; será que não o tornaram "meio maníaco", grandioso por assim dizer? Stierlin (Sholevar, 2001) foi um dos primeiros a assinalar o processo muito comum através do qual "os filhos funcionam como representantes dos pais para realizar seus desejos secretos ou não, com os pais gratificando-se através deles". Gustavo era o filho que veio para trazer glória para a família.

Este caso também mostra outro aspecto muito relevante quando se trabalha com pais com conflito conjugal crônico: é importante manter-se no foco que os trouxe à terapia, neste caso seu relacionamento com o filho. Muitos terapeutas prematuramente tentam ajudar um casal que não está pronto para isso, levando-os a abandonar o tratamento. Por outro lado, é muito comum pais que se separam ao longo do tratamento ou ao longo da vida, mas continuam podendo colaborar para ajudar os filhos. O fato de Marieta ter se separado depois de anos de acomodação em uma relação insatisfatória pode ser visto como importante recurso de uma mulher resiliente, muito lutadora desde sua infância marcada por uma mãe violenta e uma irmã que traumatizada por maus-tratos físicos desenvolveu doença mental.

O casal apresentava uma disfunção crônica grave, precisando de muitas sessões para conseguir colaborar na disciplina do filho. Obtiveram bons resultados por terem mostrado flexibilidade, tanto a mãe, que aceitou suas limitações admitindo não conseguir sozinha controlar o filho, quanto o pai, que suspendeu seu comportamento violento. O trabalho com a dupla pai-filho foi eficaz, pois também promoveu a reaproximação do pai com o filho, algo que Gustavo almejava. Quando ouviu pela primeira vez Antônio contar que tinha vontade de pelo menos conhecer quem tinha sido seu pai, Gustavo emocionou-se e disse para Antônio, "Pai, descobre onde ele está que eu vou com você visitá-lo!".

O ENFOQUE BIOPSICOSSOCIAL

Alguns terapeutas familiares, especialmente os que não trabalham em ambiente hospitalar ou com populações marginalizadas, têm dificuldade em aceitar que determinados problemas de saúde mental da infância e adolescência tenham importantes aspectos genéticos e biológicos. Os terapeutas têm a experiência de que as crianças reagem positivamente quando são atendidas suas necessidades de atenção, afeto e limites adequados ao estágio de desenvolvimento. Observam que os sintomas psiquiátricos melhoram quando muda o ambiente, mesmo na presença de forte história genética e pais com psicopatologia estabelecida. Mas isso não diminui a importância dos fatores genéticos e biológicos. O que ocorre se entende adequadamente através da interação entre esses fatores e o ambiente psicossocial. O conceito de emoções expressas (Heru, 2006) aborda esse tópico. Um dos aspectos mais importantes desse conceito que se desenvolveu inicialmente no trabalho com esquizofrênicos, mas que agora se estende a vários outros quadros, é o uso indiscriminado da crítica. Por exemplo, um pai frustrado por não conseguir tirar o filho da cama pela manhã grita: "Fica aí, fica aí, você é um vagabundo mesmo, nunca vai ser ninguém na vida, com sorte lixeiro!". Os familiares, ao criticar o paciente, tendem a atacar a pessoa como um todo, em vez de responsabilizar a doença do paciente pelo comportamento inadequado. Famílias com alta emoção expressa apresentam mais recidivas.

Segundo Miklovitz (Heru, 2006):

> Consistente com as visões sistêmicas, famílias com alta emoção expressa têm uma vulnerabilidade para a disfunção, com a doença servindo como estressor. Por sua vez o paciente tem vulnerabilidades biológicas e psicológicas que são ativadas por estas interações familiares aversivas. Estas interações familiares são quase certamente estressantes para os familiares que procuram ajudar na recuperação do paciente e também parecem afetar fisiologicamente o paciente.

As abordagens terapêuticas que incluem a modificação dessas interações familiares disfuncionais trazem resultados melhores e diminuem a tendência a recaídas através da interrupção da repetição rígida de situações às quais a criança ou adolescente é neurologicamente sensível.

O PSIQUIATRA DA INFÂNCIA E DA ADOLESCÊNCIA NO CONTEXTO CLÍNICO

O bom funcionamento da equipe de trabalho, que inclui o psiquiatra da infância e da adolescência, terapeuta de família, educadores, fonoaudiólogos, nutricionistas, recreacionistas, enfermeiros, médicos clínicos e outros colegas, é fundamental para a boa evolução do tratamento.

No Instituto da Família de Porto Alegre (Infapa) e no Hospital de Clínicas da Universidade Federal do Rio Grande do Sul (HCPA-UFRGS) nos esforçamos para ter exemplos de equipes harmoniosas, sendo que, pela sua relevância, o papel do psiquiatra é fundamental. A participação dele no processo terapêutico com famílias inclui as seguintes possibilidades:

- Ser o terapeuta que assume o caso – que é o caso dos autores na clínica particular.
- Ser chamado como consultor nas instituições de ensino ou clínica privada, para auxiliar no diagnóstico de um quadro complexo ou resistente à psicoterapia.
- Ser solicitado para avaliar o caso, podendo medicar o paciente ou o familiar, tornando-se parte da equipe terapêutica.
- Ser consultor das equipes de atenção primária à saúde ou especialidades, participando do atendimento da demanda, planejamento de ações e educação continuada da equipe. Nesses contextos, colabora na organização do atendimento a situações clínicas complexas e também na resolução de problemas relacionados à dinâmica da equipe.

O INSTITUTO DA FAMÍLIA DE PORTO ALEGRE (INFAPA)

Como a maioria dos terapeutas de família no Infapa são psicólogos, o psiquiatra é chamado a opinar com frequência e encorajado a fazer a avaliação com a presença do psicólogo, o que facilita a formação da equipe e evita problemas de comunicação.

Começamos o tratamento geralmente com intervenções psicoterápicas sistêmicas no contexto familiar. Quando essas medidas são insuficientes, é necessário ampliar o sistema terapêutico normalmente com a inclusão da família de origem e partes da rede social. Também pode ser necessário medicar a criança e/ou outros familiares, o que aumenta o sistema terapêutico com a inclusão do psiquiatra. Frequentemente, a colaboração com a escola na terapia também é fundamental, sendo interessante que pais e terapeuta participem juntos da reunião na escola. Se há suspeita de negligência, maus-tratos ou abuso sexual da criança, é mandatória a colaboração com conselheiros tutelares e Ministério Público. Quando há necessidade de retirar temporariamente a criança do convívio familiar, é fundamental garantir que não haja perda dos vínculos, e sim sua transformação, e todos os profissionais envolvidos precisam coordenar seus esforços.

Os terapeutas em formação são estimulados a desenvolver um estilo próprio, conforme sua formação pessoal e profissional, aprendendo a integrar teorias e técnicas e o trabalho em equipe. É comum que as terapias familiares sejam mais focais e breves do que as individuais, durando em média em torno de seis meses. Depois desta etapa, pode haver necessidade ou motivação para o tratamento de algum subsistema familiar, seja o casal ou um dos indivíduos. O foco pode continuar sendo a promoção de mudanças nas relações familiares. Quando as famílias já chegam com problemas crônicos e graves de relacionamento, o que ocorre em cerca de 20% dos casos, o tratamento pode durar alguns anos, trabalhando-se a família e seus subsistemas de forma integrada.

Em relação à pesquisa, no Infapa estamos nos preparando para contribuir com estudos baseados em evidências. Desenvolvemos um prontuário eletrônico com dados quanti-qualitativos que incluem o uso de escalas. Os estudos de eficácia em terapia familiar são mais complexos do que na psicoterapia individual na modalidade cognitivo-comportamental, que é a que mais publicou artigos, por envolver mais atores, cenários e intervenções variadas. Como outros autores (Diniz Neto e Ferez-Carneiro, 2005), cremos que as atuais pesquisas baseadas em protocolos rígidos não representam a realidade da clínica e terão de evoluir para análises mais complexas.

O SERVIÇO DE PSIQUIATRIA DA INFÂNCIA E DA ADOLESCÊNCIA DO HOSPITAL DE CLÍNICAS

Dois anos de seminários e supervisão de casos de terapia familiar são parte da formação desde a criação da residência e curso de especialização em psiquiatria da infância e da adolescência da Faculdade de Medicina da UFRGS, onde atua um dos autores (OGF). A avaliação e tratamento da família é parte da abordagem biopsicossocial do Serviço de psiquiatria da infância e da adolescência do Hospital de Clínicas. O treinamento se dá nos programas de atendimento de ambulatório, internação, CAPSi e consultoria hospitalar e em Unidades Básicas de Saúde (UBS). Além disso, terapeutas familiares fazem parte de diversos programas de atendimento.

O Serviço de Psiquiatria Infantil presta consultoria à UBS Santa Cecília, vinculada ao hospital. O residente realiza a atividade com a supervisão do professor, auxiliando a equipe na avaliação global de casos complexos de saúde mental. Colabora no atendimento da demanda avaliando e acompanhando os casos junto com um membro da equipe, no planejamento de ações, na educação continuada da equipe e na resolução de problemas relacionados à dinâmica da equipe.

No exemplo que se segue mostramos uma abordagem intensiva, multidisciplinar e integrada, tendo como base o sistema familiar e acrescida de trabalho nutricional e corporal com as pacientes (Falceto et al., 2009), que é utilizada no Programa de

Transtornos Alimentares para Adolescentes do Hospital de Clínicas de Porto Alegre.

Menina multiproblemática, família multiproblemática

Alice tem 13 anos, mas parece ter 18, tantos são os seus problemas e preocupações. Ela e sua família são atendidos no Programa de Transtornos Alimentares para adolescentes do Hospital de Clínicas de Porto Alegre. Alice e seus dois irmãos menores moram com a mãe Celeste e o padrasto Rivaldo, sendo que este nega que não é o pai biológico.

Apesar de sua inteligência, Alice rodou na escola, o que é pouco comum em meninas anoréxicas. A mãe descreve a dificuldade principal de Alice como sendo seu desejo de permanecer excessivamente magra, mesmo tendo períodos de ingesta descontrolada seguida de vômito. A equipe faz o diagnóstico de anorexia nervosa purgativa e também fica muito impactada com a tristeza da menina.

Mesmo após uma fase inicial de tratamento com terapia familiar associada à terapia de grupo multifamiliar, mais tratamento individual da paciente no grupo de adolescentes, orientação nutricional individual e para o grupo familiar, Alice continua muito triste, relatando pensamentos suicidas e comportamentos automutilatórios. Começa-se com antidepressivos, mas a melhora é tímida. Já sabemos mais sobre o funcionamento da família: a organização é bastante caótica, a mãe é muito descontrolada, já tendo quase estrangulado a menina em um acesso de fúria. Rinaldo é excessivamente calmo, beirando a inação: os problemas parecem eclodir quando ele não está e não leva muito a sério as queixas de Alice. A equipe chega a pensar que possa estar havendo abuso sexual por parte dele, mas isso não se confirma. A próxima hipótese é de que a mãe tem transtorno de humor bipolar, herdada do lado paterno. A avó materna participa das consultas e mostra dificuldades em enfrentar a filha, como era com seu marido alcoolista e violento, que faleceu há alguns anos.

A adesão ao tratamento é problemática. Rinaldo não quer trazer à baila o fato de que não é o pai biológico, o que a menina já relatou à sua terapeuta individual. Uma grande crise terapêutica ocorre quando Alice ameaça suicídio, e a equipe, por falta de confiança de que os pais e a avó possam protegê-la, indica internação. Alice sai melhor da internação de duas semanas em outro hospital, dizendo que se deu conta de que outras pessoas têm problemas maiores e que ela não vai mais tentar se destruir. Adere também ao plano alimentar. Em uma outra grande crise, a mãe se embriaga e novamente ameaça a menina. Alice chama a terapeuta familiar que, com apoio da coordenação do programa, mobiliza a polícia que vai à casa para acalmar os ânimos. A equipe, um pouco assustada, não consegue prever como Celeste se apresentará na próxima consulta, em que estará presente a consultora (OGF) que vê a família na reunião de equipe quinzenal, para discutir os planos terapêuticos e a participação da família. Sentindo que seu sofrimento e desespero são reconhecidos pela equipe, a mãe aceita pela primeira vez que precisa de tratamento para seu transtorno bipolar e possível abuso de álcool. O problema que se apresenta agora para a equipe é conseguir tratamento psiquiátrico para a mãe de preferência no próprio hospital. Enquanto isso não acontece, o psiquiatra da infância e da adolescência da equipe medica a mãe com estabilizador de humor.

Nossa próxima tarefa, no meio de várias crises menores, é envolver mais o pai no tratamento. Rinaldo sentiu muita rejeição de seus pais por ter sido mandado para a casa da avó que tinha muitas dificuldades econômicas. Também se suspeita de sérias dificuldades sexuais do casal. Ao longo de cinco meses, os comportamentos alimentares problemáticos desapareceram e a questão para a equipe, cujo foco é o transtorno alimentar, é estabilizar os ganhos pessoais da paciente e familiares, para depois, caso seja necessário, encaminhar algum membro da família ou esta como grupo para outro atendimento. Mas para onde? E quando haverá vaga? Esse é um dos dilemas comuns em serviços públicos voltados para quadros patológicos específicos.

Comentários

Está demonstrado na literatura que a abordagem familiar é eficaz nos transtornos alimentares na adolescência (Le Grange e Eisler, 2009). Esta também é nossa experiência. Nossa trajetória de 30 anos nesse campo levou-nos para o tratamento em regime tipo hospital-dia, com equipe multidisciplinar, para os casos mais graves. Essa abordagem facilita o tratamento e torna mais agradável a experiência do próprio terapeuta. Famílias com esses transtornos têm estruturas muito rígidas, jovens intensamente triangulados e todos com imensa dificuldade na identificação e manejo de afetos e emoções, criando uma impossibilidade de lidar com conflitos. Nossa experiência tem também mostrado que essas famílias têm histórias trigeracionais extremamente sofridas e de difícil acesso.

O tratamento exige um foco inicial nos sintomas alimentares, inclusive devido a frequentes riscos de vida, além de identificação de comorbidades, como depressão ou bipolaridade no paciente e/ou familiares (famílias multiproblemáticas são frequentes especialmente em casos de bulimia).

Nos programas multidisciplinares, é fundamental a coordenação respeitosa de todos os saberes e estilos da equipe, dentro de uma filosofia de tratamento clara e consensual. São parte da psicopatologia desses transtornos as dissociações que podem ser projetadas na equipe, causando grandes problemas de relacionamento nesta, se o processo da equipe não é rapidamente identificado e corrigido.

A EFICÁCIA DA TERAPIA FAMILIAR NOS TRANSTORNOS PSIQUIÁTRICOS

Concordamos parcialmente com Fonagy e sua equipe (Target et al., 2005): apesar de amplamente utilizada, a terapia familiar ainda não apresentou suficientes estudos controlados e randomizados para demonstrar sua eficácia. Entretanto, os estudos baseados em evidência, segundo Heru, em uma revisão sistemática que publicou em 2006, no renomado *American Journal of Psychiatry,* já são suficientes para concluir que:

1. é eficaz quando comparada com ausência de tratamento ou outras modalidades terapêuticas em muitos problemas;
2. não é iatrogênica;
3. sua inclusão no tratamento torna-o mais eficaz do que as abordagens usuais e/ou individuais nas seguintes situações: esquizofrenia do adulto (ainda que haja controvérsias), tratamento ambulatorial de mulheres deprimidas com problemas conjugais, casais em conflito, alcoolismo e abuso de drogas em adultos, transtornos de conduta em adolescentes, abuso de drogas em adolescentes, anorexia em adolescentes, autismo infantil e várias doenças físicas crônicas de adultos e crianças;
4. não há evidências de que os diversos tipos de terapia de família tenham eficácia diferente;
5. alguns estudos indicam que é mais barata do que as outras modalidades de tratamento;
6. nos transtornos mentais graves, não é suficiente apenas a terapia familiar, devendo ser utilizada em conjunto com outras modalidades terapêuticas (Falceto, 2007).

Heru afirma que há evidências para apoiar a crescente ênfase em uma prática psiquiátrica com a participação da família que tende a se chamar psiquiatria baseada na família. Contribuímos para essa discussão quando publicamos (Falceto, 2007) uma atualização ao estudo de Heru, mostrando os estudos sobre a eficácia da terapia familiar em vários transtornos e também em prevenção, com metodologia de pesquisa considerada adequada.

Para escrever este capítulo, realizamos uma revisão das publicações dos últimos cinco anos na literatura médica (usando a base de dados Pubmed) sobre a eficácia da terapia familiar nos transtornos psiquiátricos da infância e da adolescência. Verificamos que são poucos os estudos publicados: encontramos apenas uma metanálise que inclui a terapia familiar entre as outras modalidades de tratamento cognitivo-comportamental (James et al., 2005); identificamos apenas cinco artigos com estudos randomizados e controlados (Perkins et al., 2005; Siqueland et al., 2005; Storch et al., 2007; Robbins et al., 2008; Khanna e Kendall, 2009); nove estudos relatando séries de casos (Chavira e Stein, 2005; Le Grange et al., 2005; Chacko et al., 2008; Cook-Darzens, Doyen e Mouren, 2008; Hervé et al., 2009; Nissen e Thomsen, 2008; Hautmann et al., 2008; Philipsen et al., 2009; Le Grange e Eisler, 2009) e um artigo discutindo a importância da organização comunitária e sistêmica na atenção à saúde mental na infância e na adolescência (Chenven, 2010). Os estudos publicados foram realizados nos Estados Unidos e países da Europa, sendo que na sua maioria referem-se a abordagens cognitivo-comportamentais incluindo a família. Os diagnósticos mais pesquisados incluem transtornos alimentares com ênfase na anorexia nervosa cuja abordagem familiar já tem boas evidências de efetividade, ansiedade, sintomas externalizantes (transtorno de déficit de atenção e transtorno opositor desafiante) e abuso de drogas. Fica, portanto, evidente a necessidade de mais estudos, e, para nós, é fundamental a publicação de pesquisas em países latino-americanos.

CONSIDERAÇÕES FINAIS

Reiteramos a convicção dos autores na centralidade da família como foco das atenções biopsicossociais. No sistema de saúde brasileiro, cuja visão é das mais avançadas do mundo, ainda que sua implementação esteja no início, no programa Estratégias de Saúde da Família está contemplado o grupo familiar como objeto de cuidado e planejamento das ações de saúde. Para chegar à efetivação plena dessa política pública, entretanto, teremos de continuar fazendo grandes esforços, já que a formação da maioria dos profissionais que oferecem esses serviços ainda é muito baseada na atenção individual.

Neste capítulo, apresentamos uma breve revisão do tema da terapia familiar na psiquiatria com crianças e adolescentes sintomáticos através de exemplos que representam situações comuns nas práticas clínica, privada e institucional. Mostramos que é possível se ter uma visão em profundidade do caso e ao mesmo tempo desenvolver um plano de tratamento por etapas, que vá do urgente ao crônico, do simples ao mais complexo, cuja compreensão esteja ao alcance de todos os participantes do processo terapêutico e dentro das possibilidades do contexto socioeconômico.

REFERÊNCIAS

CHACKO, A. et al. A pilot study of the feasibility and efficacy of the strategies to enhance positive parenting (STEPP) program for single mothers of children with ADHD. *Journal of attention disorders,* Toronto, v. 12, n. 3, p. 270-80, Nov. 2008.

CHAVIRA, D. A.; STEIN, M. B. Childhood social anxiety disorder: from understanding to treatment. *Child and adolescent psychiatric clinics of North America,* Philadelphia, v. 14, n. 4, p. 797-818, Oct. 2005.

CHENVEN, M. Community systems of care for children's mental health. *Child and adolescent psychiatric clinics of North America,* Philadelphia, v. 19, n. 1, p. 163-174, Jan. 2010.

COOK-DARZENS, S.; DOYEN, C.; MOUREN, M. C. Family therapy in the treatment of adolescent anorexia nervosa: current research evidence and its therapeutic implications. *Eating and weight disorders,* Milano, v. 13, n. 4, p. 157-170, Dec. 2008.

DINIZ NETO, O.; FEREZ-CARNEIRO, T. Eficácia psicoterapêutica: terapia de família e o efeito Dodô. *Estudos de Psicologia,* Natal, v. 10, n.3, set./dez. 2005.

FALCETO, O. G. Famílias com adolescentes: uma confluência de crises. In: PRADO, L. C. (Org.).

Famílias e terapeutas: construindo caminhos. Porto Alegre: Artes Médicas, 2006. cap. 6, p. 151-71.

FALCETO, O. G. Terapia de Família. In: CORDIOLI, A. V. et al. (Org.). *Psicoterapias*: abordagens atuais. Porto Alegre: Artmed, 2007. cap. 3, p. 221-45.

FALCETO, O. G. et al. O atendimento a pacientes com transtornos alimentares. In: ZAVASCHI, M. L. S. (Org.). *Crianças e adolescentes vulneráveis*: o atendimento interdisciplinar nos Centros de Atenção Psicossocial. Porto Alegre: Artmed, 2009. p. 160-82.

FALCETO, O. G.; WALDEMAR, J. O. C. Famílias com bebês. In: OSÓRIO, L. C.; VALLE, M. E. P. (Org.). *Manual de Terapia Familiar*. Porto Alegre: Artmed, 2009. p. 235-46.

FALCETO, O. G.; WALDEMAR, J. O. C. O ciclo vital da família. In: EIZIRIK, C. L.; KAPCZINSKI, F.; BASSOLS, M. A. S. *O ciclo da vida humana*: uma perspectiva psicodinâmica. Porto Alegre: Artmed, 2001. p. 49-72.

FALCETO, O. G.; WALDEMAR, J. O. C. Terapia familiar: a família como porta de entrada para a abordagem ecológica da criança e do adolescente. In: FICHTNER, N. *Prevenção, diagnóstico e tratamento dos transtornos mentais da infância e da adolescência*. Porto Alegre: Artes Médicas, 1997. cap. 20, p. 239-49.

HAUTMANN, C. et al. Effectiveness of the prevention program for externalizing problem behaviour (PEP) in children with symptoms of attention-deficit/hyperactivity disorder and oppositional defiant disorder-generalization to the real world. *Journal of Neural Transmission,* New York, v. 115, n. 2, p. 363-70, 2008.

HENGGELER, S. et al. *Multisystemic treatment of antisocial behavior in children and adolescents*. New York: Guilford, 1998. p. 510-30.

HERU, A. Family psychiatry: from research to practice. *The American Journal Psychiatry*, Hanover, v. 163, n. 6, p. 962-8, Jun. 2006.

HERVÉ, M. J. et al. Predictors of outcome in infant and toddlers functional or behavioral disorders after a brief parent-infant psychotherapy. *European Child and Adolescent Psychiatry,* Toronto, v. 18, n. 12, p. 737-46, Dec. 2009.

JAMES, A.; SOLER, A.; WEATHERALL, R. Cognitive behavioural therapy for anxiety disorders in children and adolescents. *The Cochrane Database of Systematic Reviews,* Oxford, v. 19, n. 4, Oct. 2005.

KHANNA, M. S.; KENDALL, P. C. Exploring the role of parent training in the treatment of childhood anxiety. *Journal of Consulting and Clinical Psychology,* Washingtonv, v. 77, n. 5, p. 981-6, Oct. 2009.

LE GRANGE, D.; BINFORD, R.; LOEB, K. L. Manualized family-based treatment for anorexia nervosa: a case series. *Journal of the American Academy of Child and Adolescent Psychiatry*, v. 44, n. 1, p. 41-6, Jan. 2005.

LE GRANGE, D.; EISLER, I. Family interventions in adolescent anorexia nervosa. *Child and Adolescent Psychiatric Clinics of North America,* v. 18, n. 1, p. 159-73, Jan. 2009.

NISSEN, J. B.; THOMSEN, P. H. Clinicians' views on clinical examination and treatment of children and adolescents with obsessive-compulsive disorder (OCD): a danish national survey study. *Nordic Journal of Psychiatry,* Oslo, v. 62, n. 4, p. 309-314, 2008.

PERKINS, S. et al. Why do adolescents with bulimia nervosa choose not to involve their parents in treatment? *European Child and Adolescent Psychiatry,* Toronto, v. 14, n. 7, p. 376-85, Oct. 2005.

PHILIPSEN, A. et al. Effects and mechanisms of psychotherapy in the treatment of attention deficit hyperactivity disorder (ADHD) in children and adults. *Psychotherapie, Psychosomatik, Medizinische Psychologie,* Stuttgart, v. 59, n. 3-4, p. 132-40, Mar./Apr. 2009.

ROBBINS, M. S. et al. The efficacy of structural ecosystems therapy with drug-abusing/dependent african american and hispanic american adolescents. *Journal of Family Psychology,* Newbury, v. 22, n. 1, p. 51-61, Feb. 2008.

SHOLEVAR, G. P. Family therapy. In: MARTIN, A.; VOLKMAR, F. R. (Ed.). *Lewis's Child and Adolescent Psychiatry*. 4th ed. Lippincott: Williams & Williams, 2007. p. 854-864.

SHOLEVAR, G. P. Family therapy for conduct disorders. *Child and Adolescent Psychiatric Clinics of North America,* Philadelphia, v.10, n.3, p. 501-17, Jul. 2001.

SIQUELAND, L.; RYNN, M.; DIAMOND, G. S. Cognitive behavioral and attachment based family therapy for anxious adolescents: phase I and II studies. *Journal of Anxiety Disorders,* New York, v. 19, n. 4, p. 361-81, 2005.

STORCH, E. A. et al. Family-based cognitive-behavioral therapy for pediatric obsessive-compulsive disorder: comparison of intensive and weekly approaches. *Journal of the American Academy of Child and Adolescent Psychiatry,* Baltimore, v. 46, n. 4, p. 469-78, Apr. 2007.

TARGET, M. et al. Psicoterapias psicossociais com crianças. In: GABBARD, O. G.; BECK, J. S.; HOLMES, J. *Compêndio de psicoterapia de Oxford*. Porto Alegre: Artmed, 2005. p. 467-80.

WALDEMAR, J. O. C. Menina do bicho-papão: um caso de planejamento de uma psicoterapia de crise. In: OUTEIRA, L. J. et al. *Infância e adolescência*. Porto Alegre: Artes Médicas, 1982. cap. 23, p. 243-51.

WALDEMAR, J. O. C. Terapia de casal. In: CORDIOLI, A.V. et al. (Org.). *Psicoterapias*: abordagens atuais. 3. ed. Porto Alegre: Artmed, 2008. p. 246-62.

WALDEMAR, J. O. C.; FALCETO, O. G. Terapia de família: a escola norte-americana. In: OSÓRIO, L. C. (Ed.). *Grupoterapia hoje*. Porto Alegre: Artes Médicas 1986. cap. 13, p. 192-202.

capítulo 14

INTERVENÇÕES SISTÊMICAS "RELÂMPAGOS" EM CLÍNICA PSIQUIÁTRICA

MARIA ELIZABETH PASCUAL DO VALLE

INTRODUÇÃO

Neste capítulo, relatarei quatro situações clínicas relativas a pacientes que me procuraram como psiquiatra em um ambulatório onde são atendidas pessoas de baixa renda e cujas melhoras rápidas e surpreendentes obtidas já na segunda consulta (em todos os casos que serão relatados) justificam a denominação dada ao capítulo. Foi feita uma terceira consulta após um mês para avaliação e a situação mantinha-se estável.

A par da sucinta apresentação de cada uma das situações, serão feitos comentários para relacioná-las com a abordagem sistêmica que sustenta o meu enfoque terapêutico.

CASO 1 – CRIANDO A DEMANDA (UM CASO DE ENURESE NOTURNA)

Chega ao consultório um menino, José, 10 anos, trazido pela psicóloga de um abrigo de uma cidade do interior do estado, com queixa de enurese noturna. O pequeno paciente já tinha passado por outros psiquiatras que indicaram o uso de antidepressivo (amitriptilina), pois, conforme a literatura, a enurese muitas vezes tem um componente depressivo, o que justifica a prescrição da indicação da medicação mencionada.

Trata-se de um menino de cor negra que recebeu o apelido de "mijão" na instituição onde está à espera de adoção há mais de três anos. É descrito como rebelde, tanto na escola como no abrigo. A enurese acontece quase todas as noites, quando chama a atendente, que acende as luzes, troca os lençóis e o encaminha para o banho. Como ele dorme com outros meninos, essa situação foi responsável pela estigmatização com o apelido mencionado. Ele fica com muita raiva e muitas vezes torna-se agressivo por ser alvo de *bullying* pelos colegas. A cada mês era necessário trocar o colchão em virtude do mau cheiro e deterioração.

Na entrevista, José se mostrou muito envergonhado, tentando evitar falar sobre o assunto. Não insisti para não humilhá-lo. Penso que é imprescindível que tenhamos a necessária paciência para que uma criança consiga estabelecer conosco uma relação de confiança e possa falar (ou não) sobre um assunto tão perturbador para ela. Lembre-se de que se trata de um menino com baixa autoestima, negligenciado pelos pais e que presenciou muitas outras crianças que foram abrigadas depois dele terem sido escolhidas para adoção, o que acentua seu sentimento de rejeição. É possível que também tenha sido discriminado pelos candidatos a pais adotivos em razão de ser negro. Nesse sentido, o abrigo desempenha um papel familiar, apesar de todas as suas limitações. Nessas instituições ocorrem frequentes trocas na equipe de assistentes, o que dificulta as relações de apego (Bowbly, 1990).

Percebi que o interesse para que José parasse de urinar era mais da equipe que o cuidava e de seus companheiros de quarto do que dele próprio, pois mesmo sendo conotada negativamente a enurese noturna era uma forma de se sentir merecendo uma atenção especial. Como psiquiatra, não tive dúvidas de que a indicação de amitriptilina para a enurese noturna estava correta, mas como terapeuta sistêmica fiquei insatisfeita, uma vez que percebi que a necessidade de eliminar o "sintoma" era principalmente da equipe de trabalho.

Thilman-Oygen (2000) observa que, por trás das queixas, sempre há uma demanda que precisamos detectar para solucionar questões e aliviar sofrimentos compartilhados dentro do contexto sistêmico com que abordamos os problemas que nos trazem os pacientes e seus familiares. O "fazer xixi na cama" é um sintoma regressivo perfeitamente compreensível na situação do paciente, por gerar uma atenção especial por parte da equipe, mesmo que seja com uma conotação negativa. Por outro lado, também outorga ao paciente um determinado poder sobre as pessoas que o cercam, evidenciando a circularidade sistêmica que mantém o sintoma. Meu propósito, então, era tornar o objetivo da consulta ("fazer José parar de fazer xixi na cama") em uma demanda do paciente, de modo que ele se empenhasse e fosse participante da resposta terapêutica desejada.

O pensamento que logo me ocorreu foi a utilização de fraldas, uma vez que evitaria o "transtorno noturno" de troca de lençóis, banho e incômodo aos meninos que dividem o quarto com ele. Logo me pareceu uma boa ideia, uma vez que não teria menino que com 10 anos ficasse confortável com a utilização de fraldas e desta maneira talvez a demanda pudesse ser "adotada" pelo paciente. Obviamente teríamos de fazer essa proposta com o necessário cuidado para não provocar uma situação de maior constrangimento e humilhação para esta criança, já tão machucada pela vida.

Conversei com José e ele logo manifestou sua contrariedade em colocar fraldas para dormir. Mostrei para ele o benefício que teria, uma vez que não precisaria dormir em colchão mal-cheiroso, que os colegas não precisariam ficar sabendo a respeito da colocação de fralda e que o apelido de "mijão" não teria mais sentido, pois seus companheiros de quarto não seriam mais acordados cada vez que ele fizesse xixi na cama. José mostrou-se desconfiado, mas eu insisti e valendo-me de minha autoridade como sua médica disse-lhe que não tinha dúvidas de que isso seria o melhor para ele e que se ele não molhasse a fralda durante uma semana esta seria retirada e só recolocada se ele viesse a molhar a cama novamente. E que se fosse necessário recolocar igualmente seria retirada depois de uma semana de fralda seca. O objetivo dessa colocação era fazer ele sentir que tinha o poder de eliminar a fralda e neste momento a demanda de "parar de fazer xixi" ou "tirar a fralda" seria dele.

Orientei a psicóloga que o acompanhava, para que conversasse com a equipe sobre os cuidados na forma de fazer a intervenção proposta, de maneira que José sentisse que a fralda era mais um cuidado com ele próprio e que era muito importante que ele não sentisse isso como uma humilhação e que tivessem cautela para não expor José a ser ridicularizado por seus companheiros. Sugeri ainda que conotassem positivamente cada vez que José acordasse com a fralda seca.

Bem... um mês depois chegou José com um sorriso nos lábios dizendo que não fez mais xixi na cama. Não molhou a fralda nem um dia e uma semana depois estava livre das fraldas e do "xixi na cama". Retirei a amitriptilina e o resultado manteve-se estável.

Já utilizei intervenção semelhante em mais duas crianças e obtive o mesmo resultado, para satisfação delas e da equipe que com elas trabalhavam. Os outros pacientes também eram crianças abrigadas.

Poderíamos enumerar diversos fatores para explicar o porquê deste sintoma em crianças que, por diferentes motivos, estão afastadas de suas famílias, como as que estão à espera de adoção, mas não é este o foco desta exposição. Quero tão somente ressaltar que a necessidade de superar o problema deve estar no paciente, e isto deve ser trabalhado de forma a resgatar sua autoestima, com respeito e fazendo-o perceber que nossa preocupação é com seu bem-estar, buscando sua valorização como indivíduo.

Penso que os resultados obtidos ocorreram em virtude da forma como orientamos os cuidadores dessas crianças e em razão de conseguirmos transformar o incômodo que a enurese noturna provocava na equipe em desejo do paciente de sair do papel estereotipado e pejorativo, para colocá-lo em um lugar mais valorizado e respeitado na instituição que o acolhe.

CASO 2 – VIOLÊNCIA DOMÉSTICA: MEDIANDO IMPASSES NA RELAÇÃO MÃE-FILHA

Marina, 38 anos, leva a filha Jandira, 13 anos, à consulta praticamente à força, tendo como motivo sua agressividade, pois quando é contrariada quebra objetos em casa e já tentou agredir a mãe. Refere que isso tornou-se pior após a retirada da filha de um curso de informática. A menina ia mal na escola e só queria saber de computador, o que a motivou a retirá-la do curso que vinha frequentando. Diz que a situação só piorou, pois Jandira vai a escola obrigada, não faz os temas, não faz as provas e só tira zero. Observando a menina, notei que esta olhava para a mãe com um olhar raivoso e disse: "Ela me tirou do curso que eu adorava e agora não vou estudar mais".

A mãe informa que, desde que Jandira começou se interessar por computador, os estudos ficaram de lado. A menina sempre teve dificuldades na escola, já tendo sido reprovada diversas vezes. Estava cursando a 5ª série e provavelmente iria ser reprovada mais uma vez.

Narrou a mãe:

Marina: O problema, doutora, é que ela não obedecia, ficava depois da aula brincando na internet e não voltava para casa. Ela não tem limites. Não sei mais o que fazer com ela.

Ao escutar a mãe falando, Jandira levantava os ombros e dizia que pouco se importava, pois não queria estudar mesmo. Jandira chegou na consulta com diagnóstico de transtorno de déficit de atenção, já havia utilizado metilfenidato (medicação indicada para esse transtorno) sem a resposta esperada. A mãe dizia que já não sabia o que fazer e que não aguentava mais a agressividade da filha, sentindo-se impotente como mãe e incidindo em uma atitude que desqualificava tanto a filha como a si própria.

Na tentativa de alterar o tom da comunicação perguntei:

Terapeuta: Quais as qualidades da filha que admira?

A mãe ficou pensativa e Jandira é que respondeu:

Jandira: Com certeza ela não me admira em nada.

A mãe ficou espantada com a resposta, pôs-se pensativa e disse:

Marina: Ela é ótima em montar e desmontar computadores, faz isto com uma facilidade incrível, mesmo antes de ingressar no curso de informática, gosta de fazer concertos elétricos, já arrumou a televisão de casa.

Jandira observou:

Jandira: E mesmo assim ela me tirou do curso.

Marina: Isto porque você não estudava mais, só queria saber de computador.

Jandira: E agora ficou pior, né? Agora as notas pioraram.

Iniciou-se a partir de então um bate-boca em que cada uma desqualificava a outra em franca "escalada simétrica" (Watzlavick, Bavin e Jackson, 2001), o que me levou a intervir, pois o ódio que se evidenciava em ambos os olhares era estarrecedor. Como os ânimos estavam cada vez mais exaltados, disse que gostaria de falar com Jandira em particular, já que se tornava inviável manter uma conversa com aquele clima. Como ambas concordaram, fui conversar com Jandira:

Terapeuta:	E, aí, Jandira, o que me diz disto tudo?
Jandira:	Ela pode até me obrigar a ir para a aula, mas me obrigar a estudar não. O que eu mais gostava era do curso de informática. Ela me tirou. Agora ela vai ver. Vou repetir o ano até ela cansar. Estou me "lixando" para os estudos. Eu até estudava um pouco antes, mas agora não vou estudar mais. Ela não faz o que eu quero, e eu não faço o que ela quer e assim ficamos quites.

A forma como expressava sua decisão não deixava dúvida de que era isto o que Jandira iria fazer. Procurei mudar o clima da conversa, introduzindo o tema de seu interesse:

Terapeuta:	Fiquei muito impressionada com o que a sua mãe falou sobre a facilidade com que você lida com o computador...
Jandira (com sua expressão modificada):	Gosto mesmo, eu sempre gostei de mexer com eletricidade, de fazer pequenos consertos em televisão e outros aparelhos e, agora que eu comecei a mexer com computador, eu me apaixonei. Adoro montar e desmontar computador, eu já tinha conseguido montar um computador sozinha no curso e tudo funcionava. Eu quero trabalhar com isso, até já ganhei algum dinheiro resolvendo alguns problemas para amigos nossos. Achei o máximo, daí ela me tirou o que eu mais gostava (mudou a fisionomia) e eu não vou fazer o que ela quer. Vou repetir de ano o resto da vida só para ela ver como é que as coisas funcionam.

Respondi com toda a cautela:

Terapeuta:	Acho que não vai ser legal para você repetir o ano pelo resto da sua vida, acho muito chato ir à aula e sempre ver as mesmas coisas.
Jandira:	Pode ser, mas eu não vou fazer o que ela quer.
Terapeuta:	E se ela voltasse atrás e lhe matriculasse no curso novamente?
Jandira:	Isto ela não vai fazer.
Terapeuta:	Podemos tentar...
Jandira:	Eu já fiz de tudo e não consegui. Ela parece uma pedra, nada a tira do lugar.
Terapeuta:	Jandira, seria possível negociar: se ela lhe matriculasse no curso de informática, você se comprometeria em melhorar suas notas?
Jandira:	Isso eu já tentei e é impossível.
Terapeuta:	Bem... eu não tentei ainda...
Jandira:	Não vai dar certo.
Terapeuta:	Posso tentar, eu gostaria de conversar com ela sobre isto, mas, para negociar com sua mãe, preciso que você me garanta que vai se esforçar para passar de ano, pois repetir o ano não é bom nem para ela e nem para você.
Jandira:	Mas é pior para ela.
Terapeuta:	Posso tentar?
Jandira:	Pode, mas não vai rolar.
Terapeuta:	Vamos conversar sério, preciso ter a confiança de que vai cumprir com sua parte da nossa combinação.
Jandira:	Se ela me colocar na aula de novo, eu prometo estudar mais. Eu nunca fui brilhante, mas posso tirar notas mais altas.
Terapeuta:	No curso de informática você é brilhante.
Jandira:	Acho que sou mesmo, às vezes vou fazendo as coisas antes mesmo de o professor ensinar.
Terapeuta:	Que bom. Então, posso falar com sua mãe?
Jandira:	Pode, é claro, mas eu tenho certeza de que não vai conseguir.

Terapeuta: Até pode ser, mas na vida a gente tem que tentar, sempre...

Entramos na sala onde estava sua mãe.

Terapeuta: Marina, estive conversando com a Jandira e me pareceu que ela realmente tem muito talento para lidar com computador. Ela monta e desmonta com muita facilidade, não é isto?
Marina: É isso mesmo, mas a vida não é só computador.
Terapeuta: Concordo com você, mas conversando com ela pensamos em uma proposta. Ela reinicia as aulas de informática, mas se compromete em melhorar as suas notas. Confirma Jandira?
Jandira: Confirmo.
Marina: Não vai dar certo, quando ela se gruda em um computador, nada faz com que ela enxergue outra coisa, muito menos o estudo.
Jandira: Eu não falei? Que não ia dar certo?
Terapeuta: Bem, o compromisso da Jandira seria este; e, para manter o curso, suas notas teriam de ser razoáveis o suficiente para passar de ano. Você me disse que ela tem muito talento em trabalhar com computador e que seu talento para os estudos é bem menor. Trabalhar com computação é profissão cada vez mais necessária, e a tendência é só crescer, de repente esta será a profissão de Jandira que já demonstra suas potencialidades. Nesta atividade, sua inteligência está acima da média e ela só tem 13 anos.
Jandira: E assim que terminar o curso já posso trabalhar.
Terapeuta: Vejo que Jandira está empolgada não só com o curso de informática, mas em trabalhar nesta área. Será que cortar esta atividade será o melhor para ela, já que você mesmo disse que ela tem muita aptidão para esta atividade? Já vi pessoas que não tinham muitas aptidões para o estudo, mas que se desenvolveram bem em outras áreas onde tinham uma inteligência acima da média, como é o caso de Jandira. De repente, ela pode ser uma excelente profissional em informática, que é uma área em franca expansão.
Marina: Eu nunca tinha pensado nisto. Está bem então. Se é isso que ela quer, então ela melhora as notas que eu a matriculo novamente.
Jandira: Nada feito, primeiro você me matricula e depois eu melhoro as notas, pois eu lhe conheço muito bem. Você promete e depois não cumpre.
Marina: Nada feito mesmo, você sempre quer mandar em tudo.

E os ânimos se alteraram novamente.

Terapeuta: Calma, vamos pensar juntas. Marina, vamos ver se conseguimos um acordo: Jandira você quer que a mãe lhe matricule e você fica com o compromisso de se dedicar mais para os estudos, certo?
Jandira: Certo!
Terapeuta: E você, Marina, quer que a Jandira melhore suas notas na escola, não é isto?
Marina: É isto!
Terapeuta: Ficaria muito ruim para você matricular Jandira no curso, com o compromisso dela de melhorar as suas notas, caso ela não cumpra com o combinado você pode retirá-la do curso novamente? Fica sendo esta a combinação. Se não passar de ano, Jandira para com o curso de informática. Se é isso que ela quer, ela vai ter que se esforçar para se manter no curso. Se ela não cumprir é fácil, é só

	tirá-la novamente. O que acha Jandira?
Jandira:	Desta forma eu concordo.
Marina:	Está bem.
Terapeuta:	Então daqui a um mês quero vê-las de novo e saber como está indo a combinação de vocês.

Um mês depois...

Marina:	Fiquei pensando no que me disse. A gente faz coisas pensando que está certo e muitas vezes faz tudo errado. Eu nunca tinha pensado que Jandira queria o curso por que queria se profissionalizar, e sim por "birra". Eu a matriculei afinal em dois cursos de informática que ela queria e suas notas melhoraram bastante, acho que vai dar para ela passar de ano.
Jandira:	Lógico que vai dar: eu tirei alguns 6 e dois 7 e nunca tinha tirado essas notas antes (diz isso com orgulho) e estou adorando meus cursos. Os donos do curso querem que eu faça estágio lá assim que eu completar 14 anos. E eu vou ganhar dinheiro para isso.
Marina:	Quero lhe agradecer pela dica, a Jandira é outra pessoa, não está mais tão agressiva e tem se dedicado bastante aos estudos, mas o que ela gosta mesmo é de ficar mexendo nos computadores.
Terapeuta:	Bem, este é seu talento e é ótimo quando se tem noção do que se quer fazer assim tão cedo. Parabéns, Jandira! (digo ao final para valorizá-la).

A mãe agradeceu, disse que não precisava de uma terceira entrevista e que me procuraria caso precisasse. Até agora (seis meses depois) não apareceu.

Para que exista a mediação, é necessário que ambas as partes se coloquem em outro lugar e que visualizem outra possibilidade não experimentada ainda. Ambas as partes devem ceder com a possibilidade de alcançar um outro lugar que seja benéfico para elas. No caso relatado, foi conotado positivamente o talento de Jandira. O investimento nesse talento possibilitou um reforço na relação mãe-filha. Saindo do impasse, mãe e filha puderam vislumbrar um novo horizonte no desenvolvimento desta, talvez até com maiores perspectivas do que a mãe tinha imaginado que a filha alcançaria tão somente com seu desenvolvimento escolar. Na segunda sessão, ambas aventaram a hipótese de que Jandira cursasse a Educação de Jovens e Adultos, com vistas a recuperar o tempo perdido. Tenho observado que crianças com déficit de atenção ficam muitas vezes sofrendo anos em uma escola regular, tendo muitas vezes seus talentos abafados ou desqualificados por não se enquadrarem no sistema educacional vigente.

CASO 3 – TRANSTORNO DE PÂNICO OU UMA DIFICULDADE SOCIAL

Recebi no consultório Edirene, de 33 anos, com sua filha Joyce, de 9 anos. A mãe relatou que a filha esteve no Posto de Saúde da Família (PSF) de sua localidade e teve como diagnóstico síndrome de pânico com agorafobia e, por isto, foi encaminhada à psiquiatra.

Edirene relatou que a filha teve um tipo de sufocamento, acompanhada de dor no peito. Como não conseguia respirar direito, foi levada para a emergência do hospital local. Lá deram uma medicação para ela dormir (não sabe o que foi) e voltou para casa. Joyce, três dias depois, teve outro ataque de pânico, novamente com muita dor no peito e falta de ar, não querendo mais sair de casa, nem ir à escola com medo de ter outro ataque, pois achava que ia morrer. Não deixava a mãe afastar-se dela, o que acarretava outro problema, pois, com dificuldades financeiras, a mãe trabalhava como doméstica e o que ganhava com isso era essencial para dar conta do orçamento doméstico.

Segundo a CID-10 (Classificação Internacional de Doenças):

> F41.0 TRANSTORNO DO PÂNICO
> (ansiedade paroxística episódica)
>
> A característica essencial deste transtorno são os ataques recorrentes de uma ansiedade grave (ataques de pânico), que não ocorrem exclusivamente numa situação ou em circunstâncias determinadas, mas de fato são imprevisíveis.
>
> Como em outros transtornos ansiosos, os sintomas essenciais comportam a ocorrência brutal de palpitação e dores torácicas, sensações de asfixia, tonturas e sentimentos de irrealidade (despersonalização ou desrealização). Existe, além disso, frequentemente um medo secundário de morrer, de perder o autocontrole ou de ficar louco.

Como se pode observar, os sintomas de Joyce correspondiam ao transtorno de pânico classificado na CID-10, o qual serve de parâmetro diagnóstico para os médicos. Quanto à agorafobia, refere a mesma CID-10:

> F40.0 – AGORAFOBIA
>
> Grupo relativamente bem definido de fobias relativas ao medo de deixar seu domicílio, medo de lojas, de multidões e de locais públicos, ou medo de viajar sozinho em trem, ônibus ou avião. A presença de um transtorno de pânico é frequente no curso dos episódios atuais ou anteriores de agorafobia.

Joyce chegara à consulta com um diagnóstico correto, um quadro clínico bem definido, cujo tratamento indicado seria a utilização de antidepressivos (preferencialmente inibidores seletivos de recaptação de serotonina – ISRS), e, caso a ansiedade seja muito intensa, deve-se utilizar um benzodiazepínico com início de ação rápida.

Edirene relatou que sua filha revoltava-se muito com a situação financeira familiar, queria fazer tratamento ortodôntico, era muito vaidosa e se incomodava, pois a família tinha poucos recursos e, segundo Joyce, nunca podiam dar o que ela queria.

Observei a menina, a vi encolhida na cadeira, me olhando com curiosidade, mas baixando os olhos quando a encarava. A mãe dizia que estavam fazendo um grande sacrifício para aumentar uma peça na casa e, realmente, nada tinha sobrado para vestuário ou outras coisas que a menina queria.

A menina me olhava de vez em quando, confirmando o quadro sintomatológico descrito pela mãe, referindo que tinha muito medo de sair de casa, pela probabilidade de ter outro ataque de "falta de ar" e "dor no peito".

A mãe dizia que a menina era muito exigente e brigona e não se conformava pelo fato de serem pobres e não poderem comprar "nada". Sempre que tentava falar com Joyce, a mãe tentava responder pela menina. Então disse que gostaria de falar com a menina em particular e perguntei se ela se incomodava. Ela disse que não e fui com a menina para outra sala. Ela me acompanhava sem maiores problemas.

Disse para Joyce que imaginava o quanto ela estava sofrendo, pois ficar em casa com medo de sair devia ser muito doloroso para ela. Perguntei-lhe:

> Terapeuta: Se você tivesse uma varinha mágica, o que você mudaria na sua vida?
>
> Joyce: Mudaria meus dentes, eu queria ter os dentes iguais aos de todo o mundo.

Olhei mais atentamente aos seus dentes e me dei conta de que ela passou a consulta toda mordendo os lábios, o que parecia ser um sinal de ansiedade, mas era uma forma de esconder sua malformação dentária.

Pedi para olhar os seus dentes (o que ela permitiu sem maiores dificuldades) e vi que ela tinha um dentinho de leite entre os dois dentes incisivos, o que fazia que estes dentes ficassem oblíquos em relação à arcada e protusos, havendo portanto uma importante deformidade anatômica. Comento:

Terapeuta: É, vejo que os seus dentes estão um pouco tortinhos. Isto lhe incomoda muito, não é?

Joyce (com os olhos marejados de lágrimas): Doutora, a senhora nem imagina quanto. Todos me chamam de "dentinho", "dentuça", "Mônica", tenho pavor de ir para aula. Todos debocham de mim.

Ocorre-me, então, que o transtorno de pânico talvez seja uma forma de se defender tendo como ganho secundário a evitação de situações de *bullying* que tanto atormenta crianças em idade escolar.

Joyce: Tudo que eu peço para minha mãe ela diz que não dá, diz que não tem dinheiro. É um saco.

Terapeuta: Se você tivesse o dinheiro, o que faria em primeiro lugar?

Joyce: Botaria um aparelho nos dentes.

Terapeuta: Eu acho que posso te ajudar nisto.

Joyce (com os olhinhos brilhando): Mesmo? Como?

Terapeuta: Vamos conversar com a sua mãe e vamos resolver o problema dos seus dentes.

Vou com a Joyce até a sala de espera, onde estava a mãe.

Terapeuta: Estive falando com a Joyce e constatamos que o seu maior desejo é colocar um aparelho nos dentes.

Edirene: Sim, doutora, mas ela vai ter que esperar no mínimo um ano, pois temos contas para pagar. Fizemos uma dívida para o aumento da casa que vai durar dez meses. Antes disso nem pensar.

Joyce: Eu não disse que não ia dar? (olhando com fúria para a mãe) Nunca dá nada para mim.

Terapeuta: Calma, Joyce. Eu pensei na faculdade de odontologia. Lá eles fazem tratamento gratuito, eu dou um encaminhamento para vocês (explico o local e como chegar lá).

Edirene (com os olhos cheios de lágrimas): Doutora será que vamos conseguir? Meu maior desejo é arrumar os dentes de Joyce, mas eu não via como... sem dinheiro não dá para fazer nada. Levei em vários dentistas, mas eu gastaria o que não tinha para gastar.

Terapeuta: Viu, Joyce, este é um desejo seu e da sua mãe também (as duas se abraçam).

Edirene: E quanto ao pânico de Joyce?

Terapeuta: Bem, vamos fazer o seguinte. Vou lhe dar um remedinho (alprazolan) numa dosagem bem baixinha (dirigindo-me à Joyce). Quando você começar a sentir a falta de ar, você coloca o comprimido embaixo da língua (pois a absorção sublingual é mais rápida) e ele vai tranquilizá-la. Tem que levar ele sempre no bolso, pois se precisar ele está ali e isso a tranquiliza. Quero que marque a consulta no dentista e volte aqui após um mês para me contar o que aconteceu.

Um mês depois...

Chegou Joyce com Edirene contando que já haviam marcado a consulta no dentista para a semana seguinte. Contaram que Joyce utilizou o tranquilizante uma só uma vez, que estava indo à aula, saindo sozinha, mas que não deixava de levar o remédio.

Brinquei que usar o remédio no bolso era melhor do que tomá-lo, pois ele dava tranquilidade e não tinha outros efeitos indesejáveis. Observei que só a perspectiva do tratamento já havia provocado o esbatimento dos sintomas de Joyce, que já conseguia enfrentar os colegas, uma vez que sabia que seu problema teria uma solução em pouco tempo. Pedi que retornassem novamente, após um mês.

Dois meses depois...

Joyce já havia retirado o dente de leite e já estava com um aparelho provisório. Chegou com um sorriso, mostrando as novidades. Não tinha usado mais medicação, nem mesmo a carregava no bolso, dizendo que não precisava mais dela. Mostrava com orgulho o sorriso que tanto desejava atrás do fio metálico do aparelho.

Disse que ficara feliz com seu novo sorriso prateado, e que ela estava muito bonita e ficando mocinha sem o dentinho de criança. Ela riu. Combinei que elas poderiam marcar consultas caso precisassem e que queria notícias após seis meses.

Seis meses depois elas me ligaram informando que estavam bem e que não havia necessidade de nova consulta.

Ao relatar este caso, quero salientar o quanto devemos "auscultar" o paciente, no sentido metafórico de escutar o coração ou os sentimentos que estão por trás dos sintomas apresentados. Caso iniciasse o tratamento com uso de antidepressivos, estaria realizando uma conduta adequada e baseada em extensa literatura, mas estaríamos aprisionando Joyce em um diagnóstico psiquiátrico, podendo fazer com que se sentisse ainda mais discriminada, pois, além de ser a "dentucinha", ainda poderia ser rotulada de depressiva sem que seu sofrimento maior fosse atendido.

Quero enfatizar quanto devemos olhar além daquilo que é mostrado ou informado e sempre nos indagar sobre o que não está sendo dito ou visto. Nosso papel é ampliar os horizontes e as possibilidades que estão em nossa frente para auxiliar os pacientes.

Infelizmente, nem sempre temos como resolver com tanta facilidade os problemas que nos chegam, mas é nosso dever tentar olhar as famílias de uma forma mais abrangente e sistêmica, pois, como dizia Saint Exupéry (1994): " O essencial é invisível para os olhos".

Devemos ter isso presente sempre que nos encontrarmos com nossos pacientes.

CASO 4 – DEPRESSÃO (LUTO DE SETE ANOS APÓS A MORTE DA ESPOSA)

João, 57 anos, chegou ao consultório informando que, desde a morte da esposa, há sete anos, mantinha-se deprimido. Referiu desânimo, sentia-se sem forças, estava "encostado" (beneficiário do INSS) desde então, pois não conseguia trabalhar. Só tinha vontade de ficar deitado. Disse que a esposa foi o grande amor de sua vida e não conseguia esquecê-la.

Observei João, pensei que tinha a minha idade e parecia ter bem mais, com sua aparência envelhecida e mal cuidada. Estava tomando dois tipos de antidepressivos: inibidores seletivos de recaptação de serotonina (ISNS) e tricíclicos, além de um benzodiazepínico para induzi-lo ao sono. Os ombros encurvados acentuavam uma postura francamente depressiva.

Perguntei como era seu dia, e ele respondeu que tinha um filho deficiente de 30 anos que levava na Apae e outra filha de 32 anos que quase não saía de casa, não conversava com ninguém, não tinha amigos e só falava o essencial.

Pensei que sua vida não devia ser fácil, pois, além de viúvo, ficou com dois filhos-problema. Referiu que era extremamente religioso, ia à igreja regularmente rezar pela alma de sua esposa. Disse que a filha excepcionalmente vai à igreja também. Perguntei se ele nunca pensou em se casar de novo e ele disse que nunca ia gostar de alguém como gostava de sua esposa e que a filha não aceitaria outra pessoa dentro de casa e que seria muito complicado arrumar outra esposa. Disse que ela morreu de câncer cedo demais.

Perguntei como foi a sua morte, com o objetivo de entender se havia alguma culpa e para entender como era sua relação e observei que ele tinha uma boa relação e a cuidou com dedicação sentindo sua falta por gostar dela mesmo. Tinha sido a única mulher de sua vida.

Conversei, procurando me utilizar de uma linguagem compatível com sua religiosidade e disse que a missão de sua esposa acabou 7 anos atrás, mas que a missão dele não havia terminado, pois ele continuava vivo, ainda que parecendo que tinha morrido junto com a esposa, e provavelmente Deus não tinha escolhido isto para ele. Se Deus quisesse, teria levado ele também, mas como não levou, Deus devia querer que ele se mantivesse vivo e cuidando de seus outros filhos.

Disse que gostaria de falar com sua filha, pois ter ou não outra pessoa seria uma decisão sua, e não de sua filha, e sugeri que a trouxesse na próxima sessão. Optei por não alterar sua medicação.

Quando retornou para a sessão seguinte, notei que ficou conversando animadamente com o atendente que o encaminhou ao consultório. Observei que João estava vestindo uma camisa laranja bem diferente da que vestia na primeira sessão (cinza). Ao chegar no consultório, o atendente disse que ele tinha algo muito importante para me dizer.

João disse que conversou com sua filha e ela concordou que ele pudesse namorar. Referiu estar mais animado e que tomou uma decisão. Contou-me, um tanto envergonhado, que resolveu fazer uma cirurgia e era sobre isso que falava com o atendente. João queria operar uma fimose, pois sua mulher já sabia do problema, mas, se ia namorar outra, era melhor que fizesse a cirurgia primeiro.

Percebi que o paciente precisou de uma autorização médica para retomar sua vida e que seu luto também tinha por trás o medo de enfrentar outra mulher, pois tinha um problema físico em seu pênis e que deveria lhe causar vergonha, mas que estava determinado a resolvê-lo através de uma cirurgia. Isso demonstrou que estava motivado a revitalizar sua vida sexual.

A cirurgia foi marcada, e João ficou muito satisfeito. Fomos diminuindo a dose de antidepressivos até extingui-los, assim como a utilização de benzodiazepínico, cuja dosagem foi gradativamente reduzida e depois administrada em dias alternados.

Após um ano, João volta à consulta informando que estava namorando. Achou melhor cada um morar em sua casa. Observou que gostava mais da esposa, mas que sua companheira era muito boa e estava ajudando com seus filhos. Sua companheira tinha um mercadinho, e ele a ajudava nas compras e no balcão. Referiu sentir-se outra pessoa.

A função do terapeuta é, por empatia com os sentimentos do paciente, traduzir para ele o que já está presente em seu íntimo e autorizá-lo a se perceber e a lutar pelos seus desejos.

REFERÊNCIAS

BOWLBY, J. *Apego e perda*. 2. ed. São Paulo: Martins Fontes, 1990.

ORGANIZAÇÃO MUNDIAL DE SAÚDE. *CID-10*: classificação de transtornos mentais e de comportamento da CID-10. Porto Alegre: Artmed, 1993.

SAINT-EXUPÉRY, A. de. *O pequeno príncipe*. Rio de Janeiro: Agir, 1994.

THILMAN -UYGEN, E. *Os recursos da fratria*. Belo Horizonte: Artesã, 2000.

WATZLAWICK, P.; BAVIN, J. H.; JACKSON, D. D. *Pragmática da comunicação humana*: um estudo dos padrões, patologias e paradoxos da interação. São Paulo: Cultrix, 2001.

capítulo 15

CONTRIBUIÇÕES DA TERAPIA FAMILIAR AO PROGRAMA DE SAÚDE DA FAMÍLIA

FABRÍCIO CASANOVA

O PROGRAMA DE SAÚDE DA FAMÍLIA E A TERAPIA FAMILIAR

O Programa de Saúde da Família (PSF) é um modelo de organização dos serviços de Atenção Primária à Saúde (APS), peculiar ao Sistema Único de Saúde brasileiro (SUS), baseado em equipes multiprofissionais compostas por, no mínimo, um médico de família e comunidade (MFC) ou um médico generalista, um enfermeiro, um auxiliar de enfermagem e quatro a seis agentes comunitários de saúde. Eles são responsáveis pela atenção integral e contínua à saúde de cerca de 800 famílias (aproximadamente 3.450 pessoas), residentes em um território rural ou urbano, com limites geográficos definidos. Priorizando com qualidade a promoção, prevenção, cura e reabilitação, as equipes têm potencialidade de resolver até 90% dos problemas de saúde. Podem compor ainda o odontólogo e respectivo auxiliar.

Estudos mostram que sistemas de saúde com forte referencial em APS são mais efetivos e equitativos, mais satisfatórios para a população e têm menores custos. A APS pode ser definida como o cuidado dispensado por profissionais, a partir de um primeiro contato, baseado na integralidade (prevenção e cura) e longitudinalidade (cuidado contínuo através do tempo). É direcionado a pessoas saudáveis ou doentes, com um sinal ou sintoma, diagnosticado ou não (neste caso, o paciente indiferenciado), ou com um problema de saúde não limitado pela sua origem (biológica, comportamental ou social), pelo sistema orgânico afetado, pela idade ou pelo gênero. O cuidado praticado na APS, aliado à orientação familiar e comunitária, diminui internações hospitalares por causas evitáveis em adultos e crianças, diminui consultas não urgentes a emergências, reduz o baixo peso ao nascer e a mortalidade infantil, reduz a mortalidade por doenças cerebrovasculares e a mortalidade geral em adultos, melhora a autopercepção de saúde, aumenta a satisfação, com melhores indicadores de saúde populacionais, a menor custo.

A APS é, portanto, o exercício de estar à porta de entrada de um sistema de saúde, de ser o primeiro contato de indivíduos, famílias e comunidades com uma complexa rede de serviços, dispensando cuidados a uma grande variação de enfermidades, prevenindo os agravos, promovendo a saúde, estimulando o autocuidado e coordenando o acionamento das atenções secundária (pronto-socorro e especialista focal) e terciária (hospital), próximo ao cenário onde a população vive o cotidiano de uma sociedade instável e cheia de conflitos. Para tanto, é de fundamental importância o acolhimento, que consiste na garantia do acesso, com escuta qualificada e continente, procurando quantificar a gravidade dos problemas e fortalecer o vínculo.

Há muito tempo, é reconhecida a influência familiar nos mecanismos de adoecimento das pessoas. Os conflitos no decorrer de seus ciclos, jovem solteiro, casal, filho pequeno, filhos adolescentes, ninho vazio e crises imprevistas, moldam seus membros e influenciam substancialmente o processo de saúde e adoecimento. Em princípio, somente os MFCs recebem treinamento específico para atuar em APS. Um dos grandes paradigmas desse médico, o médico especialista em atenção primária, é o de não separar a doença da pessoa nem esta de seu ambiente; assim como não deixar de reconhecer as relações estreitas entre saúde e doença, personalidade, modo de vida, ambiente físico e relações humanas intra e extrafamiliares.

Exatamente por ser a "porta de entrada" (*gate keeper*) do sistema, é muito frequente o contato com sintomas e problemas dos mais diversos, muitos ainda indiferenciados, com forte relação familiar e ambiental, fazendo da terapia de família e da abordagem familiar algumas das pedras fundamentais na fortaleza de auxílio ao sofrimento. No entanto, na prática geral, ainda hoje é infrequente a abordagem à família do paciente, para melhor compreensão e, consequentemente, ampliação das possibilidades terapêuticas. Sem a ferramenta da abordagem familiar, a contribuição da terapia familiar na APS provavelmente não alcançaria os resultados vistos anteriormente.

A NECESSIDADE DE ABORDAR A FAMÍLIA

Casos reais com frequência falam mais do que justificativas teóricas. Certa vez, no serviço de Residência em Medicina de Família e Comunidade, no Hospital Conceição de Porto Alegre, assistiu-se um paciente de 65 anos, um senhor grisalho, levemente arqueado pela cifose senil, falante, sorriso fácil e humor lábil. Chamavam atenção suas inúmeras queixas, dentre elas, cefaleia, insônia e dores pelo corpo, de características não usuais. Havia algumas queixas até aberrantes, como uma sensação de desconforto mal definido na língua e nos canais auditivos, sem nenhuma delas, no entanto, formar síndrome clínica, sem quaisquer alterações ao exame físico ou de laboratório.

Como se pode imaginar, esses pacientes causam ansiedade, pois literalmente "não se sabe por onde começar". Os familiares então foram convidados para a consulta, e o que se observou foi uma família muito disfuncional, com inúmeros conflitos não resolvidos entre o casal. Havia hostilidade entre seus membros, rigidez no funcionamento familiar e frustração generalizada. Em resumo, três filhos adultos com queixas muito semelhantes às do pai, incapacidade de individuação e culpabilização de pai e mãe pela infelicidade de suas vidas.

Quem acompanha o atendimento a pacientes sabe o quão frequente são os que apresentam queixas psicossomáticas, cuja função principal talvez esteja na expressão das dificuldades mal resolvidas, muitas vezes relacionadas ao funcionamento familiar patológico. Investigar exaustiva e persistentemente não ajuda o paciente e onera o sistema de forma desnecessária. Não abordar a família neste e em outros casos, na maioria das vezes, limita muito a capacidade de compreender, de aliviar, de cuidar e, quem sabe, de auxiliar a encontrar uma cura. No entanto, convém não separar arbitrariamente o orgânico do psicossomático, pois estão juntos com frequência.

O homem é parte indivíduo, parte de uma família, parte de um coletivo. A família é o "meio de cultura" no qual cada pessoa é nutrida e diferencia-se, e cuja influência emocional atinge profunda e inexoravelmente a cada um por toda a vida. Esse meio nutre, mas também guarda certas vezes substâncias tóxicas. Simultaneamente, fomenta e limita a cada um, em vários graus. Também é um tipo especial de sistema, com estrutura e padrões de funcionamento que organizam duas capacidades: de estabilidade e de mudança. De forma paradoxal, um sintoma, ao mesmo tempo que paralisa uma família, dá condições de mudança. E exatamente por ser um sistema, apresenta fundamentalmente padrões de repetição. Como o cuidado em atenção primária é teoricamente contínuo, podemos nos relacionar a ela em quaisquer fases de seu ciclo vital.

COM QUE PROFUNDIDADE ABORDAR?

Grau 1: Ênfase mínima.

Grau 2: Engajar a família, de forma colaborativa, na troca de informações e descobertas médicas, opções de tratamento e aconselhamentos. Escutar atentamente a perguntas e preocupações.

Grau 3: Além do grau 2, precisa-se atender aos sentimentos familiares. Requer conhecimentos sobre desenvolvimento familiar, reação familiar aos estresses, como esquizofrenia, deficiência física, etc. Estar atento a pistas sutis por meio das quais se expressam as necessidades emocionais. É necessário também um bom autoconhecimento, para que o profissional tenha consciência da forma como seus próprios sentimentos afetam o relacionamento tanto com o paciente como com seus familiares.

Grau 4: Abordagem sistêmica, capacidade de conduzir avaliação sistemática e planejar intervenções. Requer conhecer sistemas familiares; convocar e coordenar reunião de família; recompor, reescrever a definição que a família tem do problema e encorajar os familiares a considerar novas formas de lidar com suas dificuldades. Tentar convencer os mais resistentes a participar, bem como encorajar os que têm dificuldades de comunicação a se expressarem.

Grau 5: Terapia familiar propriamente dita. Cuidar de famílias disfuncionais – terapeuta de família (TF). Requer entendimento e habilidade para catalisar a mudança no funcionamento, que, se vai de encontro aos interesses de um indivíduo, então as necessidades da família podem prevalecer. Deve-se ater para a diferença dos níveis 3 e 4 para a terapia familiar, já que existe a ideia de que o paciente é um "sintoma" de disfunção familiar e, então, a terapia é direcionada para o sistema. Nos níveis intermediários, o paciente é o foco, e o médico ajuda a família a dar atendimento à pessoa. Entretanto, os níveis podem sobrepor-se.

DIFERENÇAS ENTRE O TERAPEUTA DE FAMÍLIA E O MÉDICO DE FAMÍLIA E COMUNIDADE

Cabe ressaltar que os TFs que começam a trabalhar com uma família não estão geralmente limitados pelos relacionamentos anteriores com seus integrantes individuais, começando como observadores mais neutros e distanciados, não tendo nenhum outro compromisso exceto a condução da terapia. Já o MFC, enquanto ajuda a família a mudar, precisa tratar também da infecção urinária da mãe, da asma do filho ou da depressão do marido. Este "histórico" de relação pode levar o MFC a ser objeto de variados sentimentos, como o "aliado" pela esposa, "o inimigo" pelo esposo, "um pai autoritário" pelos filhos, sendo mais difícil escapar de mecanismos transferenciais.

Findada a terapia, o TF provavelmente não tem mais nenhuma responsabilidade em relação à família, diferentemente do MFC, que não a tem em um fim determinado. Em resumo, o contexto no qual o MFC trabalha guarda diferenças importantes em relação ao de um TF, cada um assistindo as famílias conforme suas peculiaridades. Frequentemente existem desapontamentos pelo não entendimento dessas diferenças. Constitui-se em um exemplo de que métodos clínicos não podem ser transferidos, de um contexto para outro, sem modificação.

Essa forma de compreensão da família não é prerrogativa única dos MFCs. Outros profissionais, em especial aqueles que prestam assistência por longos períodos, também podem trabalhar com o contexto familiar. No entanto, essa habilidade é uma questão, sobretudo, de treinamento. Um profissional que não aprendeu a pensar em termos de família na formação, provavelmente não o fará na prática. Adicionalmente, apesar de um médico de outra especialidade poder "pensar em termos de família" de modo próximo a um MFC, o fato de este último atender a vários integrantes da mesma família lhe dá a vantagem de conhecer o contexto familiar de forma especial.

EXEMPLOS DE SITUAÇÕES FAMILIARES

Caso 1

Uma jovem mulher casada e sem filhos veio consultar com dores no abdome inferior. Como havia apresentado uma gravidez ectópica, essa foi a primeira hipótese diagnóstica. O período de observação no hospital foi suficiente para excluir tal diagnóstico. As dores continuaram, entretanto, e ficou claro que essa jovem estava passando por uma grave crise conjugal. Durante a mesma semana, seu marido veio consultar com dores musculares intercostais, e seu pai consultou por causa de sua depressão, mas nenhum deles associou seu problema à situação familiar. Os problemas de saúde do marido e do pai tomaram um novo sentido no contexto da crise familiar, tanto que, na mesma semana, o casal se separou.

A situação da família, idealizada por cada um de seus integrantes, em razão de verem a realidade de formas variadas, é frequentemente muito diferente daquela obtida por meio do conhecimento pessoal do médico sobre seus outros componentes.

Caso 2

O marido veio em consulta porque estava preocupado com o comportamento da esposa, que era de outra cidade. De acordo com a descrição, foi aventada a possibilidade de esquizofrenia e sugerida consulta com ela, que não compareceu. Pouco tempo depois, o médico foi chamado em sua casa, pois estava acamada, com vômitos. Em pouco tempo, ficou claro que tinha hiperêmese gravídica. Explicado a ambos o problema e seu manejo, foi combinado o acompanhamento. Tirando certa reticência, o comportamento parecia normal. Pouco depois da visita, o homem confessou que a esposa o havia deixado e voltado para sua cidade de origem. Certo dia, a mulher veio em consulta, já quando a gravidez estava adiantada, explicar porque havia partido. Logo depois do casamento, tinha desenvolvido uma profunda antipatia pelo comportamento do marido nas coisas que se relacionavam a ela. Pouco tempo depois da visita, algo se precipitou e a mulher decidiu deixá-lo, voltando para sua cidade e lá tendo o bebê. Não havia nenhuma evidência de instabilidade mental.

O médico pode ser capaz de elaborar hipóteses com base no conhecimento pessoal de todos os integrantes da família. Deve ter ainda mais cuidado quando o relato envolve outros em doenças com grande risco de iatrogenia. Um dos perigos mais comuns para o MFC é aceitar sem confirmação a versão de um integrante familiar.

Caso 3

Uma senhora idosa tinha uma neurodermatite complicada e parecia ansiosa e tensa. A irmã, com quem dividia a casa, também consultava, e sempre causou no MFC um sentimento vago de ameaça e desconforto. Indagou se estaria tendo o mesmo efeito nela. A resposta para a pergunta "como você se dá com sua irmã?" foi uma explosão de sentimentos.

Ter mais opções de manejo disponíveis é a segunda vantagem de atender toda a família. Se, por exemplo, o médico identificou que o problema com um bebê que chora é a exaustão e depressão da mãe, a atenção pode ser direcionada para ela. No entanto, pode levar o médico a enfrentar questões éticas que não ocorrem em outras áreas da medicina, como quando os interesses de diferentes integrantes da família estão em conflito, exigindo tanto conscientização moral quanto conhecimento dos perigos envolvidos.

Caso 4

Um recém-nascido de um jovem casal começou a ser trazido com frequência por queixas diversas, como dermatite de fraldas, cólicas e dificuldades com a amamentação. O esposo esteve sempre afetivo e presente no pré-natal. Ao mostrar interesse sobre "como estava o casal", relataram a iminência da separação, que relacionavam principalmente ao fato de morarem na casa da avó materna do bebê, cujas interferências abalavam a lealdade entre a mãe e o pai. Ao verbalizarem suas angústias, no entanto, deram pistas de que tinham esperanças de renegociarem acordos. Na consulta seguinte, a mãe amamentava perfeitamente e sem preocupações com seu bebê.

Muito importante é pensar "em família", nos casos de problemas repetitivos ou mesmo diferentes, que resultam em consultas repetitivas. A partir disso, uma simples abertura para a ventilação de angústias pode ser útil, tomando o cuidado para não tomar partido. Mesmo casais aparentemente coesos podem passar por problemas importantes.

CICLO VITAL DA FAMÍLIA E PROBLEMAS COMUNS: O QUE ABORDAR?

Se a família pode ser definida como um grupo de pessoas íntimas que têm uma história e um futuro juntos, a estrutura do grupo pode variar sem mudar sua função essencial, e grupos familiares de diferentes tipos poderão ser encontrados em qualquer serviço de saúde, como mulheres idosas vivendo juntas, viúvas ou irmãs solteiras, irmãos e irmãs solteiros, casais de homens e de mulheres vivendo relacionamentos estáveis, viúvos idosos com empregados da casa que se tornaram parte da família, casais homossexuais.

O sistema familiar muda ao longo do tempo na medida em que seus integrantes crescem e envelhecem. Qualquer mudança (nascimento, casamento, morte, etc.) em uma parte do sistema pode afetar profundamente toda a família. A adaptação às tarefas de desenvolvimento pode levar à felicidade e ao sucesso com tarefas posteriores. Quando assume uma tarefa de desenvolvimento, o indivíduo deve perceber novas possibilidades para seu comportamento, formar novos conceitos a respeito de si, lidar efetivamente com demandas conflitantes, ter motivação para alcançar o próximo estágio de seu desenvolvimento. Há a situação das tarefas coincidirem, como, por exemplo, um casal que está aprendendo a viver quando os filhos já saíram, e há o oposto, quando as tarefas entram em conflito.

Algumas famílias são mais vulneráveis a problemas de saúde do que outras. Aquelas com altas taxas de morbidade mostram tendência a permanecerem altas ao longo do tempo. Aquelas com baixas taxas tendem a continuar assim. Existe uma relação significativa entre estabilidade emocional dos pais e taxas de problemas de saúde na família.

Adulto jovem independente

A fase de adulto jovem independente é uma fase de individuação, de diferenciação, de busca de autonomia emocional e financeira, porém de manter pertencimento à família. Individuação e pertencimento não são antagonismos. Quanto mais se consegue pertencer, mais se consegue individuar-se, e vice-versa. Essa fase é marcada por muitos desafios, como o de tomar as rédeas da própria vida e de assumir a responsabilidade pelo próprio destino, bem como de perdoar ou aceitar eventuais erros paternos ocorridos no passado, mesmo que não os reconheçam. Frequentemente, essa fase é muito curta ou inexistente em classes populares.

Deve-se abordar planejamento familiar, sexualidade, grau de desejo e consciência sobre anticoncepção e consequências de uma gravidez. Uma fuga? De quê? (p. ex., alcoolismo do pai). Como seriam os gastos? E emocionalmente? Consequências aos projetos de vida? Se, por um lado, mesmo significando a copaternidade de uma nova vida, uma gravidez atualmente não leva a um casamento forçado, por outro, solidifica "para sempre" um vínculo entre um casal, que pode ou não continuar convivendo. Portanto, evitar uma gravidez indesejada pode significar também a prevenção da manutenção de um relacionamento repleto de problemas e fases mal resolvidas, bem como de suas possíveis consequências para a criança e casal (separação precoce, abandono, etc.). O aborto, proibido no Brasil, é muitas vezes buscado em clínicas clandestinas, colocando em risco e assassinando muitas mulheres.

Casamento

Casamento é o encontro entre dois adultos jovens independentes e diferenciados de suas famílias. Há conhecimento recíproco, regras próprias de funcionamento, construção de novas regras e "releituras" das regras entre os pais.

A função conjugal compreende satisfação de necessidades objetivas e subjetivas, como apoio mútuo para desenvolvimento pessoal, parceria nas responsabilidades diárias e relacionamento afetivo e sexual. A relação do casal pode ser vital, com empatia e carinho, ou desvitalizada, sem interesse e intimidade, que é o ato de trocar sentimentos e pensamentos privados, dependente de uma ligação parental forte, próxima e de confiança. Pode ainda ser conflituada, cujo enfrentamento e agressões são frequentes, com a possibilidade de os filhos estarem envolvidos em alianças disfuncionais, repercutindo em seu desenvolvimento.

A independência de cada um é facilitada pelo reconhecimento e aceitação de diferenças, encorajamento a falar, elaboração de perdas. O poder é dividido igualmente entre o casal, observando-se as competências individuais. Patologicamente, pode apresentar relação de dominação-submissão, conflito continuado ou fusão (negação das diferenças em nome da estabilidade, não sem suas consequências).

Há famílias em que raiva e conflito jamais podem aparecer. Em outras, amor é sinônimo de fraqueza. O clima pode ser afetuoso, em que carinho, afeição e otimismo são expostos abertamente, ou polido, com formalidade nos sentimentos. Ainda pode ser hostil, em que raiva, agressões, culpa e falta de afeto estão presentes; ou deprimido, em que a desesperança predomina.

É preciso enfrentar os problemas com flexibilidade, sem negar sua existência, permitindo discussão e que todos possam falar e buscar soluções. Também é preciso aprender a lidar com situações difíceis e descobrir novas formas de organização. Nas famílias rígidas, a mudança é percebida como ameaça extrema, não se fala sobre dificuldade, não se permite externar sentimentos, negam-se as mudanças do tempo, perdas e situações de desequilíbrio.

Deve-se considerar a abordagem familiar na presença de sintomas orgânicos, como infecções do trato urinário, dispareunia, vaginite, cefaleia, problemas com anticoncepção, pois podem ser expressão de dificuldades de diferenciação e independência, relacionados a cada membro e/ou ao casal.

Nascimento do primeiro filho

O nascimento do primeiro filho constitui-se a família, de fato, de uma díade, que passa a tríade (pai, mãe e filho). Os pais têm novas funções, profundas transformações; reavaliam-se acordos. Os pais costumam ser profundamente exigidos nas respectivas profissões e nos inúmeros cuidados com um bebê novinho e cheio de necessidades. A mãe fica muito ligada ao bebê e com sentimentos de sobrecarga, necessidade de apoio, de atenção e de carinho durante a gestação e a lactação. Com isso, o pai pode se sentir "por fora" e não conseguir se aproximar emocionalmente, correndo o risco de "ter um caso" com o trabalho, álcool, cigarro ou outro relacionamento. Há possíveis consequências de sofrimento psíquico, inclusive para a criança, manifestadas por choro contínuo, por exemplo.

Filhos pequenos

As exigências aumentam exponencialmente com mais filhos. Há relação entre funcionamento inadequado da família e distúrbios da infância. Responsabilidades recaem sobre filhos maiores. Aumentam riscos de desnutrição (a amamentação prioriza o irmão menor), de negligência e violência (depressão, drogadição). Logo mais, há o ingresso na escola e suas dificuldades (de separação, *bullying* – ou violência escolar). De outro lado, pode haver resistência parental em aceitar a crescente autonomia dos filhos.

Superar dificuldades no início da vida é com as crianças, que possuem uma capacidade impressionante de superá-las. Mesmo assim, a privação dos pais por longos períodos, por exemplo, está associada a problemas, como suicídio, depressão e transtornos da personalidade, cujo desfecho depende de fatores individuais, como relacionamento anterior entre pais e filhos, disponibilidade de substitutos, etc. Por isso, é aconselhável evitar separações dos filhos sempre que possível no estágio crucial entre 3 meses e 4 anos de vida. Se inevitável, como em hospitalização da mãe por doença grave, deve-se conseguir uma boa substituta.

Muitas doenças do adulto têm raízes na infância. Há evidência de ligações entre a incidência e gravidade de infecções de vias aéreas inferiores a fatores familiares adversos. As infecções intestinais se mostram firmemente relacionadas a condições inadequadas de moradia, superpopulação e cuidados maternais inadequados. Já as convulsões não febris podem estar significativamente ligadas à baixa classe social, histórico familiar de convulsões, doença mental, privação dos pais e cuidado infantil inadequado.

Os filhos tendem a ter mais problemas de saúde quando os pais evitam conflitos; a mãe pouco se envolve em redes sociais fora da família; os pais são propensos a queixas somáticas, com sentimento de bem-estar abaixo da média; as mães têm forte inclinação a aceitar o papel de doente; há discrepância no conhecimento que os pais têm da queixa de seu cônjuge. A interpretação dessas relações pode confirmar o conceito de Balint: "o filho como sintoma de apresentação". Também há ligação entre o funcionamento anormal da família (distanciamento, envolvimento inadequado, rigidez, caos) e baixo peso ao nascer. Infecções por estreptococos são relacionadas a estresse agudo e crônico. Em resumo, questões de saúde orgânicas estão frequentemente relacionadas às questões familiares, e é preciso estar atento.

Deve-se:

1. antecipar uma possível crise futura (ainda no pré-natal);
2. atestar a sua normalidade;
3. criar espaços para conversar, expressar fantasias, negociar;
4. observar sintomas depressivos na mulher (muito prevalente, associada à do parceiro);
5. prevenir abuso do álcool no homem;
6. analisar a possibilidade de consultas frequentes serem sintoma da crise, como dificuldade na amamentação, choro intenso, cólicas, transtornos do sono, infecções.

Deve-se ainda antecipar possíveis dificuldades fraternas representando ciúme e medo do abandono, como regressão de habilidades já conquistadas (fala, controle esfincteriano), agressões aos pais e ao bebê (não deixar crianças menores "cuidando" do irmão) e dificuldades escolares.

Filhos adolescentes

Vem a crise desenvolvimental: as crianças passam a adolescentes; os pais, à meia-idade; e os avós, à aposentadoria e à velhice. Veem-se jovens com ansiedade e crises de depressão, com conflitos por mais liberdade, em geral não muito intensos, ao contrário do senso comum. Quanto menos tumultuada for essa passagem para os pais e avós, menos será para os adolescentes. A função de encontro da identidade é mais longa na família "tradicional". Já nas classes populares, é uma fase curta, e a gravidez nessa fase transforma-os em pais sem rituais de passagem, suprimindo fases.

Deve-se abordar flexibilidade familiar, capacidade para respeitar, aceitar e negociar opiniões diferentes (liberdade *versus* limites). É imprescindível a atenção a sintomas como dificuldades escolares, abuso de drogas, principalmente álcool, tentativa de suicídio, acidentes e gravidez.

Ninho vazio

Os filhos saem e deixam pais em meio à crise da meia-idade, somada à perspectiva de morbidade e morte de seus próprios pais, cujos cuidados exigidos frequentemente atuam como fortes estressores. Trata-se de uma fase precoce nas classes populares em virtude de as mulheres separarem-se por curtos relacionamentos. São forçadas a chefiar e sustentar famílias por longo tempo. Já na classe média, ocorre cada vez mais tarde, pois as mulheres esperam mais tempo para procriar, bem como a crise financeira dificulta a independência dos jovens.

Deve-se abordar a fase do ciclo familiar na presença de queixas vagas e múltiplas, como cefaleia, desânimo, transtornos do sono, dispareunia e leucorreia, que podem ser expressão de dificuldades de adaptação.

CRISES ACIDENTAIS

As habilidades desenvolvidas nas crises "fisiológicas" serão os recursos da família no processo de "volta ao funcionamento normal" (resiliência) em reação a crises imprevistas, como mudança de domicílio, desemprego, doença e morte precoce de entes queridos, incapacidades físicas e psicológicas, rupturas conjugais prematuras, mudanças de hábito e estilo de vida, miséria e violência. Por isso, deve-se estar atento a filhos de casais divorciados, irmãos de adolescente com deficiência, viúvos e viúvas, esposa de um homem desempregado. Os problemas de família seguidamente são causados por dificuldades de comunicação, principalmente em relação a sentimentos. Deve-se estar vigilante a respeito de bloqueios de comunicação dentro de uma família. Aquelas que respondem melhor às crises costumam ser mais envolvidas socialmente em organizações assistenciais, culturais e outros.

Altas taxas de desemprego e baixa capacidade de ganhos entre homens estão associadas a baixas taxas de casamentos, mais nascimentos no grupo de mães solteiras e probabilidades maiores de separações. Uma família economicamente pobre, mas estável, em uma comunidade que lhe dá suporte, pode minimizar muitos dos efeitos adversos da pobreza, porém esta pode enfraquecer a capacidade de cumprir funções de proteção e criação dos filhos.

Os MFCs pouco podem fazer para curar esses problemas sociais, mas podem contribuir para minimizar seus efeitos ao trabalhar em colaboração com enfermeiros e assistentes sociais. Muitas vezes, têm conhecimento de famílias vulneráveis, a quem podem dar apoio e colocar em contato com agências de apoio social. Devem estar atentos às indicações de violência familiar e ter competência para notificar e lidar com esses casos, bem como estar atentos às necessidades das crianças e adolescentes de famílias pobres ou instáveis.

Deve-se identificar, discutir e procurar soluções (com toda a família, se possível) para os problemas encontrados, toda vez que perceber mecanismos de defesa familiar (negação, por exemplo), na tentativa de evitá-los. Esse novo padrão de lidar com problemas previne transtornos psicossomáticos. Além disso, os grupos de "semelhantes" têm um importante papel na troca de experiências, como os grupos de gestantes, de desnutridos, mães de desnutridos, idosos, alcoolistas, pacientes com transtornos alimentares, hipertensos, epilépticos, etc. A rede de apoio também é de suma importância, como amigos, vizinhos e instituições de auxílio a crises.

Famílias em separação

Frente a um relacionamento insuportável, alguns pacientes verbalizam em consulta ou dão sinais psicossomáticos de um desejo de separação, cujo processo, se iniciado, é longo e pode levar anos, sendo composto pelas seguintes etapas:

1. decisão propriamente dita;
2. estabilização das duas novas famílias monoparentais;
3. divórcio legal;
4. reorganização da vida dos pais;
5. novos casamentos e reorganizações familiares.

Em classes populares, esse período é frequentemente acelerado pelas dificuldades financeiras. Como não há "elaboração", tendem a se repetir os erros.

Pode-se oferecer consulta para o casal, proporcionando abertura para identificar o real desejo de separação. Se a decisão foi tomada, deve-se aconselhar a cooperação, já que a relação conjugal se rompe, mas não a parental, se há filhos; limitar ao máximo a mudança externa para as crianças; permitir a circulação delas entre as casas e contato com famílias de origem, com combinações consistentes; manter rituais de união, se possível (aniversários, por exemplo); permitir tempo suficiente para todos elaborarem a separação; não apresentar aos filhos relacionamentos que podem ser temporários; em princípio, manter posição de novos relacionamentos diferenciada da dos pais; avaliar risco para a criança: violência e disputa pelos filhos ou por seu apoio; observar o impacto da separação no cuidado diário (sinais de depressão no pai/mãe que detém a guarda); desvalorização e acusações ao outro perante a criança; avaliar se a mãe biológica consente que a criança se relacione com a madrasta; encorajar o apoio das famílias de origem e da rede (amigos, por exemplo). Ao aconselhar, em qualquer situação, deve se lembrar que pode haver uma conotação de desvalorização da família e seu modo de vida. Deve-se usar apenas regras gerais, bem aceitas, com bom senso, e não conselhos pessoais ou em tom de "eu sei, você não sabe", o que pode passar mensagem de incompetência e, principalmente, acarreta a não adesão e a não melhora.

Famílias monoparentais

Famílias monoparentais são resultantes de morte de um membro ou separação/divórcio, estão em risco. As questões são elaborar o luto da família anterior; administrar a sobrecarga com tarefas do cotidiano do pai ou da mãe com guarda; necessidade do adulto de apoio e de intimidade; fragilização das fronteiras entre gerações, com retorno à família de origem. Na eventual perda do cônjuge, no primeiro ano, a mortalidade aumenta significativamente, e inclui todo tipo de doenças. Sabe-se que ela é muito maior entre viúvos, divorciados e pessoas solteiras do que entre os casados. Há aumento na taxa de consultas no caso de perda do cônjuge. O acúmulo de consultas pode ser uma importante indicação de problemas na família. Deve-se ajudar a família a se sentir competente e a desenvolver uma rede de suporte (amigos, grupos, etc.). Se retornar a morar com avós, é necessário negociar a autoridade sobre as crianças.

Famílias do recasamento

Em famílias do recasamento, há perdas importantes em seus membros (separação, viuvez), cuja figura parental antiga pode estar ainda psicologicamente viva. Como se não bastasse, laços parentais interferem no novo casal, e o fato de os filhos pertencerem a duas casas traz a necessidade de manter vínculos com as famílias de origem de seus pais e de conviver com as dos cônjuges destes. Se um deles nunca se casou, há possibilidade de desequilíbrio no sistema familiar, pois há superposição de fases (formação do casal, filhos adolescentes). A família precisa fazer o luto das situações anteriores, negociar a criação de novas tradições e alianças e conservar antigas, integrar a família do padrasto ou da madrasta.

É preciso aconselhar a não se tentar substituir o pai ou a mãe biológicos ausentes; não se rotular ("uma casa é boa, a outra, má"); permitir a diversidade de experiências; disciplina e limites devem ser, idealmente, exercidos por ambos os pais, biológico e não biológico, lembrando que, ao disciplinar, o padrasto ou a madrasta podem ser vistos, principalmente no início, como "maus" (especialmente a madrasta), aumentando a complexidade do sistema. Não se pode esquecer que as adaptações demoram, são um processo.

Famílias ampliadas

A presença de três gerações é mais comum em classes populares e em casos de gravidez não planejada. É muito frequente a avó assumir sozinha responsabilidades parentais, devido a drogas, maus-tratos, doença mental ou morte do filho(a). Suas dificuldades financeiras, idade avançada e preocupação com a saúde física e/ou mental dos pais das crianças são fatores estressantes. Precisa-se auxiliar avós e pais a colaborar nas tarefas parentais, sem infantilização dos pais pelos avós, ou interferência na relação do casal e auxiliar crianças a elaborar luto por perda dos pais ou envolvimento instável.

O PAPEL DO GENOGRAMA COMO FERRAMENTA

O genograma é uma representação gráfica da história e do padrão familiar, que mostra a estrutura básica, a demografia, o funcionamento, os relacionamentos saudáveis, conflitantes, distantes, próximos, simbióticos, etc. Geralmente, deve-se incluir três gerações, bem como pessoas significativas que moraram com ou cuidaram de seus membros. É uma ferramenta das mais poderosas no dia a dia, pois pode evidenciar padrões de repetição através das gerações, como o alcoolismo, as triangulações compensatórias, e até o que está diante de nossos olhos, mas ainda não conseguimos enxergar.

ORIENTAÇÕES DIAGNÓSTICAS

A escala GARF (Global Assessment of Relational Functionting) para avaliação familiar, desenvolvida pelas Associações de Psiquiatria e de Psicologia dos Estados Unidos, mostrou-se uma sugestão adequada para orientar a intervenção e acompanhar a evolução terapêutica. Partindo da capacidade de resolver problemas, da organização e clima emocionais, classifica em cinco níveis, recebendo 5 as famílias com melhor funcionamento, 3 e 4 as de funcionamento intermediário (cuja resposta às intervenções em geral é boa), e 2 e 1 as crônicas e gravemente disfuncionais, em que há necessidade de encaminhamento ao TF. Deve-se diagnosticar cautelosamente e nunca rotular. A família pode estar muito desajustada por uma crise apenas momentânea (ver Quadro 15.1).

UM MODELO DE ENTREVISTA COM O PACIENTE E SUA FAMÍLIA

Após avaliar a história clínica e o exame físico, condições de vida, relações familiares e sociais, pode-se levantar hipóteses diagnósticas e traçar planos terapêuticos individuais, familiares e com a rede social de apoio, respeitando a aceitação e a coparticipação. O relacionamento entre o paciente, sua família e sua doença pode ser mais bem compreendido na consulta familiar, se necessário. A família, em geral, está envolvida na doença e pode organizar-se aliviando,

QUADRO 15.1
Níveis de funcionamento da família
(Global Assessment of Relational Funcionting – GARF)

Nível 5 – A unidade interacional (UI) está funcionando satisfatoriamente segundo o relato dos participantes e a perspectiva dos observadores.

Existem padrões e rotinas combinados que permitem a satisfação das necessidades habituais de cada membro; existe flexibilidade para mudar a resposta a eventos ou necessidades fora do usual; conflitos ocasionais e transições difíceis são resolvidos por meio de comunicações e negociações destinadas a solucionar problemas. Existe um entendimento compartilhado e um acordo sobre os papéis e tarefas apropriados; a tomada de decisões é estabelecida para cada área funcional; existe reconhecimento das características particulares e dos méritos de cada subsistema (subsistema dos pais, do casal, dos irmãos e individual). Existe nas relações uma atmosfera otimista apropriada para a situação; uma grande variedade de sentimentos é livremente expressa e elaborada; há uma atmosfera geral de calor, carinho e valores compartilhados. As relações sexuais dos adultos são satisfatórias.

Nível 4 – O funcionamento da UI é algo insatisfatório. São resolvidas muitas das dificuldades que ocorrem ao longo do tempo, mas não todas.

A maioria dos problemas de interação corriqueiros é resolvida adequadamente, mas existe dor e dificuldade em responder a situações incomuns. Alguns conflitos permanecem não resolvidos, mas não perturbam a relação. A tomada de decisões é feita, em geral, de forma competente, mas o esforço para o controle dos membros entre si, às vezes, é maior do que o necessário ou não é efetivo. Indivíduos e coalizões são claramente demarcados, mas, às vezes, são depreciados ou discriminados. Uma gama de sentimentos é expressa, porém é evidente que há áreas de bloqueio emocional e tensão. Calor e carinho estão presentes, contudo, são marcados por irritabilidade e frustração. A atividade sexual dos adultos pode ser insatisfatória.

Nível 3 – Apesar de haver ocasiões de bom funcionamento e competência nas relações, aquelas disfuncionais e insatisfatórias tendem a prevalecer.

A comunicação, a solução de problemas e as atividades rotineiras, com bastante frequência, são inibidas ou atrapalhadas por conflitos não resolvidos; há dificuldade moderadamente grave de se adaptar a situações de estresse e a transições, como saídas da família, mortes, nascimentos e casamentos. A tomada de decisões é só intermitentemente competente e efetiva; nessas situações, observa-se excessiva rigidez ou falta significativa de estrutura. As necessidades individuais estão geralmente submersas. Dor e/ou raiva ineficaz ou paralisia emocional interferem com a possibilidade de compartilhar alegrias. Apesar de haver algum calor e apoio aos membros, em geral, são desigualmente distribuídos. Há problemas sexuais frequentes entre os adultos.

Nível 2 – A UI é óbvia e seriamente disfuncional. Períodos de relacionamento satisfatório são raros.

Os padrões e rotinas de interação não satisfazem às necessidades dos membros; expectativas estabelecidas são ignoradas ou rigidamente cumpridas, apesar de mudanças situacionais. Transições do ciclo vital como partidas ou entradas das/nas relações geram problemas frustrantes e não resolvidos. A tomada de decisões é tirânica ou bastante ineficaz. As características particulares dos indivíduos não são apreciadas ou são ignoradas por coalizões rígidas ou confusas. Períodos de convivência agradável em conjunto são infrequentes; distância óbvia e hostilidade declarada refletem conflitos importantes que permanecem não resolvidos e bastante doloridos. A disfunção sexual grave entre os adultos é frequente.

(Continua)

QUADRO 15.1
Níveis de funcionamento da família
(Global Assessment of Relational Funcionting – GARF) (***continuação***)

Nível 1 – A UI tornou-se excessivamente disfuncional para garantir a continuidade de contato e ligação.

As rotinas são poucas, não há horários combinados para refeições, sono ou período de vigília, por exemplo; os membros da casa frequentemente não sabem onde os outros estão ou o que esperar uns dos outros; a comunicação é repetidamente atrapalhada por mal-entendidos e falta de atenção ao que os outros dizem. Responsabilidades pessoais e geracionais não são reciprocamente aceitas e reconhecidas. Os limites da unidade como um todo, bem como os dos subsistemas, não podem ser identificados ou respeitados. As pessoas, nessa relação, podem ameaçar e agredir física ou sexualmente umas às outras. O desespero e o cinismo são francos; pouca atenção é prestada às necessidades emocionais dos outros; quase não existe sentimento de pertencimento, ligação ou preocupação com o bem-estar mútuo.

mantendo ou agravando-a. Relacionando, por exemplo, o início do problema às mudanças familiares, sensibiliza-se a todos na percepção da influência familiar nos sintomas, ajudando-os a lidar de uma forma diferente. Mesmo se nem todos os membros comparecerem, o que indica possivelmente dificuldade em se mobilizar para auxiliar um familiar doente, o médico pode abordar a família mesmo assim, já que a contextualização do paciente em seu meio é o que caracteriza a visão sistêmica. Deve ser rica a observação da família. Falam uns pelos outros? Há um porta-voz? Usam o plural, que indiferencia opiniões? A espontaneidade, a clareza de expressão, o requerer esclarecimento e o respeito às opiniões são valorosos. Descreve-se a seguir orientações de condução de uma consulta familiar. As fases muitas vezes se sobrepõem.

1. Socialização (aproximadamente 5 minutos). Após se identificar e cumprimentar a todos, a fase de aquecimento inicia. Conversar com cada membro presente (inclusive crianças), sabendo idade, relação de parentesco e fazendo observações e perguntas pertinentes (profissão, trabalho, etc.). "Quebrar o gelo" com perguntas abertas sem relação ao motivo da consulta. Nesse momento, o funcionamento familiar pode já começar a emergir, e as relações de poder, os padrões de comunicação, etc. podem ser percebidos. Atenção à linguagem não verbal. Pequenos detalhes, como expressões corporais e faciais, a disposição da família na sala, quem senta perto de quem, etc., dão pistas sobre o funcionamento familiar e suas alianças.
2. Introdução do motivo da consulta (aproximadamente 5 minutos). É aconselhável que se peça para falar do motivo da consulta a quem a solicitou, não esquecendo que todos devem ter oportunidade de falar, incentivando, se preciso. Se foi o médico, deixar claro o motivo, geralmente para auxiliar na compreensão de seu paciente, sendo a família quem melhor o conhece. Então, o funcionamento, a comunicação e a dinâmica familiar podem tornar-se cada vez mais perceptíveis. Manter a empatia e a proximidade com seus membros. Tentar estabelecer objetivos da consulta, claros, concisos e realistas, propondo aqueles os quais a família não tenha mencionado. Priorizar os mais importantes. Lembrar à família as vantagens da participação na resolução dos problemas, acelerando o tratamento, tornando-o menos dispendioso, evitando estigmatização, permitindo identificação e abordagem de outros casos intrafamiliares, oportunizando a prevenção de novos problemas.

3. Discussão da doença ou problema (aproximadamente 25 min). Deve-se facilitar a comunicação entre os membros familiares: falas abertas, evitar que falem uns pelos outros, monopolizem a fala ou interrompam-se muito frequentemente. Isto já pode ser terapêutico, pois permite pequenas alterações de relacionamento. Identificar padrões de funcionamento, geralmente repetitivos, relacionados com o problema, isto é, relacionar sintoma com função familiar. A partir do momento em que houver clara conexão entre sintoma e sistema, deve-se registrar junto à família. Identificar recursos de todos os tipos, da família, médicos e da comunidade.
4. Estabelecer um plano (aproximadamente 10 min). Incluir recursos e ideias que a família sugeriu. Negociar um contrato formal ou informal com a família, o que cada um se propõe a fazer. Discutir quaisquer referências, se relevantes, oferecendo nova consulta ou encaminhamento ao especialista, se necessário. Perguntar por questões finais. Resumir o plano. Agradecer a presença e participação de todos.
5. Tarefa pós-encontro. Registrar a consulta, incluindo a assistência, a lista de problemas, a abordagem individual e familiar, os recursos familiares e o plano referente a cada papel, do médico, do paciente e da família.

Situações clínicas em que a família deve ser envolvida:

1. *Paciente de classes populares com crises múltiplas*. Caracteristicamente, essas famílias enfrentam múltiplas crises, até simultâneas, como violência física, psicológica ou sexual, negligência, abandono, morte precoce, drogadição, deficiências de desenvolvimento e aprendizagem, abuso de substâncias, transtornos alimentares, etc. Abordar somente o paciente, e não sua família muito provavelmente é menos útil.
2. *Paciente com doença orgânica crônica*. Apesar de frequentarem os consultórios e de usarem a medicação acertada, esses pacientes provocam às vezes no médico a sensação de que não estão sendo bem manejados, não apresentando melhora. A doença pode ter então uma função na dinâmica familiar quando evita discussões, por exemplo, com filhos adolescentes por mais liberdade. Afinal, uma precordialgia ou dispneia podem fazer cessar muitos conflitos. Provavelmente não devem fazer uso correto da medicação, pois se melhorarem, perderão a forma que conhecem de lidar com o problema.
3. *Paciente que não segue as orientações*. Em diversas situações, o paciente não segue a prescrição médica, como quando em dificuldades financeiras. Porém, geralmente há benefício da doença em relação ao funcionamento familiar. Cabe ao médico abordar a família, catalisando novas formas de funcionamento que possibilitem não recorrer ao mesmo recurso.
4. *Paciente com doença aguda frequente*. É comum não serem identificados problemas orgânicos subjacentes. Muitas vezes, relacionam-se a situações de crise, diminuindo a tensão, como no filho que adoece quando os pais brigam e dizem que vão se separar. A tensão é diminuída para cuidados com a criança e a melhora só não é permanente porque os problemas não foram resolvidos. Pode ser útil aconselhar para que não discutam dificuldades na presença do filho ou o pressionem para tomar partido.
5. *Paciente psicossomático*. Pacientes com transtornos somatoformes costumam procurar vários médicos na tentativa de encontrar alguma solução para suas queixas. Em geral, outros familiares apresentam comportamento semelhante. Os problemas são evitados, as diferenças pessoais não são aceitas e a regra é esconder o conflito, o que muitas vezes é reforçado pela preocupação com o sintoma, que funciona

preenchendo um vazio na relação. Se a família é muito rígida, o tempo e o vínculo com o MFC podem permear pequenas transformações que causem desequilíbrio no sistema, melhorando os sintomas. Evitar placebos e investigações inúteis, que reforçam a impressão de que o problema é físico.

6. *Paciente com transtorno psiquiátrico*. Transtornos afetivos e de pânico, esquizofrenia, demência senil e retardo mental são frequentemente suspeitados em seu início pelo MFC. Porém, relacionar sintomas psiquiátricos e sua função no sistema familiar é fundamental.
7. *Outros*. Identificadas dificuldades familiares na consulta, abordar a família é de extrema importância, pois, muitas vezes, para o paciente, é necessário apenas falar a respeito. A violência, manifestada por negligência, abandono, maus-tratos físicos e psicológicos, abuso sexual, etc., é encontrada com mais frequência em famílias que apresentam distribuição rígida e desigual de autoridade e poder (gênero, social, sexual, de idade, etc.), falta de diferenciação de papéis, conflitos permanentes (dificuldades de diálogo e descontrole da agressividade), baixo nível de desenvolvimento de autonomia, estrutura fechada sem abertura para contato externo, situações de crise ou perdas (separação, desemprego, morte, migração, doenças crônicas ou incapacitantes, etc.), história de modelo familiar violento, abuso de álcool e drogas, antecedentes criminais ou porte de armas, comprometimento psicológico/psiquiátrico dos indivíduos, dependência econômica ou emocional e baixa autoestima, seguindo-se impotência e/ou fracasso em lidar com a violência. Certas famílias encontram-se muito comprometidas, gerando angústia nos profissionais. Cabe lembrar que pequenas melhoras são essenciais e podem ser o início de melhoras mais profundas.

REFERÊNCIAS

ANDOLFI, M. et al. *Por trás da máscara familiar*. Porto Alegre: Artmed, 1989.

ANDRADE, L. O. M.; BARRETO, I. C. H. C. B.; FONSECA, C. D. A estratégia saúde da família. In: DUNCAN, B. B.; SCHMIDT, M. I.; GIUGLIANI, E. R. J. (Ed.). *Medicina ambulatorial*: condutas de atenção primária baseadas em evidências. 3. ed. Porto Alegre: Artmed, 2004. p. 88-100.

BARKER, L. R. The practitioner-patient relationship and communication during clinical encounters. In: BARKER, L. R.; BURTON, J. R.; ZIEVE, P. D. (Ed.). *Principles of ambulatory medicine*. 6. ed. Philadelphia: [s.n.], 2003. p. 23-34.

FALCETO, O. G.; FERNANDES, C. L. C.; WARTCHOW, E. S. O médico, o paciente e sua família. In: DUNCAN, B. B.; SCHMIDT, M. I.; GIUGLIANI, E. R. J. (Ed.). *Medicina ambulatorial*: condutas de atenção primária baseadas em evidências. 3. ed. Porto Alegre: Artmed, 2004. p. 115124.

MINUCHIN, P.; COLAPINTO, J.; MINUCHIN, S. *Trabalhando com famílias pobres*. Porto Alegre: Artmed, 1999.

MCGOLDRICK, M.; CARTER, E. *As mudanças no ciclo de vida familiar*: uma estrutura para terapia familiar. Porto Alegre: Artmed, 1995. p. 7-29.

MCWHINNEY, I. R.; FREEMAN, T. A família na saúde e na doença. In: ______. *Manual de medicina de família e comunidade*. 3. ed. Porto Alegre: Artmed, 2010. p. 229-261.

OSORIO, L. C.; PASCUAL DO VALE, M. E. *Terapia de famílias, novas tendências*. Porto Alegre: Artmed, 2002.

ROSSET, S. M. *Pais e filhos, uma relação delicada*. Curitiba: Sol, 2003.

SCHIMITH, M. D.; LIMA, M. A. D. S. Acolhimento e vínculo em uma equipe do programa saúde da família. *Cadernos de Saúde Pública*, Rio de Janeiro, v. 20, n. 6, p. 1487-1494, nov./dez. 2004.

SLUZKI, C. *A rede social na prática sistêmica*. São Paulo: Casa do Psicólogo, 1997.

TAVARES, M. A prática da atenção primária à saúde. In: DUNCAN, B. B.; SCHMIDT, M. I.; GIUGLIANI, E. R. J. (Ed.). *Medicina ambulatorial*: condutas de atenção primária baseadas em evidências. 3. ed. Porto Alegre: Artmed, 2004. p.101-106.

WHITACKER, C. A.; BUMBERRY, W. M. *Dançando com a família, uma abordagem simbólico-experiencial*. Porto Alegre: Artmed, 1990.

capítulo 16

MEDIAÇÃO FAMILIAR

VERÔNICA A. DA MOTTA CEZAR-FERREIRA

"Let there be no mistake... divorce is paintful"

Schwartz e Kaslow

INTRODUÇÃO

A separação é dolorosa, não há dúvida.

A dor pode começar antes mesmo da separação, atingir um ou ambos os membros do casal e afetar toda a família, especialmente os filhos, quando não a família extensa e até amigos. Se não cuidada, a angústia pode estender-se por dois a cinco anos ou até tornar-se crônica (Schwartz e Kaslow, 1997). Muitas vezes, a angústia é devida à impossibilidade de os cônjuges chegarem a acordos sobre aspectos importantes da vida diária da família. Nesses casos, não se requer, em princípio, um processo psicoterápico. A ajuda especializada psicológica focal ou um processo psicoterápico para um ou ambos os membros do ex-casal, no entanto, nunca devem ser descartados para indicação a qualquer momento. Uma das formas de se lidar com a crise da separação é a mediação familiar.

Este capítulo visa a apresentar a mediação familiar como forma eficiente de resolução de conflitos familiares, nos quais a necessidade de estabelecimento de acordo sobre pontos conflitivos seja prioritária para manutenção da relação futura dos envolvidos. Ela não objetiva estabelecer os acordos, mas propiciar mudanças na relação dos conflitantes que viabilizem a realização de acordos consistentes, o que, em última análise, significa ajudar os conflitantes a encontrar solução para o conflito e tomar decisões a respeito dele. A mediação familiar, em particular, é apropriada para intervenção em conflitos familiares ou que se lhes assemelhem. Seu foco principal está nas questões judiciais de família. Tal instrumento de pacificação das relações, se utilizado em conformidade com o paradigma da pós-modernidade, pode ser eficaz, caso os interessados, voluntariamente, passem pelo procedimento. Ele pode ser aplicado antes, durante e após a separação conjugal.

Embora considerando as múltiplas possibilidades interdisciplinares passíveis de serem abordadas no espaço da mediação, este trabalho pretende tratar o tema do ponto de vista da interdisciplinaridade psicojurídica, por algumas razões: trata-se de campo de interseção em que, especialmente na mediação familiar, se observa de forma clara a interação das disciplinas Direito e Psicologia, e, mais do que isso, a interação das mentalidades jurídica e "psi"; trata-se de área em que a mediação está em vias de ser institucionalizada pela promulgação da Lei de Mediação; e, finalmente, por se tratar de campo de nossa maior experiência, familiaridade e apreço.

O foco principal deste capítulo, portanto, será a separação conjugal em razão da intensificação desse fenômeno no mundo atual e da excelência da abordagem nessa específica interface psicojurídica.

UM *VOL D'OISEAU* SOBRE A ESTRADA DA MEDIAÇÃO

O contato com o direito de família e a psicologia, particularmente na área da terapia familiar, fortaleceu em mim a ideia de que as causas de família mereceriam ser examinadas com um olhar psicojurídico. Historicamente, a mediação vem sendo praticada há longo tempo com esse nome, porém é relativamente pequeno o lapso de tempo em que vem sendo aplicada dentro dos padrões inter-relacionais propostos pelo paradigma da pós-modernidade. A Segunda Grande Guerra pode ser considerada um marco em relação ao advento dessa nova problemática social (Cezar-Ferreira, 2007).

Do século XX a esta parte, o Movimento de Mediação Familiar vem se desenvolvendo em torno das questões judiciais de família, como separação, guarda de filhos, regulamentação de visitas e alimentos, seja de forma extrajudicial, antes de instauração da ação competente, seja judicialmente, dentro do processo judicial. Assim, a área de atuação mais destacada da mediação familiar é a do direito de família, em especial, as separações conjugais e ações correlatas.

Nos países em que se iniciou o Movimento, uma constante apareceu: a necessidade de aproximação das ciências Psicologia e Direito na abordagem das questões judiciais de família, em função de, aos conflitos jurídicos, subjazerem conflitos emocionais. O saber psicológico mostrou-se fundamental a esse novo entendimento, uma vez que os profissionais do direito só contavam com sua sensibilidade e bom senso, mas não contavam com nenhum conhecimento psicológico de ordem acadêmica, nem experiência na área.

O grande aumento do número de divórcios levou alguns governos a se preocuparem em produzir mudanças nas legislações para minimizar os problemas matrimoniais, sobretudo na situação de separação, mas há legislações mais antigas, como a dos Estados Unidos que, em 1919, dedicou atenção especial aos conflitos familiares, criando a lei e estendendo o conceito de conciliação matrimonial, implementada a partir do Poder Judiciário (Gorvein, 1996). Na mesma direção, em 1949, o Japão criou seus Tribunais de Família.

Segundo Kaslow (1995), com o aumento dos divórcios nos Estados Unidos, mais pessoas tomaram conhecimento das consequências devastadoras dos divórcios litigiosos. Os Tribunais de Conciliação da Califórnia, por exemplo, envidaram muitos esforços na tentativa de amenizar a situação. E, segundo ela, o trabalho do advogado e terapeuta familiar Coogler foi determinante para o desabrochar da área de mediação de divórcios. Foi a partir de sua iniciativa que surgiu a possibilidade de as partes escolherem entre um divórcio litigioso e um mediado.

A França, igualmente, há algum tempo preocupa-se com os problemas emocionais da separação e seu correlato suporte jurídico. Nesse país, Lyon tem-se destacado com um trabalho de vanguarda (Neder et al., 1997).

Na América do Sul, Brasil e Argentina foi adotada uma posição favorável à mediação. A Argentina, em 1995, viu promulgada sua Lei de Mediação. Naquele país, a mediação vinha sendo exercitada há algum tempo, oficiosamente, em moldes nitidamente interdisciplinares, nos casos de família. A lei circunscreveu-a como prática jurídica. No Brasil, observa-se aumento do número de profissionais do mundo jurídico interessados em receber informações sobre a ciência psicológica, particularmente no que diz respeito ao funcionamento mental, emocional e relacional do ser humano. O Projeto de Lei n.º 94, de 2002, deve transformar-se na Lei de Mediação. No momento, essa prática vem sendo aplicada no Judiciário sob o nome de Conciliação (Cezar-Ferreira, 2007).

Até a virada do século, autores da área psicossocial voltavam mais seu olhar para as separações conjugais como eventos críticos carentes de atenção específica, e, nessa época, surgiram trabalhos importantes. Autores da área jurídica que compartilhavam dessa preocupação apareciam em um contingente menor. Atualmente, talvez pela maior divulgação e pela potencialidade de promulgação da lei, operadores do direito têm-se apropriado desse saber e escrito bastante a respeito, enquanto os da área psicológica, aparentemente, diminuíram sua produção científica, uma vez lançada a semente.

O fato é que a psicologia tem na família um eixo significativo, o que não pode ser esquecido. Diferentes teorias da personalidade buscam referência na relação entre pais e filhos para explicar a formação e o desenvolvimento do psiquismo individual. A que aceito entende que o psiquismo individual decorre de relações interpsíquicas. É preciso que, do ponto de vista psicológico, se escreva mais sobre essa importante crise não previsível do ciclo vital, a separação. A par disso, deve-se frisar que as primeiras leituras do conceito de mediação sempre contaram com psicólogos ou com advogados que tinham algum contato com psicólogos.

Do ponto de vista prático, em algumas áreas, como a trabalhista e comercial, destacaram-se os profissionais do direito que, atualmente, têm se interessado, também, pela mediação familiar; nas mediações escolar e familiar, destacaram-se os profissionais "psi". Hoje, dada a qualidade e as características de sua formação, é notória a importância do mediador "psi" em todas as áreas, e é fato que, onde quer que haja pessoas em conflito, aí será útil esse profissional.

No campo do Direito, a Constituição Federal de 1988, em seu art. 227, priorizou a proteção ao menor, o que está minuciosamente especificado no Estatuto da Criança e do Adolescente, o qual determina que se atente para o maior interesse da criança e do adolescente. Essa é a base legal da mediação familiar em questões judiciais de família, seja no Judiciário, seja fora dele. O melhor interesse da criança deve ser atendido; a criança deve ser protegida.

A aplicação desse instrumento, considerando-se que o ser humano é inter-relacional e que vive em processo de coconstrução com os outros e com a sociedade, permite a ressignificação dos pontos controvertidos e o advento de um novo olhar em relação à controvérsia, por parte dos litigantes. A mediação é, de fato, um espaço interdisciplinar, e não é mera prática, mas um método, um processo e uma ou várias técnicas a exigir do executor cada vez mais experiência para praticá-la.

Em resumo, a mediação familiar, em toda sua complexidade, pode ser entendida e estudada como modelo, método, processo e técnica, bem como é um procedimento de intervenção na superação de situações de crise, em particular as de separação.

A MEDIAÇÃO COMO INSTRUMENTO DE PACIFICAÇÃO

O instrumento de mediação, cada vez mais em uso nos tempos atuais, pode ser empregado em quaisquer conflitos nos quais os participantes estejam com dificuldades em chegar a acordo sobre determinadas divergências e percebam a necessidade de fazê-lo para evitar dissidência infindável ou para melhor continuidade de suas vidas e de terceiros, parentes ou não.

Podem-se mediar conflitos eventuais, nos quais não existe relação de afeto nem necessidade de manutenção da relação entre as partes, como conflitos de relação empresarial, condominial, contratos em geral, acidentes de trânsito, entre outros. Para esses, no entanto, a conciliação é o instrumento mais indicado.

A mediação, *stricto sensu*, é diretamente indicada para conflitos que envolvam relações de afeto e nos quais, em alguma medida, haja necessidade de continuidade da relação. Do ponto de vista negocial, esse instrumento é oportuno para sociedades empresariais, nas quais os sócios tenham alguma divergência a dirimir, mas desejo de manter a relação societária. A mediação é também indicada nos conflitos entre escolares, que, em tese, precisarão dar continuidade a sua relação, sob pena de terem sua vida diária tornada insuportável. Casos de *bullying* merecem especial atenção.

O emprego mor, porém, da mediação, são as questões de família, sejam de ordem parental, com consequências para a prole, como na separação, sejam de ordem empresarial, como nas empresas de família. Em ambas as situações há relações de afeto existentes e a serem mantidas.

Neste capítulo, a prioridade é a mediação familiar aplicada às situações de separação pela frequência com que têm ocorrido e pela relação custo-benefício positiva que apresenta em comparação com causas litigiosas de família.

MEDIAÇÃO FAMILIAR E TERAPIA FAMILIAR

A mediação familiar não é terapia familiar, nem deve sê-lo. Ela é irmã da terapia familiar, com mesma raiz como são os irmãos, mas com identidade própria. Como são importantes as raízes na construção da história!

A terapia é como um mergulho profundo que visa a ajudar as pessoas a compreenderem a si mesmas e a seus vínculos para melhor poderem solucionar os conflitos psicoemocionais e relacionais. O terapeuta vai ajudá-las a mergulhar no mais fundo de si, em um processo de duração variável, focado na investigação do vínculo, no qual se trabalham os conteúdos emocionais do passado, presente e futuro, visando à transformação desse vínculo.

A mediação, por seu turno, conceitualmente,

> é um processo, frequentemente formal, pelo qual um terceiro imparcial, o Mediador, busca facilitar às partes que se opõem, o confronto de seus pontos de vista, de modo a que possam compreender melhor as respectivas pretensões ou necessidades, possibilitando mudanças direcionadas à dissolução do conflito interpessoal. (Neder et al., 1997, p. 1).

Ela pode ser empregada em quaisquer tipos de conflitos: negociais, trabalhistas, familiares e políticos, dentre outros. E só vai ter efeito se houver voluntariedade das partes na busca de solução para suas controvérsias.

A mediação é um processo breve focado no conflito e que estimula a cooperação. Essa forma de intervenção considera a emoção como um todo. Ela visa à mudança nas relações e à tomada de decisões. Para tanto, nesse processo, trabalham-se o presente e o futuro dos envolvidos.

Em tese, a mediação é procedimento de resolução não adversarial de conflitos. Ela conta com a intervenção de um terceiro imparcial, facilitador do diálogo e requer participação voluntária das partes. O objetivo é ajudar os litigantes a decidirem a respeito de sua pendência, seja judicial ou extrajudicial. A mediação é aplicável a quaisquer conflitos, como mencionamos, porém é de se enfatizar que nos conflitos judiciais de família a intervenção psicojurídica faz uma diferença significativa.

Tomando-se a separação como referência para mediação familiar, pode-se dizer que ninguém se casa para se separar. Embora a palavra de ordem social nos dias que correm não seja mais *até que a morte nos separe*, e sim *se não der certo, nos separamos*, a verdade é que todo casal se casa para dar certo e viver uma vida de felicidade. Esse é o desejo; esse é o sonho de quem se casa por amor.

É fato, também, que a palavra de ordem social exerce uma influência grande no imaginário individual e no coletivo. Assim, se, antigamente, o casal expressava maior tolerância ante às adversidades e maior disposição em superá-las, mesmo nas famílias em que a mulher estava inserida no mercado de trabalho em grau autossustentável – número substancialmente menor do que o atual –, hoje, o limiar de tolerância é mais baixo e a disposição para superação, menor. Ainda assim, o esforço é feito, o que denota que o sonho, no fundo, é o mesmo: manter o casamento e a família.

A observação desses fatos é clara em consultório, onde há 20 ou 25 anos eram poucos os casos de separação, os relatos eram constrangidos e só apareciam quando muito sérios. Aliás, inclusive, também porque poucos sabiam de atividade psicoterápica voltada aos cuidados com conflitos familiares. Atualmente, em contrapartida, a procura é maior, em razão das mudanças na sociedade, do maior conhecimento da terapia familiar e da maior facilidade com que se fala do tema. A mediação familiar, especificamente indicada para certos casos, também tem sofrido maior divulgação e avanço.

A realidade observada é que, fosse em tempos idos, seja agora, todos sofrem quando surge o fantasma da separação, porque a família é um sistema, uma unidade psicoafetiva na qual o que afeta a um afeta a todos. Ora, o afeto é construído na relação; o sentimento de lealdade é construído na relação. Logo, na separação, há perda e luto. Há perda, na dupla acepção: em disputa e emocional. A perda provoca luto e este tem que ser elaborado. Têm que ser elaborados, no casal, o sentimento de fracasso e as perdas; e, nos filhos, as perdas e o conflito de lealdade. É a questão das lealdades divididas.

A mediação é uma forma não adversarial de resolução de conflitos. Em função disso, há que se entender do que se está falando, quando se usa a palavra conflito. Pode parecer óbvio para o leitor dentro de um certo sistema de significados. Ocorre, porém, que, em diferentes sistemas de significados, como o jurídico e o psicológico, existe diferença substancial de sentidos.

Assim, é importante que se destaque que o conflito jurídico é conflito de interesses submetido à Justiça, enquanto o conflito emocional é de ordem íntima, relacional. Isso significa que o acordo judicial resolve o conflito jurídico, mas, frequentemente, não resolve o emocional. No Direito de Família, em especial, o conflito emocional é subjacente ao jurídico.

Nesse sentido, mais importância toma o Projeto de Lei n.º 94, de 2002, que deve vir a se transformar na Lei de Mediação, o qual prevê para a mediação na área de família a realização de comediação, em que um dos mediadores deverá ser da área jurídica e o outro, psicólogo, psiquiatra ou assistente social.

A mediação se realiza em processo de modificação da relação pela transformação e coconstrução de novos significados. Foi a esse processo que se submeteram Jussara e Luciano,[1] como se verá adiante.

UM OLHAR SOBRE A PRÁTICA

Jussara e Luciano foram casados durante 15 anos. Tiveram dois filhos: Camila, com 12 anos, e Gabriel, com 9. Após inúmeras dificuldades, Jussara propôs a separação. Luciano concordou, e procuraram um advogado amigo da família para uma separação consensual. Esta foi realizada de forma tão amigável que estabeleceram que todo o cuidado com as crianças seria de responsabilidade de ambos, sem a preocupação de dividir tarefas ou estabelecer qualquer norma para gerir essa relação; em tese, uma guarda compartilhada de amplo espectro.

Para surpresa de Jussara, assinada a separação, o comportamento de Luciano mudou. Nada mais havia de amigável. Ele deixou de ser amistoso, e ela foi ficando perplexa e perdida. Assim, um mês apenas após a separação, Jussara procurou ajuda, pois as aulas dos meninos estavam para começar e ela não sabia sequer como fariam para levar e buscar as crianças na escola.

Que situação! O que estaria acontecendo? Onde fora parar a separação amigável?

As crianças começavam a dar sinais de como estavam afetadas pela separação, apresentando sintomas: Camila, com rebaixamento de rendimento escolar, e Gabriel, sempre doente. Jussara já estava para entrar com ação judicial, no intuito de resolver as questões mais imediatas, quando conseguiu convencer Luciano de que, antes, deveriam buscar ajuda especializada em conflitos interpessoais familiares.

Alguém lhes disse que isso era assunto para uma mediação familiar. Foi por indicação dessa pessoa que o ex-casal chegou a mim. Jussara estava muito emocionada e frágil. Luciano mostrava-se arrogante, frio e parece que fazia uma especial concessão à ex-mulher estando no consultório. Pedi-lhes que dissessem o que estava acontecendo e em que imaginavam que poderia ajudá-los.

Jussara relatou os fatos, afirmando que, apesar de todas as tentativas, o casamento chegara a um ponto em que estava sendo mais maléfico do que benéfico, não só para eles, mas para toda a família. Contou sobre a decisão conjunta de se separarem, e falou da dificuldade que estava encontrando para dialogar com Luciano a respeito da vida diária das crianças.

Foi realizado um trabalho breve, embora longo para o tipo de instrumento, mas profundo. Na verdade, esse casal dificilmente conseguiria chegar a bom termo em sua separação sem ajuda externa. Em termos práticos, eles haviam realizado um acordo judicial, por ocasião da separação, com termos muito amplos, sendo necessário que fossem estabelecidas cláusulas que viabilizassem a boa convivência e permitissem a continuidade da criação dos filhos.

Ficou claro que ambos se sentiam fracassados em seu projeto de vida. A diferença é que Jussara vinha refletindo, há tempos, sobre a situação, sentindo-se prisioneira do marido, não ouvida por ele e impotente para alcançar mudanças, enquanto Luciano nada percebia de errado. Ele vivia sua vida, sustentava a família a contento, em um nível superior ao da média, e não percebia que oprimia sua mulher, deixando-a a mercê de sua vontade e de seu modo de encarar a vida.

Jussara disse que a separação fora inevitável e Luciano apenas concordou. O fato é que, uma vez decididos, quiseram que tudo se passasse da maneira mais rápida e ágil possível, apenas dizendo ao advogado que queriam se separar porque estava difícil a vida em comum, sem maiores detalhes.

Como o pedido foi para ajudá-los a fazer ajustes após a separação, de maneira salutar, não houve grande investigação sobre o passado, apenas o necessário para que entendessem o que ocorria com seu vínculo, no presente, a fim de que pudessem reorganizar seu futuro e de seus filhos. O acordo realizado nos autos do processo de separação precisaria tomar forma, e o que haviam acertado, verbalmente, teria que ser cumprido.

Eles apresentavam muitos impasses e diferenças de opinião, o que, rapidamente, denotou que esses pais jamais teriam condição de cumprir, espontaneamente, um acordo aberto, aquele que se vai estruturando no dia a dia da vida das famílias. Na verdade, eles não conseguiam discutir sobre seus desejos e necessidades reais, o que lhes permitiria chegar a entendimento sobre os aspectos divergentes. Isso tornou imperiosa uma intervenção psicojurídica: de um lado, para que entrassem em contato com seus sentimentos e emoções atuais, como uma espécie de assepsia emocional; e, de outro, para que entendessem a que se haviam comprometido no processo de separação e o que a lei esperava e exigia deles.

Foi muito difícil encontrar o "ponto".

Ao final, Luciano conseguiu perceber que sua resistência maior estava na dificuldade de que os fatos não se passavam como ele desejava. Ele fora ferido e estava frustrado, mas conseguiu admitir que sua ex-mulher também tinha uma cabeça pensante, desejos e vontades. Jussara deixou claro que lamentava que tivessem chegado a esse ponto, afirmando que havia casado para sempre, frustrara-se e chegara a um ponto em que não vira outra solução senão a separação. Ambos começaram a perceber o mal que estavam causando aos filhos.

Ao cabo de algumas sessões, Luciano deixou cair a máscara de irascível e duro que ele mesmo se impusera e pôde expor sua dor e fragilidade. Jussara ficou sensibilizada, e a discussão sobre como seria a vida daí para frente correu a contento.

Esse é o relato, poderíamos dizer.

Algo não se encaixava

Até um certo momento desse caso havia algo que não se encaixava, assim como peças de um quebra-cabeça que tivessem sido um pouco forçadas para se criar a paisagem.

Para uma psicoterapeuta experiente, ficava claro que havia uma cortina de fumaça a encobrir os fatos. Não existem situações operacionalmente tão difíceis como essa sem que haja um motivo subjacente. E ali estavam um homem que aquiescera, placidamente, com a separação e enrijecera após esta, criando toda sorte de empecilhos, e uma mulher cheia de candura, com uma aura de ingenuidade, aparentando não entender porque tudo acontecera.

O difícil foi fazê-los rasgar o véu. Isso se fazia necessário para que se separassem por inteiro e pudessem viabilizar a construção de uma nova vida. Não se revolveu o passado, como se faria terapeuticamente, mas o casal foi ajudado a expor o que subjazia à emoção constantemente atualizada, que os impedia de abrir um canal de comunicação positiva.

O segredo apareceu. E foi difícil para eles. Os motivos? A vergonha dela, não tanto pelo que havia feito, mas pela admissão do que havia feito, e a vergonha dele, não tanto pelo que havia sofrido em si, mas pelo que representava como exposição pública e perda de imagem.

Jussara havia traído Luciano. Após longo tempo de um casamento infeliz, em vez de terminar o casamento, até porque o marido não abria possibilidade de diálogo, Jussara entrara em um movimento de luta e fuga, e, julgando encontrar fora de casa o que não encontrava dentro, tivera um caso amoroso. Luciano nada percebera, porque, machista que era, jamais suporia tamanha ousadia da parte da mulher.

O difícil foi a percepção de que a dor não era de amor; a dor era narcísica, de um narcisismo primário, onde não cabia o outro. A dor era pelo transparecimento da própria imperfeição: nela, pela perda da imagem da mulher abnegada, submissa, da santa esposa que tudo suportava pelo casamento e pela maternidade; e, nele, pela perda da imagem poderosa daquele a quem jamais enganariam, daquele que sabe como se trata uma mulher para que lhe seja fiel e companheira, e que prelecionava aos amigos.

Na verdade, praticamente tudo na vida deles fora uma grande encenação, com exceção do amor inicial, do amor pelos filhos e da traição e suas consequências. A aparente passividade de Luciano, por ocasião da separação, abrigava desejo de vingança e de fazer Jussara sofrer o máximo possível.

A partir daí, tudo ficou mais claro e menos difícil.

O reencontro com a realidade

Ao final, trabalhadas as questões, o ex-casal pôde ajustar suas necessidades e desejos às necessidades dos filhos e realizar acordos possíveis e mais consistentes quanto ao manejo da vida diária dos meninos e à sua criação.

A motivação fundamental para que Luciano e Jussara superassem seus conflitos e expusessem sua angústia foi o amor pelos filhos. Eles já estavam preocupados com as atitudes e a rebeldia de Camila, refletidas, concretamente, no desempenho escolar, e com o fato de Gabriel estar sempre adoentado sem causa aparente. Estavam, também, preocupados com a tristeza de ambos. Saber dos prejuízos emocionais que poderiam provocar nos filhos, como que os chacoalhou e lhes abriu os olhos. O amor pelos filhos falou mais alto.

Nesse processo, o ex-casal pôde ratificar por escrito o que havia acordado, genericamente, na audiência judicial e especificar, entre eles, alguns procedimentos ou, como disseram, estabelecer uma logística mais adequada à execução do acordo. O acordo feito em processo de mediação foi levado ao advogado de ambos, que o encaminhou à Justiça para substituição do anterior e para homologação judicial. Com o conflito atual minimizado e as regras de convivência mais claras, parece que a vida se tornou mais amena, e, pelo menos, os filhos não foram afetados.

Tempos depois, o ex-casal voltou para discutir uma questão pontual, para a qual não estavam encontrando solução, e pude perceber que a relação entre eles melhorara e que se tratavam de forma polida e respeitosa, quase carinhosamente. Riram algumas vezes, durante a sessão, e mencionaram algo como que tinham podido tirar as "teias de aranha", que atrapalhavam a relação, e afastado os "fantasmas".

Esse teria sido um caso de separação bastante tumultuada, caso não tivessem conseguido buscar ajuda naquele primeiro momento e, com isso, prevenido dificuldades futuras, especialmente para as crianças. Esse teria sido um caso judicial que poderia estender-se durante anos, na Justiça, com uma interminável fila de ações sendo propostas por um contra o outro, em uma crescente troca de ofensas e impropérios.

Esse foi um caso difícil, em que foi preciso sensibilidade para lhes permitir enfrentar o presente e organizar a vida para o futuro. E isso foi mérito de um processo de mediação familiar, no qual foram atendidos os indicadores apresentados neste capítulo.

MEDIAÇÃO, MEDIADOR E TÉCNICA DE MEDIAÇÃO

A mediação pode, dentre outras acepções, ser compreendida como um processo que visa à transformação da relação para ajudar os competidores a encontrarem solução possível para suas dissidências. O mediador é o profissional devidamente capacitado para intervir na relação de modo a levar os conflitantes à superação de suas divergências, de forma cooperativa.

A mediação oferece algumas vantagens, em relação ao litígio judicial, por ser voluntária, cooperativa, consensual e sigilosa. Ela permite livre escolha do mediador e age no sentido de não haver continuidade do conflito, como visto no caso relatado.

Quanto ao mediador familiar, a nosso ver, para mediar em casos de separação, seja judicial, seja extrajudicial, deve ter nível superior, contar com a credibilidade das partes e ser imparcial. Deve ter alguma familiaridade com conflitos emocionais e relacionais e alguma noção de direito e de justiça de família. Isso lhe facilitará o trabalho. Além disso, deve ser favorecedor de cooperação, facilitador da comunicação entre os pais e facilitador de entendimento deles em prol dos filhos. Deve, igualmente, ser um facilitador do contato entre pais e filhos, um equilibrador na disputa de poder e um facilitador da troca de informações. E, sobretudo, ser vocacionado para a harmonização das relações.

O mediador, particularmente o familiar, quando não terapeuta, precisa ter noção básica sobre estados emocionais, como choque, negação, permuta, culpa, medo, depressão, raiva, aceitação e resolução, para perceber sua presença nas comunicações dos mediandos. E, falando-se da perspectiva do pensamento pós-moderno, espera-se que ele se veja, na posição de observador, como construtor de uma realidade, fazendo parte do fenômeno observado, e esteja atento às questões de gênero (Macedo, 2009) para tentar intervir o mais imparcialmente possível. A ele, no entanto, não cabem os papéis investigatório e interpretativo que são privativos do terapeuta. Ainda que o mediador seja um terapeuta, ele deve abster-se de atuar como tal.

Quanto ao procedimento, recomenda-se que o mediador siga os seguintes passos básicos: na entrevista inicial, ele deve esclarecer os mediandos a respeito do que seja um processo de mediação, apontando-lhes os objetivos e as regras. Deve, ainda, deixar claro seu papel, como mediador, fazer a escuta das pretensões, e se possível, fechar o contrato de trabalho. Nas entrevistas seguintes, caberá ao mediador identificar pontos concordantes e discordantes, obter informações e apresentar alternativas, ou seja, ajudar os mediandos a mudar o olhar em relação ao conflito e favorecer a tomada de decisões. Embora com sutis diferenças, esses passos cabem tanto na mediação judicial, que já está sendo feita, informalmente, na Justiça, para as ações em andamento, quanto na extrajudicial, modalidade a que pertence o caso mencionado nesta exposição.

Alguns indicadores devem ser destacados para o trabalho do mediador familiar. O mediador deve ter claro que há uma distinção entre ser ex-casal e ser pais, e que casais se separam, mas pais e filhos são para sempre. Deve estar atento às necessidades de ordem material, moral, espiritual e psicológica, tanto presentes quanto futuras, dos filhos do casal ou ex-casal que atende, para poder ajudar esses pais a chegarem a um acordo quanto a esses aspectos. Deve ter na tela de sua mente que os pais devem participar conjuntamente na criação dos filhos, tomando de comum acordo decisões importantes sobre a vida deles, como escolha de escola, de profissionais de saúde e outras. Deve deixar transparecer a importância do diálogo dos pais nas várias idades de seu filho, bem como a importância da formação de imagem positiva de um pelo outro. E, tudo isso, sem sombra de dúvida, resume-se em ajudar os pais a decidir sobre como organizarão os cuidados futuros com os filhos (James, 1997).

É importante frisar que nenhum desses indicadores implica que o mediador dê sugestões aos mediandos – não é sua função – mas que, pelo processo dialógico, os ajude a identificar e ressignificar as situações conflitivas. Ele é um facilitador da comunicação.

Por outro lado, deve-se considerar que algumas limitações podem impedir a realização da mediação familiar. É o caso de dificuldade de não aceitação do processo por uma das partes, de defasagem emocional acentuada entre os mediandos e de tendência manifesta à violência.

De outra parte, deve cuidar o mediador para, com atitudes inadequadas, não vir, ele mesmo, a gerar interferências externas ao processo. São exemplos a falta de neutralidade por parte do mediador e o não reconhecimento da própria subjetividade e da do outro; tentativas de imposição de valores, visão de mundo, crenças e mitos, sugerindo não admissibilidade de diferentes sistemas de significados e do modo de ser dos outros; interferência em decisões que não contrariem a lei, a moral ou os bons costumes; e, finalmente, sem esgotar todas as possibilidades, quebra do sigilo e/ou aliança com uma das partes, o que leva à perda da credibilidade.

Atitudes como as mencionadas interferem negativamente no processo, impedindo a consecução de resultado satisfatório. Outras interferências negativas a serem consideradas são as de terceiros, como família, amigos e outros profissionais. A não aceitação das decisões por esses terceiros tende a confundir os mediandos. É desnecessário, portanto, lembrar que quaisquer interferências externas à mediação, seja por parte do mediador, seja por parte de terceiros, são visivelmente prejudiciais ao processo. Mais um lembrete: o ser humano é único, criativo e responsável por sua existência. Assim, para ajudar a solucionar conflitos, é importante que o mediador saiba que:

- por baixo de um conflito aparente, há um encoberto;
- você precisa ajudar a ver o encoberto para resolver o aparente;
- não há verdades universais;
- a sua não é a melhor. Você só ajuda as pessoas a se ajudarem;
- a decisão que a pessoa toma por si é a que tem maior possibilidade de perdurar.

À vista de todo o discorrido, porém, resta para nós que a mediação, em especial, a mediação familiar em toda sua específica complexiadde, é, basicamente, um espaço.

Um espaço de reflexão: entre diferentes ciências, entre diferentes saberes, entre diferentes experiências e entre diferentes linguagens advindas de diferentes sistemas de significados.

Um espaço de ajuda: aos que se desentendem e não conseguem se entender em torno do objeto de seu conflito, de sua disputa ou de seu litígio, e que "precisarão" entender-se para não destroçar a vida, a família, os negócios, o patrimônio.

Um espaço voltado para o futuro: em que cabe o reconhecimento do passado, mas se enfoca a relação presente, daqui para frente.

Um espaço não interferente: cada ciência é uma ciência, cada especialidade é uma especialidade, cada prática é uma prática.

Um espaço facilitador da comunicação.

Um espaço para o reencontro.

Um espaço para o acordo.

Um espaço para quem quer resgatar a comunicação construtiva, para quem quer se reencontrar, e para quem quer acordar, tanto no sentido de "abrir os olhos" quanto no de fazer um acordo consistente e satisfatório sobre as dissidências.

Tudo na vida é fruto de crenças. A nossa é de que as decisões que as pessoas tomam por si mesmas, como dito antes, são as que têm maior possibilidade de perdurar. A mediação veio para isso.

O caso relatado foi de mediação familiar e, nesta, a separação traz um dos muitos conflitos familiares a serem atendidos por esse instrumento de pacificação.

CONSIDERAÇÕES FINAIS

A separação conjugal é dos eventos mais dolorosos e, segundo alguns autores, só perde para a perda de um filho.

Todos os esforços devem ser envidados para que as consequências não sejam desastrosas, nem tragam prejuízos emocionais aos filhos menores ou incapazes. A separação não precisa ser um desastre, mas sim manter-se nos limites do que é: um distrato em relação ao contrato do casamento ou qualquer outra forma de entidade familiar.

Durante este capítulo foi enfatizado que ela deve ajudar, pela mudança de olhar por parte dos mediandos, na tomada de decisões para realização de acordos; que ela precisa ser voluntária para ser eficiente; e que ela deve propiciar colaboração, e não, competição. Mostrou-se que casais se separam, mas pais e filhos são para sempre. Em vários momentos, foi falado sobre a postura e conduta do mediador, bem como sobre o lócus da mediação.

Foi frisado o fato de a mediação familiar ser, particularmente, indicada para questões judiciais de família (antes, durante ou depois da separação). Neste caso, para lembrar o leitor de que, no direito de família brasileiro, nas famílias em que haja filhos menores ou incapazes, a separação, necessariamente, será objeto de sentença prolatada por um juiz de direito: se houver acordo, ele o homologará por sentença; se não houver, ele dará sentença decisória. Esse foi o significado dado à expressão "questões judiciais de família", o que não se confunde com litígio de família, ou seja, com batalha judicial. Por isso, a mediação familiar pode anteceder o processo e ser realizada extrajudicialmente.

Todas essas repetições foram propositais, como formas de dar ênfase a certos aspectos e de levar o leitor a grifá-los em sua mente, para se lembrar deles e resgatá-los, quando tiver diante de si um conflito que, entenda, deva ser submetido à mediação familiar.

A mediação familiar não deve ser entendida como a panaceia do momento nos conflitos para os quais tem indicação – não acreditamos em panaceia –, mas, sem dúvida, é um instrumento de pacificação das relações que deve ser considerado, seriamente, por vir-se mostrando eficaz e eficiente ante o fenômeno da separação.

NOTA

1. Os nomes citados neste artigo são fictícios.

REFERÊNCIAS

CEZAR-FERREIRA, V. A. da M. *Família, separação e mediação*: uma visão psicojurídica. 2. ed. São Paulo: Método, 2007.

CEZAR-FERREIRA, V. A. da M. A terapia familiar e sua importante interlocução com a mediação. In: MACEDO, R. M. S. de. *A terapia familiar no Brasil na última década*. São Paulo: Roca, 2008.

GORVEIN, N. *Divorcio y mediación*. 2. ed. Buenos Aires: Córdoba, 1996.

JAMES, P. *The divorce mediation*: handbook everything you need to know. San Francisco: Jossey-Bass Publishers, 1997.

KASLOW, F. W.; SCHWARTZ, L. L. *As dinâmicas do divórcio*: uma perspectiva de ciclo vital. Campinas: Psy II, 1995.

MACEDO, R. M. S. de. Questões de gênero na terapia de família e casal. In: OSÓRIO, L. C.; VALLE, M. E. P. (Org.). *Manual de terapia familiar*. Porto Alegre: Artmed, 2009.

NEDER, M. et al. A mediação como forma de resolução de conflito. In: CONGRESSO PANAMERICANO DE PSICOLOGIA, 26., 1997, São Paulo. *Anais*... São Paulo: [s.n.], 1997.

SCHWARTZ, L. L.; KASLOW, F. W. *Painful partings*: divorce and its aftermath. New York: John Willey and Sons , 1997.

capítulo 17

TERAPIA FAMILIAR E ESPIRITUALIDADE

SONIA MENDES

Dedicatória

Este trabalho é carinhosamente dedicado ao meu pai, que me ensinou a ter coragem, aceitar a morte para poder entender a vida.

Oração Natural

Fique atento ao ritmo,
Aos movimentos do peixe no anzol.
Fique atento às falas das pessoas que só dizem o necessário.
Fique atento aos sulcos de sal da sua face.
Fique atento aos frutos tardios que pendem da memória.
Fique atento às raízes que se trançam em seu coração.
A atenção: forma natural de oração.

(Galvão, 2003)

INTRODUÇÃO

A espiritualidade é uma poderosa dimensão da experiência humana e vem ganhando cada vez mais importância em meio às constantes mudanças no mundo de hoje. Há um consenso entre cientistas, filósofos e psicólogos de que a religião e a espiritualidade são um fenômeno eminentemente humano. Ainda que grande parte das pessoas considerem religião como algo divino, não podemos negar sua expressão histórica e social.

Isso poderia ser um problema para nós, terapeutas de família, treinados nas ciências sociais, para quem a realidade é algo que pode ser verificado. Porém, essa visão vem discretamente mudando. Hoje já se reconhece que a espiritualidade, como outros aspectos da cultura, não deve ser ignorada na prática terapêutica, pois é parte da integração das diversas crenças familiares ou religiosas. Tomando cuidado para não impor nossas crenças, precisamos entender as fontes espirituais de estresse dos nossos clientes e os recursos para a cura e o crescimento. É um tema complexo porque a espiritualidade foi, durante muitos anos, tida como algo à parte do cotidiano. É fundamental reconhecermos o sentido religioso como norteador de questões pessoais, políticas, morais e também como orientador do cotidiano frente ao sofrimento. É através do reconhecimento do sofrimento que as pessoas chegam à terapia.

Comecei a perceber que minha atuação na clínica não só reflete meus estudos relacionados à terapia sistêmica como também os ensinamentos e prática do budismo tibetano e ainda, fundamentalmente, a marca da minha matriz familiar.

MUNDO CAÓTICO *VERSUS* ESPIRITUALIDADE

Estamos diante de um momento crítico na história, em que a humanidade deve escolher o seu futuro. Nossa responsabilidade é passar para nossos filhos e netos um mundo melhor, mas não sabemos como fazê-lo. Antes de tudo, precisamos ter a consciência de que estamos inseridos nos processos cíclicos tanto da natureza quanto das sociedades e que dele dependemos para viver. À medida que o novo milênio se desdobra, a sobrevivência da humanidade dependerá de como formaremos as alianças, para cuidar da Terra e das relações pessoais, familiares e sociais ou se vamos arriscar a diversidade da vida gradualmente destruindo o planeta. É nesse contexto que surge a urgência da espiritualidade, que possui um valor em si, independentemente das crenças religiosas ou conjecturas históricas. O fenômeno humano é, a um só tempo, experiencial, psicológico, sociológico, antropológico, histórico e político. Sistemas operando conjuntamente com os sistemas familiares, foco da minha prática clínica.

ESPIRITUALIDADE – CONCEITOS TEÓRICOS E OUTRAS VISÕES

O leitor deve estar perguntando-se: então, o que é espiritualidade?

Quando falamos em espiritualidade, somos remetidos a pensar em isolamento, em algo místico, na fuga do cotidiano, mas o desafio é exatamente trazer para o contexto diário e das relações familiares os ensinamentos e os recursos que as práticas espirituais podem oferecer.

Para definir espiritualidade, vamos começar por seu derivado – *espírito*.

Para Leonardo Boff, o "espírito" representa a força criadora e ordenadora presente no ser humano, a capacidade de descobrir sentidos novos a partir das virtualidades presentes na própria realidade, se o espírito é vida e relação, então seu oposto não é a matéria, mas a morte, ausência de relação. A espiritualidade nesse contexto é o compromisso com a proteção e expansão da vida relacional.

Para Fritjof Capra, o conceito de espírito humano é entendido como "o modo de consciência no qual o indivíduo se sente conectado ao cosmo como um todo" – fica claro que a consciência ecológica é espiritual em sua essência.

Para os grandes cientistas, é um desafio distinguir e desvendar a mente e nessa tarefa a consciência e a espiritualidade são um mistério a ser esclarecido. Para Antonio Damásio, a religiosidade é um elemento constitutivo da subjetividade e doador de significado ao sofrimento.

Segundo Boff (2003), a espiritualidade encontra sua origem nas religiões, que nascem da experiência espiritual do fundador, do profeta e no seio dela se elaboram as grandes utopias. São elas que permitem a passagem de um paradigma a outro, mantendo o *continuum* de história humana. Mas a espiritualidade não é monopólio das religiões, pois emerge nas pessoas mesmo que não tenham uma experiência religiosa. Para citá-lo: "a espiritualidade surge quando a doutrina deixa de ser doutrina e passa a ser experiência interior, quando passa do intelecto para o coração e da palavra para o sentimento". A espiritualidade consiste em cultivar esse espaço de profundidade, o vislumbrar de uma ordem capaz de ordenar o caos que se instalou. A religiosidade e a espiritualidade encaminham não só para o apaziguamento da dor e do sofrimento, mas também respondem ao desejo de transcender. Parecem ser fundamentais naqueles momentos de maior impacto para os indivíduos, como a perda de pessoas próximas, doenças graves ou catástrofes naturais.

Para os povos das Ilhas Pacíficas, é inconcebível pensar na cura e qualquer tipo de cuidado para pessoas que não tenham a espiritualidade como parte integrada em si. O grupo da Just Therapy Team, da Nova Zelândia, concebe a espiritualidade como uma nova linguagem para descrever o trabalho terapêutico, que inspira esperança e reconciliação. Com isso, abandonaram muitas metáforas médicas e biológicas, que são comumente usadas para descrever o processo terapêutico, e adotaram outras mais adequadas às mudanças, consideradas sagradas, para descrever a terapia. As pessoas chegam vulneráveis e contam suas histórias de vida, coisas que só contariam para amigos íntimos ou parentes próximos. Para este grupo, isso, em si, é um presente sagrado que oferecem. Eles também pensam a espiritualidade integrada à natureza e ao meio ambiente, conforme Boff e Capra, mencionados no início do capítulo.

Ainda nos aportes teóricos do grupo de terapeutas da Nova Zelândia, é essencial falar do mapeamento referente às várias interfaces da espiritualidade e dos relacionamentos, expressados em quatro relações primárias:

- A primeira relação diz respeito ao relacionamento entre pessoa e o meio ambiente, e qualquer coisa que promova e facilite essa relação é chamada espiritual. Por exemplo, consideram espiritual o trabalho de um ativista ecológico pela atenção que dá à Terra e a sua preservação.
- A segunda relação destaca a relação entre pessoa e outra pessoa. Praticar o respeito e compaixão é espiritual. É considerado sagrado qualquer ato de bondade, amor e apreciação da beleza.
- A terceira relação é focada na pessoa e seus ancestrais. O culto à memória dos nossos antepassados dá a noção desse *continuum* de relações e o senso de pertencimento. Todos nós somos parte de uma longa história, a história das nossas famílias e, mais abrangentemente, somos também parte da história do nosso povo.
- Por último, a relação da pessoa com o transcendental. Para alguns, o transcendental está diretamente associado a Deus, para outros, a uma força sagrada ou seu equivalente. Com esse entendimento de espiritualidade, podemos respeitar as diferentes crenças de cada ser humano, entendendo que a humanidade é anterior a qualquer crença ou cultura.

Em minha busca por integrar cada vez mais a espiritualidade no cotidiano e na prática clínica, encontrei em Espinosa, citado por Damásio, algo muito ressonante com minha forma de pensar: "o esforço de autopreservação é o primeiro e único fundamento da virtude". Portanto, a autopreservação contida no exemplo do ativista ecológico está ligada à espiritualidade e ao caminho para o desenvolvimento de virtudes que, por sua vez, nos levam a um maior cuidado pessoal e com as relações. Citando Damásio: "a vida deveria bastar para nos fazer tratar a mente humana, reverenciando sua dignidade e importância e, quase paradoxalmente, mostrando delicadeza diante de sua fragilidade."

Ampliando essa ideia, destaco os fatores positivos do desenvolvimento da espiritualidade que responde por um conjunto de valores de sublime fusão que, por sua vez, trazem conforto e bem-estar às pessoas que verdadeiramente a praticam, e não às que se envolvem de forma puramente conceitual. De um modo geral, todas as religiões difundem a ideia de solidariedade e de igualdade, veiculando valores e comportamentos relacionados à tolerância, ajuda e apoio a outras pessoas. A prática de rituais, presentes não somente nas religiões, pode fornecer a sensação de pertencimento por oferecer uma forma ordenada de cerimônias. Constantemente, na minha prática clínica, proponho rituais para facilitar a passagem de ciclos, para ajudar na integração entre os familiares, rituais de despedida e rituais de perdão. Mais adiante, falarei mais detalhadamente sobre alguns desses rituais.

EXPERIÊNCIA PESSOAL E A TEORIA SISTÊMICA

A vivência desse trabalho começou há muitos anos. Trago guardadas na memória as caminhadas que fazia quando menina, com minha mãe e minhas irmãs, para irmos à missa aos domingos. Atravessávamos um túnel e, ao final, descortinava-se a majestosa igreja. Antes de entender as palavras em latim que o padre falava durante o ritual, eu contemplava o grande espaço, escutava as músicas intercaladas com o silêncio, e me sentia bem. Assim começou o que chamo hoje de minha experiência espiritual.

Anos depois fui estudar em uma escola de orientação católica, que tinha como parte do currículo estudar religião. O que mais me interessava era o *retiro espiritual,* onde ficávamos em silêncio por muito tempo e fazíamos trabalhos manuais reproduzindo os objetos usados na missa e nas vestimentas dos padres.

Mais tarde mudei com a minha família para um país da América Latina onde as boas escolas eram as religiosas. Fui, então, estudar em um colégio de construção espanhola, localizado sobre uma colina com vista para o oceano Pacífico e com grandes jardins. Embora o ensino religioso fosse mais acentuado e os retiros mais rigorosos, isso não era sentido por mim como um peso. A visão da imensidão do mar e a contemplação de toda a beleza do espaço em volta me fizeram desenvolver a calma e capacidade de observação. Nesta fase, já na adolescência, os *retiros espirituais* – três dias de silêncio e práticas religiosas – ampliaram para mim o sentido da apreciação pela vida.

Posso, portanto, dizer que minha matriz familiar deixou em minha vida a marca do *sentido religioso*. O leitor pode então pensar que, para mim, falar de espiritualidade é falar de religião, mas não é verdade. Acontece que, em minha história, o desenvolvimento da espiritualidade começou com uma experiência religiosa, se transformando na medida em que a doutrina deixou de ser doutrina e passou a ser experiência interior (exatamente como na citação de Boff).

Outro aspecto da minha matriz familiar que contribuiu para que hoje valorize os rituais se deve ao fato de que, desde muito cedo, fui introduzida à cerimônias e rituais, pois meu pai era militar e, sempre que possível, nos aproximou da sua vida profissional. À medida que eu apreciava a beleza das igrejas, a calma do silêncio, as emoções das cerimônias e acompanhava atentamente os passos dos rituais, fui aprendendo sobre a indiscutível conexão entre os ambientes externo e interno. Aprendi a esperar o tempo de cada coisa. E aprendi também a conter para sentir, assim respeitando ainda mais a ordem, a hierarquia e a cordialidade entre as pessoas.

Anos mais tarde, fui percebendo as semelhanças entre as vivências dos rituais da infância e adolescência com o que experienciava participando dos rituais sociais. Desde os mais elaborados, solenes e hierárquicos, como congressos, formaturas e rituais de meditação e de passagem, até os mais simples e cotidianos, como as tertúlias com os amigos, almoços em família, todos são de extrema importância, pois funcionam como referência na ordenação da vida e reavivam o coração.

É um fato da vida que um dia vamos morrer e vamos inevitavelmente perder a relação de interlocução com amigos e entes queridos. Deparados com a morte, questão última do ser humano, a possibilidade de vivenciar os rituais de passagem nos quais a comunidade dos parentes e amigos se une para se lembrar dos feitos das pessoas que morrem, dão um sentido de coesão necessário para superar crises.

O ajustamento à morte tem sido visto como sendo um dos mais difíceis ao longo das mudanças nos ciclos de vida. Todas as relações são afetadas pelos sentimentos que cada membro da família tem diante do fato.

> Todos os homens são mortais: a morte e suas questões precisamos estar comprometidos com a importância das relações humanas, suas conexões e a continuidade das relações familiares. A morte de alguém nos priva de algo muito valioso que é o contato, interrompe o fluxo relacional e parte da história se vai. (McGoldrick e Walsh, 1998)

O impacto da perda pode ter efeito imediato e a longo prazo. Para que esse vácuo que a morte traz seja mais bem superado e seja facilitada a reintegração dos membros de uma família, devemos levar em conta existirem recursos internos dentro das relações familiares que permitem às pessoas recobrarem-se do golpe, superarem as adversidades integrando-as na trama de vida da família, ou seja, usando a resiliência familiar (Walsh, 1999). Os rituais religiosos, mesmo para pessoas que não sejam religiosas, trazem o sentido de pertencimento.

Baseada nessas premissas, recorro aos rituais, tarefas e vivências, pois os considero fortes aliados para a ordenação funcional dos indivíduos na família. Estimulo meus pacientes a terem uma postura ativa diante da vida e a conectar com a força existente dentro da relação. Essas práticas, dentro do processo terapêutico, nos possibilitam ter uma noção ou medida do comprometimento das pessoas envolvidas no processo, ver se estão realmente efetuando mudanças em suas vidas. Destaco a importância dos rituais, tarefas e vivências por duas razões: primeiro para encorajá-las a ver que suas ações podem produzir resultados funcionais, e, segundo, para podermos avaliar se estamos no caminho certo.

Existe uma vivência que particularmente considero de suma importância: o "ritual do perdão". Nessa intervenção, fica muito clara a integração do tempo passado com o tempo futuro. Muitas vezes, as famílias trazem em seus relacionamentos mágoas e ressentimentos do passado que ficam atuando no presente em comportamentos que aparentemente não têm a ver com a situação do momento.

Quando não expressamos ou comunicamos nossos sentimentos, criamos ressentimentos e resistências. Ambos criam raízes em nós quando sentimos que estamos sendo tratados de forma injusta e então facilmente perdemos de vista até mesmo as aspirações pessoais que nos são tão caras.

O potencial para reconciliação é determinado não pela severidade do corte emocional, mas sim pela profundidade do desejo de se reconciliar. Não é uma paz precipitada e sim um processo de engajamento mútuo. Esse processo requer boa vontade e presteza por parte de cada pessoa para encarar o outro com seriedade, reconhecendo as violações e dores associadas a esse relacionamento. Neste momento, encorajo que cada um entre em contato com esses sentimentos e os associe a uma situação no passado. Sugiro que, olhando um para o outro, reconheçam que não souberam fazer diferente e peçam desculpas por ter magoado ou ferido um ao outro no passado. Perdoar não significa esquecer, e sim se relacionar de forma diferente com o passado. À medida que o tempo passa, o passado se condensa: o que ontem foi uma tempestade hoje é uma gota. O sofrimento antigo pode enfraquecer-se, dando oportunidade ao indivíduo, casal ou família de se reconciliar e restabelecer a confiança perdida.

ENSINAMENTOS DO BUDISMO TIBETANO

Segundo Maitland (2007, p. 63):

> Precisamos ter fé na capacidade de domar e despertar a mente, não uma fé cega ou uma esperança insensata, mas a certeza de que podemos despertar colocando nossa confiança no que é valioso e acreditando que as nossas ações têm resultados. Percebemos que a maior parte do sofrimento é desnecessária, colocando a nossa confiança no que é possível.

Na abordagem budista, a vida e a morte são vistas como um todo, como uma série de realidades transitórias em constante mudança. A finalidade de se refletir sobre a morte explora o conceito base da filosofia budista – a impermanência. Como diz Sogyal (1999, p. 57),

> Não haveria nenhuma possibilidade de chegar a conhecer a morte se ela acontece só uma vez. Mas felizmente a vida não é mais do que uma contínua dança de nascimento e morte, um bailado de mudanças. Toda vez que ouço o sussurrar de um ribeirão ou as ondas quebrando na praia, ou ainda as batidas do meu coração, escuto o som da impermanência. Essas mudanças, essas pequenas mortes são nossos elos vivos com a morte.

Considerar que tudo é impermanente significa que a vida é cheia de ciclos e como tal está em constantes mudanças e fazem-se necessários novos ajustes e adaptações para passar à outra etapa. Consequentemente as dificuldades e obstáculos, se adequadamente compreendidos e usados, podem, muitas vezes, tornar-se uma fonte inesperada de recursos.

Como podemos eliminar habilmente a tensão desnecessária de cada situação?

No centro dos ensinamentos budistas, estão os seis paramitas, atividades e qualidades que podem viabilizar uma mudança profunda. A palavra *paramita* significa "aprender por meio da ação" e se refere às práticas que nos ajudam a desenvolver recursos internos, essenciais ao desenvolvimento humano e relacional. Aprendemos fazendo. O conhecimento e a ação se alimentam mutuamente, um ciclo em constante movimento. Conhecimento sem ação é um desperdício, enquanto ação sem conhecimento inevitavelmente gera confusão. É um desafio para o terapeuta dar instrumentos para as famílias transformarem suas relações em ações funcionais. Os paramitas têm essa força, pois funcionam como um mapa, um guia de comportamento e uma estratégia para o cotidiano e para o trabalho. Os paramitas se relacionam entre si; são eles: generosidade, disciplina, paciência, esforço para perseverar, concentração e sabedoria.

Generosidade

A generosidade consiste em participar integralmente da experiência de viver. Você pode começar observando o que precisa ser feito e quais as contribuições que pode dar. Participar plenamente, sem lamentar o passado nem criar ansiedade sobre o futuro, desperta uma vitalidade que alimenta a alma e as relações, porque todos os processos da vida consistem em troca, dar e receber. Em fazer o que é preciso.

Utilizo o *paramita* da generosidade quando percebo que os familiares estão dispostos a participar, porém confusos em relação ao que fazer. Por exemplo, a uma mãe que se encontrava impotente diante do filho adulto reclamando de forma difusa, congelado no tempo em que ela resolvia todos os problemas dele, sugeri que perguntasse objetivamente ao filho: "Em que posso ajudar?".

Ser generoso gera bem-estar. A generosidade é um antídoto para a resistência. A ação indicada é estimular a participação e a presença de todos os membros da família. É essencial para a saúde das famílias que todos participem, sejam eles crianças, adultos ou idosos. Assim começam a cooperação e a comunicação. Uma coisa pouco valorizada na sociedade contemporânea é a presença. A partir do momento em que se descobre o valor da presença, descobre-se a beleza do presente. O corre-corre em que vivemos nos dias de hoje gera ansiedade que nos tira do presente momento. O paramita da generosidade incentiva o exercício da presença no aqui e agora.

Disciplina

Enquanto a generosidade alimenta a vivacidade do ser, a disciplina dá forma ao que se dá valor. A disciplina transforma maus hábitos e cultiva atitudes e ações positivas que levam ao bem-estar. Para muitas pessoas, a palavra disciplina tem uma conotação negativa, associada às medidas disciplinares rígidas e subordinação. A disciplina saudável tem uma qualidade leve que está baseada no entendimento e no cuidado com o que valorizamos. A disciplina é o antídoto para a aversão.

As ações do terapeuta que desenvolvem a disciplina ajudam as famílias a desenvolver um senso de responsabilidade capaz de manter seus compromissos com os demais familiares nos acordos feitos. Assim, vencem a força dos padrões repetitivos do passado, pois as famílias percebem que uma nova forma de agir transforma o sofrimento. Não é um caminho fácil, envolve o aprendizado de habilidades e comprometimento.

Disciplina está relacionada com o tempo: estar no tempo, saber o que fazer com o seu tempo, o que deseja realizar ao longo do tempo, e, em última instância, saber que marca deseja deixar no tempo. O obstáculo para disciplina é adiar o que se tem a fazer, e a ação necessária para disciplina é ser dedicado.

Paciência

A paciência é a capacidade de ver claramente como as coisas são, suportar as contrariedades com coragem e perseverar no alcance dos nossos objetivos. Essa prática nos ajuda a manter a calma quando estamos magoados. A paciência é o antídoto para a raiva. A atividade da paciência exige inteligência e entendimento; não significa somente esperar, mas estar preparado para agir quando a oportunidade surgir A paciência nos indica a hora certa para agir. Muitas vezes, diante de famílias confusas, espero o momento adequado para fazer uma interferência ou agir de forma diferente. Dessa forma, a experiência ganha foco e sintonia.

Esforço para perseverar

O esforço estimula a ação eficaz, é o antídoto para a preguiça. Quando lembramos que o tempo é precioso, o esforço nos impede de desperdiçá-lo.

Para desenvolver a perseverança, o indicado é começar a estipular metas e objetivos relacionados ao tempo. Muitas vezes, temos a impressão de que esforço significa fazer mais coisas por mais tempo, mas geralmente trata-se de fazer melhor: melhor comunicação, melhor cooperação para se atingir melhores resultados. Cada vez que nos esforçamos ao repetir uma ação, temos a oportunidade de ampliar e aprofundar a visão da realidade.

O obstáculo ao esforço é desistir da disciplina necessária para se transformar uma experiência em algo mais produtivo. A ação recomendada é dedicar um pouco mais de energia para o que se propõe fazer, nem que seja 5% a mais, para que os padrões de resistência desapareçam. Conforme a prática do paramita do esforço ganha impulso, ele se torna autossustentável.

Concentração

Para atingir a concentração, é preciso sintonizar-se com o que está fazendo, sem ceder às distrações que comumente ocorrem. Para praticar a concentração, é necessário muita dedicação e esforço, começando por prestar atenção ao que é preciso ser feito e qual o prazo em que tem de ser feito.

O obstáculo para concentração é abandonar a experiência antes que ela se complete. Em um dado momento do processo terapêutico, o terapeuta precisa concentrar bem seus objetivos e não ficar a mercê de novas demandas que a família traz sem ter cumprido as metas acordadas do processo em andamento.

Sabedoria

A sabedoria inclui a compreensão de todos os outros paramitas. É o antídoto para a confusão. Quando aprendemos com os erros e enfrentamos as consequências das nossas ações, formamos uma base sólida para o fortalecimento pessoal e relacional. Muitas vezes este paramita é chamado de inteligência, referindo-se ao conhecimento ativo, contendo toda a visão da experiência que se está vivendo.

Quando praticamos qualquer um dos cinco paramitas, estamos no caminho da sabedoria. Os parasitas ajudam a interagir com o mundo e a produzir ou manifestar o que você sabe ser adequado. As famílias têm sua própria inteligência e precisamos ter disponibilidade, presença, paciência, dedicação e concentração para chegar a tocá-las. A ação para desenvolver a sabedoria é aspirar a resultados duradouros e vencer o obstáculo do medo de errar.

CONCLUSÃO

O ponto de maior importância é lembrar que o objetivo da espiritualidade ou da religião é tornar mais fácil o exercício do amor, da compaixão, da paciência, da capacidade do perdão e de outras virtudes para melhor vivermos. Entendo como espiritualidade o cultivo desse *jardim interior.* À medida que a flor do coração desabrocha, colhemos os frutos da compaixão.

Segundo Tulku Tarthang (1992), assim que curamos o coração humano, teremos poder para curar o planeta. Protegendo a natureza, estaremos servindo aos mais elevados valores humanos, o florescimento do potencial total da humanidade.

Este capítulo não esgota o tema da espiritualidade e muito menos defende uma ou outra prática espiritual ou religiosa. Todo ser humano tem a capacidade de se desenvolver e de evoluir. O caminho? Cada um vai construir o seu. Boas perguntas para encontrar boas soluções remetem ao desenvolvimento de uma vida interior mais rica. Os passos podem consistir em ações muito simples, pequenos atos inspirados pelo coração: caminhada, arte, jardinagem, culinária, meditação, música clássica, poesia, até grandes projetos que exijam muitos esforços.

Encerro transcrevendo o breve diálogo entre o teólogo brasileiro Leonardo Boff e o Dalai Lama, ocorrido no intervalo de uma mesa-redonda sobre religião e paz entre os povos:

> Boff pergunta:
>
> – Santidade, qual é a melhor religião?
>
> O Dalai Lama fez uma pequena pausa, deu um sorriso, olhou-o bem nos olhos e afirmou:
>
> – A melhor religião é a que mais lhe aproxima de Deus, do Infinito. É aquela que lhe faz melhor.
>
> Ao que Boff perguntou:
>
> – O que me faz melhor?
>
> Respondeu ele:
>
> – Aquilo que lhe faz mais compassivo, aquilo que lhe faz mais sensível, mais desapegado, mais amoroso, mais humanitário, mais responsável... Mais ético... A religião que conseguir fazer isso de você é a melhor religião...

Para muitos, ser feliz não é questão de destino. É de escolha.

Pense nisso...

REFERÊNCIAS

BEAUVOIR, S. *Une mort trés douce*. Paris: Gallimard, 1964.

BOFF, L. Ecologia e Espiritualidade. In: TIGUEIRO, A. (Org.). *Meio ambiente no século 21*. Rio de Janeiro: Sextante, 2003.

CAPPRA, F. Alfabetização ecológica: o desafio para a educação do século 21. In: TIGUEIRO, A. (Org.). *Meio ambiente no século 21*. Rio de Janeiro: Sextante, 2003.

DALAI LAMA, R. *Uma ética para o novo milênio*. Rio de Janeiro: Sextante, 2000.

DALGALARRONDO, P. *Religião, psicopatologia e saúde mental*. Porto Alegre: Artmed, 2008.

GALVÃO, D. Oração natural. In: MUNDO mudo. [S.l.]: Nankim, 2003.

GROISMAN, M.; LOBO, M.; CAVOUR, R. *Histórias dramáticas*: terapia breve para famílias e terapeutas. Rio de Janeiro: Rosa dos Tempos, 1996.

MAITLAND, A. *O trabalho como mestre*. São Paulo: Dharma do Instituto Nyingma do Brasil, 2003.

MAITLAND, A. *Viver sem arrependimento*: a experiência humana à luz do budismo tibetano. Rio de Janeiro: Contraponto, 2007.

MARINO JR., Raul. *A religião do cérebro*: as novas descobertas da neurociência a respeito da fé humana. São Paulo: Gente, 2005.

MCGOLDRICK, M.; WALSH, F. *Morte na família*: sobrevivendo às perdas. Porto Alegre: Artes Médicas, 1998.

MENDES, S. Aprender a viver ou a morte anunciada. In: GROISMAN, M. (Org.). *Além do paraíso*: perdas e transformações na família. Rio de Janeiro: M. Groisman, 2003.

SOGYAL, R. *O livro tibetano do viver e do morrer*. São Paulo: Palas Athena, 1999.

TARTHANG, T. *Jardins de mandala*. Ooklanda: Dharma Enterprises, 1992.

WALSH, F. *Normal family process*: growing diversity and complexity. New York: The Guilford Press, 2003.

WALSH, F. *Resiliencia familiar*: estratégias para su fortalecimiento. Buenos Aires: Amorrortu, 2004.

WALSH, F. *Spiritual resource in family therapy*. New York: The Guilford Press, 1999.

WALDEGRAVE, C. et al. *Just therapy-a journey*: a collection of papers from the just therapy team, New Zealand. Adelaide: Dzulwich, 2003.

PARTE IV

Terapia de casais

capítulo 18

FANTASIAS SEXUAIS E CONJUGALIDADE

MARIA CRISTINA MILANEZ WERNER

Aos casais contemporâneos, na eterna luta entre manter a segurança da tradição dos costumes e a ousadia da transgressão dos tempos modernos...

INTRODUÇÃO

A história deste capítulo começou em 2006, quando apresentei este tema no VII Congresso Brasileiro de Terapia Familiar, da ABRATEF, organizado pela Associação Paulista de Terapia Familiar (APTF), em São Paulo. Era o último dia de congresso, um sábado à tarde e, para minha surpresa, apesar de ser "fim de festa", a sala estava com sua capacidade esgotada, com pessoas ávidas em ouvir e entender melhor o que são fantasias sexuais. Apesar de poder ter a palestra em mãos, através da filmagem feita pela empresa TV MED, os colegas me pediram que escrevesse a respeito. Fui adiando a demanda até receber o honroso e gentil convite feito pelos amigos Dr. Luiz Carlos Osorio e Dra. Maria Elizabeth Pascual do Valle, para mais uma vez participar do projeto *Manual de Terapia Familiar* brasileiro, já em seu segundo volume, que, assim, resgata essa solicitação e se mostra uma excelente oportunidade para expor ideias originais que venho construindo já há alguns anos. Portanto, a essência deste capítulo já foi apresentada e compartilhada, oralmente, com o público em 2006; agora as apresento de forma sistematizada.

Falar de sexualidade é sempre mobilizador. As pessoas ainda dizem "vamos falar de sexo" e não de sexualidade, que é muito mais amplo e ultrapassa a barreira da mera classificação de gênero. Sexo, na verdade, é apenas uma distinção entre macho e fêmea, entre masculino e feminino; são quadrículas que marcamos, sem muito pensar, em questionários sobre nossa vida pessoal e sobre nossa condição biológica de nascimento, assinaladas, sem constrangimento, pela maioria das pessoas, com exceção dos transexuais[1] e dos hermafroditas,[2] para quem um simples preenchimento de questionários sobre sexo/gênero gera desconforto, pela indefinição ou desconhecimento de um enquadre mais adequado para sua particular condição. Em tempos de inclusão social, devemos ter sempre em mente que existem situações menos frequentes, já que em sexualidade não devemos usar termos como correto/incorreto ou normal/anormal, mas sempre *mais frequente* e *menos frequente*, pois não há normatização em relação às condutas sexuais, apenas dados que, quando colocados em uma curva de Gauss,[3] nos mostrarão frequências predominantes. Felizmente, esses questionários ainda não chegaram à invasão de privacidade, de nos perguntarem qual é a nossa orientação sexual – se *heteroafetivos*, se *homoafetivos* ou se *biafetivos*.[4] Contudo, em momento sócio-histórico de programas televisivos em que o "Grande Irmão" tudo vê e sabe, em breve, talvez, tenhamos de marcar mais quadrículas em nossos questionários... E este tempo não está tão longe assim, especialmente em algumas instituições mais tradicionais e conservadoras.

E sobre nossas práticas sexuais? Aí o terreno ficará ainda mais denso e pantanoso... Poderemos marcar quadrículas que nos questionam se fazemos *bondage and dominance*,[5] *crossdressing*,[6] *lap dance*[7]? A não ser que seja para responder a uma pesquisa científica, que garanta o anonimato, não há necessidade alguma de ultrapassarmos a barreira entre o privado e o público, em nome do bom senso e do respeito ao outro, principalmente se nossas práticas sexuais envolvem outras pessoas, como nas duas primeiras citadas, a menos que o sujeito sofra de algum transtorno de personalidade e goste de protagonizar cenas de exibicionismo e de exposição oral...

Falar do que fazemos "na hora do sexo", ou melhor, das expressões de nossa sexualidade, é invadir dois campos sagrados: o da intimidade e o da privacidade. Entendo *intimidade* como a troca de experiências em terrenos muito delicados, pessoais, particulares, íntimos; são confidências, segredos antigos partilhados ou novos segredos vividos e construídos juntos; temas que se tornarão sigilosos, a partir de então. Neste caso, temos, portanto, *duas ou mais pessoas envolvidas*; e se pensarmos em sexualidade, dois ou mais parceiros na relação. Entendo *privacidade* como algo pessoal, singular, que é vivido e experienciado somente pela própria pessoa; atitudes e situações que dizem respeito apenas a ela mesma, ela consigo mesma, como suas necessidades fisiológicas, higiene pessoal diária, seus gastos, seus contatos, seus desejos, seus projetos; ações que ela pode compartilhar ou não, mas cuja execução depende somente dela. Portanto, neste caso, *envolve somente ela* e, em termos de sexualidade, a execução é feita por ela, sozinha, como a masturbação solitária, visitas furtivas a *sites* eróticos na internet, ou a audiência de vídeos ou filmes pornográficos. Se, por exemplo, essas três situações mencionadas forem feitas sozinhas e em segredo, elas farão parte do arsenal da *privacidade* da pessoa; entretanto, se compartilhados, passarão a fazer parte da *intimidade* das pessoas. Se essas pessoas envolvidas formam um par, então postulo que essas vivências passarão a fazer parte da *intimidade conjugal* ou da *conjugalidade*. É isto que este capítulo abordará: práticas sexuais – em especial as fantasias sexuais – compartilhadas e vivenciadas pelo casal em sua *conjugalidade* ou *intimidade conjugal*.

FANTASIAS SEXUAIS

> "Tarado é toda pessoa normal pega em flagrante."
>
> Nelson Rodrigues

Definições

Ao adentrarmos nos estudos sobre conjugalidade ou, como prefiro chamar, sobre *intimidade conjugal* – o primeiro termo é mais abrangente do que o segundo, pois envolve os deveres inerentes à condição de casal, que muitas vezes, inclusive, "matam" e sufocam a intimidade sexual – necessariamente, teremos de "encarar" e "digerir" um tópico às vezes pouco palatável: o das fantasias sexuais.

Há muito tempo venho construindo a hipótese de que, talvez, as pessoas associem as palavras *fantasia* e *fantasma*, colocando-as no mesmo caldeirão de emoções, pelo fato de serem originadas do mesmo radical grego, *phos*, que significa "aparição, luz". Elas lidam com esse tema – *fantasias sexuais* – como se estivessem diante de *fantasmas*: algo sobrenatural, desconhecido, sombrio, que não se move e se manifesta sem qualquer controle por parte do sujeito. Não é bem assim, apesar de na psicanálise, muitas vezes, os dois termos serem usados indistintamente para indicar situações de uma produção imaginária de um sujeito que coloca em cena seu desejo imaginário inconsciente, sob forma disfarçada.

No *site* Origem da Palavra, encontramos a explicação que a palavra *fantasia* vem do grego *phos,* que significa "luz", através do verbo *phaínein,* que significa "fazer aparecer", isto é, o que é iluminado pela luz, se faz notar, se faz aparecer; e que a palavra *fantasma* tem a mesma origem na palavra grega *phos*, e que também deriva dos verbos *phaínein* e do verbo *phantázein*, que significa "fazer aparecer, mostrar". Essas explicações vêm corroborar minha hipótese inicial – a de que as pessoas fazem essa associação, de forma inconsciente, talvez pela gênese vernácula em comum. Ainda no *site*, o autor das respostas acrescenta que:

> uma "fantasia" de Carnaval "faz aparecer" uma personagem diferente daquele que a usa. As "fantasias" que todos nós, humanos, tecemos "fazem aparecer" – em nossas mentes – o que desejamos ver.

Na Wikipedia, também encontramos que *fantasma* é derivado do grego φάντασμα, derivado de φαντάζω, que significa "mostrar"; e φαντάζομαι, que significa "aparecer"; e que é, em seu sentido original, uma imagem que não corresponde à realidade, ou seja, uma ilusão visual, produto da *fantasia.* Aqui, também, essas duas palavras estão associadas: *fantasma* e *fantasia*, uma dando origem à outra.

Vejamos algumas definições em dicionários brasileiros de uso corrente. *Fantasia*, em Bueno (1975) significa "imaginação; obra de imaginação; capricho; vestimenta que usam os carnavalescos". Em Larrouse (1992), "imaginação; ser ou outra coisa criada pela imaginação; devaneio; sonho; divagação; máscara, disfarce ou vestimenta carnavalesca; gosto particular, capricho ou excentricidade". Em Ferreira (1993), "imaginação; obra ou criação da imaginação; devaneio; vestimenta de folião de carnaval". Em Luft (2000), "imaginação criadora, faculdade imaginativa; devaneio; obra de imaginação; vestimenta de carnavalesco; joia falsa; imitação". Em Ferreira (2008), em edição mais recente, "imaginação; obra ou criação da imaginação; devaneio; vestimenta usada no carnaval e em outros festejos e que imita palhaços, bruxas, etc., feito de material não precioso".

Já *fantasma*, em Bueno (1975), significa "imagem ilusória; visão aterradora; suposta aparição de defunto; aparição; assombração; espectro; visão". Em Larrouse (1992), "imaginação fantasiosa (vultos de mortos, seres fantásticos), que infundem terror, espectro, assombração; aparência vã, ilusão". Em Ferreira (1993), "imaginação ilusória; visão apavorante; suposto reaparecimento de defunto, em geral sob forma indefinida; assombração; espectro; aparição; sombra; visagem; visão". Em Luft (2000), "ilusão; alucinação; imagem apavorante; suposta aparição de defunto de alma penada; assombração; espectro; quimera". Em Ferreira (2008), em edição mais recente, "imagem ilusória; visão apavorante; suposto reaparecimento de defunto, geralmente sob forma indefinida; assombração; espectro, aparição, sombra, visagem, visão".

Inter-relações hipotéticas

A hipótese, que inicialmente criei pela prática clínica, ganhou suporte na semântica. Foram 25 anos ouvindo relatos desejosos de pacientes sedentos por viver a sexualidade de forma mais "criativa" e "imaginativa" (*fantasia*). Porém, na maioria das vezes, eram acompanhados de medos e pavor da perda do controle da situação, pelo caráter "assombroso" e "indefinido" das mesmas (*fantasma*).

De fato, apesar dos significados distintos, há pontos de tangência nos vernáculos, e é nessa inter-relação que a *fantasia* perde o que tem de melhor: a liberdade de expressão, que fica aprisionada no medo (nos *fantasmas*), que é paralisante. O ponto, então, a ser explorado é a busca de um terceiro elemento, que feche e venha dar estabilidade a esse triângulo de emoções, que é o bom senso, a prudência ou, o que venho advogando há algum tempo, trazer a virtude chamada *temperança* para nosso cotidiano, que nada mais é do que a educação do desejo.

Desejo não deve ser inconsequente. Nem soberano. O desejo precisa curvar-se à realidade. Ou em um linguajar psicanalítico: o princípio do prazer precisa subjugar-se ao princípio da realidade. Em outras palavras: precisamos educar nossos desejos a fim de que eles possam ser concretizados, sem nos causar danos. Para tal, é necessário levar em consideração a *realidade* circundante. Não podemos priorizar, ao imaginarmos e sonharmos com uma fantasia, somente o desejo de realização (*acting-out* ou atuação) ou a necessidade de obtenção do prazer imediato (hedonismo e imediatismo). Devemos lembrar que prazer, pleno e completo, somente é bom quando é bom no *início,* no *meio* e no *fim*, isto é, é duradouro, permanente e não causa danos em nenhuma etapa do processo: nem antes, no desejo; nem durante, na execução; e nem depois, nas consequências. Quantas vezes uma simples *transa*, que no momento em que acontece (no *início* e no *meio*), é quase o "céu na terra", contudo, gera, após algumas horas ou dias (no *fim*), apreensões que podem durar uma quinzena ou um mês e meio, pelo risco de ter ocasionado uma gravidez? Ou pior, depois de meses ou anos (no *fim*), gera o medo da contaminação por alguma DST, em especial a AIDS? E nos desdobramentos desse prazer inconsequente, que levou somente em consideração a vontade, o desejo de transar, sem ter ponderado se era período fértil, se havia preservativos, se a pessoa com quem iria transar era de origem desconhecida e, portanto, sem saber se era ou não promíscua? Ainda pior, por poder gerar mais dores neste prolongado *fim*, e por muitas vezes encetar abortos, filhos indesejados, doenças sexualmente transmissíveis e até a morte pela AIDS? Isto é prazer? Prazer inconsequente pode ser ainda chamado de prazer? Prazer só na excitação e na transa pode ser considerado prazer? Penso que o prazer gerado somente *no início* e *no fim* não pode ser prazer, na acepção ampla da palavra, se gerou consequências nefastas logo após o ato, nos meses seguintes ou por longos e dolorosos anos.

Vale lembrar a famosa frase de Kant "Liberdade é fazer o que se deve". Kant não a complementa, mas a sábia expressão, pela sua obviedade, metacomunica que "não é fazer o que se quer". Quando fazemos o que *queremos* – e não o que devemos – estamos deixando nossos *fantasmas* entrarem em ação, nosso lado mais instintivo, que nos assusta e nos atormenta e que não nos protege; ao contrário, nos expõe a "imagens ilusórias". Porém, quando conseguimos fazer o que *devemos* – e não o que queremos –, nossas *fantasias* podem fluir com segurança, pois estaremos dando vazão à imaginação, à criação e ao devaneio em terreno fértil, porém assentado na *realidade*.

Realidade conjugal

Cada casal possui uma realidade distinta. Não é possível estabelecer um padrão único de realidade conjugal, uma vez que os elementos que compõem esse quadro têm variações grandiosas. Fazem parte do que estou chamando de *realidade conjugal* a estrutura ou arranjo do casal, a cultura, os valores e a ética.

A *estrutura do casal* ou o *arranjo conjugal* varia desde um casal jovem, recém-casado, sem filhos até um casal de idosos, recasados, com netos. Cada arranjo conjugal vai priorizar fantasias sexuais diferentes: para os recém-casados, o *barato* pode ser transar na praia, nus, à luz do sol; para os idosos pode ser transar fazendo *cross-dressing*. Observo que as fantasias sexuais variam de acordo com as etapas do *ciclo vital*, conceito criado em 1977 pelo sociólogo Duvall, citado por Carter e McGoldrick (1995), pois em cada etapa do ciclo vital temos tarefas desenvolvimentais a cumprir, que alteram e modificam nossa subjetividade e nossa disposição para as práticas sexuais. É totalmente diferente ter filhos pequenos a criar, que exaurem nossas energias, do momento de vida em que todos decolam e deixam o ninho (*ninho vazio*), liberando energias represadas. Igualmente, ter o "ninho lotado", com a presença maciça do que vem sendo chamada de "geração canguru" – filhos que, apesar de jovens e formados, não deixam a casa dos pais –, é diverso do casal que nunca teve filhos. As fantasias sexuais serão influenciadas por essas vivências e poderão ter mais ou menos vazão, de acordo com as pessoas que coabitam e com as tarefas desenvolvimentais a serem cumpridas.

A *cultura* também exerce influência na *fantasia* do casal. Crescer em um país mais liberal, onde homens e mulheres vivem em situação mais igualitária, em tempos de pró-equidade de gênero, e onde a orientação sexual diversa é aceita, é diametralmente o oposto de viver em um país onde as mulheres são submissas aos homens e onde a expressão da homoafetividade é negada. O fato de pessoas viverem sob repressão não significa a morte das fantasias sexuais. Muito pelo contrário: quanto maior a repressão cultural e religiosa, maior a força das pulsões sexuais e a necessidade das fantasias para suportar um cotidiano tão sufocante. A questão a que me refiro diz respeito à expressão livre (ou discreta) das fantasias e à liberdade para vivenciá-las. Nessas sociedades, a presença de *sexshops*[8] nas ruas, por exemplo, é inimaginável; ao passo que, nas culturais mais liberais, elas já fazem parte do cotidiano das cidades e são um recurso para as pessoas poderem experimentar fantasias sexuais, com a oferta de acessórios ("brinquedinhos eróticos") e de roupas para performance erótica.

Os *valores morais* e a *ética* também têm influência na realidade conjugal. A concepção de traição, por exemplo, pode variar, de acordo com os valores morais. Já tive pacientes homens para os quais a traição somente acontecia quando havia manutenção e montagem de casa para a amante; caso contrário, como saídas furtivas, não era considerado traição; suas crenças eram explicadas assim: "sabe como é, doutora, sou homem, a carne é fraca, tive que ir, mas não traí minha mulher não, só transei". Também já tive pacientes mulheres que aceitaram transar com outro parceiro, que não seu marido, em sua própria casa porque assim estaria preservando seu parceiro, uma vez que não correriam o risco de serem vistas entrando em um motel com outro homem. Há casais que não consideram ver relações sexuais na internet ou manter bate-papo em *chats* como traição; há outros, porém, que consideram ver ou praticar o sexo virtual[9] como uma traição. Há cônjuges que consideram a traição imperdoável; há outros que a consideram um mal necessário ao casamento. Cada casal tem suas próprias crenças, e o terapeuta sexual e de casal precisa conhecê-las e respeitá-las, e entender que as fantasias sexuais terão maior ou menor fluidez, de acordo com esses valores.

Esferas de alcance das fantasias sexuais

Dentro de nossa abordagem, gostaríamos de considerar duas possibilidades de alcance das fantasias sexuais: a *fantasia sexual individual* e a *fantasia sexual compartilhada*; e o fato de a fantasia sexual ser ou não *mediada*.

A *fantasia sexual individual* se situa no conceito anteriormente descrito de *privacidade*; é vivenciada e experimentada somente pelo indivíduo, que a imagina, pensa e a pratica sozinho. Essa decisão está vinculada a vários aspectos pessoais, que vão desde a impossibilidade de ter parceiro(s) para o compartilhamento até o desejo consciente de não querer abrir para ninguém seu baú de recônditos pensamentos, por medo de represália, escárnio, isolamento social e preconceito, dentre outros. Nesse caso, as fantasias sexuais existem, mas ninguém, além do "dono", tem conhecimento do seu teor e amplitude. Alguns autores acreditam que essas fantasias sexuais individuais são mais comuns em mulheres do que em homens, em função da educação mais repressiva que receberam e em decorrência de relacionamentos insatisfatórios. E de acordo com a SBRASH (Sociedade Brasileira de Estudos em Sexualidade Humana), em pesquisa realizada por Lima, Rodrigues e Vitiello (2001), nem homens e nem mulheres costumam relatar suas fantasias aos parceiros habituais.

A *fantasia compartilhada*, entretanto, precisa, a meu ver, de alguns requisitos básicos para que aconteça: o desejo de dividir confidências, a confiança mútua construída, a *intimidade conjugal* (conceito que defini no início do capítulo), a permissão negociada e a construção do significado da presença das fantasias sexuais na vida dos dois. De acordo com Crawford (2007), a decisão de partilhar uma fantasia com o parceiro deve levar em conta, além do grau de intimidade com o parceiro, o fato de que a ideia precisa ser excitante para os dois. De fato, concordo com a autora e penso que, por se tratar de material "comburente", o parceiro precisa concordar com esse risco de "combustão" inerente à troca de confidências e propostas sexuais e ficar excitado com essa experiência. Não é concebível que um parceiro imponha ao outro seus desejos e devaneios se isto implica desconforto, inibição e afronta ao parceiro. O limite entre o que desejo *para mim* precisa sempre estar antenado com o que é confortável *para você* e o que representa *para nós.* O que costumo chamar de "critério do conforto" é sempre útil nesses casos, e as perguntas que devem ser feitas são: "Está confortável para você?", "Está gostando?", "Está sendo bom para você?", "O que você gostaria que eu fizesse?". Observe que estou usando os verbos sempre nos tempos verbais presente do indicativo, gerúndio ou no futuro do pretérito (condicional). Em termos de sexualidade, devemos evitar fazer questionamentos no passado, em quaisquer dos tempos do pretérito, como a clássica pergunta "Foi bom para você?". Isso mostra que a preocupação foi com o resultado (bom ou ruim); e não com o processo de coconstrução ao longo do ato sexual.

Ainda dentro da *esfera compartilhada*, há pessoas ou casais que querem ampliar essa esfera e compartilham com um terceiro (*ménage-a-trois*)[10] ou com outros casais (prática do *swing*[11]). Há, ainda, o compartilhar múltiplo, chamado de sexo coletivo[12] como aqueles que acontecem em *Darkrooms*[13] ou em quartos mais amplos de motéis, onde grupos de heteroafetivos se reúnem com garotas de programa; ou grupos de homoafetivos se reúnem, através de agendamento pela internet.

A *fantasia sexual mediada* é aquela que acontece através da mediação semiótica: cenas de filmes, revistas, livros, objetos, roupas, cheiros, dentre outros. Pode acontecer tanto na esfera individual como na esfera compartilhada, dependendo da necessidade de se lançar mão desses recursos e da permissão dada pelo(s) outro(s) parceiro(s), caso a fantasia seja compartilhada. Não podemos esquecer que o exercício da sexualidade envolve os cinco sentidos: olfato, visão, tato, paladar e audição, e tudo aquilo que vem estimular a captação por esses cinco sentidos irão potencializar nossas sensações sensoriais. Esses estímulos nos excitam porque ativam o hipotálamo, que libera grande descarga de noradrenalina, endorfina e dopamina na corrente sanguínea, que por sua vez estimulam o desejo sexual e proporcionam euforia e bem-estar. Temos de trabalhar com as máximas que pregam que "a mente é nosso maior órgão sexual" e que o "órgão sexual do homem e da mulher não são seu pênis ou a sua vulva, mas seu cérebro". Portanto, tudo que possa vir a estimular o cérebro, a mente e o psiquismo tende a engendrar mais poder às sensações sensórias e a potencializar o prazer. Nesse quesito, as fantasias sexuais estão em situação privilegiada, ao lado do amor, da paixão, do tesão, da atração física, da ambiência desejada e excitante, dentre outros.

A Figura 18.1 nos ajuda a visualizar os dois tópicos descritos acima: a interface entre a realidade conjugal e as fantasias sexuais.[14] Esses tópicos se cruzam e permitem a presença da fantasia regulada, da fantasia excessiva e da ausência de fantasia. Mais adiante iremos abordar essas possibilidades.

FANTASIA SEXUAL X REALIDADE CONJUGAL

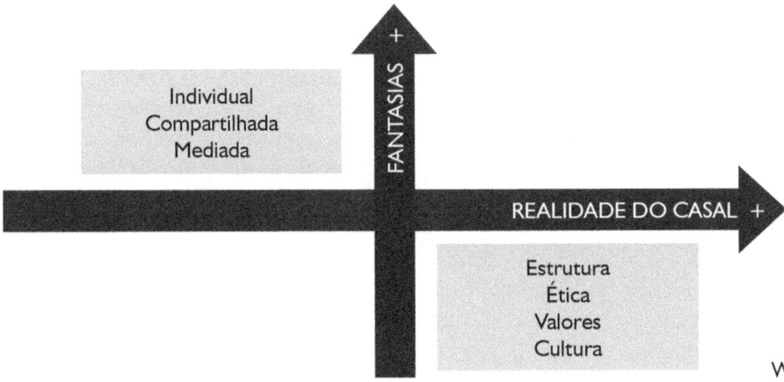

Werner, 2006

FIGURA 18.1
Interface entre a realidade conjugal e as fantasias sexuais.

Da teoria à prática

> "Fantasia é aquilo que acontece
> na nossa cabeça;
> realidade é o que acontece
> na nossa cama."
>
> Maria Helena Matarazzo

Uma questão crucial e divisora de águas diz respeito à "materialização" das fantasias. Talvez ninguém tenha sido mais feliz em falar dessa distinção quanto a sexóloga brasileira Maria Helena Matarazzo na frase acima, que ficou tão célebre. De fato, "nossa cabeça", como ela chama, isto é, nossa mente, nosso cérebro, nosso psiquismo, é "terra de ninguém"; com ela podemos imaginar o que queremos. Já a materialização do que fantasiamos, seja virtual ou presencialmente, é completamente distinta daquilo que pensamos ou imaginamos. Uma paciente me relatou certa vez ter a fantasia de transar com todo o time de futebol de um grande clube carioca, na ocasião com belos craques; e que partilhava, na hora do sexo, tal devaneio com o parceiro, que aceitava a imaginação e brincava com ela. Mas, concretamente, sempre houve em sua cama somente os dois, marido e mulher. Esta é a grande mágica das fantasias sexuais: é preciso saber distinguir entre as fantasias que gostaria de realizar, concreta e presencialmente, e aquelas que prefere só imaginar e brincar através de descrições e relatos.

A grande vantagem da fantasia somente imaginada e relatada ao parceiro, com sua devida anuência, é a possibilidade de se mudar rapidamente de cenário e de protagonistas. Se na hora da transa um parceiro disser para o outro que imagine que eles estão em uma praia paradisíaca, fazendo amor, nus, nas areias douradas da praia, pode ouvir uma advertência imediata dizendo para mudar o cenário, uma vez que imaginar areia na pele faz com que ele se sinta desconfortável... Ou que estão transando a três, fazendo um *ménage-a-trois* imaginário, e o terceiro personagem é um homem. O parceiro pode preferir imaginar ser uma mulher... Na realidade, não há areia, não há praia, não há *ménage*, não há nada a não ser jogos imaginativos que liberam o casal para brincar em sua própria cama, com segurança, sem ficar à mercê de terceiros, com quem teriam de compartilhar um segredo a partir de então ou de correrem o risco de contraírem DSTs e AIDS.

Outra questão importante que se deve levar em conta, quando se passa da imaginação à prática, é que a fantasia pode perder o seu encanto. Quando se imagina uma situação tudo é perfeito; a ambiência está adequada, o amante corresponde àquilo que se deseja; sua textura de pele é agradável;

seu cheiro é excitante. Porém, quando vamos para a realidade, há uma grande distância, como me contou certa vez uma paciente, que, quando viu partes do corpo de seu provável parceiro, desistiu imediatamente, por notar presença de abscessos de cor amarelada.

Assim, é prudente que a pessoa ou os parceiros pensem muito bem antes de cruzar os liames entre a realidade e a fantasia, entre imaginar e colocar em prática os devaneios e iniciar uma prática sexual mais ousada, como o *ménage* ou o *swing*, presencialmente. Costumo dizer a meus pacientes que "sempre sabemos como as coisas começam, mas nunca sabemos como elas terminam". Adentrar para o universo de práticas mais radicais, especialmente aquelas que envolvem terceiros, requer cautela e prudência. Não podemos comparar o uso de vestimenta erótica ou de fantasia de bombeiro ou de enfermeira, uso de vibradores[15] ou de géis que alteram a sensação térmica com uma ida a um *darkroom* ou um clube de *cross-dressing*.

Outro aspecto a ser lembrado diz respeito a pessoas com as quais "transamos" na imaginação ou na vida real. Convidar "mental" ou presencialmente parceiros conhecidos de outras inserções sociais (de locais de trabalho, por exemplo) pode gerar ciúmes e desconfortos. Certa vez, uma paciente relatou que ela e o marido faziam fantasias sexuais com a gerente de produto da empresa do marido. Um determinado dia, seu marido foi escalado para uma viagem de negócios com outros funcionários da empresa, na qual a gerente também iria estar. Em princípio, ela lidou bem com a situação, fazendo brincadeiras com o parceiro. Porém, com o término da jornada de trabalho no local da viagem, ela se deu conta de que o marido ficaria sozinho com a "outra" parceira sexual e entrou em pânico. Eles, de fato, saíram para jantar, conversaram, tomaram *drinks*, e, segundo o marido, nada aconteceu além. Para ela, porém, a vivência de tal situação foi sentida como uma traição, por ele ter se colocado à sós com a "parceira" que era dos dois... Assim, cabe advertir aos casais que quando se fantasia com pessoas da rede social se corre o risco de viver situações tensas, como a descrita pela paciente. A possibilidade da perda de controle, pela presença de encontros, ocasionais ou naturais, totalmente fora do previsto pelo casal ou por um dos parceiros pode gerar tensão e desconforto para um ou para ambos.

Objetivos da fantasia sexual

Um das funções mais relevantes das *fantasias sexuais* é a de promover o encontro entre o desejo e o erotismo, potencializando a satisfação sexual. Foi realizada uma pesquisa sobre *fantasias sexuais* com 1.039 sujeitos, através do preenchimento (via internet) de protocolo padronizado pela Sociedade Brasileira de Estudos em Sexualidade Humana (SBRASH). A faixa etária dos entrevistados variou entre 14 e 60 anos, com predomínio dos 15 aos 29 anos, sendo que 80% destes eram do sexo feminino. Os resultados encontrados mostraram que a maioria dos entrevistados (90%) relatou ter fantasias sexuais de alguma espécie, porém com significativa diferença entre o tipo, o objetivo e a frequência das fantasias relatadas, e o sexo do entrevistado. Enquanto as mulheres utilizam as fantasias como importante mecanismo auxiliar na fase de *excitação* sexual (em 65% das vezes), os homens utilizam como auxiliar no despertar do *desejo* (o desejo é uma fase anterior à excitação).

Em minha experiência clínica, percebi que cada pessoa, individualmente ou em casal, lança mão das fantasias sexuais, de acordo com seus interesses, necessidades, desejos, idade, gênero, parceria, estrutura, cultura e valores morais. De maneira geral, podemos dizer que as fantasias servem:

a) *Para intensificar o prazer sexual*: a prática sexual fica mais enriquecida com a presença de *fantasias sexuais*, que a intensifica e a potencializa, por se tratar de um tipo de "brincadeira de faz de conta", de um tipo de jogo. Costumo dizer que *criança pequena brinca de boneca e carrinho; gente grande brinca de sexo.* Sexo é um jogo que relaxa, que alivia o estresse, que aumenta a autoestima e que gera bem-estar, e, em presença do lúdico, que é representado pelas *fantasias*, a brincadeira fica ainda melhor. Elas são jogos que fogem ao padrão racional do pensamento.

b) *Para sair da rotina*: os vários tipos de modulação sexual nos auxiliam a sair da rotina: podemos fazer sexo vigoroso ou sexo tântrico, sexo romântico ou sexo selvagem, sexo comportado ou sexo despudorado, etc. É interessante que o casal possa ir mesclando modulações. Nas modulações mais liberadas, a fantasia será requisito primordial, como passaporte para um oásis no meio do deserto (aqui compreendido como o cotidiano estressante e racional; e o oásis como lugar de recuperação da longa jornada diária).
c) *Para facilitar as fases da resposta sexual*: as fantasias sexuais são verdadeiros "estimulantes" que fazem parte da construção do desejo (especialmente em homens); da excitação (especialmente nas mulheres), da manutenção da ereção (em homens) e da lubrificação (nas mulheres); e atua na potencialização do orgasmo (em homens e mulheres).
d) *Para auxiliar a experimentação*: as fantasias sexuais representam uma forma "segura" de liberar pensamentos, desejos e sentimentos recalcados e reprimidos, causadores de censura, constrangimento, desconforto, mal-estar, medo e culpa, quando vêm à tona, fora do momento da prática sexual. As fantasias sexuais nem sempre estão relacionadas com algo que, realmente, desejamos ou queremos fazer. Parte da magia das fantasias sexuais é, exatamente, o fato de não termos de realizá-las concretamente, e, presencialmente, para nos excitar e dar prazer.
e) *Para aumentar o repertório de práticas sexuais*: as fantasias sexuais propiciam abertura para novas práticas sexuais, contribuindo para a expansão do prazer erótico, indo além das possibilidades conhecidas, aumentando, portanto, o aprendizado individual e conjugal, na esfera da sexualidade, fortalecendo o casal, permitindo explorar sensações naturais do corpo de forma lúdica e criativa.
f) *Para reduzir a ansiedade*: as fantasias sexuais podem aplacar a urgência da prática sexual, funcionando como algo alternativo e/ou substitutivo, principalmente em situações desfavoráveis à prática sexual, como ausência do parceiro, viagens, impedimentos físicos e situações de tensão, dentre outros.
g) *Para alimentar a história do casal:* o uso de *fantasias sexuais* compartilhadas aumentam a cumplicidade e a intimidade conjugal, além de tornar o ambiente do casal mais divertido.

Fantasias sexuais: saúde ou sintoma na vida conjugal?

As fantasias sexuais são variadas; dependem de cada indivíduo, do gênero, da idade e de cada casal. Não há fantasias certas ou erradas; corretas ou inadequadas. Há fantasias mais frequentes e as menos frequentes; as individuais e as compartilhadas. Há funções produtivas e benéficas para as fantasias, mas há também desvios que podem significar problemas de personalidade ou na dinâmica do casal.

A fantasia sexual não é indispensável ao casal, mas não conseguir sentir prazer sem fantasias sexuais é um problema, pois mostra uma dependência psicológica desse recurso. Neste caso, a presença obrigatória da fantasia torna-se um sintoma da dinâmica conjugal. O que essa obrigatoriedade está querendo dizer?

O casal precisa conseguir transar com e sem fantasias. Haverá noites de romantismo; haverá noites "tarefeiras", a "cumprir tabela"; haverá noites de encantamento e arrebatamento, após longos retornos ou brigas; onde, talvez, as fantasias não sejam nem necessárias e nem presentes. Porém, há dias em que precisamos de "férias" do cotidiano. Nesse momento, as fantasias se tornam necessárias: para nos auxiliar a sair, como costumo dizer a meus pacientes, de "AM para FM", isto é, da realidade canhestra para o mundo idealizado, onde não há celulite e nem calvície, onde os parceiros podem ser amantes latinos, cheios de furor e volúpia.

Nesse aspecto, as fantasias sexuais são sinais de saúde para o casal e funcionam como recursos naturais para que eles alcancem o prazer sexual, combinando corpo e mente, através de devaneios, sonhos, imaginação, com a utilização ou não de artefatos ou de vestimentas. As fantasias sexuais, ao auxiliar o indivíduo a focalizar seu corpo e suas sensações, geram um aprimoramento na experiência sexual em si mesma, tanto para os indivíduos como para o casal, estimulando a criatividade e tornando o sexo mais prazeroso.

Todas as pessoas que se consideram sexualmente ajustadas podem ter – mesmo que nunca tenham experimentado ou se permitido admitir – algum tipo de fantasia sexual, já que as fantasias sexuais pertencem ao imaginário sexual de todo homem e mulher. Elas concedem aos parceiros a liberdade para imaginar e experimentar várias situações sexuais além do limite da realidade, uma vez que a mente é pródiga.

Como terapeuta sexual e de casal, acredito que as fantasias sexuais podem ser um excelente recurso terapêutico e podem auxiliar:

a) na disfunção de desejo (especialmente no Transtorno do Desejo Sexual Hipoativo – HSDD),[16] promovendo a construção de imagens eróticas estimulantes, despertadoras e construtoras do desejo;
b) na disfunção sexual erétil,[17] uma vez que cria ambiente sedutor, capaz de propiciar a manutenção da ereção;
c) na ejaculação retardada:[18] uma vez que a menção a cenas potencialmente eróticas podem ajudar a liberar a ejaculação;
d) na dispareunia,[19] uma vez que imaginar ou visualizar cenas eróticas ajudam a relaxar e a distender a musculatura e a lubrificar a mucosa vaginal;
e) na anorgasmia,[20] uma vez que o orgasmo pode ser evocado através da audição, da visão, do tato e do cheiro de artefatos, visões e falas sexualizadas.

Em minha prática clínica, as fantasias sexuais mais frequentes que ouço de meus pacientes homens, mantidas na imaginação, compartilhadas oralmente ou postas em prática são:

a) fazer sexo com prostituta, garota de programa ou desconhecida;
b) fazer sexo com duas mulheres ao mesmo tempo;
c) fazer sexo grupal;
d) ser dominado por uma mulher;
e) ver sua mulher fazendo sexo com outro homem.

Na pesquisa de Lima, Rodrigues e Vitiello (2001), os homens mais frequentemente fantasiam com mulheres desconhecidas, sendo também comuns fantasias de relacionamento com mais de uma pessoa.

Em minha prática clínica, as fantasias sexuais mais frequentes que ouço de minhas pacientes mulheres, mantidas na imaginação, compartilhadas oralmente ou postas em prática são:

a) fazer sexo com dois homens ao mesmo tempo;
b) fazer sexo com garoto de programa;
c) fazer sexo grupal;
d) fazer sexo com outra mulher;
e) ser dominada por um homem;
f) fazer sexo em lugares exóticos;
g) imaginar-se no papel de uma mulher vulgar.

Na pesquisa de Lima, Rodrigues e Vitiello (2001), a fantasia prevalente entre mulheres é a de um relacionamento sexual com o parceiro, por vezes em condições fora do habitual.

Mas, e quando acontece de as fantasias sexuais se tornarem um sintoma, uma doença? Falamos, nesses casos, que estamos diante de desvios sexuais, comportamentos que fogem à norma social vigente. Crawford (2007) lembra que as fantasias sexuais são saudáveis, desde que não se transformem em uma obsessão, não se tornem desconfortáveis para a própria pessoa ou não prejudiquem o outro. Vitiello (2001) descreveu mais de 300 tipos de desvios sexuais. Dentre os mais repugnantes estão:

a) Necrofilia: desejo de fazer sexo com mortos.
b) Pedofilia: desejo de adultos por crianças e adolescentes, para praticar sexo, exploração comercial e sexual ou pornografia infantil.
c) Urofilia: práticas sexuais relacionadas à urina.
d) Coprofilia: práticas sexuais relacionadas a fezes.
e) Bestialismo ou zoofilia: práticas sexuais com animais.

Tipos de sexo resultantes da tensão entre a realidade conjugal e as fantasias sexuais[21]

Nesta ilustração, é possível visualizar o que já descrevemos, um caminhar da fantasia sexual em direção à realidade do casal (também já descrito) (Figura 18.2). De acordo com o progresso da fantasia, nos quadrantes, teremos os seguintes tipos de sexo:

Tipo 1: Sexo trivial: + Realidade e – Fantasia

Neste primeiro tipo, temos a presença da realidade do casal e a ausência da fantasia. É o que estou chamando de "sexo trivial", pela presença de práticas sexuais tradicionais, boas, adequadas, mas com pouco ou nenhum "tempero". É o sexo habitual, sem grandes novidades, do tipo "papai e mamãe"; honesto, seguro, sem grandes arroubos, mas sereno e previsível. É o sexo que leva em conta mais a realidade conjugal, com valores morais, culturais e religiosos mais tradicionais e conservadores, sem espaço para fantasias, por mais simples que sejam, como uso de roupas eróticas. Há prazer comedido, e agrupa um grande grupo de casais, principalmente de gerações mais velhas e os mais novos, de estilo mais tradicional.

Tipo 2: Sexo imaginativo: + Realidade e + Fantasia

Neste segundo tipo, temos tanto a presença da realidade do casal como da fantasia. É o que estou chamando de "sexo imaginativo", pela presença de práticas sexuais tanto tradicionais como mais liberais,

FIGURA 18.2
Tipos de sexo resultantes da tensão entre a realidade conjugal e as fantasias conjugais.

dependendo do momento e do estado de espírito dos parceiros. É o tipo de sexo mais adequado, que leva em consideração a realidade conjugal, com toda carga de tradições, sem esquecer o sabor das "transgressões calculadas". É o sexo prazeroso, cheio de fantasias que não ameaçam (pois não esquece a realidade do casal) e que propiciam relaxamento, orgasmos plenos e vida sexual ativa e diversificada (porque permite a presença de fantasias variadas). É, a meu ver, a sexualidade mais adequada a nosso momento sócio-histórico pois acata a presença da realidade, mas aceita a performance das fantasias; é um sexo equilibrado e rico. Há prazer intenso, e agrupa grupo de casais bem variados, diversificados e heterogêneos, com vasta gama de atores – a maioria dos casais atualmente, uma vez que o conceito de *realidade conjugal* é igualmente diversificado.

Tipo 3: Sexo sem limites: – Realidade e + Fantasia

Neste terceiro tipo, temos a ausência da realidade do casal e a presença da fantasia. É o que estou chamando de "sexo sem limites", pela presença de práticas sexuais arrojadas, sem levar em conta a realidade, os riscos, os danos à saúde física, moral e espiritual. É um sexo inconsequente, onde não há prazer real, pelos danos decorrentes dessas práticas. É um sexo desconectado da realidade, com presença de práticas sexuais desviantes da norma social. É a sexualidade doentia e perversa, afeita à violência física, à violação de direitos das mulheres, das crianças e dos adolescentes e que necessita de tratamento psicológico e psiquiátrico. Há prazer questionável e impróprio. Neste grupo, estão as pessoas com desvio de caráter e com sérios transtornos de personalidade.

Tipo 4: Sexo nulo: – Realidade e – Fantasia

Neste quarto tipo, temos tanto a ausência da realidade do casal como da fantasia. É o que estou chamando de "sexo nulo", pela ausência de práticas sexuais. A primeira vista é o sexo impossível, uma vez que sem a presença da realidade e sem a presença da fantasia não há vida e nem sexo. Mas, na verdade, há um grupo pequeno de pessoas que se encontram aqui, casais não. É o grupo formado pelas pessoas assexuadas, aquelas que não sentem desejo (não há pensamentos e nem fantasias sexuais) e nem levam em consideração que sexo faz parte da vida e é "brincadeira de gente grande", isto é, deve existir e fazer parte da vida de todos os adultos. São pessoas para as quais a sexualidade não é uma questão. Não há prazer sexual, nem pequeno, nem grande, nem desviado. São pessoas com embotamento afetivo e aridez de emoções. É um grupo pequeno, mas existe.

CONCLUSÃO

Depois de analisarmos as definições, as inter-relações entre realidade conjugal e fantasias sexuais; o alcance, o papel e os objetivos das mesmas; a delicada situação da transposição entre a teoria e a prática e a tênue distância entre saúde e sintoma com a presença das fantasias sexuais, podemos depreender o quanto o tema fantasias sexuais necessita ser questionado, conversado, analisado, tal o poder agregador ou destruidor nas relações conjugais.

Sempre falo para meus pacientes que, se depender de estarmos totalmente bem e estáveis para a prática sexual, dificilmente faremos, tal o desgaste, o cansaço, o estresse, a falta de sono e a presença de preocupações em que estamos mergulhados. Como não existe a situação ideal, as fantasias se apresentam como recurso lúdico para abrir espaços possíveis para a sexualidade. Elas não são obrigatórias e nem devem ser banidas. Dependerão de fatores variáveis, já expostos neste capítulo. Igualmente, transpor a barreira entre desejar, pensar e falar para fazer, agir e concretizar é um passo que deve ser cuidadosamente pensado; caberá a cada indivíduo e a cada casal saber o tamanho do sapato e do passo a dar; não podemos "dar um passo maior do que a perna"...

Em São Paulo, ao término da palestra, fiz uma provocação ao público, e é com esta brincadeira que também opto em terminar este capítulo, lembrando que a sexualidade deveria ser sempre lúdica e leve, mesmo que carregada de paixão, tesão e sedução. Disse, em 2006, que: "Todo homem tem a fantasia de fazer sexo com duas mulheres ao mesmo tempo. As mulheres deveriam gostar da ideia. Pelo menos teriam com quem conversar depois que ele pegasse no sono...

NOTAS

1. Indivíduo que possui uma identidade de gênero diferente da designada no nascimento, tendo o desejo de viver e ser aceito como sendo do sexo oposto.
2. Indivíduo que possui órgãos sexuais dos dois sexos, por uma malformação embrionária.
3. A lei de Gauss da distribuição normal de erros e sua curva em formato de sino, que a acompanha, é hoje familiar para todos que trabalham com estatística e que precisam analizar frequências.
4. Esta é a maneira por que tenho optado, atualmente, ao fazer referência aos termos heterossexual, homossexual e bissexual, visto que a orientação abarca afeto e vida social, e não somente a escolha de parceiro sexual. Além disso, se diz *orientação sexual* e não *opção sexual*, por não se tratar de uma escolha.
5. É um tipo específico de fetiche, geralmente relacionado ao sadomasoquismo, em que a principal fonte de prazer consiste em amarrar e imobilizar seu parceiro ou pessoa envolvida. Pode ou não envolver a prática de sexo com penetração e é conhecido pela sigla BD.
6. É um termo que se refere a pessoas que vestem roupa ou usam objetos associados ao sexo oposto, por razões variadas, desde vivenciar uma faceta feminina (para os homens), masculina (para as mulheres), por motivos profissionais ou para obter gratificação sexual; é um tipo de travestismo, conhecido pela sigla CD, mas não é transexualismo e nem homoafetividade.
7. É uma dança erótica, comum em clubes de *striptease*, em que a dançarina move-se sensualmente com ou sem roupa· podendo vir a sentar no colo do cliente que a assiste.
8. *Sexshop* é uma loja que vende produtos com finalidades eróticas, como vibradores, bonecas infláveis, acessórios de sadomasoquismo, roupas de personagens, cremes e géis para uso sexual.
9. Também conhecido como cibersexo, é comum em canais de IRC (Internet Relay Chat), que é um protocolo de comunicação utilizado na internet, e em outras salas de bate-papo.
10. É o sexo a três, também chamado somente de *ménage*, que é uma expressão de origem francesa que significa "mistura a três". Há seis tipos de variações possíveis.
11. Conhecido como troca de casais, é um relacionamento sexual entre dois casais estáveis que praticam sexo grupal; pode ser o *soft swing*, com apenas troca de carícias, beijos e sexo oral, ou o *hard swing*, com penetração.
12. É o que comumente se conhece como orgia sexual, já que é uma prática com cinco ou mais pessoas, uma vez que sexo a três é conhecido como *ménage* e a quatro como *swing*.
13. Conhecidas como *quartos escuros, blackroom* ou *backroom*, são salas que devido à baixa luminosidade, ou escuridão total, permitem a prática sexual no anonimato, preservando a identidade das pessoas envolvidas; apareceram nos Estados Unidos nos anos de 1970, em boates *gays*.
14. Agradeço a ajuda de meu marido, Dr. Jairo Werner, Médico Psiquiatra, Doutor em Saúde Mental pela Unicamp, responsável pela disciplina de Neuropsiquiatria da Infância e da Adolescência na Faculdade de Medicina da Universidade Federal Fluminense, na construção desta e da figura seguinte, não só na formatação como também na interlocução e discussão de minhas ideias.
15. É um aparelho utilizado para vibrar em partes da genitália, especialmente a feminina, para produzir estímulos sexuais e causar prazer. Também pode ser utilizado em partes diferentes do corpo.
16. Deficiência ou ausência de desejo sexual, que gera diminuição de frequência sexual. Não existe tratamento aprovado, e a psicoterapia tem se mostrado pouco efetiva; é uma disfunção difícil de ser tratada, e alguns medicamentos têm se mostrado promissores.
17. Conhecida como impotência masculina, nome totalmente inaceitável nos dias de hoje, uma vez que o homem não é impotente para a vida; apenas seu pênis tem uma disfunção para ter ou manter a ereção, conhecida pela sigla DE.
18. Dificudade sexual, em que a ejaculação é retardada durante um longo período de tempo,

apesar de o pênis estar ereto. Normalmente é causada por nervosismo, medo, ansiedade e condições psicológicas adversas, como necessidade excessiva de manutenção do controle.

19. É a sensação de dor na penetração ou durante a relação sexual.
20. É a falta ou dificuldade na obtenção do orgasmo, antigamente conhecida como frigidez, nome totalmente inaceitável nos dias de hoje, uma vez que a mulher não é "fria" e nem "frígida".
21. Agradeço, novamente, ao Dr. Jairo Werner a ajuda na escolha dos nomes para os quadrantes em progressão.

REFERÊNCIAS

BUENO, F. da S. *Dicionário escolar da língua portuguesa*. 9. ed. Rio de Janeiro: FENAME, 1975.

CARTER, B.; MCGOLDRICK, M. *As mudanças no ciclo de vida familiar*: uma estrutura para a terapia familiar. 2. ed. Porto Alegre: Artes Médicas, 1995.

CRAWFORD, M. *Sexo sem tabus*: para viver o sexo com prazer. Lisboa: A Esfera dos Livros, 2007. (Coleção sexualidade e saúde).

DICIONÁRIO Larousse da língua portuguesa. São Paulo: Moderna, 1992.

FERREIRA, A. B. de H. *Miniaurélio*: o minidicionário da Língua Portuguesa. 7. ed. Curitiba: Positivo, 2008.

FERREIRA, A. B. de H. *Minidicionário da língua portuguesa*. 3. ed. Rio de Janeiro: Nova Fronteira, 1993.

LIMA, J. D.; RODRIGUES, E. B.; VITIELLO, N. Resumo de trabalho sobre fantasias sexuais. *Sociedade Brasileira de Estudos da Sexualidade Humana*, São Paulo, v. 7, n. 2, mai./out. 2001.

LUFT, C. P. *Minidicionário luft*. 20. ed. São Paulo: Ática, 2000.

VITIELLO, N. Principais variações, desvios parafilias e perversões. *Revista Brasileira de Sexualidade Humana*, v. 12, n. 2, p. 185-193, jul./dez. 2001.

WERNER, M. C. M. Fantasias sexuais e conjugalidade. In: CONGRESSO BRASILEIRO DE TERAPIA FAMILIAR, 7., 2006, São Paulo. *Anais*... São Paulo: ABRATEF, 2006. Mesa-Redonda.

Origem das palavras. Disponível em

LAHIRIHOY, D. et al. *Origem da palavra*. [S.l.: s.n., 2010]. Disponível em: <http://www.origemdapalavra.com.br>. Acesso em: 17 abr. 2010.

WIKIPEDIA: a enciclopédia livre. [S.l.: s.n.], 2006. Disponível em: <http://www. wikipedia.org>. Acesso em: 16 abr. 2010.

capítulo 19

ESCOLHA E DESTINO: CASAIS INTERCULTURAIS

LARISSA ROSA FEDULLO SCHEIN

> Cada atualidade reúne movimentos de origem e de ritmo diferentes: o tempo de hoje data simultaneamente de ontem, de anteontem, de outrora... o presente e o passado esclarecem-se mutuamente, com luz recíproca.
>
> (Braudel citado por Medrado e Spink, 2004, p. 50)

INTRODUÇÃO

Tive sempre muito orgulho da história da minha família. E pelo meu nome muitas pessoas me perguntam qual é a minha origem. Meus avós vieram cada um de uma parte do mundo. Tenho raízes provenientes de Minas Gerais, além de Rússia, Alemanha e Itália, que se encontraram todas aqui no Brasil. Os rituais e a cultura de algumas delas se mantiveram no cotidiano, de outras, não tanto; de qualquer maneira estão, de algum modo, gravadas na minha alma. Dizem-me que tenho os traços russos, a culpa dos judeus alemães, mas meu gosto por massa vem mesmo do meu avô italiano, e o gosto pelo doce de leite, da minha avó mineira... Enfim uma grande mistura.

Já faz algum tempo que penso sobre os casamentos em minha família. Em 2006, quando estive na Itália para dar continuidade à minha especialização em Terapia de Casal e Família, iniciada em 2004 no Instituto Sistemas Humanos, frequentei por um ano a Scuola Romana di Psicoterapia Familiare, onde fiz meu genograma com os professores Carmine Saccu e Ana LaMesa. Muitas coisas me chamaram atenção, mas uma, em específico, me tocou: o fato de que muitos casamentos foram realizados entre pessoas de diferentes nacionalidades e culturas. Penso que o momento histórico era propício; porém, mesmo depois, em outras épocas, essa "tradição" se manteve, chegando também a mim, que no ano em que fiquei na Itália me apaixonei por um italiano. Casei-me em dezembro de 2008 e resido com meu marido em Roma.

Muitas perguntas invadiram meus pensamentos ao refletir sobre essas escolhas interculturais, sobre as dificuldades encontradas e sobre os preconceitos. Como foi o processo de diferenciação de cada um deles? Será que estavam respeitando as lealdades com suas famílias de origem? Aquele casamento fazia parte do *script* esperado por todos?

Voltei da Itália enriquecida pela experiência com Carmine, LaMesa e Andolfi em sua Accademia di Psicoterapia della Famiglia, além da beleza de revisitar as crenças e valores da parte italiana de minha família e a fecundidade e perplexidade da paixão com Luca.

Ao retornar ao Sistemas Humanos para terminar minha formação e escrever a monografia, o tema estava escolhido dentro de mim. Escolha e destino: casais interculturais. Elliete Belfort Mattos, minha orientadora, foi valiosíssima para a concretização deste trabalho e, a convite de Maria Elizabeth Pascual do Valle, essa experiência transformou-se neste capítulo.

Alguns autores estão comigo ao longo deste caminho, com os quais converso o tempo todo...

Quando penso em diferenciação, penso obviamente em Bowen e na noção de que o nível de intensidade do processo de diferenciação difere durante os vários estágios do ciclo vital da família (nascimento dos filhos, adolescência, casamentos, morte, novos nascimentos, etc.). Em Boszormenyi-Nagy encantam-me as lealdades invisíveis quando diz: "A relação ética de cada membro com seu sistema de relações configura a parte crucial do seu mundo existencial" (1991, p. 25).

Não posso deixar de trazer Elkaïm (1988), pois acredito que toda realidade é construída na interseção das ressonâncias, iluminadas pelo encontro humano, que constroem um sentido para todos os envolvidos naquela história. Assim, a escolha de estudar na Itália, o revisitar de minha história intercultural através das viagens que fiz aos lugares de origem de meus avós (Alemanha e Itália), o genograma, a decisão de casar e formar uma família com Luca, que é romano, iluminaram o foco deste trabalho e fizeram-me refletir com um casal jovem sobre o processo da escolha de pares de diferentes culturas. Desse encontro, construímos alguns significados, que fizeram sentido para mim e para eles, e dessa experiência surgiu o título "Escolha e Destino", pois penso que as forças de diferenciação e fusão foram despertadas dentro de nós nessa caminhada.

A escolha para mim tem uma dimensão ampliadora, que traz a permissão para a continuação do ciclo vital, a legalização da própria individualidade, a autoria da própria vida, sem a quebra do pertencimento: a possibilidade de pertencer e, a partir disso, construir os próprios caminhos. Já o destino me parece a continuação de um *script* preexistente, em que cada um é chamado a fazer sua parte, sem poder diferenciar-se sem a sensação de trair o vínculo.

Gosto de diferenciar o que chamo "destino" do "processo de destinar-se", como enfatiza Gilberto Safra (2006). Penso como ele no caminho da singularidade, a busca do sagrado, como Sandra Fedullo Colombo (2000, p. 178) escreve:

> O Peregrino mais que o andarilho traz a dimensão da construção de significados e a busca de energias escondidas que serão ressignificadas para uma transformação. O sagrado para mim está no emergir da própria singularidade. O peregrino abre uma possibilidade de novas significações para o caminhar.

Ao fazer este trabalho, sinto que fiz uma peregrinação junto ao casal que entrevistei, e um de nossos acompanhantes foi a linda e curiosa tela de Frida Kahlo, a qual retrata a rede formada por seus ancestrais. Um genograma metafórico, poético e também perturbador, gerador de reflexões, como o meu, como o do casal que foi meu parceiro nessas indagações, e talvez como o seu, leitor deste texto.

A compreensão da vivência que envolveu fazer este trabalho, e, antes disso, a escolha de seu foco e metodologia, o encontro significativo que aconteceu durante a entrevista e a liberdade com que me inspirei nos autores citados só foram possíveis a partir de minha crença no construcionismo social, pois vejo o relacionamento humano como gerador de linguagem e compreensão, e acredito que as convenções de relacionamento preexistem ao relacionamento e constroem a compreensão da comunicação (Gergen, 1994 citado por Grandesso, 2000).

A NARRATIVA E A CONSTRUÇÃO DO SIGNIFICADO

O que me levou a escolher a construção do significado como relevante para este trabalho é a crença de que os seres humanos, quando contam suas histórias, fazem distinções para dar um nexo a suas vivências e uma coerência para seu caminho pela vida na relação com os outros, para dar um lugar a si mesmo e aos outros nas suas narrativas, gerando um sentido e, como diz Gilberto Safra (2006), ser autor do processo de se destinar.

Entendo narrativa, da mesma forma que Grandesso (2000), como a organização por meio de termos, símbolos ou metáforas, de um fluxo de experiência vivida, em uma sequência temporal e significativa.

Quem narra a história traz muito de si. Desta forma, quando pensamos em narrativas, pensamos também no narrador e sua história de vida, pois é ele que, no encontro, construirá o significado de sua experiência. Assim também não podemos considerar as narrativas como estáticas, mas sim como estando sempre abertas para reconstrução e recriação.

Considero, como White (1995), que as narrativas não se formam apenas na mente individual, mas são o resultado dos contextos relacionais interpessoais. Assim, podemos dizer que as narrativas são construídas em uma dimensão histórica e social, com os mitos e lendas inerentes aos narradores.

Penso que contar histórias é parte da experiência humana, é a forma de nos expressarmos com relação a medos, inseguranças, crenças e mitos, conquistas e dificuldades, que passam de geração para geração. Ao construirmos uma história, expressamos como compreendemos nossa experiência e nos apresentamos ao mundo e a nós mesmos, ampliando ou restringindo as nossas possibilidades de ser e existir no mundo em que vivemos.

Ampliando as narrativas, seus significados, suas histórias, torna-se possível enxergar a grande quantidade de experiências de vida que deixamos fora dos nossos relatos mais frequentes, mas que possuem grande possibilidade para a reconstrução de significados ao serem colocadas sob outro foco. As histórias do passado são transformadas pela possibilidade de visões alternativas, que ressignificam a experiência.

Ao abrir-se espaço para surgirem novas narrativas das experiências vividas, permite-se a cada narrador dar nome a suas lealdades, fazer novas negociações e talvez ter maior liberdade para transformar as heranças familiares.

A construção do significado é sempre calcada na relação; um significado não existe fora da relação, pois perde seu sentido se não há aquela interação humana. A linguagem tem a capacidade de significar a partir de um referencial de interação e troca humana, já que é um subproduto dessa interação, e seu significado é originado no modo como está imerso dentro dos padrões de relação (Gergen, 1998).

Como diz Marilene Grandesso (2000, p. 203):

> As histórias acabam tendo um efeito concreto não só de organizar, mas também de modelar a vida das pessoas, definindo um senso subjetivo de terem uma vida privada, que não só organiza sua compreensão do passado, mas sua situação atual e seu futuro possível.

Gosto muito também da definição de Humberto Maturana (2004, p. 10) sobre o conversar humano quando escreve:

> Todo linguajear se apoia num suporte emocional que pode mudar com o seu curso. De modo reciproco, o fluir na mudança emocional modifica o linguajear. Na verdade, todo o conversar é uma convivencia consensual em coordenações de coordenações de ações e emoções. Além disso é a emoção que define a ação. É a emoção a partir da qual se faz ou se recebe um certo fazer que o transforma numa ou noutra ação, ou que qualifica como um comportamento dessa ou daquela classe. Sustentamos que nós, humanos, existimos na linguagem, e que todo o ser e todos os afazeres humanos ocorrem, portanto, no conversar, que é o resultado do entrelaçamento do emocionar com o linguajear.

Penso, como esses autores, que a construção do significado é uma operação social, dá-se no encontro humano, é partilhado socialmente e constrói o sentido daquela história para as pessoas envolvidas. O lugar de cada um na história é um estado provisório, pode ser desconstruído através de novas ressignificações que darão outro sentido para a experiência, ao narrar e renarrar ampliam-se essas possibilidades.

Acredito que o ato de entrevistar e ser entrevistado ocorre dentro de um encontro humano que pode favorecer o narrar e o renarrar as histórias de vida, e, dessa forma, mobilizar novas construções conjuntas para essas experiências.

Acredito profundamente que o segredo para essa maravilhosa mágica do encontro humano está baseado na escuta respeitosa e especial que fertiliza e legitima todos os envolvidos.

> Volto ao encanto pelo processo de escuta, enfatizado por Andersen quando ele nos convida a ouvir as palavras com extrema atenção, porque elas vêm de uma busca, que reflete várias distinções que o nosso interlocutor quer nos comunicar e a importância que o ato de ser testemunha exerce para a pessoa que é ouvida. A reflexão é estimulada a partir da palavra e da escuta, eu e o outro, legitimados na nossa singularidade. (Colombo, 2006, p. 21)

Essa foi a pedra angular onde apoiei e construí este trabalho.

DE ONDE VIEMOS E PARA ONDE VAMOS?

Para falar de diferenciação, não consigo pensar em ninguém melhor do que Murray Bowen. Bowen nasceu em 1913 no Tenessee, EUA, e seu pai possuía uma casa funerária. Estudou Medicina e teria sido cirurgião se não tivesse ido como médico para a Segunda Guerra Mundial e ali começado a se interessar por "doenças psíquicas".

Psiquiatra e professor da Georgetown University, de Washington D.C., é uma das figuras mais relevantes da terapia familiar e relacional norte-americana. Foi precursor da terapia individual sistêmica. Iniciou seus estudos sistêmicos ao voltar para a casa da família para reconstruir suas relações familiares e, a partir disso, criou seus próprios conceitos.

Hoje é difícil pensar que sejamos capazes de nos desligar totalmente da nossa família, e que esta não esteja ligada à formação da nossa identidade. Mesmo assim, para muitos essa ideia ainda persiste, como se sair da casa familiar pudesse significar resolução de conflitos, lealdades e problemas. Concordo com Bowen (1991), quando diz que a família permanece dentro de nós e que os relacionamentos não resolvidos com nossas famílias de origem são os negócios inacabados mais importantes de nossas vidas.

A Escola da Terapia Familiar Multigeracional tem como criadores Bowen e Boszormenyi-Nagy e como um de seus seguidores Maurizio Andolfi, com quem tive o prazer de estudar em Roma, na Accademia Di Psicoterapia Della Famiglia. Em vários atendimentos, observei a ênfase que dava à herança transgeracional, afirmando que para se formar um sintoma como a psicose são necessárias três gerações. Para Bowen (1991), um indivíduo descende de 64 a 128 famílias em um período de 150 a 200 anos, e cada uma delas lhe trouxe algo: mitos, recordações, legados e opiniões influenciadas pela emotividade.

> Quando se reconstroem (no relato) trechos ocorridos na família uma ou duas gerações atrás, é mais facil superar os mitos e ser realista. Seguir uma família nuclear ao longo de 200 anos, a partir do matrimônio ou do nascimento do filho, seguindo a vida de cada um dos filhos, pode nos dar uma maior compreensão dos fenômenos humanos, e assim resulta mais fácil perceber os modelos emocionais que estão atuando naquele momento, podendo-se também ter uma sensação de continuidade, de história e de identidade que sem essa história não teria sido possível conhecer. (Bowen, 1991, p. 99)

Neste trabalho me faz sentido alguns conceitos da teoria dos Sistemas Familiares desenvolvida pelo autor: a diferenciação do eu e o processo de transmissão multigeracional, a unidade do sistema emocional da familia nuclear, a projeção familiar, a triangulação e o rompimento emocional.

Bowen observou nas famílias uma unidade emocional, ou seja, seus membros estão interligados uns aos outros de tal maneira, que o funcionamento deles automaticamente afeta o dos demais. É esta unidade familiar que se torna seu principal objeto de observação e interesse.

Distinguiu também duas variáveis que agem no funcionamento da unidade emocional da família: a primeira trata do conceito de *diferenciação do eu* e a segunda trata da *ansiedade*. Dividiu a ansiedade em duas: a aguda e a crônica. A primeira, segundo o autor, constitui-se na resposta do organismo a uma ameaça real e cujos efeitos, em geral, limitam-se ao seu período de atuação, permitindo ao indivíduo deles se recuperar com muita rapidez. A segunda, nomeada como ansiedade crônica, tem influência sobre a maneira como o mundo é percebido e interpretado pelo indivíduo; refere-se a um estado de existência que é independente de qualquer situação ou estímulo específico. A ansiedade crônica parece ser transmitida através das gerações e, em termos de sensibilidade individual, na forma como o indivíduo percebe e interpreta o mundo. Representa uma programação ou sintonia do sistema emocional do indivíduo, feita por seu passado tanto longínquo quanto mais imediato. Mas, se a expressão é individual, a unidade familiar é o principal cenário que a constitui. O sistema relacional familiar reflete sua presença nas várias configurações e comportamentos por meio dos quais a ansiedade se evidencia.

> Em uma dada família, cada geração recebe o legado de um determinado nível de ansiedade crônica que lhe é deixado pela geração precedente. (Papero, 1998, p. 78)

Considero a ansiedade crônica uma força fusional que faz a aproximação do eu individual ao eu familiar, e a autorização para individuação, uma diminuição da força fusional que, segundo Bowen, se traduz através da ansiedade crônica.

A outra variável que, de acordo com Bowen, age diretamente no funcionamento da unidade emocional da família é o conceito de *diferenciação do eu*. Observou que as pessoas se diferenciam umas das outras em termos de funcionamento. Suas observações tiveram como resultado uma escala, que considero interessante para ser utilizada como uma ajuda para pensar o processo vivido dentro de uma família, no seu ciclo vital. Bowen descreveu os níveis do funcionamento humano dentro do que denominou *continuum*, o qual compreende de um lado a intensidade máxima da indiferenciação do eu familiar e, consequentemente, a presença máxima de fusão do eu individual e maior presença de ansidedade crônica, e do outro lado da escala pouca presença de fusão do eu individual e predomínio da diferenciação do "si-mesmo" e baixa ansiedade crônica.

A ideia principal presente no conceito de *diferenciação do eu* diz respeito ao grau em que as pessoas se fundem com as outras. Esse fenômeno na família foi nomeado por Bowen como *massa indiferenciada do eu familiar* que o autor considera não como algo estático, mas como um processo durante o ciclo vital, presente em diferentes intensidades nos diferentes momentos do desenvolvimento da família e do indivíduo.

Como explica abaixo:

> Eu vejo como um cacho, composto pela fusão dos egos de cada membro da família, apresentando limites egoicos em comuns. Alguns egos se apresentam envolvidos de forma intensa ao ego familiar durante seus períodos de estresse emocional e menos envolvidos em outros... A fusão egoica é mais intensa nas famílias que alcançam menos maturidade... Teoricamente e até certo grau, a fusão se faz presente em todas as famílias, exceto naquelas cujos

> membros alcançaram a completa maturidade emocional. Teoricamente ainda, a pessoa madura é uma unidade emocional completa, capaz de, em condições de estresse, manter os limites de seu eu sem se envolver em fusões emocionais com os demais. (Bowen, 1978 citado por Elkaïm, 1988, p. 77)

Penso que a escala serve como base para olhar os dois extremos, e o *continuum* enfatiza um processo, ou seja, um processo familiar predominantemente fusional impedindo a diferenciação, ou sendo predominantemente facilitador da diferenciação, com pouca fusão do eu individual ao eu familiar. Penso como Bowen, quando diz que transitamos em diferentes níveis de intensidade nesse *continuum*, que vai da total fusão do eu individual ao eu familiar à total diferenciação do "si-mesmo", ao longo do ciclo vital da família. No entanto, será possível desenvolver a total diferenciação?

Os graus de ligação entre pais e filhos que não estão nos extremos (fusão/diferenciação), Bowen denominou como *ligações emocionais não resolvidas*. Essas ligações, na maioria das vezes, são pensadas como relações de indiferenciação. Cada membro da família apresenta um envolvimento nessa massa indiferenciada do eu familiar (nível de diferenciação), e a singularidade desse compromisso é construída na história da família, através das gerações (esse processo foi chamado de *projeção familiar*). Estou me referindo com isso à possibilidade de cada filho receber um legado diferente, feito de expectativas, ansiedades e emoções singulares. Podemos, assim, pensar no tema deste trabalho: qual o lugar que uma pessoa que escolhe se casar com alguém de outra nação, deixando seu país e sua família, ocupa nessa trama transgeracional? Para esse autor, quanto mais alto o nível de diferenciação de uma pessoa e de uma família, menor o número e a intensidade de ligações emocionais indiferenciadas que serão enfrentadas ao longo da vida.

De acordo com Bowen, existem vários fatores que determinam o grau de ligações não resolvidas. O primeiro é o próprio grau de diferenciação que os pais apresentam, legado de seu respectivo processo de diferenciação com seus pais. O segundo fator é a maneira como os pais administram esses aspectos sem sua própria união. O terceiro é a intensidade de ansiedade a que foram expostos na própria família de origem.

Essas reflexões levam-nos a outro conceito do próprio Bowen: o da *transmissão multigeracional*, que na minha opinião não pode ser separado do conceito de projeção familiar.

> A capacidade que cada um possui de manter a separação entre seus sistemas emocional e intelectual é determinada de acordo com o seu passado multigeracional e pelas experiências de vida de sua própria família. (Papero, 1998, p. 86)

O conceito de *transmissão multigeracional* designa a forma como se dá o processo de *projeção familiar*, modo pelo qual o grau de diferenciação atingido pelos pais se transmite aos filhos de maneira não uniforme e, repetidos de geração em geração, levam os diferentes ramos da família a alcançar maior ou menor nível de diferenciação. Acredito que a maneira de lidar com o processo familiar de fusão e diferenciação passa de geração em geração, fazendo parte do tecido de emoções daquela família. Um filho que possui um grau de diferenciação grande provavelmente possibilitará a seus filhos diferenciarem-se com menor dificuldade. Um filho com maior nível de indiferenciação e fusão terá, provavelmente, maior dificuldade para autorizar a diferenciação de seus próprios filhos e assim por diante.

Esses conceitos de Bowen são importantes ao observar um casal intercultural e pensar sobre se foi transmitida de geração em geração a possibilidade de se diferenciar, que lugar na família de origem ocupam os que puderam deixar seu país e sua família para escrever a própria história e como foi construída a possibilidade de escolher o diferente. Acredito também ser interessante perceber em cada família quais são as leis e as regras construídas transgeracionalmente, o que está autorizado a ser feito.

Acredito que, na história da minha família, migrar seja um movimento possível e que vai ao encontro da vida, já que minha avó russa fugiu do perigo dos *pogrons*; o avô alemão, do nazismo, pois o pai era judeu e a mãe luterana; os bisavós e os avós italianos vieram para ampliar as possibilidades comerciais na América. Os avós mineiros, por sua vez, vieram em busca de tratamento de saúde em São Paulo. Todas as histórias estão ligadas a melhores possibilidades para viver. Penso assim que é aceito, já que nessa construção o migrar não é um caminho para a morte pela separação física, mas sim o oposto, gera vida e novas possibilidades. Lembro-me de que, muito pequena, arrumava minha mochila para viajar enquanto minha mãe "supervisionava" para que não esquecesse nada, e ela, rindo, dizia: "Essa menina nasceu com a mochila nas costas!". Estaria ali uma autorização para conhecer outros mundos?

COMO BALANCEAR NOSSAS CONTAS COM AS OUTRAS GERAÇÕES?

Ouvi falar em Boszormenyi-Nagy na Accademia di Psicoterapia della Famiglia com Andolfi, quando um grupo de estudantes conversavam sobre um seminário que deveriam apresentar, cujo tema era "lealdades invisíveis". Como fiquei muito curiosa com o título, pedi permissão para assisti-lo.

Ao entrar na sala, descobri que aquele era um grupo de primeiro ano, e fiquei ainda mais curiosa. Esse grupo fez uma apresentação de figuras, contando um pouco o que tinham entendido do livro de Boszormenyi-Nagy. A figura escolhida como metáfora era a de um peixe que estava para ser pego em uma isca, onde estava escrito: "lealdades invisíveis". Achei muito interessante o grupo ter feito essa interpretação; eu, que ainda não tinha lido o livro, comecei a desconfiar de que o conceito descrito era um pouco mais amplo do que uma isca ou uma armadilha...

Ivan Boszormenyi-Nagy fez sua formação em Psiquiatria na Hungria e emigrou para os EUA; trabalhou em Chicago e depois na Filadélfia. Em 1957, foi nomeado diretor da unidade de pesquisa para o tratamento da esquizofrenia, na Eastern Pennsylvania Psychiatric, tendo logo sido rebatizado como Departamento de Psicoterapia Familiar, do qual foi diretor até seu fechamento em 1980. Esse departamento, desde o começo da década de 1960, tornou-se um dos primeiros centros de Terapia Familiar do EUA. Boszormenyi-Nagy desempenhou um papel determinante para o desenvolvimento da Terapia Familiar também na Europa, particularmente, na Holanda, Bélgica, Alemanha, Itália e Suíça, e sua escola foi denominada Terapia Contextual para sublinhar, segundo o autor, a importância da dimensão da ética relacional nas relações humanas.

O conceito principal da teoria de Boszormenyi-Nagy é a justiça relacional, que traz a noção de uma rede hierárquica de obrigações dentro da família. Ele conceitua família como "um grupo humano rodeado por uma rede complexa de obrigações e lealdades cujo cumprimento é exigido, mas que protege ao mesmo tempo o conjunto familiar" (Boszormenyi-Nagy, 1983 citado por Galina, 2007, p. 54). Assim, nessa compreensão, existe um *continuum* de dar e receber entre cada indivíduo e o sistema de relações ao qual pertence, formando um grande continente, tecido por débitos, créditos e compensações entre todos os membros daquela família. É como uma grande contabilidade de contas a pagar e a receber, a qual denominou "Livro Maior de Méritos e Obrigações" ou o "Livro Maior de Justiça Familiar", e que constitui o centro de sua teoria.

O conceito sistêmico de relações familiares requer a compreensão de que os papéis dentro da família são interdependentes, ou seja, as competências da pessoa vista como sadia na família e as dificuldades e fracassos do membro sentido como problemático estão, segundo o autor, codeterminadas por suas funções sociais mais amplas dentro da família, que correspondem às exigências da rede complexa de obrigações e méritos daquele grupo.

A ideia de obrigações "congeladas" é extremamente interessante, pois enfatiza o processo de paralisação do tempo na família, uma vez que o caminho da individuação não é autorizado, porque "as velhas contas estão bloqueadas e adiadas".

Bowen e Boszormenyi-Nagy encontram-se nas preocupações sobre o processo de desenvolvimento do "si-mesmo", dentro do processo de pertencer. Penso que as velhas contas congeladas de Boszormenyi-Nagy na hierarquia de obrigações familiares são representadas pelas forças fusionais de Bowen.

Os membros de uma família tendem a ser leais ao seu grupo de origem, por pressões externas, obrigações aceitas e lealdades encobertas de pertencimento. As lealdades e obrigações em uma família dependem do papel e da posição que cada um ocupa naquela rede de afetos. Segundo Boszormenyi-Nagy, as famílias constituem o sistema de relações mais conservador existente, em função dos vínculos afetivos, genéticos e da continuidade das contas a serem saldadas no "Livro Maior de Méritos e Obrigações".

Considerando a possibilidade de as obrigações e lealdades serem conscientes ou inconscientes, podemos pensar que, no caso da individuação, não se individuar pode ser considerado um movimento de obrigação e dívida em relação à família de origem, mesmo que em alguns momentos pareça o oposto, que aquele membro da família estaria traindo as expectativas do grupo, não crescendo. Ainda segundo Boszormenyi-Nagy, é indiscutível que todo passo em direção à individuação, emancipação e separação tende a tocar em um grande desafio, com carga emocional elevada, "o da união simbiótica permanente negada, de cada membro, com a família de origem" (1983, p. 39).

Ainda segundo esse autor, falar de lealdades relacionais dentro da família não quer dizer ignorar as motivações mais profundas de um indivíduo. Assim, qualquer teoria relacional deve ser capaz de integrar os conceitos motivacionais individuais aos relacionais. O conceito de sistema não invalida a importância das motivações internalizadas de cada membro, pois as ações e interações individuais são construídas a partir dos modelos interiorizados de relação. Essas reflexões me levam a pensar que, como diz o autor, "a contabilidade dos atos de lealdade é a chave determinante das estruturas das relações" (1983, p. 41).

Parece-me que o elemento original trazido por Boszormenyi-Nagy, em sua terapia contextual, é a discussão focada na ética das relações interpessoais, pois ele insiste, em seus textos, que toda relação próxima está baseada no princípio da equidade e da reciprocidade, e afirma que seu trabalho, originalmente com pessoas que estavam psicóticas, apontou essa importância, pois, apesar de se acharem confusas na compreensão de seus mundos, toda e qualquer possibilidade de vínculo surgia através da confiança e da legitimidade. Essas observações o levaram à construção da noção da importância da justiça para a dinâmica das relações.

O livro de contabilidade de credores e devedores, todos inseridos em uma trama transgeracional, foi sendo ampliado com conceitos que muito me agradaram: legitimidade construtiva e destrutiva (Ducommun-Nagy, 1998, p. 184). Ducommun-Nagy lembra que nossos atos são regidos, dentre outros aspectos, pela relação de dívida ou de mérito entre nós e nossos parceiros relacionais: as compensações do que recebemos, para que, em vez de uma relação de dívida, se restabeleça a reciprocidade na "balança ética"..

Um outro aspecto me pareceu também importante: a concepção de que não se trata somente da concretização de lucros e débitos, mas da percepção de que aquele que está em condições de dar pode beneficiar-se do movimento de exigir o retorno e ainda ter a possibilidade de legitimação e de satisfação interior, o que ampliará o prazer dessa generosidade ao dar. Esse movimento também restabeleceria "a balança da equidade"

– essa é a noção que Boszormenyi-Nagy denomina de "espiral de legitimidade construtiva".

A "legitimidade destrutiva" é descrita pelo autor como o movimento que uma pessoa, que se sentiu lesada, faz para conseguir uma compensação ou restituição do que, em sua opinião, lhe é devido, o que muitas vezes a leva a buscar isso em seu parceiro, ou, se não consegue, em seus filhos, que assim se tornam devedores a serviço das injustiças antigas, realimentando a espiral que não autoriza o término dos débitos e o processo de individuação.

É interessante a diferenciação que o autor faz entre lealdade vertical – compromissos devidos a uma geração anterior ou posterior (pais, avós ou filhos e netos) – e lealdades horizontais – compromissos que envolvem parceiros (cônjuges, irmãos, amigos). Assinala a importância do fato de que, quando acontece um casamento, novos compromissos de lealdade precisam ser construídos, assim como quando nascem os filhos. A trama das obrigações relacionais é chamada a ser revista e reconstruída com novas exigências e méritos, para que o ciclo vital possa continuar, e o processo de individuação não se paralise por "contas congeladas". Quanto mais rígido for o sistema, mais dificuldades para fazer essa passagem para a construção da conjugalidade, parentalidade e fraternidade.

Em um sistema trigeracional, a compensação pelo cuidado que os pais tiveram com os filhos pode passar através das gerações como obrigações primordiais que necessitam ser respondidas, para que o livro da reciprocidade fique equilibrado.

> Um adulto ansioso por passar seus próprios valores a seu filho se transforma em credor em um diálogo de compromissos em que o filho se transforma em devedor. Finalmente, este último tenderá a saldar sua dívida em um sistema de retroalimentação transgeracional, internalizando os compromissos, satisfazendo as expectativas e, com o tempo, transmitindo-as a sua prole. Cada ato de compensação de uma obrigação recíproca aumentará o nível de lealdade e confiança dentro da relação. (Boszormenyi-Nagy, 1983, p. 65)

Um sistema saudável de obrigações familiares se expressa pela capacidade de crescimento dos próprios filhos e a compatibilidade dessas obrigações com a individuação emocional dos membros. A individuação deve estar balanceada na relação com as dívidas de lealdade que o filho, em processo de maturação, tem com a família nuclear.

> A potencialidade ou liberdade para criar novos vínculos (casamento, paternidade) deve pesar contra as antigas obrigações que fazem a força para uma união simbiótica duradoura. (Boszormenyi-Nagy, 1983, p. 67)

Essas ideias de Boszormenyi-Nagy vão ao encontro das minhas perguntas iniciais em relação a casais interculturais e ao tema. Quando uma escolha é realmente uma escolha? Quando a aparente escolha é um *script* já escrito muito antes de nós? Olhando o casal entrevistado por mim, a esposa ou o marido estariam saldando dividas e obrigações em relação às suas famílias de origem?

METODOLOGIA

Partindo de uma epistemologia construcionista social na qual se acredita que a construção do significado é sempre calcada na relação, será no meu encontro com esse casal que poderei observar e refletir sobre os temas delineados por mim, como a individuação e as lealdades invisíveis.

Este trabalho foi realizado a partir de uma entrevista com um casal intercultural, baseada em três perguntas disparadoras para reflexão:

- Como vocês se conheceram?
- Que dificuldades enfrentaram?
- Quais foram os medos que passaram pela cabeça de vocês em relação às diferentes origens?

A partir desse material, selecionei trechos que iam de encontro às ideias que desejo iluminar no processo de construção do casal, que são: diferenciação do eu, transmissão multigeracional e lealdades invisiveis.

A ENTREVISTA

Larissa: Bom, podemos começar, já arrumei o gravador e vamos torcer para que funcione. Primeiro eu queria agradecer a disponibilidade de vocês para este encontro e esta entrevista, depois gostaria de dizer que o meu interesse é pela história de vocês. Então, eu queria começar perguntando como vocês se conheceram.

Hugo: Quer contar, Li?

Ligia: Não, pode começar você.

Hugo: A gente se conheceu em Londres, tinha acabado de me formar e eu queria viajar e buscar minha vida fora de lá, do País Basco. Fui para Londres, porque meu irmão estava trabalhando e morando lá, e eu tinha uma amiga italiana que também estava lá e estava indo para Irlanda. Em Londres, parei no hotel onde meu irmão estava morando e neste hotel eu conheci a Ligia. Era mais um *hostel*, onde havia pessoas do mundo todo, e as pessoas ficavam lá um mês, um ano enfim... E a Ligia trabalhava lá. Aí fiquei uma semana, duas, e acabei ficando e decidi ficar, e comecei a também trabalhar lá. Foi aí que a gente começou e ficamos lá um ano. Depois a Ligia tinha que voltar para o Brasil, porque ela tem bolsa na PUC e tinha que terminar. E eu estava apaixonado e aberto a continuar a relação.

Ligia: Eu achei diferente a forma como demonstra que está apaixonado, ou mesmo, para ficar, é bem diferente a cultura basca, eu que tomei a iniciativa... Assim, um dia teve um churrasco lá no hotel para os empregados, a cerveja era grátis e tal, só que o churrasco era num lugar aberto, embaixo, aí ele me perguntou, ah, porque a gente falava inglês, era difícil para mim, porque eu quando fui para Londres, era péssima em inglês, e eu fui para lá porque eu estava em dúvida em relação à faculdade, eu estava fazendo artes plásticas e pedagogia e não sabia muito o que fazer, nunca tinha saído do Brasil, e aí decidi. Ah, eu tinha também um namorado, e a gente tinha terminado e eu decidi viajar. Eu escrevi uma frase em inglês para usar no avião que era "A glass of wine, please" e era o que eu sabia de inglês. Fui com um mês de escola e casa pagos, e depois tinha que me virar, e pensei "ah, se dá dá, senão eu volto". E aí eu adorei, maior aventura essa coisa de estar em outro país, não tive assim... comecei a sentir saudades depois de três meses.

Larissa: E você, depois de um mês, sentia que estava adaptada, porque as diferenças culturais existem, não é? Tem pessoas que sentem menos e outras que sentem mais...

Ligia: Então, eu andava em um meio que era só estrangeiro no hotel, e todo mundo tinha uma relação bacana, bem próxima, era uma família.

Hugo: No hotel, era gente do mundo inteiro, era muito variado, um pouco do que é Londres, essa mistura de culturas, condensada em um *hostel* onde todo mundo era jovem, chegando e todo mundo compartilhando esse espírito de aventura, e todo mundo era aberto... era legal.

Nesses primeiros momentos da entrevista senti que esses dois jovens partiram em busca de si mesmos! A peregrinação para o sagrado de cada um. Encontraram-se, na minha opinião, nessa interseção: buscar a própria individualidade, construir a própria singularidade; afastando-se fisicamente para conseguirem, talvez, separar-se da força de fusão do eu familiar. Chamou-me atenção que, nos primeiros cinco minutos, Ligia assinalou o esforço que se fez para entender os códigos diferentes entre as duas culturas, e esse tema permeia toda a entrevista: a atração pelo diferente e o esforço para construir novos significados sem perder a própria singularidade.

Lembrei-me muito de Boszormenyi-Nagy e Bowen, quando pensei no caminho escolhido por Hugo na busca pela diferenciação, a liberdade lutando para balancear as lealdades, o estar no mundo sem as amarras do "Livro Maior de Méritos e Obrigações", que faria a força fusional ao eu-familiar. A busca pelo próprio valor e legitimação do "si-mesmo".

Ligia: Então, mas na verdade eu brincava com ele, então ele veio nesse dia do churrasco me perguntar se eu queria cerveja: "Do you want beer?". E eu "No, I want you!". Aí ele falou assim "Eu não sei se eu quero", e eu disse, "Calma, nem eu, isso acontece..." Falei: "Me dá uma", daí nessas... Aí o primeiro beijo foi no queixo, foi porque ele errou que eu estava meio dançando.

Hugo: Muita cerveja...

Ligia: Daí, depois a gente ficou, e no dia seguinte eu não vi ele, no outro dia a gente se encontrou e ele veio me dizer: "Eu acho que não deu certo, foi muito legal aquela noite, mas eu acho que uma relação...", todo sério, sabe? Aí eu disse "Calma, a gente ficou...", e ele, "É que eu posso levar você para baixo"...alguma coisa assim não era?

Hugo: Era, (risos) eu falei para você.

Ligia: Quem disse? Eu posso te levar para cima, quem disse que você é poderoso assim!? "Calma, vamos vendo...". Tudo isso em inglês, aí eu comecei a convencer ele de aprender português, mas para eles é mais difícil. Aí eu falava para ele falar espanhol que eu falava português, mas ele não entendia, eu fui ensinando ele aos poucos. Aí ele aprendeu, ele tem facilidade, já veio para cá falando um pouco de português, acho que porque tem essa coisa de ser bilíngue, e também a língua tem várias questões na nossa relação. A gente está indo para lá e aí eu tenho que aprender basco, tem uma superpressão e eu fico um pouco.... de saco cheio sabe.

Larissa: Mas você acha chato aprender? A pressão?

Ligia: A obrigação, porque todo mundo fala espanhol, podia ser mais *light*, podia ser uma coisa que eu vou fazendo aos poucos, não sei por que ter tanta cobrança. Tem muita cobrança.

Neste momento da conversa, percebi, nas falas de Ligia, o início das dificuldades para a diferenciação, o ir para lá como morte de sua própria cultura, e assim o medo de perder a identidade cultural e não ser leal à sua própria história: a de alguém que nasceu e cresceu no Brasil e que tem aqui sua família de origem. A dificuldade no movimento de sair da família de origem sem trair as lealdades. Como coloca Bowen, esse movimento faz parte do processo de diferenciação de Ligia e exige um tempo para que possa acontecer. Esse tempo é exatamente o que deseja Ligia e, acredito, ela tem medo de que isto lhe seja negado.

Larissa: E de onde você sente que vem a cobrança?

Hugo: Da minha família, não sei se você conhece alguma coisa de lá.

Larissa: Muito pouco.

Hugo: Então, é um país que pertence à Espanha e à França, culturalmente ele se desenvolveu independentemente da Espanha e da França. Tem um conflito de soberania há muito tempo, e na atual conformação ainda tem, teve 35 anos de ditadura até 1975, em que não se podia falar basco, a cultura foi perseguida; se você falasse basco, ia preso, as escolas que ensinavam basco foram fechadas, os livros queimados... E depois disso existe uma mobilização muito grande da população a favor da cultura basca, da língua. Voltou-se a aprender o basco, as escolas voltaram a ensinar, então se vive ainda essas preferências, digamos na sociedade, os que são mais a favor de uma independência do País Basco e a favor de uma identidade basca própria com língua e cultura basca, e outros, que são a favor da Espanha, de manter a língua espanhola e a cultura, e outros, que gostariam de uma coisa mais *light* para os dois lados...

Ligia: Tem gente que não se relaciona com quem só fala espanhol.

Hugo: E digamos que o meu entorno, minha família, pertence mais a esse lado mais radical basco. E daí eu acho que na hora de colocar as coisas são meio rígidos... não rígidos, mas fica clara a preferência pelo basco.

Ligia: Não sei, sabe, calma eu vou aprender basco, mas calma...

Larissa: Acho que a palavra da Ligia hoje é calma...

Ligia: Não sei, eu preciso de tempo, é difícil...

Neste momento, percebo que o contexto colabora para aumentar os medos do processo de diferenciação de Ligia. Vejo que o lugar para onde ela está indo tem uma história, que neste momento vive a valorização da própria cultura – o que para Ligia talvez signifique uma maior dificuldade, correndo o risco de ser engolida, perdendo assim a sua cultura e não sendo leal à sua família e história e, desta forma, abortando seu caminho para a diferenciação. Senti que os medos são semelhantes ao que aconteceu com a cultura basca durante a ditadura.

Larissa: Bom, eu queria voltar um pouco na história, posso? Eu queria saber o que aconteceu depois, lá atrás, você tinha que voltar pela faculdade e o Hugo veio junto. Foi fácil, Hugo, decidir vir junto?

Hugo: “Eu vou junto” foi fácil, a primeira vez que eu vim foi com uma passagem de três meses.

Ligia: E eu nem convidei ele, depois ele me falou “eu acho que eu vou”. Eu era muito tranquila, não pensava tanto.

Hugo: É, acho que ainda era essa coisa, a vida em Londres é uma coisa, e eu não tinha voltado para vida real, eu estava buscando minha vida, não sabia o que queria fazer, então acho que vir não foi difícil, porque eu não estava pensando em voltar para o País Basco, não pensei, “ah, vou para Londres e depois volto”. Eu pensei “vou para conhecer”, cheguei aqui e fiquei mais viajando, depois a ideia era eu voltar para o País Basco e ela ficar aqui, e vamos ver o que acontece! Eu fui para lá, e depois de uma semana eu pensei “não vou ficar aqui, fazendo o quê?”. “A Ligia está lá, não dá, vou de novo...” Fiquei lá por um mês e já vim para cá mesmo, tentando procurar trabalho. Aí no começo tiveram várias questões, me adaptar a um novo lugar, uma cidade grande como São Paulo, e a loucura, que é muito diferente da minha realidade, uma cidade pequena cercada de montanhas, a natureza, depois o trabalho. Por um lado, eu não sabia o que eu queria fazer da minha vida...

Ao escutar esse trecho da fala de Hugo, me vem à mente a força e o esforço necessários para dar conta dos relacionamentos emocionais não resolvidos com sua família de origem, até conseguir ir...

Penso que esse movimento de ir e vir faz parte do processo de buscar resolver “esses relacionamentos não resolvidos” paralisados na história. A consciência das diferenças e do esforço para criar pontes que permitam a construção de um novo modo de viver, sem trair as origens, sem ser engolido pelo novo ao mesmo tempo que legitima o diferente que aparece, nessa fala de Hugo, assim como havia aparecido anteriormente, na fala de Ligia. Essa batalha foi descrita pelo casal até o final da entrevista.

Ligia: E ele é de uma cidade de 15 mil habitantes!
Hugo: As coisas são a pé ou de bicicleta. A gente vinha de Londres, mas mesmo assim é diferente, a gente acabava vivendo mesmo em uma parte ali, e eu queria trabalhar, mas não sabia o que fazer, eu estudei Biologia, mas não queria fazer isso. Aquela coisa, 18 anos, sem saber o que fazer. Essas eram as dificuldades, e eu estava com visto de turista e não podia trabalhar... comecei a dar aula de espanhol nesses primeiros meses de adaptação, fiquei morando na casa da mãe da Ligia, e daí foi pouco a pouco. Fiquei dois anos aqui e não me adaptava, pensava "não, não dá certo...".
Larissa Mas qual você acha que era sua maior dificuldade em se adaptar?
Hugo: Acho que tudo, não sei definir o fator que mais me dificultava a adaptação, aí depois de dois anos eu voltei para o País Basco.

A volta de Hugo a seu país de origem, País Basco, me faz pensar novamente na busca pela própria história, nas dívidas não pagas (lembrando Boszormenyi-Nagy) e nas despedidas não feitas... Essas reflexões invadem a minha mente quando penso no processo de migrar: a possibilidade de migrar com contas pagas, despedidas feitas para a diferenciação e não migrar como fuga de contas e obrigações a pagar e sem se despedir. Não sei se foi isso que aconteceu com Hugo... mas percebi que ele não estava pronto, as lealdades ainda não lhe permitiam diferenciar-se, e assim a volta...

Ligia: Ele vinha chorando dizendo que não se adaptava, aí eu falei para ele "não tem problema, vamos para o seu país, vou ver a transferência da faculdade", aí peguei todos os papéis, fiz tudo que precisava...
Larissa: E a ideia de vocês era ficar junto aqui ou lá, é isso? Não tinha uma possibilidade de você ficar e ele ir?
Ligia e Hugo: Não.
Hugo: Não, a gente não queria ficar longe.
Ligia: É, um mês, uma semana, já era um sofrimento, a gente é supergrudado. Daí o que aconteceu, eu conversei na PUC, consegui a transferência, a cidade dele é pequena, mas a 20 minutos tem a faculdade. A faculdade lá começaria em outubro, tanto que eu fui para lá sem me organizar, assim, de mudança mesmo. Então eu pensei, "como vai começar em outubro eu volto para o Brasil, faço mais um semestre na PUC, me despeço do Brasil, para não ficar uma coisa assim... e em julho eu venho para a faculdade que começa em outubro". E ele ficou lá.

Aqui entrou uma nova possibilidade: ela migrar e ele ficar no país de origem, uma vez que a única alternativa não existente para esse casal era se separar. Acredito que ainda não estava em jogo o processo de diferenciação de Ligia, o foco era a dificuldade de adaptação de Hugo, e assim Ligia rapidamente se dispôs a ir com ele e fazer o processo de se diferenciar de sua família de origem. E se organizou para realizar seus rituais de despedidas.

Hugo: É, eu fiquei.
Ligia: Nosso recorde de distância, 4 meses.
Larissa: E como foi ficar longe?
Ligia: Ah, foi horrível!

Hugo: Quatro meses foi muito difícil, porque um mês você sabe que está se aproximando, é difícil mesmo. E eu, enquanto estava lá, eu estava no processo contrário, pensando, "Poxa eu passei dois anos no Brasil, em São Paulo, não me adaptei, não gostei... mas... estou aqui não sei o que fazer, estou separado da Ligia, a gente está pensando em viver aqui, mas aqui não tem nenhuma perspectiva, se eu ficar aqui, a gente vai acabar ficando aqui", e daí lá ia ser... o pior dos casos, se você não ganha nada tem uma ajuda considerável do governo, e aí eu entrei num processo de falar "Eu não aproveitei o Brasil, eu acho que me fechei...". E comecei a pensar, a vislumbrar que tipo de trabalho eu gostaria relacionado mais ao terceiro setor, ao social, coisas assim, e aí, pensava "No Brasil é muito melhor do que aqui para fazer isso, então eu tenho que aproveitar!". Fiquei lá com esses pensamentos e acabei falando para Ligia "Estou achando que vou voltar para aí, o que que você acha? Quero trabalhar em ONG, mas daí não dá para ser como turista, a gente vai ter que casar para ir com visto permanente". Aí nós começamos a ver essas coisas... a Ligia foi lá para passar as férias, já que eu voltaria...

Penso que Hugo entra, neste momento, em outra fase do processo de diferenciação e começa a perceber que "não aproveitou" sua experiência no Brasil porque se fechou para ela. Ao voltar para seu país, talvez tenha conseguido saldar algumas dívidas e se sentiu desta vez pronto para fazer suas escolhas profissionais, sentindo talvez que as contas do "Livro Maior de Méritos e Obrigações" (Boszormenyi-Nagy) estivessem mais balanceadas com a sua diferenciação e próprias escolhas.

Será que o fechamento anterior que ele descreve tinha o significado de expressar o medo de ser engolido por outra cultura, perder sua singularidade e trair os ideais de sua família de origem? Será que a volta significou estar mais seguro de sua individualidade, suas lealdades mais equilibradas, podendo abrir-se ao novo sem se perder? Será que nesse movimento havia também embutido o receio de, perto de sua família de origem, não conseguir ser um indivíduo separado, e assim ainda precisar impor a distância física?

Como diz Boszormenyi-Nagy (1991, p. 35, tradução nossa), "I conflititi di interesse tra i bisogni possessivi dei genitori e le esigenze di individualizzazione dei figli durano tutta la vita." (Os conflitos de interesses entre as necessidades possessivas dos pais e as exigências de individualização dos filhos duram a vida toda.)

Ligia: Sabendo que ele ia voltar, teríamos que casar, mas eu não podia casar por causa da bolsa na PUC por ser filha de professor, e, se eu casasse, eu perdia. Aí falei para ele casar com uma amiga que estava indo para Espanha que seria bom para ele e para ela. Aí ele falou: "Não, eu quero casar com você", mas eu disse que era só um papel, e eu convenci!

Hugo: Essa coisa do papel era mais pelo visto, casar para nós é outra coisa, é estar junto.

Ligia: A minha amiga não quis, ficou com medo.

Hugo: É porque lá a polícia vai ver se realmente moram juntos.

Ligia: Falei com a minha mãe para saber como era na PUC, aí a gente pensou que se eu não falasse nada, ninguém ia saber.

Hugo: Mas, depois que a gente decidiu casar, não deu tempo de organizar os documentos antes de Ligia ter que voltar para a PUC, aí decidimos casar por procuração, eu acabei casando com um amigo meu (risadas), foi o primeiro casamento por procuração da cidade...

Larissa: Eu queria fazer uma pergunta, já que foi o primeiro casamento por procuração da sua cidade, eu fiquei pensando nessas idas e vindas... como estava sua família, o que eles pensavam de tudo isso, dos planos de vocês, etc.?

Hugo: Meu pai... Minha mãe já faleceu, então meu pai é a figura. Quando eu fui falar com ele, eu me lembro, então a gente pensou em casar mesmo e tal por causa do visto para o trabalho. Para ele, eu estar no Brasil já era um problema, me dizia: "Ah, mas você lá não está fazendo nada, por que vocês não vêm para cá?". Ele sempre se mostrou muito contrário, que não gostava mesmo.

Larissa: Mas você acha que ele não gostava por você estar longe, por ter saído do seu país?

Hugo: Também, mas também a indefinição do trabalho, ele queria que eu tivesse um bom trabalho, um ano em Londres tudo bem, mas depois ficar aqui... Depois ficou me falando que casamento é mais sério do que isso, casar por um papel, visto. Eu falei "Pai é só um papel porque o amor, que é mais importante, a gente já tem!". Ele foi muito contra. Tanto que o casamento foi meio escondido, não teve festa nada, até porque eu não vivia dessa forma.

Ligia: Lá eles publicam quem se casará, e o Hugo ligou pedindo que não publicassem no jornal...

Hugo: Era mesmo um casamento, mas...

Ligia: É, a gente não estava no clima de casar. Era mais casar para resolver outro problema, que era o do visto.

Hugo: Sei lá, não foi casamento.

Parecia que ele estava quebrando regras de sua família e de sua cultura, caminhando no seu processo de diferenciação. Acredito que ele tenha conseguido se proteger, dentro de seus limites, suas lealdades, fazendo o possível para não fazer de seu casamento uma bandeira de diferenciação, já que seu pai representava naquele momento a força fusional daquele sistema. Percebi que Hugo, naquele momento, estava pagando suas dívidas e, ao mesmo tempo, protegendo seu processo de diferenciação.

Ligia: Então, isso que eu acho complicado, que eu tenho pena dessas histórias... A gente não teve tempo de namoro, mesmo em Londres, eu já fui morar com ele, acho que a gente nunca namorou, e eu tenho pena, porque é superlegal namorar. E outra coisa é de a gente casar mesmo, muito, no sentido de estar junto e superjunto, porque ou está longe, a distância, ou está aqui, e estar aqui significa estar muito junto, "casado". Por exemplo, uma vez eu lembro que a gente brigou e o Hugo não tinha para onde ir, assim sabe...

Larissa: Pelo que eu estou entendendo, você está falando do compromisso com o outro ter que ser feito ou não muito rápido, é isso? E, também, o que fico pensando é que ele deixou tudo para esse compromisso poder ser feito, mas você também, quando aceitou a vinda dele, assumiu junto com ele o compromisso na relação.

Ligia: É isso, mas até que eu sou muito tranquila, ele era mais preocupado com a relação, de pular etapas...

Hugo: E eu me preocupava de tão rápido já estar morando junto, tendo que decidir tudo juntos...

Ligia: E também é porque é ou vai ou racha, porque não tem meio termo. A gente acaba tendo que antecipar um monte de coisas, como o casamento, que seria diferente se fôssemos do mesmo país, e eu acho que perdemos o momento de fazer como queríamos, e o momento de nos sentirmos casados, de querer viver a vida juntos, não foi o momento em que nos casamos, foi depois. E outra coisa que eu acho que tivemos que antecipar um pouco foi ter filhos, nós decidimos ter filho neste momento porque decidimos ir para lá e eu quero ter meu primeiro filho aqui, até as datas para poder ir de avião... foram programadas para ser possível ter o bebê aqui. Ficam muitas questões em função desta questão da distância! Além disso, a gente nunca vai ser totalmente completo lá e nunca aqui. A gente sente falta da cultura, da família... Nunca seremos completos! O Hugo agora tem trabalhado com dança brasileira, e com essa ideia de levar um pouco... de ter lá um pouco do Brasil. Agora tem uma amiga minha que começou a namorar um amigo dele, eu fico fazendo a maior propaganda para ver se assim consigo levar também alguns amigos.

A percepção de Ligia de que nunca serão completos já que um deles estará sempre longe da própria cultura e da família de origem me tocou profundamente... fiquei pensando na capacidade que um casal que faz essa escolha tem de ter para o acolhimento, já que salta muitas fases, e tem de fazer escolhas importantes e rápidas. Relendo esse trecho, penso rápido em uma pergunta, será que na lealdade horizontal de Hugo e Ligia e assim no "Livro de Contabilidade de Méritos e Obrigações" desse casal estão gravadas e pesadas essas decisões?

Outra reflexão que fiz, relendo esse trecho, foi a contabilidade sendo feita de perdas e ganhos e o medo expresso por Ligia de perder a própria história, quando diz que queria levar também alguns amigos.

Larissa: E essa decisão de voltar agora para lá, de onde veio? Porque depois de todas as idas e vindas vocês casaram para você poder vir...

Hugo: É, eu voltei há 5 anos, comecei a procurar trabalho e comecei a me envolver em trabalhos interessantes e digamos que criei um universo meu, que antes eu não tinha, dependia mais da rede da Ligia. Foi a primeira vez que eu senti que estava construindo algo, fazendo algo de que eu realmente gostava.

Ligia: Mas eu não lembro como decidimos ir para lá, eu lembro que eu queria mais do que você. Porque eu não acho São Paulo uma cidade legal para criar seus filhos, viver a vida toda, e também ir para o interior aqui você não tem a infraestrutura de uma cidade grande, e lá tem maior liberdade para crescer, tem tudo perto.

Hugo: É, a gente já tinha essa vontade, mas não era para agora... a Ligia queria ir logo, dizia. "Ah, já que decidimos, vamos...".

Ligia: É, eu pensava muito em criar vínculos, criar uma história, então, quanto antes melhor. E lá na minha profissão é difícil, porque eu ainda não falo o basco para trabalhar na educação, sou psicopedagoga... Eu teria que desenvolver outras coisas, era uma questão profissional. Mas aí em agosto, quando fomos, apesar de eu estar animada, fiquei muito mais crítica.

Neste momento da entrevista, tive a nítida sensação do movimento pendular de sim e não que estava sendo feito para se criar uma história que fosse possível. Abrir as portas para o novo, fechá-las correndo com medo... Abri-las e fechá-las como parte do caminho em direção às escolhas individuais. Esse casal busca construir uma relação em que haja lugar para cada um, com suas diferenças, e ao mesmo tempo se possa criar o "terceiro mundo", que seria feito a partir dessas experiências diferentes, que não é simplesmente a soma delas, mas as transformações que o encontro gerou nos mundos individuais. Percebi que estavam negociando essas possibilidades com toda esperança e medo que esse movimento gera.

Hugo: É que dessa vez nós fomos, você já estava grávida e olhou aquele país e aquela cidade com os olhos de quem vai se mudar para lá, e assim acho que um pouco mais crítica.
Ligia: Mas tem essa coisa de ser mais livre em outro país também, eu acho que como eu sou brasileira, você pode se reinventar... E algumas coisas podem ser descontadas na cultura diferente... E você se sente diferente, ou melhor, diferenciada, e eu acho que eu gosto disso. Mas eu senti muito a pressão da família, eles são muito formais, e eu tenho dificuldade...

As dificuldades de se adaptar a uma nova cultura, as perdas e ganhos: a negociação em andamento.

Hugo: É, e o contato foi intenso dessa última vez, grávida a família toda perguntou tudo e também o nome do bebê. "O que vocês vão fazer?"
Ligia: Eles tinham mandado uma lista para o nome do bebê, e eu queria na verdade que fosse um nome parecido com basco, porque eu queria que ele tivesse essa diferença, entendeu? Ele não é basco, ele é basco-brasileiro e aí como vai morar lá, eu tenho que reforçar a parte brasileira. E tem muitos nomes que não dá, porque para nós brasileiros a pronúncia é difícil, então tem que ser um nome que dê aqui e lá. Mesmo esse nome que eu gosto Ibai, que tem um significado bonito que é rio, é supercomum, vão ter milhões de Ibais lá... Mas o problema é que os nomes brasileiros são parecidos com os espanhóis. Nós pensamos em nomes indígenas, que são parecidos com os nomes bascos, mas são nomes brasileiros.

Essa parte da entrevista me chamou muito a atenção, principalmente ao reler esse trecho. Pensando em Boszormenyi-Nagy, acredito que no momento da escolha do nome do bebê ficam claras as lutas para ser leal e, ao mesmo tempo, manter a diferenciação. O nome brasileiro seria desleal à família de Hugo e leal à família de Ligia. O nome basco, além de aumentar o medo de Ligia de ser engolida por esta cultura, seria também desleal à sua história e família de origem. A dura batalha para manter a lealdade à família de origem, para a diferenciação do "si-mesmo" e para fortalecimento da lealdade horizontal.

Ligia: E sabe que desta vez eu me senti bastante imigrante...
Larissa: E o que é se sentir imigrante?
Hugo: Ah, é se sentir diferente...
Ligia: Acho que eu fiquei mais preocupada com essa coisa do trabalho, por conta da língua, por conta de ter algumas dificuldades, mas eu acho que tem vantagens também, nessa área que eu estou querendo trabalhar que é com imigrantes, eu vou ter experiência vivida mesmo!
Larissa: E, deixa eu perguntar uma outra coisa para você, Hugo, você me contou que sua família é mais da vertente radical basca, digamos, e eu fiquei com vontade de perguntar uma coisa: como foi para sua família você ter escolhido para ser sua mulher uma brasileira, e com isso quero dizer alguém de fora?
Hugo: Não, isso eu acho que não tem problema, ser estrangeira não causa nenhum problema na minha família, porque em outras causaria!
Ligia: É, mas teve gente que falou "Ah eu nunca me casaria com uma estrangeira...".
Hugo: Não, isso não é um problema, o problema seria de não morar lá.
Larissa: Qual era a expectativa para você, que você ficaria um ano em Londres e viajaria, mas faria sua vida lá?
Hugo: Ah, sim, faria minha vida lá.
Larissa: E você, achou que iria seguir essa expectativa, porque agora vocês estão mudando para lá...

Hugo: Eu não sabia.
Larissa: Foi fácil largar as expectativas da família?
Hugo: Ah, a que mais pesava era a do meu pai, era a figura a qual estaria contrariando; minha irmã, meu irmão, não, eles me apoiavam.
Larissa: Seu pai casou de novo?
Hugo: Não, ele tem uma namorada, então é... Com o meu pai eu tive uma relação muito difícil quando eu estava fazendo Biologia, e como eu não sabia muito o que fazer, meu pai ficava insistindo "continua, termina. E depois, se você terminar, eu apoio você para ir viajar...". Eu, quando saí de lá, estava meio saturado desse conflito, que não necessariamente estava ligado ao lugar, mas eu precisava sair de lá para poder buscar alguma coisa. Naquele momento, eu não via minha vida ligada ao País Basco, então não foi difícil contrariar as expectativas, porque eu não via mesmo minha vida lá. E também eu não pensava muito nessa coisa de fazer minha vida em algum lugar, era mais por enquanto e o que fazer, o onde era e sempre foi secundário.

Ainda neste trecho, Hugo voltou a falar da busca pela sua diferenciação e das forças fusionais em sua família e seu país. Percebi que, como cumpriu sua obrigação em relação à sua família (se formar na faculdade), foi autorizado a passar um ano em Londres, buscando a si mesmo.

Larissa: Seus irmãos, o que fazem, onde estão?
Hugo: Meu irmão faleceu... ano passado, em um acidente de trabalho... ele tirava umas fotos de um simulador e caiu num fio de alta tensão...

Larissa: Sinto muito.
Ligia: Era o irmão mais novo.
Larissa: Os planos de ir para o País Basco é anterior ou posterior à morte do seu irmão caçula?
Hugo: É anterior.
Ligia: A gente sempre teve esse plano, mas foi o que concretizou, tanto que você dizia "Ah, estou sentindo que eu tenho que estar com a minha família...". Sua irmã te pedia sempre "Vem logo, vem logo". Quando o irmão faleceu, nós fomos para lá e também prometemos ter o bebê e ir para lá... também criamos uma coisa assim!
Hugo: É, mas para você ver como os planos já existiam, quando voltamos lá, nós fomos com a ideia de comprar uma casa. Então já estava concretizado, mas a ideia era alugar por um tempo... daí, com o meu irmão morrendo, agilizou todo o processo.
Ligia: Das expectativas, a expectativa da sua irmã superaumentou... e eu acho que tem uma expectativa que quando estamos aqui é mais *light*, quando chegar lá, eu acho que aumenta!

Tive uma grande surpresa ao saber da morte do irmão caçula de Hugo, em seguida fiz uma pergunta muito direta, e fui entendendo aos poucos a resposta. Com a morte do irmão e seu processo de diferenciação caminhando, será que a volta, que me pareceu apressada pela morte, faz parte das contas familiares que Hugo tem a saldar? Entre méritos e obrigações, a família basca reivindica a volta de seu filho e de seu neto para a terra basca?

Hugo continuará seu caminho de individuação conseguindo proteger suas decisões e diferenças de uma família construída em duas culturas? Este casal conseguirá proteger a construção do "terceiro mundo" deles, com respeito às duas culturas?

Larissa: Vocês não acham que agora é um outro momento bem diferente de quando o Hugo fazia Biologia? Então eu penso que as expectativas existem, mas a nossa relação com elas, o peso que damos para essas expectativas mudam não é?

Hugo: Com certeza, é mais tranquilo, estou mais seguro.

Ligia: O que pesa para mim de expectativa é a de aprender basco rápido... senão...

Hugo: Não é aprender rápido... é aprender.

Ligia: Senão não vão querer falar comigo, não sei.

Larissa: E a sua família, Ligia, como encarou todos esses planos?

Ligia: A minha família é bem tranquila, minha mãe inventa de fazer o pós-doutorado lá, e diz sempre alguma coisa... Eu vou até ver e ela também, porque a gente é bem unida, falo sempre com ela, ela está sempre aqui, final de semana estamos juntos.

Ligia trouxe neste momento o medo da separação da mãe, e me pareceram muito ligadas. Esse medo me pareceu tão grande que Ligia o camuflou com remotas possibilidades de a mãe ir para lá. A força fusional é intensa nessa relação, e talvez, como diz Boszormenyi-Nagy, a lealdade de Ligia em relação à sua mãe esteja, neste momento de dor pela separação, "congelada".

Larissa: E seu pai?

Ligia: Ah, meu pai é mais fechadão, ele não fala... Eu não tenho também uma relação tão íntima, mas ele apoia, tirou até o passaporte português e falou que vai lá.

Hugo: É, ele apoia sim.

Larissa: Fora o trabalho, qual é seu maior medo? Você me contou uma coisa superbacana, você disse que uma vez você e o Hugo brigaram e ele não tinha para onde ir, e lá você tem para onde fugir?

Ligia: É, não, mas essa vez ele que queria sair, porque não sabia o que queria, aí foi para casa da amiga e eu dizia para ele "Ah, tudo bem, eu te ajudo a alugar uma casa se você quiser continuar no Brasil e tal...". Eu fazia bem a "tranquila", aí no dia seguinte ele me ligou pedindo para eu ir buscá-lo e fui, aí me disse que me amava e queria ficar comigo...

Hugo: Acho que eu aprendi a conviver com a dúvida, que antes eu não conseguia, tinha que ter certeza absoluta de tudo, do trabalho, da relação... Ficava buscando o ideal no trabalho, na relação, e acho que a dúvida faz parte. E, qualquer coisa que acontecia, eu ficava muito na dúvida.

Ligia: É, mas isso passou, faz muito tempo que você não tem isso.

Hugo: É, faz tempo, acho que não vou mais ter essa aflição.

Larissa: Olha, eu fiquei pensando em uma coisa com a história que vocês me disseram, que a Ligia, dessa última vez que foi para lá, foi usando lente de aumento, vendo tudo que ela não gostava. E eu fiquei pensando, Ligia, que essa seria a primeira vez que você ficaria com a parte de sair do seu país para fazer a vida em outro, de ser imigrante, e fiquei pensando na possibilidade de você ter ido com lente de aumento procurando o que não gostava, o que você acha, pode ser?

Ligia: Acho que foi isso, eu amplifiquei... Mas eu fico querendo cobrar do pai do Hugo que me proteja e que tudo seja perfeito, porque, eu fico pensando, sabe, que a gente está indo para lá, então ele tem que retribuir isso, sou muito mais rígida com eles na cobrança. Porque não é fácil, eu vou estar lá sem sogra, sem mãe, o bebê não vai ter babá, tem que me ajudar. E o pai do Hugo tem aquela coisa europeia, ele acha que nós temos que ser independentes, então ele diz que não vai ajudar, e eu fico louca... ou mesmo a avó do Hugo, eu perguntei "Ah mas a senhora não ajudava a mãe dele quando teve as crianças?". Tem que ajudar. Achei o cúmulo, é lógico que ele vai ajudar, eu sei, mas ele diz que a educação são os pais que têm que dar. Eu sei disso, ele fala como se eu estivesse pedindo para ele se responsabilizar pela criança e não é isso. Então eu acho que eu cobro mesmo dele, e da irmã também.

Lembrando-me mais uma vez de Boszormenyi-Nagy, penso que Ligia nos está contando dos créditos, que está colocando no "Livro de Méritos e Obrigações" na relação com a família de Hugo. Penso também que a questão ética relacional é trazida claramente: "Nella accezione che intendo proporre il termino 'ético' non ha a che vedere con una specifica prioritá morale o con criteri per valutare quello che é giusto o sbagliato, ma si riferisce invece al bilanciamento delle lealtá che si verifica nei rapporti interpersonali" (Boszormenyi-Nagy, 1991, p. 51). (A dimensão que desejo propor para o termo "ético" não tem a ver com uma determinada prioridade moral, ou com critérios para se avaliar o certo ou o errado, mas refere-se ao balanceamento das lealdades que ocorrem nas relações interpessoais.)

Assim, Ligia está em negociações para a construção da nova ética relacional entre ela, sua nova família com Hugo e o bebê e a família do marido.

Ligia: Eu fico achando que a família dele tem uma dívida comigo. Eu sinto que se eu vou estar lá, vou deixar minha família, para eles serem minha família, então eles têm que ajudar muito, ser muito legais... Eu acho que vai ser difícil, mas quero parar com essa cobrança, porque senão eu fico vendo só o lado negro das pessoas!

Larissa: E essa é a escolha que você está fazendo nesse momento, de deixar a convivência diária com sua família... Então acho legal a gente pensar o que te faz fazer essa escolha de ir?

Ligia: Eu tenho vontade de vivenciar esse mundo diferente, de entrar nessa cultura... Mas em relação à minha mãe, que é a pessoa de quem eu mais vou sentir falta, eu fico meio iludida inventando uma história que ela vai para lá, e também se ela for, eu nem sei se seria legal, porque lá ela seria dependente de nós... Seria diferente da minha mãe aqui. Então não vai existir o que eu penso, é uma ilusão, uma coisa para não falar como vai ser, que é a distância.

Neste momento aparecem as negociações que Ligia está fazendo para se separar de sua mãe, na construção de narrativas que aplacam um pouco a dor da separação. Como diz Bowen, em momentos críticos do ciclo vital, as forças fusionais podem aparecer mais intensamente. Nascimentos, mortes, separações, saída dos filhos de casa fazem parte desses momentos especiais, em que as forças de individuação precisam trabalhar muito para não serem engolidas pelas forças de fusão. Ligia está nos descrevendo esse caminho de sair de perto da mãe, transformar-se em mãe longe da mãe, e do medo de sua mãe virar sua filha, entre outros sentimentos.

Larissa: E seus irmãos, o que pensaram de tudo isso, o mais velho e o mais novo?

Ligia: Eu tenho uma relação superdistante com eles, então não falaram nada, que nem meu pai, minha mãe fala que eu vou morrer de saudades.

Hugo: Ela fala "Não vou... aqui é bem melhor...".

Larissa: E outra coisa que eu fiquei curiosa, na família maior de vocês existe algum outro casamento intercultural?

Ligia: Não, ninguém, a única coisa é que a moça que fica com a avó do Hugo é da Guatemala, e aí tem a maior discussão porque eles falam que ela só come frango com arroz, e eu falei "Gente, deixa ela...". Não, sabe, tem que comer a comida basca, eu vou comer arroz com feijão.

Penso que neste momento Ligia traz a batalha para manter a diferença, o respeito às suas lealdades.

Hugo: Eles falam da boca para fora, mas não têm mais ninguém...
Ligia: É, o Hugo adora comida brasileira, aí eu quero ver, em casa só vai ter comida brasileira...
Larissa: Será que você não poderia fazer um pouco de cada uma?
Ligia: Não, aí já pensou eles desprezarem, eu faço as duas, e todos comem só a basca, e deixam lá a brasileira, não, só vou fazer comida brasileira. Igual a cachaça, ninguém quis tomar, aí eu falei "é melhor não tomar mesmo porque é muito forte, é coisa para homem mesmo". Eu sou bem chata!
Larissa: Me passou pela cabeça que a integração País Basco e Brasil tem uma representação concreta no bebê de vocês, vocês não acham? Terá mãe brasileira e pai basco, mais evidente do que isso, impossível!

Neste momento senti uma grande dúvida no casal, e uma pergunta que me passou pela cabeça ao reler a entrevista: Como construir o pertencimento e a unidade bicultural? Como se não fosse possível, como se devessem escolher ou uma ou outra, e na briga das lealdades nenhuma pode "vencer". Será que conseguirão construir o "terceiro mundo"?

Hugo: É, com certeza.
Ligia: É, e aí eu vou poder dizer que é o Ibai que gosta de arroz com feijão...
Larissa: Acho que o que você está me dizendo, Ligia, é que tem um processo de integração dessas duas culturas que vocês terão que fazer e com bastante trabalho!
Ligia: É, sabemos.
Larissa: E acho que chegamos a uma pergunta que é a base desse trabalho, é inclusive o título... Vocês pensam que estão fazendo essas escolhas baseados num desejo próprio de seguir o próprio caminho, ou estão, "sem querer querendo", seguindo um destino que já estaria um pedaço traçado através das expectativas, lealdades, etc.?
Hugo: Eu, ao contrário, eu estou quebrando as expectativas, estou fazendo meu próprio caminho.
Ligia: Até porque lá eles têm uma coisa com sobrenome, eles guardam todos os sobrenomes, ele tem oito, que traz a origem superbasca e há muito tempo.
Hugo: Não sei, porque tem muita mistura, o povo basco conta a história com o olhar basco, mas muitas vezes tem informações que em algum momento são interesseiras na cultura nacionalista. Essa coisa do sobrenome é uma, o nacionalismo nasceu no final do séc. IX, e uma das características que fazia você ser basco era ter sobrenome basco, então começou a coisa de guardar sobrenome, para provar que seus sobrenomes são bascos. Só que a mistura no País Basco, tanto de forma pacífica quanto bélica, aconteceu, e o povo basco teve relação com os europeus 3 mil anos antes de Cristo, depois com os romanos, com os árabes, com os francos... Claro que teve gente que não se misturou por questões geográficas, e por outras como, por exemplo, a maior concentração de sangue O negativo no mundo é no País Basco. Então a negatividade do fator RH fez com que muitos cruzamentos (soldados que estupravam as mulheres bascas) não

dessem certo por incompatibilidade sanguínea, o que não possibilitava a gestação. Mas, quando nasce o nacionalismo, tudo isso se esconde e começa o discurso da raça pura, da linhagem, essa coisa de casar com basco, manter a tradição basca. E eu nasci em uma época pós-ditadura, quando o nacionalismo voltou, com menos força é claro porque é ridículo falar de raça pura e linhagem por sobrenomes... mas a coisa do casamento ainda existe, não muito verbalizada, mas é assim...

Acredito ser simbólico a maior concentração de sangue O negativo mundial estar lá. Pensei que historicamente é uma nação pronta a se defender "naturalmente" contra as misturas e o diferente. Hugo trouxe um significado diferente, dizendo que as misturas aconteceram ao longo da história e que a noção de ser totalmente basco não existe.

Ligia: E tem uma coisa que eu acho, eles não se interessam por outras culturas, nem pela minha, claro. É muito diferente daqui, porque a gente se interessa... É e não é a comparação porque não tem a competição, não é que uma cultura é melhor do que a outra, são diferentes, mas eu sinto neles a competição.

Larissa: Eu acredito que essas coisas são um processo, Ligia, penso que a família e os entornos do Hugo vão se acostumando com as coisas ao longo do processo de vocês, ao estarem construindo uma história diferente para essa cultura, uma família intercultural... Que línguas vocês vão falar com o filho de vocês?

Ligia: Eu vou falar português!

Hugo: Eu, basco.

Relendo a entrevista, pensei que neste momento ficam claras as lealdades de cada um em relação à própria história, lealdades essas não negociáveis, pois estão profundamente ligadas à identidade de cada um dos cônjuges.

Ligia: E ele vai aprender espanhol na escola, ele vai ser trilíngue. Mas eu acho que com o tempo eles vão gostar um pouco do Brasil, por ter alguém da família deles que é brasileira.

Hugo: É, eu acredito que com o tempo as coisas mudam, mesmo meu pai, no começo em relação a você e agora é superdiferente.

Ligia: É mesmo, ele é muito mais próximo, conversa comigo, mesmo quando liga aqui.... E minha mãe é quase nacionalista basca de tanto que ela gostou de lá.

Larissa: Outra coisa que me passou pela cabeça, Ligia, era te perguntar se você acha que aceitar ir para lá é porque você deve isso ao Hugo já que ele ficou aqui 7 anos?

Ligia: Não, com ele eu sou boazinha, eu acho que a família dele me deve, como eu te disse. Acho que dele eu espero que me ajude com minhas dificuldades na adaptação.

Hugo: Mas ela te perguntou se você sente que está devendo a mim, e assim aceitou de ir...

Ligia: Não, eu acho que eles me devem (risadas), não, eu vou, eu quero, eu posso ceder, e eu gosto dessa aventura de ir. Ah, eu estava lembrando que meus avós eram todos portugueses, os pais do meu pai se casaram no Brasil, mas eram os dois portugueses, e na família da minha mãe tem mistura, mas muito longe, eu não sei...

Larissa: Que interessante! Entendi. Agora mais uma pergunta, quem vocês acham que mais gostou dessa escolha de vocês estarem juntos e fazer essa mudança?

Ligia: Ah... difícil, meu pai gostou muito, já minha mãe é apaixonada pelo Hugo; então, Deus no céu e Hugo na terra. Então acho que é mais importante para ela, que eu esteja com ele.

Hugo: É, de ir para lá, sua mãe foi a que menos gostou...

Ligia: É mesmo!

Larissa: E da sua família, Hugo?

Hugo: Eu acho que, quando eu vim, ninguém da minha família gostou... Ah seu pai, Li, acha que na Europa a vida é melhor!

Ligia: É mesmo, ele acha que tem mais oportunidade.

Hugo: É, e também seu irmão que quer ir estudar em Barcelona também está adorando...

Larissa: Você acha que foi você quem começou com essa coisa de viajar, ver outras culturas?

Ligia: Não, porque meu irmão mais novo morou nos EUA com 16 anos, e depois eu fui para Londres, então acho que ele foi o desbravador. E outra coisa que eu penso que eu não gosto, é esse peso de "Ah, agora a gente está indo para ficar para sempre"... Não gosto, eu fico querendo depois morar um tempo em Londres, e o Hugo não quer mais...

Hugo: Eu levo a sério as coisas, a gente está indo agora para lá e você já está pensando em morar em Londres, calma... O tempo vai passar um segundo após o outro...

Ligia: É, eu sei, é que eu gosto de viver o futuro, mas eu sei...

Ligia: Sabe que eu vejo a minha escolha de ir, eu acho que foi superamadurecimento quando eu fui para Londres, me senti muito Ligia, e por isso eu tenho essa vontade de ir, você se sente mais você, maior liberdade.

Hugo: É a sensação de ser mais livre, eu me senti mais livre aqui, experimentei coisas que eu não faria lá. Mas agora eu já posso voltar, foi um processo longo, mas já posso voltar.

Novamente vi que apareceram as forças fusionais (como diz Bowen) na batalha contra a diferenciação, a separação física como uma possibilidade de busca em direção aos próprios caminhos e ao "si-mesmo". O momento do processo em que os contornos da individualidade vão surgindo dando mais força ao próprio existir.

Ligia: É engraçada essa pressão que eu sinto da família dele; eu não estou indo como eu fui para Londres que faria qualquer coisa, eu não estava preocupada com trabalho, nada...

Larissa: Mas eu penso que é totalmente diferente mesmo de quando você foi para Londres...

Hugo: E eu acho que você está preocupada em como vão te receber e aceitar, as pessoas, o lugar, como vão te receber e aceitar, então você coloca algumas questões que podem fazer você não ser aceita, e a língua seria uma delas.

Realmente acredito que a diferenciação seja um processo com momentos mais fusionais e outros de maior singularidade. Penso que neste momento, uma outra vez, aparece a batalha entre o pertencimento e a diferenciação, as obrigações e os méritos inerentes a todas as relações.

Larissa: Te ouvindo, Ligia, eu fico pensando que essa é uma pergunta que você faz o tempo todo: "Eles vão me ajudar com o que eu preciso? Eles vão me aceitar mesmo com as dificuldades que eu vou ter?".

Ligia: É, eu fico querendo que eles fiquem sendo iguais à minha mãe, não sei por quê, então essa coisa da lealdade que você estava falando...

Hugo: É ser leal a algo.

Ligia: Acho que na parte cultural a gente fica sendo leal à cultura de origem...

Hugo: É, eu acho que você vive de acordo com a cultura em que você cresceu, você vê o mundo a partir de você... Acho em termos de lealdades só se forem invisíveis, a lealdade... de você ser a partir da cultura em que você nasceu e com o tempo você vai fazendo essa mistura, que não é consciente... Eu já sou diferente do Hugo que veio para cá tanto tempo atrás, tive tempo de fazer a mistura...

Penso que Hugo, nesta última frase, trouxe a noção da sua diferenciação e individuação, a ideia de um novo "si-mesmo", ou ainda da apropriação de seu próprio valor. Hugo trouxe, neste momento, a possibilidade da mistura intercultural, trazendo sua história. A separação para a aproximação, a distância como possibilidade de união.

Ligia: É, eu me sinto muito adolescente com a família do Hugo.

Fiquei muito surpresa com a fala de Ligia, pois, no momento em que pensava exatamente sobre isso, ela estava trazendo em seu discurso a noção da diferenciação na adolescência, em que é sempre uma briga para crescer e existe a grande dificuldade de traçar o contorno de si mesmo.

Larissa: Ligia, te ouvindo, eu fico com a impressão de que você tem grande medo de ter a sua cultura engolida pela cultura basca, então você fica lutando o tempo todo para não deixar isso acontecer.

Ligia: Sim, mas além disso acho que tem uma coisa que aconteceu também com o Hugo, que ele nunca se interessou tanto pela cultura basca quanto depois que ele veio para cá, e acho que isso acontecerá comigo também.

Larissa: Ah, eu acredito que isso é uma característica própria da migração, se agarrar à cultura para não perder um pedaço da identidade, acho que é resultado do medo de ter um pedaço da própria identidade apagada...

Hugo: Eu estou voltando diferente... vendo as coisas muito diferentes... já estou misturado.

Larissa: Bom, eu queria agradecer muito a vocês dois, adorei nossa conversa! Me ajudou muito. Estamos juntos a quase três horas. Desejo a vocês muita sorte, paciência e lembrem-se CALMA. Posso dar esse nome para a entrevista de vocês?

Hugo e Ligia: Pode claro, foi muito agradável!

Larissa: Podemos nos despedir, ou querem me contar mais alguma coisa?

Hugo: Foi ótimo! Pensamos muitas coisas importantes. Nos ajudou muito!

Ligia: Foi muito agradável mesmo!

Parecia que o casal e eu poderíamos conversar muitas horas ainda. Não queríamos terminar aquele encontro com tantas reflexões.

ALGUNS PENSAMENTOS FINAIS

> Não casarmos antes com nós mesmos.
> Conjugar o
> Verbo amar exige extremamente complexa de, ao legitimar-se na própria singularidade, legitimar a existência do outro.
>
> (Colombo, 2006, p. 35)

A formação de um casal intercultural pode despertar muitas questões. Destaquei neste trabalho as que foram acordadas em mim, iluminando assim os conceitos de processo de diferenciação do eu, projeção familiar e transmissão transgeracional, estudados por Bowen (1991), e justiça relacional, lealdades invisíveis, ética relacional, legitimidade construtiva e destrutiva e pesquisados por Boszormenyi-Nagy (1991).

Esses autores e suas propostas me auxiliaram a focar o tema deste trabalho.

Minha pergunta central é: Destino ou Escolha? O que predomina na formação de um casal intercultural? Será que o que denominamos como escolha realmente o é, ou faz parte de um *script* já escrito há muitas gerações na família de origem? Ao entrevistar Hugo e Ligia, pude refletir sobre essa questão e, durante a análise da entrevista, percebi que nossas reflexões giravam em torno da batalha da individuação frente às lealdades e dívidas a pagar à família de origem.

Senti que, na formação desse casal intercultural, a batalha entre as lealdades e a individuação esteve verdadeiramente presente. Acredito que essa intensidade é decorrente do fato de que, para este casal ficar junto, é necessário um deles abrir mão de seu país de origem, de sua família na vida cotidiana e de sua rede social. Não podemos menosprezar o fato de que, no caso do casal entrevistado, este é o segundo momento de transformação, uma vez que o primeiro movimento foi a migração feita por Hugo e agora será a vez de Ligia. Pareceu-me que o fato de Hugo já ter passado pelo processo de migrar faz com que o esforço de Ligia seja mais bem compreendido por eles, e, assim, mais cuidado. Além disso, acredito também que há a possibilidade de as contas estarem mais balanceadas no "Livro Maior de Obrigações e Méritos" (Boszormenyi- Nagy, 1991), referentes às relações de lealdade horizontal, exatamente por esse movimento pendular.

O casal trouxe, em todos os momentos, as diferenças entre os dois mundos e as duas culturas e também o desejo de estar junto. Como a individuação é um processo, acredito que o movimento pendular do sim e não que aparece várias vezes na entrevista ou até mesmo as "brigas" com as famílias fazem parte do caminho que está sendo percorrido em direção à construção de um novo modo de viver, sem trair as origens e sem ser engolido pelo novo, ao mesmo tempo em que legitima o diferente, onde cada um poderá respeitar suas lealdades sem ameaçar seu processo de diferenciação e a formação do casal. Como diz Boszormenyi-Nagy, a possibilidade de se diferenciar está apoiada no equilíbrio entre obrigações, lealdades e méritos.

Esse casal busca, na minha percepção, construir uma relação em que haja lugar para cada um, com suas diferenças, e ao mesmo tempo a possibilidade de criação, segundo minha metáfora, de um "terceiro mundo" que seria feito a partir dessas experiências e que não é simplesmente a soma delas, mas as transformações que o encontro gerou nos mundos individuais. Parece-me que estão negociando essas possibilidades com toda esperança e medo que esse momento gera.

Outro ponto que permeia o discurso do casal é a negociação quanto à ética relacional, conceito utilizado por mim da mesma forma que Boszormenyi-Nagy (1991), não como uma dimensão moral do certo e do errado, mas como um balanceamento das lealdades na relação.

Acredito que a construção do "terceiro mundo" signifique uma tentativa construtiva de equilíbrio nessa dimensão tão significativa que é a construção da confiança, solidariedade e legitimidade no vínculo amoroso.

Penso como Bowen que, em determinados momentos do ciclo vital, as forças fusionais podem aparecer mais intensamente, e que as forças para a individuação precisam trabalhar muito para não serem engolidas. E, como Boszormenyi-Nagy, quando diz que qualquer movimento em direção à diferenciação e emancipação desperta questões muito profundas, acredito que Hugo e Ligia estão fazendo as negociações para a construção de uma relação ética intensa e equilibrada, onde caibam as duas individualidades, e que os ajude a atravessar seus processos de diferenciação, formando uma nova família, "o terceiro mundo".

Pensando na minha pergunta da formação de um casal intercultural ser escolha ou destino, acredito que seja ambos – a possibilidade de escolher o diferente para se diferenciar e lutar contra uma força fusional, e o destino de ter que lutar tanto, já que a intensidade da batalha também vem há gerações. Observei que Hugo e Ligia enfrentam com coragem essa luta entre fusão e diferenciação das forças familiares originais.

Gostaria que nossa conversa sobre suas histórias de encontro e diferenças tenha proporcionado a possibilidade de repensar o sentido da vida que estão construindo, ao mesmo tempo em que também iluminaram minhas reflexões sobre minhas escolhas. Narrar e renarrar a própria história gera um espaço de reflexão e assim construções de novos significados. Espero que nossa entrevista tenha ampliado as narrativas e construído novos significados para a experiência que nós três estamos vivendo: a de construir o "terceiro mundo" mantendo as contas equilibradas.

Para finalizar, dedico este trabalho aos tesouros que foram dados a mim por meus pais e outras gerações que me precederam, e ainda, lembrar que:

> É apenas a história... que poupa nossos descendentes de esbarrarem como mendigos cegos, nas estacas da cerca de cactos.
>
> Chinua Achebe
> (citado por Divakarumi, 1999)

REFERÊNCIAS

ANDERSEN, T. *El equipo reflexivo*: diálogos sobre los diálogos. Barcelona: Gedisa, 1994.

ANDOLFI, M. *Por trás da máscara familiar*. Porto Alegre: Artes Médicas, 1984.

BOSZORMENYI-NAGY, I. et al. *Lealtades invisibles*. Buenos Aires: Amorrortu, 1983.

BOSZORMENYI-NAGY, I. et al. Intervista a Ivan Boszormenyi-Nagy a cura di Wilma Transsarti Sponti. *Revista di Psicoterapia Relazionale*: attraverso lo specchio, Roma, v. 29, n. 9, 1991a.

BOSZORMENYI-NAGY, I. et al. La terapia contestuale e l'unità delle terapie. *Revista di Psicoterapia Relazionale*: attraverso lo specchio, Roma, v. 29, n. 9, 1991b.

BOWEN, M. *De la família al individuo*: la diferenciación del si mismo en el sistema familiar. Barcelona: Paidós, 1991.

CECCHIN, G.; BARBETTA, P.; TOFFANETTI, D. Quem foi mesmo Von Foerster? *Nova Perspectiva Sistêmica*, Rio de Janeiro, v. 14, n. 26, nov. 2006.

COLOMBO, S. F. Em busca do Sagrado. In: CRUZ, H. M. (Org.). *Papai, mamãe, você e eu?* São Paulo: Casa do Psicólogo, 2000.

COLOMBO, S. F. Gritos e sussurros: trabalhando com casais. In: COLOMBO, S. F. (Org.). *Gritos e Sussurros*: interseções e ressonâncias. São Paulo: Vetor, 2006.

DIVAKARUMI, C. *Irmã do meu coração*. São Paulo: Objetiva, 1999.

DUCOMMUN-NAGY, C. A terapia contextual. In: ELKAÏM, M. *Panorama das terapias familiares*. São Paulo: Summus, 1998.

ELKAÏM, M. *Si me amas no me ames*: psicoterapia con enfoque sistemico. Barcelona: Gedisa, 1988.

GALINA, R. L. *A dança trigeracional*: uma leitura facilitadora. São Paulo: Vetor, 2007.

GERGEN, K.; MACNAMEE, S. *Terapia familiar como construção social*. Porto Alegre: Artes Médicas, 1998.

GRANDESSO, M. *Sobre a reconstrução do significado*: uma análise epistemológica e hermenêutica da prática clínica. São Paulo: Casa do Psicólogo, 2000.

LEIFERT, M. G. M. Ser imigrante: caminho para a construção de uma nova realidade. In: GRANDESSO, M. *Terapia e justiça social*: respostas éticas a questões de dor em terapia. São Paulo: APTF, 2001.

MATURANA, H. R.; VERDEN-ZÖLLER, G. *Amar e brincar*: fundamentos esquecidos do humano. São Paulo: Palas Athena, 2004.

MEDRADO, B; SPINK, M. J. Produção de sentidos no cotidiano: uma abordagem teórico-metodológica para análise das práticas discursivas. In: SPINK, M. J. (Org.). *Práticas discursivas e produção de sentidos no cotidiano*. São Paulo: Cortez, 2004.

PAPERO, D. V. A teoria sobre os sistemas familiares de Bowen. In: ELKAÏM, M. *Panorama das Terapias Familiares*. São Paulo: Summus, 1998. v.1

SAFRA, G. *Ermenêutica na situação clínica*: o desvelar da singularidade pelo idioma pessoal. São Paulo: Sobornost, 2006.

WATZLAWICK, P. *A realidade inventada*. São Paulo: Psy II, 1994.

WHITE, M. *Re-authoring lives*: interviews and essays. Australia: Dulwich Centre Publications, 1995.

capítulo 20

RELACIONAMENTOS DESCARTÁVEIS

IARA L. CAMARATTA ANTON

INTRODUÇÃO

Não deixa de ser surpreendente, a olho nu, que ainda hoje, em pleno século XXI, pessoas cometam crimes em nome do amor. Manchetes e reportagens esparramam pelo mundo notícias dessa natureza e só o fazem por uma razão: o público, em geral, fica muito mobilizado e se interessa vivamente por tal tipo de assunto. Por quê? Porque ele atinge o âmago de cada um, quer a identificação seja com o agredido, quer com o agressor. Cabe lembrar, no entanto, que o agressor quase sempre se julga uma vítima, ou seja, alguém que, por ter sido agredido (rejeitado), julga-se no direito de revidar na proporção de sua dor.

O tema deste capítulo, "Relacionamentos Descartáveis", relaciona-se intimamente com um assunto bastante em voga nos últimos tempos: "a efemeridade no amor". Contamos com contribuições de excelentes teóricos, que nos enriquecem com suas pesquisas, artigos e livros publicados, palestras e debates... Não penso em seguir por essa trilha, já tão movimentada e que, por si só, tanto nos tem acrescentado. Para não me tornar repetitiva, prefiro optar por uma via muito pessoal: escrever informalmente, sem me preocupar com citações, mas focando a prática clínica e o entendimento que muitas histórias compartilhadas na intimidade de nossos consultórios nos proporcionam. Desde este momento introdutório, alerto que procurarei estabelecer um paralelo entre esses dois aparentes opostos: a facilidade em se desvencilhar de possíveis laços amorosos *versus* a total incapacidade de fazê-lo, a não ser pela morte. Além disso, farei muito uso de "aspas", para acentuar algumas expressões que considero de fundamental importância.

ANSEIOS ARCAICOS

A observação de bebês e as teorias que derivam dessa prática demonstram amplamente que, no início, uma natural e saudável relação entre o bebê e seus cuidadores – especialmente a figura materna – dá-se em um clima fusional, pois o bebê, devido à sua imaturidade e falta de experiências prévias, não reconhece a si mesmo e nem aos que o cercam como "seres separados", independentes dele. É aos poucos que ele percebe a falta, a ausência, e anseia por reaver o prazer e a segurança que o "outro" pode fornecer a ele. A percepção de um "outro", de um "não eu", dá-se em um contexto no qual, necessariamente, alternam-se as experiências de presença e de ausência.

Essa percepção implica medo e dor. Um medo e uma dor inomináveis, pois o bebê não dispõe de palavras que deem sentido a essas suas primeiras experiências psíquicas. O fato é que a ausência deste outro equivale a uma sentença de morte. Em contrapartida, a constância no atendimento às suas necessidades faz com que rapidamente a dor e o medo se dissipem, deixando em seu lugar a alegria do reencontro e a confiança neste "outro" que lhe estende os braços. Acentuemos ainda mais a expressão "outro".

A ideia de que existe um "outro" antecede em muito à percepção de que existe um "eu", um "sujeito" em si mesmo. O bebê não sabe, mas sente. E pode haver uma verdade mais absoluta do que aquilo que ele sente, sem qualquer possibilidade, ainda, de palavras que expressem tal reconhecimento?

O "desejo pelo outro" se estabelece. Pela presença, pelo cuidado, pelo amor. E, neste ponto, surge o visceral "desejo de ser desejado". Fico muito tentada a citar Freud (1974), Lacan e Kohut (1984), Winnicot (1982), Mahler (1993) e tantos estudiosos além deles, a quem devemos estas, aqui, tão sintéticas observações. Mas resistirei a fazê-lo, mantendo-me firme no estilo de redação acima proposto: a livre associação de ideias será meu guia. É evidente, porém, que o tema deste capítulo é fruto da contribuição de inúmeros mestres, aliada à prática clínica e a experiências de vida. Prossigamos, então.

O desejo pelo outro, por sua presença, cuidado e amor permanece vivo dentro de cada ser humano, para todo o sempre. E, desde cedo, descobre-se que tudo tem seu preço. Ou seja: o próprio bebê desvenda os caminhos para obter a atenção, a proteção e os regalos do objeto de seus anseios. Em condições favoráveis, aprenderá a sorrir, a fazer gracinhas, a se controlar, a se conduzir. Aos poucos, identifica a si mesmo como um ser separado. Surge um "eu", único, valioso e digno – capaz de amar e de ser amado. As interações vividas na primeira infância estimulam o crescimento pessoal. E, ao longo da vida, esta criança "suficientemente feliz" reconhecerá e tenderá a se aproximar de pessoas que lhe permitam viver relações de confiança e mutuamente prazerosas, da mesma forma que já ocorria no seio de sua família. Aprenderá a fazer a sua parte e a preservar a integridade de seus amados, de seus semelhantes e do mundo ao redor. Mais do que isso: entenderá que será necessário investir muitas energias para se tornar merecedor do afeto que deseja despertar.

Mas o que ocorre quando as vivências mais precoces foram marcadas por excessos de frustrações (e a superproteção pode enquadrar-se nisto), por enganos e mentiras, por sofrimentos sem fim? O que ocorre quando situações traumáticas não encontram espaço para elaborações na história subsequente?

Os anseios mais arcaicos seguem vivos e atuantes em todas as pessoas e em quaisquer circunstâncias. Mas o destino desses anseios é vivamente influenciado pelos primeiros anos de vida, quando foram desenvolvidos crenças e valores, ao lado dos mecanismos de adaptação e de defesa que definem o caráter do ser. Algumas crianças apresentam, porém, um extraordinário poder de resiliência, adaptando-se ao meio e desenvolvendo os melhores recursos, por selecionarem e se identificarem com o que há de mais saudável e prazeroso. Outras, à primeira vista, nem sofrem de tantas privações e maus-tratos, mas são mais frágeis e tendem a repetir ações e reações que as colocam na roda-viva, no círculo vicioso de conflitos estéreis, de perdas constantes e de aparentes insucessos.

Quando se dá tamanha ênfase ao registro das experiências mais precoces, corre-se o risco de desconsiderar a continuação da história, que introduz novos estímulos e oportunidades. Ou seja, o meio sociocultural e econômico, no qual se dá o desenvolvimento pessoal, também oferece poderosos estímulos, através de – novamente – modelos de identificação, crenças e valores, oportunidades, recompensas e castigos.

Aqui, a questão do narcisismo entra em pauta e é um dos vértices a partir do qual podemos levantar hipóteses a respeito da efemeridade no amor e, paralelamente, ao que leva a crimes hediondos, praticados por pessoas que não suportam a ideia de serem descartadas.

SOBRE O NARCISISMO NORMAL E PATOLÓGICO

O termo "narcisismo" surgiu da mitologia grega, que nos relata o triste fim de Narciso, ao sucumbir nas águas do lago onde, durante o tempo todo, inclinava-se para apreciar sua deslumbrante beleza. Narciso não tem olhos e nem ouvidos para ninguém. Enquanto isso, ao seu lado e oculta entre as sombras, a ninfa Eco, por ele apaixonada, não consegue aproximar-se, vendo-se condenada por Juno, sua mãe (a quem distraía com sua tagarelice, para facilitar as aventuras amorosas de seu pai, Zeus), a apenas repetir os sons, as últimas palavras de quem as pronuncia. Sua voz ecoa em que vales e montanhas, incapaz de ter um retorno verdadeiro, através de um diálogo em que "um e outro" se encontram e se fecundam. Narciso e Eco tornaram-se os representantes máximos da tragédia humana, quando "Eu e Tu" mostram-se impossibilitados de constituir o vínculo do amor.

Os relacionamentos tornam-se facilmente descartáveis, quando os parceiros, a exemplo de Narciso e Eco:

- deslumbram-se com suas (reais ou fictícias) qualidades ou, pelo contrário, desqualificam-se, movidos por sentimentos de culpa conscientes e/ou inconscientes;
- têm olhos e ouvidos só para si mesmos ou, pelo contrário, depositam seus anseios em quem se mostra incapaz de corresponder;
- não levam em conta a pessoa do outro, suas necessidades e desejos, suas qualidades e seus limites;
- traem a confiança mútua;
- não conseguem identificar suas verdades íntimas e nem enunciar através da linguagem aquilo que os assemelha ou diferencia e aproxima ou afasta, de modo a favorecer o entendimento, o amor mútuo e a resolução de conflitos;
- e, consequentemente, não chegam a constituir um elo profundo, no qual ambos se desejam, são desejados e zelam por si mesmos e pela relação.

Nessas circunstâncias, os indivíduos que compõem o casal estão em busca de algo idílico, fusional, de modo a satisfazer seus anseios narcísicos. Lembremos que, para o recém-nascido, devido ao natural nível de desenvolvimento de seu aparato psíquico, existe uma espécie de "fusão" entre a imagem dele e a imagem materna – fusão que o tranquiliza e o enche de bem-estar. Ele não precisa pensar em nada, nem é obrigado a agir conscientemente, tendo em vista atingir aquilo de que necessita ou que deseja, pois não só isto lhe seria impossível, como também a boa mãe, os bons cuidadores, empenham-se em compreender a linguagem do bebê e atendê-lo a tempo e da melhor forma. Nas relações ditas amorosas, muitas pessoas sonham com a reedição da história, ou seja, esperam ser amadas passivamente, sem ter de dar nada em troca, sem ter de enunciar coisa alguma, sendo adivinhadas e atendidas, sob os olhares embevecidos de seus parceiros. Esta é uma posição narcísica por essência. O que representaria um narcisismo normal e, até, saudável, em uma criancinha passa a ser disfuncional em um adulto.

Alguns casais buscam continuamente por essa espécie de fusão, que reproduziria, aqui e agora, os melhores momentos de pequena, porém marcante, etapa de suas vidas. Mas vale acentuar que uma relação fusional entre adultos equivale a uma "com+fusão" que facilmente resulta em uma "confusão" (caos) de identidades, de papéis e de funções. Nesses casos, as frustrações do cotidiano assumem dimensões exageradas, a tal ponto que pequenos dissabores representam grandes e intoleráveis frustrações. O parceiro passa a ser desvalorizado por não corresponder ao que lhe havia sido designado. Perde-se a paciência e o desejo de investir na relação. Em terapia, um espera que o outro mude, e dificilmente é reconhecida a responsabilidade de ambos na constituição, na preservação e no desenvolvimento de um vínculo forte e bem qualificado que, na verdade, não é o que os une. O fato de ambos não se comprometerem um com o outro tende a resultar, segundo seu entendimento, em quase que indispensáveis dissoluções. "Não agradou?... Frustou?... Dispense! Afinal, ninguém é insubstituível...".

Fala-se em um narcisismo saudável, em contrapartida a um narcisismo patológico. Na primeira hipótese, o sujeito transforma seus registros, suas vivências, em uma autoestima consistente, construída sobre sólidos pilares. Que pilares seriam esses? Seria a certeza de ser merecedor do afeto que inspira e deseja inspirar, pois realmente se importa consigo mesmo e com seus semelhantes, cresce com a vida, desenvolve valores e recursos que acrescentam, representando algo de bom para si mesmo, para os seus e, de certa forma, para a humanidade. Não me refiro aqui a feitos extraordinários, mas extremamente simples, ligados à qualidade de vida e de vínculos, próprios do dia a dia.

Na segunda hipótese, que diz respeito a um narcisismo patológico, o parceiro é visto como mera extensão do sujeito. Esse assunto está amplamente examinado no livro *A escolha do cônjuge* (Anton, 1998), e selecionarei, neste espaço, apenas alguns aspectos:

- A vaidade pessoal faz com que o sujeito só se interesse por quem, de alguma forma, estiver a serviço dele. Assim, o "outro" não é reconhecido e legitimado enquanto "outro", mas limita-se a funcionar como mera extensão.
- O parceiro só entra neste modelo de relacionamento se, por necessidades e limitações suas, for contínua e fortemente atraído para a cilada; neste ponto, cabe encaixarmos a expressão "aparente insucesso", pois as humilhações, dores e abandonos aos quais se submete podem estar sendo intimamente impostos por elementos de seu mundo interno; assim sendo, o que parece um "insucesso" pode representar o sucesso de forças que agem em si mesmo; se ele pudesse, buscaria para si outro modelo relacional e/ou abandonaria o relacionamento que se mostra profundamente frustrante.
- Ao menos uma das partes trata o parceiro como um ser absolutamente descartável, e o expulsa de sua vida tão logo surjam as primeiras frustrações, substituindo-o por novos pares, que sucedem uns aos outros com uma cínica facilidade.
- Em casos cada vez mais numerosos, as pessoas nem chegam a estabelecer qualquer vinculação amorosa e sexual, preferindo encontros efêmeros.
- Alguns parceiros desesperam-se diante da possibilidade de abandono, fazendo uso de chantagens emocionais ou partindo para a execução de crimes hediondos.
- A reação intensa, do tipo "fúria narcísica", demonstra que este mesmo parceiro que não suporta a ideia de já não ser desejado apresenta um narcisismo patológico e, à sua maneira, também encara o outro como uma extensão de si mesmo.
- Sensações que lembram a morte tornam-se particularmente intensas quando se tem a sensação de não estar presente na mente e no coração do amado e, pior ainda, quando, conforme expressão usada por Caruso, o rompimento resulta no sentimento de "morrer na mente do outro" – que segue vivo para amar e ser amado por terceiros.
- Os dilemas entre o "eu e o outro", "liberdade e pertencimento", "capacidade de renunciar e assumir, de dar e receber" estão muito presentes em se tratando de relações descartáveis ou efemeridade no amor.

Boa parte da cultura ocidental estimula a superficialidade nos mais diversos níveis. Tudo é descartável, inclusive os bens que, em outros tempos, nem tão distantes, poderiam ser disputados pelos herdeiros das famílias. Além disso, a velocidade que se observa em quase todas as áreas opõe-se ao cultivo de algo que possa ser mais significativo e exigir investimentos a longo prazo. A mídia estimula desejos, vertiginosamente, alimentando identificações com imagens capazes de estimular o consumo e o descarte. Existe um enorme conjunto de fatores que, direta ou indiretamente, contribui para uma multiplicidade de anseios, a tal ponto que as pessoas sentem necessidade de possuírem coisas absolutamente desnecessárias, das quais talvez nem venham a fazer uso. Parece haver escassez, em meio a tamanha abundância. Objetos novos podem ser jogados em um canto qualquer; objetos usados logo são sentidos como velhos, ultrapassados; se apresentarem algum defeito, vão direto para o lixo, sendo cada vez menos numerosas as oficinas de conserto, na medida em que diminuiu significativamente o desejo de preservar.

E o mesmo vem acontecendo, em larga escala, na esfera do relacionamento humano.

O "OUTRO"

Um fato psíquico relevante a ser levado sempre em conta quando pensamos na "relação a dois" é a questão do "outro", como alguém que não é uma mera extensão do "eu" de cada um dos parceiros. Em nome do amor, se pode cometer atrocidades, parte das quais derivam de mecanismos de defesa mutuamente compartilhados como projeção e identificação projetiva.

A projeção é magistralmente definida por Frederic Pearls, que usa a seguinte metáfora: "Projeção é quando julgamos estar diante de uma vidraça, e estamos diante de um espelho". Já a identificação projetiva implica um "reconhecimento", ou uma "identificação", do parceiro ideal para se encaixar em anseios e projeções pessoais; ao localizá-lo, ambos adotam um padrão de comportamento que os encarcera, fazendo com que fiquem encaixados em um jogo doentio, com tendências a não ter fim.

Em algum grau, usa-se normalmente a projeção e, até mesmo, a identificação projetiva. Essas defesas tornam-se inadequadas quando excessivas e abrangentes, a ponto de impedir o reconhecimento do outro como, efetivamente, um "outro", ou seja, alguém que não é mera extensão de si mesmo, tem identidade própria, com suas particularidades, direitos e deveres... E cada uma das expressões aqui adotadas mereceria um bem mais amplo espaço de análise, pois todas elas são bem mais complexas do que, à primeira vista, poderiam sugerir. Tentemos, porém, ser breves.

O "outro" não faz parte de meu eu. Aceitar esse fato significa aceitar e assumir algo muito concreto que, ao mesmo tempo, corresponde a uma representação inconsciente. É essa representação que repercute nos sentimentos e nas ações dos seres humanos. Há quem não suporte a ideia de não reencontrar no presente o que anseia desde seus primeiros tempos de vida: "ou" a relação é mágica e plena como na fase simbiótica do desenvolvimento, "ou" repete-se a desilusão (des-ilusão), a dor, a raiva e a indignação.

É nesse momento que muitos casais apaixonados passam a se odiar, a se desprezar mutuamente, como se tivessem sido traídos ou cometido um lastimável engano. Aí, descartar fica fácil e pode parecer a melhor, se não a única, saída possível. A repetição de abandonos perante as referidas "des-ilusões" faz com que cresça uma espécie de cinismo, levando a relacionamentos cada vez mais superficiais e efêmeros; ou a uma eterna busca do amor romântico que, necessariamente, desemboca em novas impossibilidades.

Os vínculos são essenciais – são eles que nos constituem e humanizam. Quanto melhores esses vínculos, mais saudáveis nos tornamos... mais saudáveis, mais "humanos". A qualidade desses implica uma diferenciação entre um "eu" e um "você", ou seja, no reconhecimento do "outro". Sem essa diferenciação, fica impossível um verdadeiro "encontro", pois "mistura" e "encontro", do ponto de vista psíquico, não coincidem. O "outro" introduz o novo, marca a diferença e faz a diferença. Ao mesmo tempo em que possibilita o reconhecimento entre dois "eus" singulares, dá margem a alegrias e sofrimentos. Estes se agigantam quando, a partir das "diferenças", surgem as "divergências", como se estas, ao colocarem ambos em campos opostos, significasse que um é melhor ou mais poderoso do que o outro. Aqui, podem surgir tanto mal-entendidos quanto disputas. Romper, diante de tamanhas frustrações, pode parecer uma alternativa. A outra opção seria viver em disputas... Ainda que permaneçam juntos, não necessariamente estão vinculados: muitos casais nem se tocam, do ponto de vista emocional. Outros, no entanto, mantêm e cultivam uma vinculação neurótica ou até psicótica.

Em uma relação saudável, ambos se "reconhecem", se respeitam e se validam em suas individualidades; ambos mantêm um significativo espaço para seu desenvolvimento e satisfação pessoais e respeitam o espaço do parceiro; ambos também cultivam afinidades, encantam-se um com o outro, cuidam de si mesmos e de seu amor. Aqui, não há razões para que seus elos se desfaçam como bolhas de sabão, pois são consistentes e representam o que há de melhor dentro de cada um. E aqui também, se a relação atingiu seu ápice e o casal decide pela separação, esta ocorre de forma completamente diversa de um processo de descartabilidade: em uma boa separação, ambos levam uma bela herança desse encontro entre duas pessoas diferentes, saem mais inteiros, mais fortalecidos, e guardam as melhores lembranças dentro de si mesmos.

RECONHECIMENTO NAS RELAÇÕES AMOROSAS E NO PROCESSO TERAPÊUTICO

Muito mais teríamos a considerar sobre esse tema. Penso que este nosso espaço de reflexões pessoais e compartilhadas poderia nos levar para o *setting* terapêutico: independentemente das linhas de abordagem adotadas, é necessário que levemos em conta o dinamismo psíquico dos indivíduos ou casais que nos procuram. É necessário que os acolhamos com delicadeza e respeito, sem desejarmos enquadrá-los em nosso próprio modo de ser.

Em meu entender, e acompanhando falas e escritos de inúmeros autores com os quais me identifico, um processo terapêutico pode ser comparado a uma viagem. A viagem é do paciente e cabe ao terapeuta colocar-se na posição de parceiro privilegiado, assinalando o que observa, fazendo perguntas, colaborando, dentro do possível, para que o paciente possa ampliar e aprofundar o contato consigo mesmo e com os seus. Para tanto, o próprio terapeuta precisa colocar-se em contato.

Pessoalmente, não costumo marcar tempo de duração para a terapia, seja ela individual ou de casal. Assim como ele veio, pode partir. Mas proponho que a última sessão, em caso de abandono, não seja simplesmente anunciada por telefone ou e-mail, mas examinada, tratada. Dificilmente tentarei convencer alguém a permanecer, e ele tem de estar tranquilo em relação a isto, mas procuro, junto com ele, compreender por que se vai. Em algumas circunstâncias, revela-se um padrão de comportamento repetitivo que, naturalmente, é reapresentado e tratado na terapia.

No geral, as pessoas têm dificuldade para expressar "ao vivo e a cores" o que as desagrada – especialmente quando uma das partes está em suposta ou real posição de autoridade. Faz parte do processo terapêutico aprender a traduzir o que se deseja, sente e pensa através de palavras e empregando recursos positivos. E esta última sessão, supondo-se que haja uma interrupção supostamente precoce, pode ser muito enriquecedora por si só, dando margem a uma evolução pessoal e, quem sabe, a uma procura posterior.

Nunca sabemos claramente como vai desenrolar-se um processo, nem mesmo quando se empregam métodos diretivos. Mas podemos prever que as vivências reveladas e trabalhadas reaparecem muitas e muitas vezes, de muitas e muitas formas. Cada paciente é único, da mesma forma que cada terapeuta e cada momento são únicos. Essas diferenças podem e devem oportunizar o surgimento do novo – e a novidade faz toda a diferença, podendo introduzir as mudanças desejáveis. Isso vale tanto para as relações terapêuticas quanto para as amorosas, as sexuais e os demais relacionamentos significativos que temos ao longo de nossas histórias pessoais.

Uma relação saudável e com tendências à estabilidade implica um amplo espaço de reconhecimento mútuo. Ambos se olham e se veem, se ouvem e se escutam. Ambos são capazes de andar de mãos dadas e de andarem por si mesmos. Ambos são capazes de pronunciar claramente os pronomes: "eu, tu, nós". Nesses casos, já não se pode pensar em relações descartáveis e, muito menos, em efemeridades no amor.

REFERÊNCIAS

ANTON, I. L. C. *A escolha do cônjuge*: motivações inconscientes. Porto Alegre: Sagra, 1991.

ANTON, I. L. C. *A escolha do cônjuge*: um entendimento sistêmico e psicodinâmico. Porto Alegre: Artmed, 1998.

ANTON, I. L. C. *Homem e Mulher*: seus vínculos secretos. Porto Alegre: Artmed, 2002.

ANTON, I. L. C. *O casal diante do espelho*: psicoterapia de casal teoria e técnica. São Paulo: Casa do Psicólogo, 2009.

BERENSTEIN, I. *El sujeto e el outro*: de la ausência a la presencia. Bahia: Paidós, 2001.

CARUSO, I. *A separação dos amantes*. São Paulo: Cortez, 1984.

FREUD, S. *Obras Completas*. São Paulo: Imago, 1974. (Edição standard brasileira, v. 14).

LACAN, J.; KOHUT, H. *Self e narcisismo*. Rio de Janeiro: Zahar, 1984.

MAHLER, M. *O nascimento psicológico da criança*. Porto Alegre: Artmed, 1993.

ZIMERMAN, D. *Os quatro vínculos*. Porto Alegre: Artmed, 2009.

WINNICOTT, D. *O ambiente e os processos de maturação*. Porto Alegre: Artmed, 1982.

capítulo 21

EDUCAR PARA A CONJUGALIDADE: QUE A VIDA NÃO NOS SEPARE

ADRIANA WAGNER
CLARISSE PEREIRA MOSMANN

É comum que as relações amorosas na atualidade sejam consideradas efêmeras, líquidas, *com data de validade*, entre tantas outras conotações que apontam para sua brevidade e finitude. Essa parece uma tendência que se tem incorporado ao imaginário social e quase já se tornou uma expectativa do tipo: *vamos ver até quando dura esse casamento?*. Entretanto, será que os casais de hoje não poderiam ser ajudados a ser casal, educados para conjugar, coabitar, antes mesmo que se institua o laço amoroso? Nossa proposta é a de discutir e apresentar neste capítulo alternativas e possibilidades do que chamamos de educação conjugal.

A fim de ilustrarmos tal proposta, pensamos que é importante que se descreva a trajetória que a maioria dos casais percorre na construção de uma relação definida como conjugalidade. Nesse caminho, pouco se tem inovado, pois, partindo da conhecida e cantada história pela banda Legião Urbana (1986) desde a metade da década de 1980, sabemos que *Eduardo e Monica...*

> um dia se encontraram sem querer...
> E conversaram muito mesmo pra tentar se conhecer...

pois sentiram-se mutuamente atraídos.

É comum que na atração as pessoas percebam que possuem muitas coisas em comum, em comparação a algumas poucas características diferentes que, neste momento, parecem simpáticas e até mesmo admiráveis. Isso gera uma sensação de satisfação quando estão juntos, ambos sentem-se muito bem e isso faz com que nasça um vínculo entre eles. A história conta que:

> Eduardo e Mônica trocaram telefone
> Depois telefonaram e decidiram se encontrar
> O Eduardo sugeriu uma lanchonete,
> Mas a Mônica queria ver o filme do Godard
>
> Se encontraram então no parque
> da cidade
> A Mônica de moto e o Eduardo
> de camelo
> O Eduardo achou estranho, e melhor
> não comentar
> Mas a menina tinha tinta no cabelo
>
> Eduardo e Mônica era nada parecidos
> Ela era de Leão e ele tinha dezesseis
> Ela fazia Medicina e falava alemão
> E ele ainda nas aulinhas de inglês
>
> Ela gostava do Bandeira e do Bauhaus
> De Van Gogh e dos Mutantes, de
> Caetano e de Rimbaud
> E o Eduardo gostava de novela
> E jogava futebol-de-botão com seu avô
>
> Ela falava coisas sobre o Planalto
> Central
> Também magia e meditação
> E o Eduardo ainda tava no
> esquema "escola, cinema
> clube, televisão".
>
> E mesmo com tudo diferente,
> veio mesmo, de repente

Uma vontade de se ver
E os dois se encontravam todo dia
E a vontade crescia, como tinha de ser...

A sensação de felicidade e bem-estar que gera o encontro e as descobertas do outro, normalmente, leva as pessoas envolvidas na relação a se unirem e começarem a planejar um futuro juntos e para sempre... Até a chegada do esperado dia do casamento ou dia de irem habitar o mesmo teto, é comum que o casal tenha alguns desentendimentos, estranhezas quase sem importância, nada muito sério, como *a* "tinta no cabelo" de Mônica, por exemplo. Esse é o momento nirvana, quando a paixão colore o cenário de cor de rosa.

Mas a vida traz os diferentes matizes das cores da realidade quando o casal passa a compartilhar um mesmo espaço, as tarefas domésticas, as contas a pagar, os problemas com a vizinhança, com as famílias de cada um, e, assim, aumentam a gravidade das diferenças e o volume das brigas. Os motivos das diferenças passam a ser mais importantes que a de Monica *vir de moto e Eduardo de camelo*... Eles começam a discordar sobre questões importantes, como o uso do dinheiro, quando um quer economizar e comprar um apartamento, e o outro está convicto de que se deve alugar por mais um tempo e economizar o dinheiro para conhecer a Europa, por exemplo. Em meio a esse impasse que, de repente, escuta-se: "Você é uma gananciosa!!!". E da outra parte: "E você um perdulário!!!". É comum que cada vez mais apareçam as reais diferenças e que um acuse o outro de ser o culpado pelos problemas do casal.

As diferenças que antes se resolviam no dia seguinte, no próximo encontro, entre carinhos e risos, na coabitação tendem a durar mais tempo e, muitas vezes, ficam sem solução. Sendo assim, as distintas características de personalidade e formas de lidar com as situações que, no início do relacionamento, "O Eduardo achou estranho, mas pensou... que seria... melhor não comentar" passam a ser consideradas a raiz de todos os problemas do casal. Aparecem, então, as insatisfações que terminam gerando irritação e frustação com a presença do outro. Como resultado desse processo, é comum que ambos se queixem de que o cônjuge se transformou em outra pessoa, às vezes "totalmente diferente de quando eu o/a conheci". Nesses momentos, pode aparecer um abismo entre o casal.

Neste ponto da relação, permanecer casado tem muito mais a ver com esforço e persistência do que com a satisfação no relacionamento conjugal. É comum que ambos passem a pensar se não seria melhor separar-se e terminar com essa luta constante sobre quem tem a razão. Nesse processo, quanto mais um dos membros do casal tem percepções negativas sobre o comportamento do outro, mais parece que o outro faz coisas erradas, irritantes, reprováveis e provocativas.

Mais da metade desses casais, no Brasil, terminam separando-se, conforme os dados do último censo do IBGE (2007), mas, muitas vezes, sem entender exatamente o que aconteceu neste caminho que era para ser "feliz e eterno". Os estudiosos que tem se dedicado a estudar as relações conjugais já identificaram alguns processos-chave que ajudam a entender as histórias de encontros e despedidas de Eduardos e Mônicas que buscam a felicidade a dois.

Roberts (2006) considera que duas pessoas se conhecem e se sentem atraídas mutuamente em decorrência da mistura entre similaridades e diferenças; o tempo que passam juntas gera satisfação e prazer e um senso de conexão nasce entre elas. Na medida em que o elo entre elas se fortalece, vem a ansiedade, consequente do medo pela possibilidade de perder essas sensações de prazer e completude. Neste contexto, o compromisso entre os dois se desenvolve, em grande parte, para diminuir essa ansiedade. Estabelece-se, então, a perspectiva de um futuro a dois. Para muitos casais, esse compromisso resulta em casamento.

Durante a convivência antes do esperado dia do casamento, muitos casais experimentam algumas situações de conflito e testam suas habilidades em resolvê-los. Entretanto, são situações pontuais ou com menor importância frente às que terão de resolver na convivência conjugal. Este é um dos motivos pelo qual a satisfação neste momento tem níveis muito elevados.

A partir da convivência, o casal passa a ter de lidar com os estressores da vida cotidiana, de forma conjunta. As decisões têm de ser partilhadas, assim como as responsabilidades e as consequências das opções feitas pelo casal. Assim, é frequente que a maior parte dos casais comece a entrar em conflito. Isso porque passam a ficar explícitas as formas que cada um tem de lidar com as adversidades e, frequentemente, um tende a lidar de uma forma diferente do outro, gerando atrito. Somam-se a isso os estressores contextuais, a interferência das famílias de origem, o ambiente onde vivem e as dificuldades financeiras decorrentes da nova economia que implica somar, dividir, subtrair e, por vezes, multiplicar despesas.

Nesse processo, o conteúdo da discussão e a forma como os cônjuges tendem a equacioná-la é o que caracteriza e qualifica o padrão de resolução de conflitos do casal. As diferentes maneiras de resolver esses conflitos definem o quanto de ressentimentos, mágoas e decepções os cônjuges acumulam à medida que não forem efetivos nas suas estratégias de lidar com os desafios do cotidiano. Este padrão tende a ser repetido inúmeras vezes durante o ciclo de vida do casal, sendo ele eficaz ou não.

Em decorrência dessas interações e dos conflitos não resolvidos, uma mudança importante ocorre ao longo do tempo nas uniões conjugais: a presença do parceiro, que antes era associada a sentimentos positivos, passa a causar desconforto, irritação e frustração. Isso porque as interpretações negativas sobre o outro se tornam constantes, e, muitas vezes, estabelece-se uma luta na qual um quer impor ao outro seus desejos e formas de lidar com as vicissitudes da vida a dois. Não é incomum que o casal entre em um processo de escalada, isso é a cada comportamento ou ação do outro há uma interpretação negativa, que reforça a imagem deteriorada sobre o parceiro. As pesquisas sobre esse tema indicam claramente que quanto mais positiva é a interpretação dos comportamentos do outro, mais isso o incentiva a agir positivamente, sendo que o processo contrário também é verdadeiro (Mosmann, Zordan e Wagner, no prelo).

Enfim, o casamento termina por se transformar no oposto daquilo que era no início. Isto é, há uma inversão da percepção positiva que um tinha do outro, assim como o outro se torna o responsável pelo fracasso do casamento e o depositário de toda a frustração que decorre deste processo de desencantamento. Nesses casos, os casamentos que permanecem intactos tendem a ser aqueles que se enfrentam com muito mais dificuldades para terminá-lo do que por satisfação dos cônjuges.

Entretanto, os obstáculos para a separação vêm diminuindo gradualmente em nossos tempos. Antigamente, as pessoas chegavam a este ponto, mas permaneciam casadas porque socialmente as barreiras à separação eram muito grandes; assim, o casal seguia junto, mas insatisfeito. Tais mudanças também explicam o fato de os casais hoje em dia tenderem a não permanecer casados e infelizes.

Apesar desse panorama tão desolador, alguns casais conseguem, com muito esforço, retomar o caminho para conquistarem maiores níveis de satisfação e menores índices de conflito na relação. Normalmente, eles necessitam e procuram ajuda para realizar este percurso. Já está comprovado que, se os casais são ajudados precocemente a conhecer os fatores de risco do casamento e como lidar com eles, esta crônica de uma morte anunciada pode ter outro desfecho. Afinal, ser e viver como casal pode ser apreendido, pois é algo que não se nasce sabendo.

Então nos questionamos, porque se assume que as pessoas naturalmente sabem como ser um casal e como partilhar uma vida a dois?

Casar, ter filhos, formar uma família são acontecimentos vitais esperados e presentes na cultura ocidental. É considerado natural realizar esse percurso e, provavelmente, por isso existam tantos mitos como "casaram e viveram felizes para sempre", como se o mais difícil fosse chegar até o casamento e não o fato de mantê-lo com bons níveis de satisfação. Há um aprendizado necessário para muitas das tarefas dos distintos momentos evolutivos do ciclo vital, assim, pensamos que também é possível aprender a ser casal, ser esposo/esposa, além do modelo que herdamos na convivência com nossos pais.

Nesta perspectiva, os programas de Educação Conjugal surgem como uma alternativa nos dias atuais. O que seria, então, essa forma de intervenção? A educação conjugal está definida teoricamente como treinamento preventivo/educacional para casais. Tal intervenção visa a engajar os membros do casal em processos de aprendizagem, reflexão, conscientização e treinamento de habilidades no intuito de que estabeleçam relações com melhores níveis de saúde e estabilidade (Roberts, 2006). Os programas de Educação Conjugal se baseiam nos pressupostos da ciência psicológica e da educação.

Programas que se propõem a desenvolver uma Educação Conjugal existem em diferentes formatos, há mais de 40 anos nos Estados Unidos. Primeiramente, apareceram no bojo de algumas religiões que passaram a preparar os cônjuges para se casarem e também através de grupos de casais que se reuniam para refletir a vida em família, à luz da doutrina cristã. Outras iniciativas ocorreram a partir de alguns terapeutas de casais, mas, como sistemática fundamentada em dados empíricos e realizada por profissionais da área, os programas existem há pouco mais de três décadas.

Em princípio, os programas de educação conjugal estavam focados em informar aos casais sobre áreas, teoricamente, mais suscetíveis a gerar conflito, tais como as relações com a família de origem, a divisão das tarefas cotidianas, questões financeiras e as mudanças previsíveis no ciclo de vida do casal. Nas duas últimas décadas, além desses temas e, a partir das pesquisas na área da conjugalidade, os programas também passaram a dar ênfase no treinamento de habilidades para a resolução de conflitos. Esse aspecto veio a incrementar de forma consistente tais programas, devido aos resultados alcançados nas pesquisas que revelaram empiricamente os fatores que contribuem e prejudicam os parceiros na vivência de melhores ou piores níveis de satisfação e qualidade conjugal. Assim, graças à utilização de um arsenal metodológico mais sofisticado, as pesquisas sobre a conjugalidade deram luz à prática clínica dos terapeutas de casais e vieram a contribuir no aprimoramento e na confiabilidade dos programas de educação conjugal (Bradbury, Rogge e Lawrence, 2001).

A partir dessa trajetória, atualmente, existem dois tipos de programas educativos para casais: os pré-nupciais e os conjugais. O primeiro tipo visa a auxiliar os casais que pretendem unir-se maritalmente a se prepararem para o casamento; e o segundo destina-se aos cônjuges casados com até cinco anos de matrimônio. Na realidade, os dois tipos de programas têm enfoque preventivo e podem ser tanto pré-nupciais como também realizados no início do casamento. Tais programas têm sido concebidos como pré-terapia conjugal, tendo em vista que o foco é instrumentalizar os casais para não chegarem a níveis de necessidade de uma intervenção terapêutica.

Essa prerrogativa se fundamenta em resultados de pesquisas na área que apontam três evidências empíricas importantes para que se intervenha preventivamente com casais (Roodge et al., 2002), que são:

1. os maiores índices de divórcios se concentram nos cinco primeiros anos do casamento;
2. cada vez mais há casais identificando a necessidade de buscar algum tipo de orientação pré-nupcial ou no início da união;
3. os casais com problemas sérios chegam à terapia conjugal, normalmente, muito tarde.

Soma-se a isso os pressupostos teóricos da literatura clássica da área, que definem três níveis de intervenção familiar, que são (Ríos-González, 1994):

1. educativo;
2. assessoramento/aconselhamento;
3. terapêutico.

Os níveis educativo e de assessoramento/aconselhamento, conforme se definem, dedicam-se a orientar as famílias e os casais, antes que haja sintoma. São intervenções que buscam prestar esclarecimentos sobre os períodos e os processos desenvolvimentais de uma família e um casal. Nesse sentido, objetiva proporcionar elementos de apoio e segurança que favoreçam o cumprimento das tarefas do ciclo evolutivo vital. Já no nível terapêutico, as intervenções visam a instrumentalizar a família e o casal para a elaboração ou reestruturação de aspectos nos quais uma alteração excepcional dos dinamismos do sistema familiar suponha uma ameaça séria ao funcionamento dos meios e procedimentos inerentes às finalidades próprias daquele núcleo. Sendo assim, os programas de educação conjugal condensam os dois primeiros níveis de intervenção familiar, desde uma perspectiva de prevenção primária do relacionamento conjugal.

Existem diferentes tipos e metodologias que compõem os programas de educação conjugal, entre eles, podemos encontrar recursos e propostas que incluem o uso de questionários os quais os casais respondem e, posteriormente, são analisados por um profissional treinado que discute com eles os resultados. Esse recurso é bastante utilizado, uma vez que os questionários são, normalmente, instrumentos validados e com bons níveis de fidedignidade na avaliação de variáveis importantes do relacionamento. A aplicação de tais instrumentos, entretanto, é apenas a "porta de entrada" para o mundo da relação a dois. Os *workshops* são uma técnica bastante utilizada, em que se reunem grupos de até 20 casais que se engajam em conversas, discussões e atividades que são delineadas para desenvolver habilidades em áreas críticas para a qualidade conjugal. Alguns programas combinam a aplicação de questionários com trabalhos em grupo, sendo que, na maior parte dos programas, o facilitador é um terapeuta de casal ou um conselheiro conjugal. A duração dos programas também é variada, desde um encontro de no máximo 2 horas até encontros com periodicidade semanal, quinzenal, mensal ou em finais de semana em regime de alojamento.

Os Estados Unidos é o celeiro desses programas, embora essa abordagem já esteja bastante difundida em outros países. Com as taxas médias mundiais de divórcio estáveis em um percentual de 50%, terapeutas de casal e família, bem como pesquisadores da área, perceberam que os casais necessitam de ajuda estruturada e de alguma forma mais sistemática para conseguirem manter a satisfação em seus relacionamentos, para que estes possam ser mais duradouros. Essa constatação levou os governos de países como Estados Unidos e Austrália, por exemplo, a assumirem os programas de intervenção com casais como uma questão de saúde pública (Adler-Baeder, Higginbotham e Lamke, 2004). No ano de 2004, foi liberada a primeira verba pública do governo norte-americano para o desenvolvimento de programas de intervenção conjugal. Muitos estados norte-americanos adotaram iniciativas específicas voltadas à prevenção, partindo da premissa que muito pode ser feito antes que os problemas se iniciem e, assim, economizar sofrimento dos cônjuges, de seus filhos e de suas famílias extensas (Wagner e Mosmann, 2009).

Os modelos norte-americanos mais reconhecidos em educação conjugal são o da "Couple Communication" (Comunicação Conjugal), proposto por Miller, Wacjman e Nunnally (1983); o "Relationship Enhancement" (Reforço Conjugal), de Guerney (1977), e o "Prepare – PREP", criado por Stanley, Markman, St.Peters e Leber (1995). O programa intitulado "Couple Communication" já foi testado e teve sua eficácia comprovada na medida em que os casais mostraram ter tido suas habilidades de comunicação significativamente aprimoradas, em comparação ao grupo que não se submeteu ao programa. O programa de "Enhancement Relationship" teve sua eficácia comprovada em diferentes faixas etárias e tipos de casais que se submeteram ao treinamento. Em relação ao "PREP", um corpo consistente de investigações comprovou sua efetividade em diversos países do mundo, sendo atualmente o mais difundido dos programas pré-nupciais.

O "PREP" foi desenvolvido para ensinar a casais habilidades de comunicação e resolução de conflitos, considerados fundamentais na qualidade conjugal. Utiliza técnicas comportamentais da terapia conjugal, associadas a ideias de treinamentos em comunicação. A versão mais atual do "PREP" foi aprimorada com base em recentes dados de pesquisa, especialmente na área da comunicação, resolução de conflitos, regulação de afetos, comprometimento, expectativas, intimidade e diferenças de gênero. O objetivo principal do programa é reduzir ou limitar os fatores de risco ao casamento e aprimorar os fatores de proteção (Stanley et al., 2006).

As raízes deste programa nasceram na metade dos anos de 1970, quando houve a explosão dos divórcios, e muitos acadêmicos da área passaram a estudar as dificuldades conjugais. Na Universidade Norte-Americana de Indiana, no Departamento de Psicologia, Howard Markman e Clifford Notarius juntaram-se a John Gottman para investigar as causas específicas dos problemas conjugais. Aliados a outros investigadores norte-americanos, os pesquisadores buscavam, naquele momento, analisar especificamente como os casais com altos níveis de estresse conjugal se comunicavam em comparação a casais com altos níveis de satisfação. De maneira geral, essas pesquisas apontaram a inabilidade em formas de comunicação deste grupo de casais com dificuldades. Markman, em 1981, iniciou, então, uma investigação longitudinal para investigar se essas variáveis da comunicação que não eram efetivas neste grupo de casais seriam preditoras de divórcio ao longo do tempo. Os resultados mostraram que a qualidade da comunicação antes do casamento e nos anos iniciais, era uma das maiores preditoras de futuros problemas conjugais. A partir desses achados, Markman desenvolveu um programa preventivo para casais baseado nos dados da pesquisa. Ao longo desses quase 30 anos, o pesquisador foi aprimorando suas pesquisas, recebendo sugestões de outros pesquisadores da área e consequentemente foi melhorando e refinando o programa "PREP". Aliado a isso, o próprio programa foi testado longitudinalmente por ele e por outros acadêmicos da área, tendo sua efetividade comprovada na melhora das habilidades para lidar com as dificuldades conjugais.

O foco principal do "PREP" são os fatores de risco e a proteção da conjugalidade. Estes foram identificados a partir das pesquisas que indicam duas categorias de variáveis que compõem a qualidade conjugal, as estáticas e as dinâmicas (Halford, Markman, Kline e Stanley, 2003). As estáticas não podem ser modificadas através de programas de intervenção, são elas as características da família de origem, a idade dos cônjuges, a fase do ciclo vital conjugal que atravessam, por exemplo. E os fatores dinâmicos são aqueles que podem ser modificados, tais como as expectativas sobre o casamento, os padrões de comunicação, a capacidade de adaptação e as habilidades de resolução de conflitos. Por esse motivo, as variáveis de maior interesse por parte dos pesquisadores são as dinâmicas, já que expressam a natureza da interação conjugal e as possíveis causas de problemas conjugais e do divórcio. Isto se explica porque a qualidade conjugal é resultado de um processo dinâmico e interativo do casal (Mosmann, Wagner e Feres-Carneiro, 2007) passível de mudanças, mas também é preditora tanto da estabilidade como da ruptura do vínculo. Essa premissa básica aliada ao conhecimento das variáveis dinâmicas de risco sustenta e reforça a importância do caráter preventivo do "PREP" assim como ilumina as áreas do relacionamento conjugal que necessitam de maior atenção do programa.

Markman (2004) aponta os fatores relativamente estáticos e difíceis de serem modificados em programas de educação conjugal:

- personalidade de um ou ambos os cônjuges, com tendência a reagir fortemente ou defensivamente a problemas e decepções;
- pais divorciados;
- padrões desenvolvidos ou experiências vividas se houve coabitação antes do casamento;
- existências de um casamento prévio, especificamente as formas de relacionamento com o ex-cônjuge;
- filhos de uniões anteriores e o tipo de interação que se estabelece com estes;
- diferença de crenças religiosas;
- casar jovem (antes dos 20 anos);
- conhecer o outro muito pouco tempo antes do casamento (menos de 6 meses);
- dificuldades financeiras.

Fatores dinâmicos que podem ser modificados ou melhorados:

- estilos negativos de comunicação;
- intensos conflitos;
- utilização da não comunicação verbal como forma de repreensão;
- dificuldade de se comunicar de forma eficaz durante discussões;
- dificuldade em lidar como equipe na hora das dificuldades;
- crenças irreais sobre o casamento;
- diferentes atitudes sobre questões importantes;
- falta de comprometimento com o cônjuge e com a união;
- dificuldade em perceber o casamento como um investimento em longo prazo.

Dentre os fatores dinâmicos, casais que realizaram o PREP reportaram que a aprendizagem de padrões de comunicação efetivos, que incluem a escuta ativa e formas de respostas menos agressivas e mais empáticas, é o que mais utilizam posteriormente em seus relacionamentos. Informam também que se esforçam para manter tais estratégias aprendidas ativas, pois as consideram muito eficazes.

Esses *feedbacks* dos casais reforçam a importância de se trabalhar padrões de interação com os membros do casal, quer dizer, os processos que se dão na relação. Sendo assim, a forma de intervenção com casais, não voltada ao processo, é um dos motivos pelos quais o pesquisador acredita que existam tantos fracassos na terapia de casal e em alguns programas de educação conjugal. Em algumas ocasiões, alguns terapeutas não enfocam o processo de interação em suas intervenções, mas trabalham com os fatos em si ou as ações de cada um. Considerando tanto as variáveis estáticas quanto as dinâmicas, deve-se assumi-las como de risco e, assim, tentar decifrar o quebra-cabeça que compõem no jogo "interacional" de cada casal. Quer dizer, como interatuam na resolução de seus conflitos, como se estabelece a comunicação, a proximidade afetiva, entre outros. Nesse caso, a maneira como os casais estabelecem sua relação inicial molda uma "fôrma" chamada de padrão interacional, a qual tende a ser utilizada durante todo o ciclo de vida a dois.

O entendimento e a difusão desses conhecimentos, não só para os terapeutas de casal, mas também para a comunidade em geral, podem vir a contribuir na melhoria das relações conjugais, assim como frear, ou mesmo retardar, o processo tão conhecido que transforma os apaixonados em adversários. É fundamental que esses programas sejam oferecidos em locais próximos à realidade dos casais, em sua própria comunidade, por exemplo, considerando as idiossincrasias de cada contexto. Já está comprovado que a maior parte dos casais com problemas conjugais não procura ajuda especializada, mas sim recursos na própria comunidade onde se insere tais como a igreja, a escola e a rede social de apoio (Markman et al., 2004).

Nessa perspectiva, o meio em que se insere o casal surge como outra variável a ser considerada para a eficácia de tais programas. Neste sentido, Duncan, Holman e Yang (2007) propuseram um entendimento da educação pré-nupcial e conjugal à luz da teoria ecológico-sistêmica. A partir da revisão dos últimos 40 anos de pesquisa sobre os indicadores de risco pré-conjugais e a sua relação com a qualidade conjugal, entenderam que os preditores das características da qualidade conjugal podem ser agrupados conforme a perspectiva ecológico-sistêmica, que abrange o indivíduo, o casal, a família e o contexto sociocultural (Brofenbrenner, 1996). Nesse sentido, a partir dessa abordagem, reforçam a importância de que os programas de educação conjugal considerem todos os contextos em que os casais estão inseridos, desde o micro até o macro.

À luz dessa teoria, os fatores de risco e proteção propostos por Markman (2004) se ampliam com as variáveis individuais dos sujeitos implicados na relação. A exemplo disso, as questões de gênero nos ajudam a entender que as mulheres tendem a se expor e a falar mais sobre suas relações e suas dificuldades do que os homens. Isso não significa que eles não aproveitem também os programas de educação conjugal, mas o fazem de maneira diferente delas. Além disso, homens e mulheres têm desejos e expectativas distintas sobre o casamento, sobre proximidade afetiva, interação sexual e conflito (Cummings, Faircloth, Mitchell, Cummings e Schermerhorn, 2008).

Baseados em tal perspectiva teórica, que considera a interação das diferentes variáveis implicadas em uma relação amorosa, alguns programas de educação conjugal abrem a possibilidade de os casais escolherem os temas a serem trabalhados, o que permite aos terapeutas conhecerem as demandas concretas dos cônjuges, além de poderem intervir na direção de que determinadas temáticas e dificuldades são similares a todos os casamentos. O sentido de "normalidade", que advém de tal informação, também agrega maior confiança aos casais para a superação de seus problemas.

Sensibilizar os casais para participarem dos programas de educação conjugal é um dos desafios apontados pelos estudiosos da área que se impõem no desenvolvimento deste trabalho. Outro aspecto é a possibilidade de analisar se há diferenças significativas na qualidade conjugal de casais que participaram desses programas em comparação aos que não participaram (grupo-controle). Tal medida é complexa, uma vez que supõem que os casais que aceitam participar de um programa de educação conjugal já estão mais sensíveis aos riscos da conjugalidade do que os do grupo-controle – que, talvez, sejam os que mais necessitem. É sabido que os casais que procuram educação pré-conjugal são, por definição, distintos daqueles que não o fazem. Consequentemente, seus níveis de qualidade na vida conjugal, provavelmente, venham a ser melhores em comparação a outros cônjuges. Frente a isso, ainda é um desafio mensurar qual o peso da educação conjugal para esses cônjuges que se submeteram à intervenção. Teria sido diferente sua vida conjugal se eles não tivessem participado de um programa?

Outro fator importante para a mensuração da eficácia de um programa de educação conjugal é a possibilidade de que ele seja avaliado longitudinalmente, principalmente, depois de terminado o período de lua de mel, ou seja, após os cinco primeiros anos de casamento, considerados críticos para a durabilidade das uniões. Eis aqui outro desafio: conseguir acompanhar esses casais que passaram pela intervenção por um longo período de tempo. Possivelmente, alguns deles não retornarão para serem reavaliados depois de quase meia década. Outro ponto que os estudiosos do tema têm considerado importante de seguir estudando é se existe um tempo de duração dos efeitos benéficos da intervenção para os casais.

Considerando fatores contextuais na avaliação dos programas de educação conjugal e os resultados das pesquisas que têm sido realizadas sobre os mesmos, deve-se aceitar que inúmeras variáveis sociodemográficas culturais mediam os efeitos de tal intervenção. Ainda não se sabe como identificá-las e analisá-las de maneira que venham a contribuir para o desenvolvimento dos programas, e não atuem de forma contrária. Sabe-se, por exemplo, que os baixos níveis de escolaridade dos cônjuges, assim como o tipo de ocupação laboral que desempenham são fatores que dificultam a adesão a este tipo de iniciativa (Cummings, Faircloth, Mitchell, Cummings e Schermerhorn, 2008).

Em se tratando da realidade brasileira, ainda é uma incógnita saber como essa proposta de educação conjugal poderia beneficiar nossa população. Evidentemente que não se pode simplesmente transpor os formatos desenvolvidos para população norte-americana, pois já está comprovada a importância do contexto nesse tipo de trabalho. Entretanto, o que se observa, de forma geral em nosso meio, são propostas isoladas que não chegam a solidificar um trabalho consistente de intervenção conjugal. É comum encontrarmos esse tipo de abordagem com os cônjuges através de iniciativas ligadas à Igreja Católica, por exemplo, que vincula a realização do casamento religioso à participação em cursos de preparação para o matrimônio. Ainda que tais iniciativas estejam atravessadas por aspectos ideológicos e que ocorram de maneira pontual e com caráter de obrigatoriedade para aqueles que querem casar na igreja, são bem-vindas pelo fato de assinalarem a necessidade de preparação e instrumentalização para essa relação de intimidade e a vida a dois.

Um dos aspectos que também explica a escassez de propostas no Brasil no campo da educação conjugal é a falta de uma mentalidade voltada à prevenção de saúde. Sabe-se que a clínica terapêutica tem sido eficaz e tem se proliferado em nosso contexto; entretanto, as intervenções em uma perspectiva preventiva e psicossocial ainda são quase inexistentes. Essa abordagem não só contribuiria na otimização dos recursos conjugais para o desenvolvimento da família, como também, provavelmente, um menor número de famílias e casais incorreriam em relações patológicas, geradoras de sofrimento.

Observa-se claramente a falta de uma cultura que apoie a ideia de que muitos dos aspectos que envolvem a relação de conjugalidade são possíveis de serem apreendidos e treinados, a partir de uma reflexão e tomada de consciência da importância do relacionamento conjugal para o bem-estar de todo o sistema familiar. Desse modo, provavelmente, muitos dos problemas conjugais enfrentados cotidianamente pelos casais teriam maiores possibilidades de serem manejados e administrados de maneira mais saudável, levando ao crescimento e amadurecimento da relação.

Enfim, parece que temos mais questionamentos do que certezas e respostas sobre os desafios e as perspectivas desses programas. Entretanto, não podemos deixar de reforçar o relato dos casais que participaram de algum desses programas e que identificaram, de modo geral, melhoras imediatas nos processos comunicativos, de resolução de conflitos e na avaliação geral da satisfação conjugal (Carroll e Doherty, 2003). O mesmo é identificado nas pesquisas sobre os casais que participaram do PREP de Stanley, Bradbury e Markman (2000), os quais comprovaram o aprimoramento da sua capacidade de regulação do afeto; isso é, da forma como um recebe os afetos negativos do outro, os interpreta e os devolve. Essa relação tende a ficar mais saudável, assim como os padrões de comunicação tornam-se mais efetivos, resultando em menores níveis de conflito e maiores índices de satisfação.

Assim, podemos pensar que, na história dos Eduardos e das Mônicas, abre-se a possibilidade de outras alternativas que venham a enriquecer o relacionamento. Nesse caso, seguindo a vida:

> Eduardo e Mônica fizeram natação, fotografia
> Teatro, artesanato e foram viajar
> A Mônica explicava pro Eduardo
> Coisas sobre o céu, a terra, a água e o ar...
>
> Ele aprendeu a beber, deixou o cabelo crescer
> E decidiu trabalhar
> E ela se formou no mesmo mês
> Que ele passou no vestibular

E os dois comemoraram juntos
E também brigaram juntos, muitas vezes depois
E todo mundo diz que ele completa ela
E vice-versa, que nem feijão com arroz

Cabe ressaltar que, na proposta de educação conjugal, todas as técnicas utilizadas vão servir como modelos externos aos casais, proporcionando a eles uma referência para outras possibilidades de interação. Entretanto, não serão internalizadas por eles de forma integral, mas, são oferecidas como base para o desenvolvimento de sua própria maneira de se relacionar, pois....

Quem um dia irá dizer
Que existe razao
Nas coisas feitas pelo coração?
E quem irá dizer
Que não existe razão?

REFERÊNCIAS

ADLER-BAEDER, F.; HIGGINBOTHAM, B.; LAMKE, L. Putting empirical knowledge to work: linking research and programming on marital quality. *Family Relations*, v. 53, n. 5, p. 537-546, 2004.

BRADBURY, T.; ROGGE, R.; LAWRENCE, E. Reconsidering the role of conflict in marriage. In: BOOTH, A.; CROUTER, A.C.; CLEMENTS, M. (Ed.). *Couples in conflict*. New Jersey: Lawrence Erlbaum Associates Publishers, 2001. p. 59-81.

BRONFENBRENNER, U. *A ecologia do desenvolvimento humano*: experimentos naturais e planejados. Porto Alegre: Artes Médicas, 1996.

CARROLL, J. S.; DOHERTY, W. J. Evaluating the effectiveness of premarital prevention programs: a meta-analytic review of outcome research. *Family Relations*, v. 52, p. 105-118, 2003.

CUMMINGS, E. M. et al. Evaluating a brief program for improving marital conflict in community families. *Journal of Family Psychology*, Newbury, v. 22, n. 2, p. 193-202, 2008.

DUNCAN, S.; HOLMAN, T. B.; YANG, C. Factor associated with involvement in marriage preparation programs. *Family Relations*, v. 56, n. 3, p. 270-278, 2007.

GUERNEY, B. G. *Relationship enhancement*. San Francisco: Jossey-Bass, 1977.

HALFORD, W. K. et al. Best practice in couple relationship education. *Journal of Marital and Family Therapy*, Washington, DC, v. 29, n. 3, p. 385-406, 2003.

INSTITUTO BRASILEIRO DE GEOGRAFIA E ESTATÍSTICA. *Estatísticas de registro civil*. Rio de Janeiro: IBGE, 2007.

MARKMAN, H. J. Couples research and practice: toward a bolder boulder model. *The Family Psychologist*, Charlton, v. 19, n. 4, p. 4-6, 2004.

MILLER, S.; WACJMAN, D. B.; NUNNALLY, E. W. Couples communication: equipping couples to be their own best problem solvers. *The Counseling Psychologist*, St. Louis, v. 11, p. 73-77, 1983.

MOSMANN, C. P.; ZORDAN, E. P.; WAGNER, A. A qualidade conjugal como fator de proteção do ambiente familiar. In: FAMÍLIA e educação: desafios e reflexões na diversidade. No prelo.

MOSMANN, C. P.; WAGNER, A.; FERES-CARNEIRO, T. Qué es la calidad conyugal? Una revisión de conceptos. *Cuadernos de Terapia Familiar*, [Madrid], v.67, p. 213-229, 2007.

RÍOS-GONZÁLEZ, J. A. *Manual de orientación y terapia familiar*. Madrid: Fundación de Ciencias del Hombre, 1994.

ROBERTS. T. W. Marriage education and neuroscience: forging news directions. *Journal of Couple and Relationship Therapy*, Binghamton, v. 5, n. 3, p. 17-33, 2006.

ROODGE, R. D. et al. The care program: a preventive approach to marital intervention. In: GURMAN, A. S.; JACOBSON (Ed.). *Clinical Handbook of Couple Therapy*. New York: Guilford Press, 2002. p. 420-435

STANLEY, S. M.; BRADBURY, T. N.; MARKMAN, H. J. Structural flaws in the bridge from basic research on marriage interventions for couples. *Journal of Marriage and the Family*, Menasha, v. 62, p. 256-264, 2000.

STANLEY, S. M. et al. Premarital education, marital quality, and marital stability: findings from a large, random, household survey. *Journal of Family Psychology*, Newbury, v. 20, p. 117-126, 2006.

STANLEY, S. M. et al. Strengthening marriages and preventing divorce: new directions in prevention research. *Family Relations*, v. 44, p. 392-401, 1995.

WAGNER, A.; MOSMANN, C. A promoção da qualidade conjugal como estratégia de proteção dos filhos. In: CASAL e família: permanências e rupturas. São Paulo: Casa do Psicólogo, 2009. p. 169-189. v.1

ÍNDICE

R

S

T

V